Andreas Dietrich / Peter Boeck
Halbzeit
Band I - Jenseits der Regeln

Andreas Dietrich / Peter Boeck

Halbzeit
Jenseits der Regeln
Roman

MOHLAND

Bibliografische Information der Deutschen Bibliothek
Die Deutsche Bibliothek verzeichnet diese Publikation in der Deutschen
Nationalbibliografie; detaillierte bibliografische Daten sind im Internet über http://dnb.ddb.de abrufbar.

Andreas Dietrich/Peter Boeck
Halbzeit Bd. 1
Jenseits der Regeln

1. Auflage 2008
© by MOHLAND Verlag D. Peters Nachf.

Titelbild: Member des „BORN TO BE WILD MC"
              Hintergrund: Jake Hellbach – Fotolia.com
Lektorat: Birgit Wolf
Herstellung: Büchermaus, 25862 Goldebek
Verlag: MOHLAND Verlag D. Peters Nachf.
            Inh. G. Eichhorst-Kaltenbach
            Dorfstraße 9, 25862 Goldebek
            www.mohland-online.de
ISBN 978-3-86675-025-8

Berlin
Herbst 1979

Es war Mittwoch. Ein dunkler, kalter, regnerischer Mittwoch, nicht untypisch für einen Berliner Herbstabend. Gegen 19:30 Uhr war ich auf dem Weg nach Neukölln zu Robbis Eck, denn wie immer mittwochs sollte es auch heute eine Clubsitzung geben. Unser Treffen war für 20:00 Uhr angesetzt.

Etwa 10 Minuten vorher betrat ich Robbis Kneipe und wurde von rockiger Musik und guter Stimmung empfangen. Am Tresen standen schon einige Members und tranken ihre Feierabendbiere. Sie schienen alle direkt von ihren Jobs gekommen zu sein. Die Klamotten unter ihren Borns-Kutten sahen jedenfalls aus, als hätten sie keine Gelegenheit gehabt, vorher nach Hause zu kommen und sich den Staub und den Dreck ihrer Arbeit vom Leib zu waschen. Wir begrüßten uns, wie es bei echtem Bikern üblich ist. Noch während ich meine Runde machte, wurde mir ein Beck's in die Hand gedrückt, mit dem ich mich dann an den Tresen stellte. So kurz vor der eigentlichen Sitzung drehten sich die Gespräche meistens um die gleichen Themen: Es ging um Lästigkeiten auf der Arbeit, Nörgeleien von kleinlichen TÜV-Prüfern und ähnliche Alltagssachen. Robbis Kneipe war rustikal eingerichtet. Überall waren Holzbohlen verarbeitet worden. Das Ganze wirkte leicht schäbig und irgendwie schlicht. Teile der Einrichtung waren aus längs halbierten Baumstämmen gefertigt. Der Tresen bestand aus unbehandelten Holzbrettern, deren Kanten noch ihre Baumrinde besaßen. Die Gäste konnten sich auf zwei Räume verteilen. Es gab eine Menge Glücksspielautomaten und Flipper, ein Spielautomat projizierte Szenen auf einen Schirm, und mit Lichtgewehren und Pistolen konnte man auf das Szenario ballern. Von draußen klang das nervige Zweitaktgeknatter einer MZ zu uns herein und unterbrach kurz die lockere Stimmung. Alle wussten sofort, dass gerade Hartmut mit seiner motorisierten Gehhilfe angekommen war. Hartmut hatte sich vor kurzem im Berliner Straßenverkehr von einem unachtsamen Autofahrer über den Haufen fahren lassen. Folge: Totalschaden an seiner bildschönen, aufgechoppten BMW und ein Beinbruch. Mit dem Gips war an einfaches Motorradfahren nicht zu denken. Daher zurzeit die MZ mit Beiwagen, was den Vorteil hatte, dass er darin auch seine Krücken unterbringen konnte. Zur gleichen Zeit wie Hartmut kam auch Jay an, ein damals in Berlin stationierter, amerikanischer Soldat. Als Angehöriger der US Army hatte Jay Zutritt zu den P-X-Shops. Hier konnte er sich mit all den überlebensnotwendigen Konsumgütern versorgen, die Amerika so hervorbrachte. Die Waren wurden von der amerikanischen Luftwaffe eingeflogen. Einheimische hatten da natürlich nichts zu suchen. Über Jay bezogen wir regelmäßig die verschiedensten Artikel. Alles zollfrei, Umsatz- Mehrwert- und Was-weiß-ich-für-Steuer bereinigt. Ich erinnerte mich kurz an meine HiFi-Anlage, die aus hochwertigen Komponenten bestand. Ohne Jay hätte ich etwas länger sparen müssen.

Schon bei seinem Hereinkommen waren die von uns erwarteten Bestellungen zu sehen. Während Jay Farbeimer für unsere Clubbude, etliche Stangen Zigaretten und Gallonen von Alkohol auf einen der Tische abstellte, wurde auch ihm ein Beck's gereicht. Zigaretten und Alk waren Teil des Proviantpaketes, das wir am kommenden Wochenende auf unsere Pflichtfahrt nach Ansbach zu den Ghostriders mitnehmen wollten.

Nachdem beide herzlich begrüßt wurden, zogen wir gesammelt in die Kellerräume um. Hier unten gab es eine kleine Kegelbahn und nebenan einen kleinen Raum, aus dem man durch eine Glasscheibe auf die Bahn blicken konnte. Dieser Raum wurde von uns öfter als Konferenzraum genutzt. So auch heute.

Erster Tagesordnungspunkt war die Organisation der Pflichtfahrt. Das war reine Routine und schnell erledigt.

Der zweite Tagesordnungspunkt war schon deutlich unangenehmer: Es ging um Lommels feste Braut Petra.

Mir war aufgefallen, dass sie während unserer ausgelassenen Clubfeten abwartete, bis Lommel genug Alk im Blut hatte und besinnungslos herum hing. Diese Gelegenheit nutze sie, um wahllos mit anderen Clubmitgliedern ihren Spaß zu haben. Irgendwie beeindruckte mich ihre Hemmungslosigkeit, trotzdem stellte ich ihr Verhalten zur Diskussion. Lommel reagierte unwirsch und ungläubig. Da ich mir nicht nachsagen lassen sollte, alles nur aus Neid erfunden zu haben, stellte ich die offene Frage, wer von den Anwesenden bei solchen Gelegenheiten schon das Vergnügen gehabt hatte. Immerhin medleten sich nach einigem Zögern 13 von 16 Anwesenden. Nur Rocky, Rocko und Lommel selbst behielten ihre Arme unten. Während mit mir zwölf Andere langsam ihre Arme senkten, breitete sich eine fast schon körperlich spürbare Betroffenheit aus. Nach einigen Sekunden durchbrach ich die lähmende Verunsicherung und machte Lommel den Vorschlag mit Petra Schluss zu machen, oder - idealer Weise- ihre sexuelle Gier in geschäftliche Bahnen zu lenken. Es war nicht schwer zu erkennen, dass Lommel sich mit beiden Lösungen schwer tat. Ich hatte mit dieser Reaktion gerechnet. Die Anderen schwiegen immer noch. Eine günstigere Gelegenheit würde sich mir nicht bieten, also durchbrach ich dieses Schweigen aufs Neue, tat meinen schon eine Woche zuvor gefassten Beschluss kund und erklärte meinen Austritt. Ich stand auf, zog meine Kutte aus, legte sie auf den Tisch und verließ den Raum. Es war absolut still. Nur meine Schritte waren zu hören. Es fiel mir nicht leicht, die Treppe nach oben zu steigen. Ich ließ nicht nur einen Haufen guter Kameraden zurück, sondern auch einige aufregende und tolle Jahre in einem der respektiertesten Bikerclubs der Berliner Szene. Ich hatte mich auf diesen Moment des Abschiedes gut vorbereitet. Hatte mir immer wieder eingeredet, dass es nicht anders ging, wollte ich geschäftlich weiter kommen. Und dennoch hatte ich jetzt einen Kloß im Hals. Plötzlich kam ich mir vor, als würde ich sie im Stich lassen. Als würde es etwas in mir geben, das unbedingt wollte, dass ich mich schäbig und schlecht fühlte. Wieder oben setzte ich mich auf einen freien Barhocker neben Jay und spülte meine eigene Beklommenheit mit einem Beck's runter. Wenige Augenblicke später kam auch Tom die Treppe hoch. Er setzte sich neben mich. Seine Stimme klang vorwurfsvoll, als er mich fragte:

„Musste das denn sein?"

In diesem Moment war mir nicht danach, all meine Gedanken zu offenbaren. Ohne Tom anzuschauen, trank ich den Rest meiner Flasche auf Ex, verlangte von der Dienst habenden Tresenmieze meinen Zettel und bezahlte ihn. Anschließend wandte ich mich kurz an Tom, vertröstet ihn mit einer Erklärung auf ein anderes Mal und verließ den Laden. Draußen stieg ich in mein Winter- und Regenfahrzeug, einen alten R 16, und machte mich auf den Weg nach Mariendorf, zu Rainer.

Rainer wohnte am Mariendorfer Damm, nicht weit entfernt vom „Schaukelpferd". Schräg gegenüber, auf Rainers Seite, standen auf der Straße hintereinander drei Mercedes der Größenordnung 230 bis 280. Alle Fahrzeuge sollten in den Libanon überführt werden. Es war das erste Mal, dass ich mich an einem Exportgeschäft in den Nahen Osten beteiligte. Anfangs hatte ich mich daher über die Wünsche unserer neuen Kunden gewundert. So mussten die Fahrzeuge unbedingt Benzinmotoren haben. Angeblich war die Einfuhr von Dieselfahrzeugen verboten. Die Autos durften keine Einspritzanlagen besitzen, da es damals im Libanon kaum Mechaniker gab, die sich mit solcher Hightech auskannten. Aber Mercedes musste es sein, jedoch waren nur die Größen 230 bis 280 erwünscht.

Auf meiner Parkplatzsuche kam ich an den drei Fahrzeugen vorbei, die ich mit Rainer, Wolle, Ralf und Klaus für wenig Geld gekauft hatte. Sie waren von uns verkaufsfertig zurecht gemacht und optisch aufgepeppt worden. Da standen sie nun und sollten ihre Reise in den Libanon antreten.

In Rainers Wohnung warteten die vier Jungs bereits auf mich. Wolle hatte den Abfahrttermin eines Frachtschiffes vom Hamburger Hafen in Erfahrung gebracht. Es sollte übermorgen früh ablegen. Wir beschlossen daher, mit unserem Konvoi am nächsten Morgen nach Hamburg aufzubrechen. Es blieb bei unserer Planung, dass Klaus Wolle und ich die Fahrzeuge überführen würden. Wolle und ich wollten dann später per Flugzeug in den Libanon nachzureisen. Nach dem alles geklärt zu sein schien, trennten wir uns, und ich fuhr nach Hause.

Wie nicht anders erwartet, war meine Freundin Sonja noch in der Grietzner Straße unterwegs. Das gab mir Gelegenheit den Abend mit dem Rolling Stones Song „Brown Sugar" und einem kleinen, entspannenden Joint zu beenden. Schließlich hatte ich morgen vor, früh durch die Zone zu fahren.

Es war etwa 5.00 Uhr morgens, als ich dadurch wach wurde, dass jemand unsittlich und hartnäckig an mir rumzerrte. Zudem vernahm ich etwas, das in etwa so klang wie „Oje, du hast ja ein Problem." Glücklicherweise erkannte ich trotz meines Dämmerzustandes Sonja, so dass sich meine Gegenwehr auf ein recht barsch formuliertes „Jetzt nicht!", beschränkte. Ich war mir nicht sicher, ob sie schmollte. Falls ja, hielt sie das nicht davon ab, mich von der Seite auf den Rücken zu wälzen und sich auf mein Problem zu pflanzen. Erfahren, wie sie in solchen Dingen war, hatte sie ihr hungriges Pfläumchen mit einer Gleitfähigkeit erhöhenden Substanz präpariert. Eigentlich wollte ich den Genervten raushängen lassen, und ihr demonstrieren, dass ich über den Dingen stehe. Leider ist das bei einem Mädel wie Sonja nicht so einfach. Und so blieb von meiner trägen Müdigkeit nach wenigen Minuten nicht mehr viel übrig. Da ich nun eh wach war, konnte ich genauso gut voll mitspielen. Wie ich es mochte, variierte Sonja häufig das Tempo ihrer Bewegungen, den Winkel in dem ihr Becken auf das meine traf. Natürlich achtete sie auch darauf, mir ihre herrlich festen Brüste anzubieten. Wenn sie sich dann immer wieder auf mir nach hinten bog, hatte ich Gelegenheit ihre herrlich definierten Bauchmuskeln zu bewundern. Mir blieb gar nichts anderes übrig, als sie da zu berühren, wo sie es gerne hatte. Also knetete ich ihren nicht minder festen Hintern und dankte Gott, dass es Frauen gab. Jedes Mal, wenn sie sich wieder zu mir runter bog, keuchte sie mir unanständige Sachen in Ohr. Wir bewegten uns hitzig im Rhythmus miteinander, bis sich unsere Körper in einer fast schmerzhaften Ekstase verkrampften und schließlich untrennbar ineinander verschlungen liegen blieben.

Wir brauchen noch einige Minuten, um uns aus diesem Erschöpfungszustand zu erholen. Da mein Kreislauf nun eh auf Touren lief, konnte ich genauso gut aufstehen und mit meiner Tagesplanung früher beginnen. Sonja kuschelte sich stattdessen zusammen und begann mit einem zufriedenen Lächeln ihre Reise ins Traumland. Ich schaute sie noch eine Minute an. Dabei schoss mir durch den Kopf, wie gut sie es doch verstand, ihren Kerl bei der Stange zu halten. Die Art, ihren Körper und jede verfügbare Gelegenheit zu nutzten, Gedanken an andere Frauen im Keim zu ersticken, beeindruckte mich immer wieder. Zumindest für einige Stunden. Dafür dankte ich ihr mit einem zärtlichen Kuss auf ihr träumendes Gesicht.

Ich ging die paar Meter zum Badezimmer und genoss die warmen, prickelnden Strahlen der Dusche. Als ich dann vor dem Spiegel stand, mir die Zähne putzte und sah, wie mir der Zahnpastaschaum den Vollbart entlang nach unten lief, wurde mir schlagartig klar, dass ich mein Erscheinungsbild erheblich unauffälliger als bisher gestalten musste. Schließlich würde ich von heute an meinen Broterwerb mit dem regelmäßigen Überqueren von internationalen Grenzen sichern. Dazu musste zuerst der unter Clubmitgliedern standesgemäße Bart fallen.

Etwas verdutzt stellte ich fest, dass die nunmehr entblößte untere Gesichtshälfte leichenblass war. Ich plante daher einige Grillpartys bei Solarent ein, in der Gewissheit, dass die dortigen Gesichts-Hochleistungsbräuner die Unterschiede in kurzer Zeit verwischen würden.

Meine gerade mal schulterlangen kastanienbraunen Locken schienen mir zumindest für den ersten Einsatz in der neu gewählten Berufssparte seriös genug zu sein, so dass ich beschloss, sie erst im Laufe der nächsten Tage kürzen zu lassen.

Gut gelaunt und in einen flauschigen Bademantel gewickelt ging ich in die Küche, schmiss die Kaffeemaschine an und bereitete mir ein Vollkornmüsli zu, das ich mit einem Vanille-Eiweißdrink aufpeppte. Während die aromatische, braune Brühe durch die Maschine lief, naschte ich von meiner Vollwertkreation. Geduldig wartete ich auf das Schlürfen, das die Endphase des Kaffeedurchlaufens einleitet, um dann mit allen notwendigen Utensilien in das Wohnzimmer umzuziehen.

Ich stellt am Tuner AFN ein ließ mich von Wolfman Jack ein Stück in den neuen Tag führen.

Nachdem ich mich angezogen hatte, sortierte ich meine Biker-Klamotten aus. Die bisher getragenen, öligen Jeans landeten unwiederbringlich im Mülleimer. Sie mussten dem veränderten Outfit weichen. Ebenso die abgetragenen, staubigen Cowboystiefel. Ihr Los war weniger hart. Sie wurden in den Einbauschrank verbannt. Dort dürften sie sich zwischen den etwa hundert Paar Sonja-Schuhen klar in der Minderheit gefühlt haben. Meine eigenen Auswahlmöglichkeiten waren bei weitem bescheidener, was sich äußerst positiv auf die Kürze der Entscheidungsfindung auswirkte.

Ich entschied mich für das einzige Paar Roots, das ich besaß, und wählte mit Blick auf die bevorstehende Autobahnfahrt eine Jeans. Passender Weise beides in schwarz. Dazu ein Checker-Hemd und eine halblange Lederjacke, auch schwarz.

So gewandet begab ich mich zu meinem R 16 und fuhr los. An der Ampel bog ich links in die Luxemburger Straße ein, fuhr an der TFH vorbei und dann rechts in die Amrumer Straße. Linker Hand vorbei am ausgedehnten Komplex des Rudolf Virchow-Krankenhauses, um anschließend links auf die Seestraße zu fahren, die mich dann direkt zum Stadtring führte. Das Verkehrsaufkommen hielt sich um 7.00 Uhr noch in Grenzen. Eine halbe Stunde später wäre die Strecke nach Mariendorf nicht mehr in dreißig Minuten zu schaffen gewesen. Und so genoss ich ein wenig die Fahrt. Begleitet von den Klängen „Driver's Seat" von Sniff'n'the Tears.

Am Treffpunkt stieß ich auf Klaus und Wolfgang, die bereits vor der Haustür standen und bei Rainer Sturm klingelten. Das Summen des Türöffners kürzte die Begrüßungszeremonie ab. Im dritten Stock stand Rainer in seiner halboffenen Wohnungstür, eingewickelt in einen Bettbezug, als würde er gerade von einer Toga-Party kommen, im Gesicht die tiefen, geröteten Furchen des Negativabdruckes seines zerknautschten Kopfkissens. Das von ihm behelfsmäßig verwendete Bettzeug verdeckte seine vorhandene Neigung zum Übergewicht. Wir machten es uns in seinem Wohnzimmer bequem, wobei Rainer sich auf dem Lieblingsplatz seines Sofas setzte. Besonders auffällig an dieser Lieblingsstelle waren die unzähligen Brandlöcher auf Fußboden und Sitzfläche. Die Brandlöcher verteilten sich auf einer Fläche, die in etwa die Form eines konkaven Dreiecks hatte, das sich - von oben betrachtet - zwischen seinen gespreizten Schenkeln aufspannte. Entstanden war dieses Dreieck dadurch, dass er seine Joints extrem mit Haschisch überlud. Daher geschah es zwangsläufig immer wieder, dass glühende Haschstücke aufs Sofa oder dem Boden fielen. Es wunderte mich nicht, dass so etwas auch an diesem Morgen geschah. Mit wachsendem Interesse schaute ich dem kleinen, glühenden Klümpchen zu, wie es - unbemerkt von ihm - auf den Sofarand fiel und dann in die tief gedrückte Sitzmulde genau zwischen seine Beine rollte. Während ich darüber sinnierte, ob ich ihm meine Beobachtung miteilen sollte, mischte sich in den süßlichen Haschischrauch der Geruch von versengten Haaren. Noch immer bemüht, die geeigneten Worte für eine Warnung zu finden, schaute ich fragend in sein Gesicht und nahm erstaunt zur Kenntnis, wie groß doch die Augen eines Menschen werden können. Rainer sprang auf und klopfte sich mit der freien Hand auf sein qualmendes Gehänge. Sein lautes Fluchen und das schallende Gelächter von uns anderen schienen das Startsignal für seine Freundin Elke sein. Sie betrat den Raum mit einem Tablett, auf dem sie Kaffee und Tassen für uns brachte. Elke hatte lange blonde Haare, eine zierliche, hübsche Figur und ein engelsgleiches Gesicht, das fast immer zu lächeln schien.

Nur nicht in diesem Moment. Brandflecken an den Kronjuwelen ihres Mannes schienen ihr nicht neu zu sein, denn sie erkannte die Situation sehr schnell und fasste sie in dem kurzen Kommentar: „Na, wieder mal die Eier verbrannt?", zusammen. Wolle und Klaus gaben ihm noch ein paar nicht ernst gemeinte Tipps, wie sich solche Verstümmelungen in Zukunft vermeiden ließen, aber Rainer war nicht in Stimmung, darauf einzugehen. Stattdessen deutete er auf die auf dem Tisch liegenden Autoschlüssel und –papiere und meinte, wir sollten uns endlich verpissen. Dagegen hatten wir nichts, machte sich doch eine fast schon heiter wirkende Ungeduld bei uns Dreien breit. Wir brannten darauf, endlich aufzubrechen.

Hamburg

In Hamburg angekommen, suchten wir im Freihafen den Hafenmeister auf. Da Wolle telefonisch alles vorbereitet hatte, kümmerte er sich auch beim Hafenmeister um den Papierkram. Der überprüfte unsere Fahrzeugpapiere und die Zollnummern. Schließlich bekamen wir die Frachtpapiere ausgehändigt. Wir ließen uns den Weg zum Frachtschiff beschreiben. Es war die „Greorgy". Sie war in Panama zugelassen und gehörte wahrscheinlich einem Libanesen. Wir stellten unsere Autos zu etwa zwanzig anderen. Anschließend telefonierte Wolle mit dem Libanesen, der das Frachtvolumen auf dem Transportschiff angemietet hatte. Nach unserer Ankunftsbestätigung bekamen wir durchs Telefon einen Treffpunkt genannt. Wir schnappten uns eines der dauernd hier herumfahrenden Taxis und ließen uns zu einem Barbecue auf dem Steindamm fahren.

Dort angekommen wurden wir gleich nach Betreten des Lokals von einem kleinen, kräftig untersetzten, öläugigen Libanesen mit schneeweißen Zähnen in Empfang genommen. Ich schätzte, dass er etwa fünfzehn bis zwanzig Jahre älter war als ich. Er stellte sich uns gegenüber als Josef vor. Nachdem wir die Modalitäten über die Verschiffung, wie Verladung, Fahrzeit, Frachtlöschung usw. erklärt bekommen hatten, empfahl er, wir sollten bei der Beladung des Schiffes ruhig zugegen sein. Es wäre sicherlich interessant zu beobachten, wer so alles Autos verschifft. Wir nahmen diesen Tipp dankend an. Da er sehr gut deutsch sprach, fragte ich ihn, woher er das könne, worauf er begann uns einen Teil seiner Kindheitsgeschichte zu erzählen. So erfuhren wir unter anderem, dass seine Eltern Beamte in Beirut waren. Sie schienen großen Wert darauf zu legen, dass er eine gute Erziehung genoss. Dazu gehörte wohl auch, dass er eine internationale Schule in Beirut besucht hatte. Auf dieser Schule galt das Erlernen von Fremdsprachen als oberste Pflicht. Er hatte daher gute Kenntnisse in Französisch, in Englisch und natürlich Deutsch. Hier ergab es sich auch, dass er sich mit den Kindern des damaligen deutschen Botschafters anfreundete.
Diese lang anhaltende Freundschaft schien sich in der Zwischenzeit auszuzahlen.
Während er uns von all dem berichtete, verputzten wir die von uns bestellten Gerichte. Nach etwa einer Stunde verabschiedeten wir uns. Wir konnten noch sehen, wie er in Richtung des schräg gegenüberliegen-

den Hotels ging. Wir selbst beschlossen, noch ein wenig durch die Gegend zu schlendern.

Mehr oder weniger zufällig landeten wir im Stadtteil St. Georg. Als erstes quartierten wir uns in einer der häufig vorzufindenden kleinen, schmierigen, billigen Absteigen ein. Es sollte ja nur für eine Nacht sein. Während ich die paar Quadratmeter, die ich gerade angemietet hatte, inspizierte, vernahm ich aus einem der Nebenzimmer das freundliche Quietschen von metallenen Bettfedern, vermischt mit menschlichen Urlauten. Bis auf „Los, stoß‚zu Du Tier!" konnte ich nicht viel verstehen. Dennoch machte ein plötzlich einsetzendes, sanftes Pochen in der Lendegegend mir deutlich, dass es auch einen anderen Appetit zu befriedigen galt. Mir wurde wieder einmal klar: Es törnt mich mächtig an, die Geräuschkulisse eines Liebespiels wahrzunehmen.

Mit einem Lächeln dachte ich an die Optionen, die mir die heutige Nacht noch bieten konnte. Immer noch grinsend holte ich Klaus und Wolfgang von ihren Zimmern ab.

Wir testeten uns durch einige Spelunken. Da wir über die Quellen der uns angebotenen Substanzen nichts wussten, kauften wir lediglich einen Zehnerstreifen Captagon. Ansonsten hielten wir uns an Bier und Sambucca.

Obwohl wir uns mit dem Alkohol nicht zurückhielten, wurden weder die Gegend noch die Menschen hübscher.

Blutjunge Mädchen, die mit Sicherheit noch einige Jahre bis zu ihrer Volljährigkeit vor sich hatten, boten ihre ausgemergelten Körper für wenig Geld an. Ihre Gesichter waren im erschreckenden Maße von ihrer Drogenabhängigkeit gezeichnet. Da nicht nur ich mir unser nächtliches Entspannungsprogramm anders vorgestellt hatte, zogen wir nach St. Pauli.

Hier war alles professioneller. Braungebrannte, aufgestrapste Blondinen verstanden es in sehr erregender Weise ihre Vorzüge und ihre handwerklichen Geschicklichkeiten zu offerieren.

Klaus war angesichts der üppigen Vielfältigkeit sehr angetan, hatte aber erhebliche Schwierigkeiten, sich zu entscheiden. Mir blieb daher Zeit, ihn darüber aufzuklären, dass Liebesdienerinnen in der Regel verschweigen, dass der auf der Straße genannte Preis nur für das Basispaket gilt. Ohne zusätzlich zu bezahlende Serviceleistungen hat man nicht viel davon. Zuerst wird man ins Arbeitszimmer gezerrt. Von ihr fallen ein paar Kleidungsstücke. Routiniert rubbelt sie an der kleinen Käse-

stange. Fragt man: „Was is'n mit Blasen?"
„Das kostet extra."
Und wenn die kleine Lustnudel immer praller wird: „Was is'n mit Reinstecken?"
„Das kostet extra."
Nach einigen weiteren Extras hat man für Dinge wie „Was is'n mit Küssen?", keine Scheine mehr in der Brieftasche. Schlappe zwanzig Minuten weiter – je nach Stehvermögen des Liebeshungrigen und Fingerfertigkeit der Dienstleistenden - ist dann alles vorbei. Na ja, fast, meistens muss man sich noch eine rührselige Geschichte über einen gemeinen Zuhälter anhören, auch wenn die Dame gar keinen hat. Dieser garstige Mensch nimmt ihr doch einfach alles ab. Nicht mal für Zigaretten bleibt genug übrig. Und so erhält der Kunde zum Schluss noch mal Gelegenheit, mit einer wohltätigen Spende von fünf DM eine arme geknechtete Maid zumindest zeitweilig zu erlösen. Viele Freier tun das. Entweder weil sie selten oder noch nie bei Professionellen waren und etwas Gutes, Heldenhaftes zu leisten glauben oder weil sie in die Dirne verknallt sind. Der fachkundige Puffgänger wird wissen, dass diese Geschäftspraktiken unter dem Begriff „den Preis nach oben Kobern" bekannt sind. Vom Prinzip her keine schlechte Finanztechnik. In kürzester Zeit das meiste aus dem Freier rausholen.

Nach diesem Exkurs in einen nicht unbedeutenden Teil der Volkswirtschaftslehre konnte ich Klaus ansehen, dass er im Geiste anhand seiner Finanzen eine Aufstellung der von ihm gewünschten Extras vornahm. Das Ergebnis schien ihn zu betrüben. Jedenfalls schaute er nur noch sehr verstohlen auf die lockenden Angebote.

Unser Weg führte uns fast zwangsläufig zum „88", zur damaligen Zeit einer der heißesten Szeneschuppen auf St. Pauli. Vor der Tür fiel gleich ein dunkelblaues Corniche Cabriolet ins Auge. Der Wagen war aus Platzmangel halb auf dem Bürgersteig geparkt. Zudem war ein schwarzer Lamborghini Countach zu bewundern. Auffallend war die zusätzliche Farbgestaltung. Wie ich es schon einmal auf einem Pink Floyd Cover gesehen hatte, zog sich auch hier ein Dreieck, dessen Schenkel in Regenbogenfarben gehalten waren, über die gesamte Karosserie. Es sollte nicht lange dauern, dann würde ich im „88" die Besitzer kennen lernen. Im Moment wusste ich jedoch noch nicht, dass es sich um die angesagtesten Typen der Stadt handelte. Wie ich später sehen konnte, boten sich ihnen selbst die edelsten Nutten unentgeltlich an. Nur um mit ihnen gesehen zu werden.

Von all dem jedoch noch nichts ahnend betraten wir den Laden und ergatterten einen Platz am Tresen, was gar nicht so einfach war, da der Schuppen gut besucht war. Wir befanden uns in gemischter Gesellschaft. Außer den üblichen Touristen genossen auch einige Kiezgrößen, Wirtschafter, Schlepper und Nutten, die wohl ihren freien Tag hatten, die Atmosphäre. Es war zu spüren, dass der Betrieb einige milieubezogene Wurzeln hatte.

Mehr durch Zufall konnte ich von meiner Sitzposition heraus sehen, dass draußen auf der Straße direkt vor dem Laden zwei Harley Davidson abgestellt wurden. Interessiert beobachtete ich die Neuankömmlinge und stellte nicht schlecht erstaunt fest, dass ich sie kannte.

Es waren Tüte und Reddy. Sie kamen sofort auf mich zu. Während der Begrüßung stellte ich ihnen beiläufig meine beiden Begleiter vor, was eine größere Bestellung auslöste: Flaschenweise Wodka Smirnoff mit Bitter Lemon. Während wir auf die Getränke warteten, winkte Reddy zwei gepflegte, gut aussehende Männer, die ein Stückchen entfernt ebenfalls am Tresen standen, zu uns. Beide waren etwa Anfang dreißig. Bei beiden fiel auf, dass sie exquisit gekleidet waren. Sie trugen teuren, aber sehr dezenten Schmuck. Der Kleinere wurde uns als der schöne Klaus und der andere als der schöne Micha vorgestellt. Klaus trug eine Patek-Philippe, Micha eine Audemars Piguet Royal Oak.

Reddy hatte ich vor ca. zwei Jahren auf einem Schrottplatz in Miami kennen gelernt. Er aus Hamburg, ich aus Berlin, waren wir beide unabhängig auf der Suche nach Harley Davidson-Schrott. Natürlich mit Papieren, und natürlich alles Baujahr '45 bis '60. Diese Maschinen durften, waren sie erst einmal wieder aufgebaut, in Deutschland im Originalzustand, also mit Starrahmen, ohne Blinker, mit Springergabel usw. gefahren werden. Und natürlich hatte ein Straßenpolizist keine Möglichkeiten zu vergleichen, was original war und was nachträglich abgeändert wurde. Zu jener Zeit wurden für Berlin jährlich etwa sechs bis sieben Container mit Harley Davidson-Schrott in den USA gesammelt. In jedem Container hatten sieben bis zehn Maschinen Platz. Das Stück wurde für etwa hundertfünfzig Dollar eingekauft. Nach zwei bis drei Monaten emsiger Fleißarbeit ließen sich auf dem Markt Preise von 15.000 bis 30.000 DM erzielen. Was dann in der Garage stand, war alles andere als Abfall!

Ich selbst restaurierte und veredelte etwa drei bis vier Maschinen pro Jahr.

Es war daher nicht verwunderlich, dass wir uns über Dinge wie die nächsten Lieferungen nach Berlin bzw. Hamburg und die damals in aller Munde befindlichen Schwedenmotoren unterhielten. Eigentlich waren es Harley Davidson-Motoren, die von den Schweden auf 1600, 1800 und 2000 cm³ erweitert wurden.

Während Reddy, Tüte und ich so fachsimpelten, entging mir völlig, wie sehr sich Klaus und Wolle langweilten. Bei einer neuen Bestellung stellte ich fest, dass beide schon ganz schön angegangen waren.

Erst jetzt bekam ich mit, dass beide mit glasigen Augen einen Pulk von etwa sechs äußerst lecker anzuschauenden Mädels anstierten. Alle Frauen buhlten offensichtlich um die Gunst und Aufmerksamkeit der beiden Dandys, des schönen Klaus und des schönen Micha.

Von Reddy wollte ich wissen, was hier los sei. Er klärte mich auf, dass der schöne Klaus sieben Mädchen zu laufen hatte. Der schöne Micha war „Gesellschafter" der „GmbH". Diese GmbH war allerdings keine juristische Person nach dem Kapitalgesellschaftsrecht.

Die Bezeichnung setzte sich aus den Vornamen von Gerd, Micha, Bernd und HaJo zusammen. Laut Reddy sollten für diese „GmbH" ca. hundertfünfzig Pferdchen in verschiedenen Stundenhotels und einigen Nobelbordellen, die sie ihr Eigen nannten, laufen. Huren, die etwas auf sich hielten, waren erpicht darauf für die „GmbH" zu arbeiten, da bekannt war, dass sich vor allem in den Nobelschuppen betuchte Kundschaft aufhielt. Die „GmbH" hatte den Ruf, auf Flair und Umgangsformen wert zu legen. Eines ihrer Mottos war: „Wie man in den Wald hinein ruft, so schallt es heraus". Von ihren Mädchen erwarteten sie, dass sie ihre Gäste auf das charmanteste verwöhnten. Eben Professionalität.

Nachdem ich meinen Augen ein wenig von dem schönen Anblick gegönnt hatte, schweifte ich etwas ab und erspähte etwas anderes Leckeres. Nicht ganz vier Meter entfernt tanzte eine schlanke Schönheit: Dichte schwarze Haare, die fast bis zum Hintern reichten fesselten sofort meine Aufmerksamkeit. Sie trug einen dünnen, weißen Overall aus einem satinähnlichen Stoff. Das UV-Licht, das ihre tolle Figur umschmeichelte, ließ ihre dunklen Brustwarzen förmlich durch den dünnen Stoff stechen. Dazu trug sie einen schmalen schwarzen Ledergürtel, der mit silbernen Ornamenten verziert war. Die gut eingetragenen wildledernen Cowboystiefel passten dazu vorzüglich. Sie bewegte sich auf der Tanzfläche mit einer anmutigen Laszivität, die keine Zweifel darüber aufkommen ließ, wie sehr sie sich ihrer erotischen Wirkung bewusst war. Irgendwann schaute sie in unsere Richtung, und unsere Blicke trafen sich.

Schlagartig wurde mir die Kehle trocken. Es begann wieder einmal im Bauch zu kribbeln.

Was für ein Weib!
Es schien, als würde sie kurz innehalten. Dann hörte sie auf zu tanzen, ging an die Stelle des Tresens, an der sie ein Getränk zu stehen hatte. Während sie an ihrem Glas nippte, schauten wir uns etwa zwanzig, dreißig Sekunden lang an. Ich wünschte mir, ich könnte die Selters sein, die Sie mit ihren herrlichen Wetlips in sich hinein saugte. Oder was sonst auch immer in diesem Glas sein mochte.

Reddy riss unversehens an mir und mich damit gleichzeitig aus meinen lustvollen Gedanken. Es fiel mir schwer, seinen Worten zu folgen. Immer wieder schweiften meine Gedanken und meine Augen zu ihr. Reddy schien davon nichts mit zubekommen. Irgendwann schlug er mir vor, wir könnten ja getrennt auf die Toilette gehen. Nicht abgeneigt folgte ich ihm etwas später, um mich von ihm zum Ziehen einer Kokain-Linie einladen zu lassen. In der Toilette angekommen war Reddy mit den Vorbereitungen so gut wie ready. Ich gönnte also auch meinem Näschen etwas Feines und prompt gingen die Lichter an. Alle Achtung, dachte ich noch. Tolle Qualität. Trotz aller Euphorie wurde der Druck auf der Blase unangenehm. Während Reddy mit einem wie aus einem Guss bestehendem Wortschwall auf mich einredete, drängte es mich zum PP-Becken. Immer noch schwafelnd folgte er mir und stellte sich neben mich. Mir fiel noch auf, welch großartiges biologisches Phänomen dieser Mann war. Er schien die Gabe zu haben, unaufhörlich reden zu können, ohne dabei atmen zu müssen. Eine Fähigkeit, um die ihn viele Politiker beneiden würden.

Plötzlich fragte er mich: „Was machst du denn da?"

„Ich pisse."

Erst jetzt schien er zu bemerken, dass wir immer noch auf dem Klo waren.

„Fein", meinte Reddy „dann kann ich ja auch."

„Na klar", ermutigte ich ihn. Während er sich auch erleichterte, wusch ich mir die Hände und verließ den Raum. Ich überquerte ein Stück der Tanzfläche. Plötzlich stand sie vor mir. Was für ein Rasseweib. Sie schien nicht einmal ein Höschen zu tragen.

Während wir uns anstarrten, entwich mir ein wenig geistreiches „Au warteee". Ich fragte sie, ob ich sie zu einem Getränk einladen könne, und ob sie zu uns kommen wolle. Statt einer Antwort fragte sie mich, ob ich aus Hamburg sei.

„Nö", meinte ich „aus Berlin."

„Dann komme ich mit", sagte sie. Während ich fragte, welchen Unterschied das machen würde, gingen wir zum Tresen. Sie antwortete mir, dass meine Freunde hier in Hamburg so bekannt wie bunte Hunde seien und sie keinem Bock hätte, für sie anschaffen zu gehen. Mir fiel ihre liebliche Art zu sprechen auf. Ihr Hamburger Dialekt hörte sich fast melodisch an, ganz anders als die harte Mundart, die man häufig bei Hafenarbeitern oder Billignutten hörte.

Wenig später gesellte sich auch Reddy zu uns.

„Ach", meinte er „Icke gräbt unsere Hamburger Dieern an."

„Aber nein" lächelte sie ihn an „ ich grabe den Berliner Jungen an!"

„Oops!" kommentierte ich den Gesprächsverlauf und fragte sie nach ihrem Namen.

„Ich heiße Rossi" antwortet sie.

Ich schmeichelte ihr und nannte meinen Namen. Rossi war kein Kind von Traurigkeit. Während Reddy weiterhin auf mich einlaberte, begann sie sich an mich zu schmiegen. Ihre erfahrenen Finger strichen über meinen Rücken, feste Brüste pressten sich gegen meine Rippen. Ich neigte meinen Kopf seitlich an Ihren Hals. Auch sie nahm auf die gleiche Art meine Witterung auf. Wieder einmal erkannte ich den Wahrheitsgehalt des Ausspruches „Man kann sich gut riechen." In der nächsten Stunde spürte ich Rossis erregende, heimliche Berührungen überall. Als sie mir dann zuflüsterte: „Komm mit, ich habe mit dir noch etwas vor", verabschiedete ich mich von Reddy mit der Empfehlung, den anderen nicht mehr so viel zu trinken zu geben. Mit Wolfgang und Klaus vereinbarte ich für den nächsten Morgen ein Treffen im Freihafen.

Vor dem Laden wurden wir von kühlem Nieselregen empfangen. Das half mir, das Rauschen aus meinem Kopf zu kriegen. Wir steuerten zügig einen in der Nähe befindlichen Taxistand an. Im Wagen gab Rossi ihre Adresse an. Noch während der Fahrer sein Taxameter einschaltete, begann Rossi sich noch intensiver als im „88" um mich zu kümmern. Theoretisch wohnte Rossi um die Ecke. Wie lange die Fahrt tatsächlich dauerte, vermag ich nicht zu sagen. Ich weiß nur noch eins: Als wir ankamen war mir meine Jeans definitiv zu eng geworden. Ich bezahlte den Fahrer, obwohl ich eigentlich der Meinung war, dass er fürs Zuschauen hätte bezahlen müssen. Wir stiegen aus und standen vor einem gepflegten Altbau mit Schrägdach. Im Treppenhaus beichtete Rossi mir, dass sie im vierten Stock wohne. Na toll, dachte ich mir und lächelte sie an. Schließlich wollte ich ja noch befriedigt werden. Oben angekommen flogen gleich ihre Cowboystiefel von den Füßen. Mit erregter Stimme schlug ich vor, uns erst einmal zu duschen. Während wir uns die Klamotten vom Leib rissen , drängte sie mich zur Dusche. In der Duschwanne drehte ich sie nicht gerade sanft mit dem Gesicht zur Wand. Ihre Hände drückte ich über ihren Kopf an die Wand, so dass sie sich abstützen musste. Wehrlos, wie sie mir in dieser Stellung ausgeliefert war, drängte ich mit meinem Knie ihre Beine auseinander. Während sie so vor mir mit durchgebogenem Körper stehen blieb, übergoss ich ihren Rücken von oben nach unten mit einer Spur Duschgel, das ich anschließend mit meinen Händen auf ihr verteilte. Ohne in sie einzudringen presste ich meinen Unterleib an ihren knackigen Hintern. Meine massierenden Hände hatten nun ihre Brüste erreicht. Das leicht schäumende Duschgel sorgte für ein geiles Gleitgefühl. Mit einem kleinen Lächeln stellte ich die Verhärtung ihrer Brustwarzen fest. Nachdem auch ihr schlanker Hals von mir massiert war, ging ich wieder nach unten, in Richtung Lustzentrum. Immer noch gegen sie gepresst, umfasste ich sie und liebkoste sie mit meinen Fingern zwischen ihren Beinen. Um besser agieren zu können bewegte ich mich mehr seitlich von ihr und fuhr mit der rechten Hand über ihre Hüfte, ihre Pobacken, die Furche entlang bis zu Ziel meiner Begierden. Ich füllte noch mal aus der Duschgelflasche nach und taste mich zu ihrer Lustperle vor. Als ich sie zwischen meinen Fingern hatte, gab es keine Gnade. Ich hörte erst auf, als ihre Schenkel zu zittern begannen und ihr Stöhnen mich ahnen ließ, dass sie kurz vor ihrem Höhepunkt stand. Aber wir waren ja nicht nur zu ihrem alleinigen Vergnügen hier. Also drehte ich sie mit dem Gesicht zu mir. Sie lehnte mit den Schultern an der Wand, das Becken mir entgegen gestreckt. Ich stand vor ihr, stützte mich mit den Armen an der Wand hinter ihr ab, so dass ihr Kopf zwischen meinen Armen war. Schließlich forderte ich sie auf, auch mich zu waschen. Sie gab sich allerdings weniger Mühe, als ich ihr zuvor entgegen brachte. Ich erkannte, dass es ihr nun vorrangig darum ging, ins Bett zu kommen. Da sich das mit meinen eigenen Interessen deckte, half ich mit, die Duscherei rasch zu beenden. Es reichte gerade mal für das Abspülen des Duschschaums. Nicht einmal fürs Abtrocknen blieb Zeit. Willig ließ ich mich in ihr Schlafzimmer drängen. Sie schubste mich aufs Doppelbett, riss an meinem Schwanz und steckte in sich in den Mund. Als ich so auf dem Rücken lag, verlangte ich von ihr, mir ihre süße Muschi zum Lecken darzubieten. Erst jetzt fiel mir auf, wie fein sie ausrasiert war. Nur ein schmaler kecker Irokese stand senkrecht da. Da ich nicht vor ihr kommen wollte, nahm ich außer der Zunge noch meine Finger zu Hilfe. Es gelang mir, sie soweit zu bringen, dass sie außerstande war mir einen zu blasen. Es schien, als würde sie versuchen die Laute, die ihrer Kehle entweichen wollten zu unterdrücken. Aber das gelang ihr nur unzureichend. Auf jeden Fall turnten mich ihr gepresstes Stöhnen mächtig an. Während sie kam, hielt sie sich mit beiden Händen an meinem Ständer fest. Fast so als würde sie in einem U-Bahnwagon eine Haltestange umklammern, um nicht während der Fahrt den Halt zu verlieren. Wenig später setzte sie sich auf meinen Schwanz und begann mit mir in die Nacht zu fahren. Bis zum Endbahnhof. Bei einem der vielen Zwischenstopps gelang es mir einen Wecker zu stellen. Viel Zeit ließ er uns aber nicht.

Punkt 7.00 Uhr machte er uns mit einem nervenden Geräusch wach. Mit einer Morgenlatte taperte ich ins Bad. Scheiße, dachte ich, schon wieder wund gerubbelt. Ich hoffte, dass das Brennen nachlassen würde, wenn er wieder Normalgröße annahm. Ich stieg in die Badewanne, schob den Duschvorhang zurecht und begann mich abzuduschen. Als ich damit fertig war, war auch Rossi im Bad. Sie stand vor dem Spiegelschrank und putze sich die Zähne. Fast ein wenig verliebt bewunderte ich ihre herrlichen Formen. Wirklich wunderschön. Als ich mich neben sie stellte, bot sie mir eine Zahnbürste und einen Einwegrasierer an. Die Zahnbürste nahm ich. Ich bediente mich aus ihrer Zahnpastatube und erklärte ihr, dass es fürs Rasieren keine Zeit gäbe. Ich versprach ihr aber, dass wir uns beim nächsten Mal gegenseitig rasieren würden. Während ich noch mit meiner Morgentoilette beschäftig war, verließ sie mit den Worten „Für ein Frühstücksbrot und einen Kaffee wird noch Zeit sein", das Bad. Ich folgte ihr kurz darauf in ihre geräumige Küche. Die Kaffeemaschine verströmte mit dem typischen Gluckern den herrlichen Geruch von frisch aufgebrühten Kaffee. Rossi stand vor einer Brotschneidemaschine, bekleidet nur mit einem T-Shirt, das ihr lediglich bis zu den Hüften reichte. Als sie sich umdrehte, konnte ich den Aufdruck KU lesen. Während sie mir zwei Scheiben Brot herüberreichte, blickte mich vorwitzig der Irokese an. Da wir in der letzten Nacht gute Bekannte geworden waren, kam ich nicht umher, meinen Kopf an ihm zu reiben. „Ich werde euch beide vermissen", seufzte ich.

„Keine Sorge", beruhigte sie mich und gab mir einen Kuss auf die Stirn „für dich ist in meinem Bett immer ein Plätzchen frei."

Als sie mir Kaffee eingoss, fragte ich sie, was sie so tun würde. Sie antwortete mir, dass sie den ganzen Sommer über auf Ibiza im KU gearbeitet hätte.

„Daher also das T-Shirt", unterbrach ich sie.

„Genau."

„Und was machst du hier?", fragte ich. Sie druckste ein wenig rum und erklärte dann:
„Ich arbeite bei Klaus, in der Davidstraße 14."
„Und Klaus beschützt dich?"
„Och, der Klaus ist ein Netter. Er ist froh, dass ich da arbeite. Ich ziehe die Kundschaft an, sagt er. Wegen mir gab es vor dem Laden schon mal einen Auffahrunfall.," sagte sie mit einem Lächeln.

„Na", grinste ich zurück, „Auffahrunfälle hatten wir in dieser Nacht auch ", - was uns beide zum Lachen brachte. Erneut sagte ich ihr, dass ich nun gehen müsse. Sie schrieb mir ihre Telefonnummer auf und brachte mich zur Tür. Unerwartet plötzlich veränderte sich ihre Stimmung. Ich stand bereits auf dem Treppenflur, und sie in ihrer geöffneten Wohnungstür. Jeder von uns beiden wollte noch etwas sagen, wollte noch etwas erklären, wollte irgendein kleines Geheimnis preisgeben, das den anderen möglicher Weise noch bei einem bleiben ließ. Doch beide waren wir noch zu sehr auf das Erreichen unserer eigenen Ziele fixiert. Die Zeit war noch nicht reif für totale Offenheit und Selbstaufgabe. Ich zog sie noch einmal in meine Arme.

„Ich weiß", versuchte ich sie zu trösten, „du hast auch deine Pläne.
„Ja", gab sie zu und wiederholte, was sie mir vor einigen Stunden schon mal sagte: „Ich möchte mir ein Apartment auf Ibiza kaufen. Und das werde ich auch schaffen. Und du siehst auch nicht so aus, als würdest du von deinen Plänen abrücken."

Da hatte sie Recht. Statt zu antworten, küsste ich sie sanft. Als ich ihr Gesicht so dicht vor mir hatte, sah ich, wie sich ihre Augen ein wenig mit Tränen füllten. Ich bekam einen Kloß im Hals und brachte einen Moment lang nichts hervor. Bevor es hier rührselig werden konnte drehte ich mich abrupt um und sagte ihr mit belegter Stimme:
„Ich melde mich."

Kurz bevor ich den nächsten, tieferen Treppenabsatz erreichte, schaute ich noch mal zurück und sah, wie sie sich das einzige Kleidungsstück, das sie trug *ihr KU-T-Shirt* über den Busen hoch gezogen hatte, um sich über die Augen zu wischen.

Der Anblick war so erotisierend, dass ich Probleme mit meiner Bewegungskoordination bekam. Ich geriet auf einer der Treppenstufen ins Stolpern und prallte gegen die gegenüberliegende Treppenflurwand. Ich überspielte meine Peinlichkeit mit einem Lachen, das ein wenig weiter oben von ihr erwidert wurde.

„So viel zum Thema Auffahrunfälle", vernahm ich noch, bevor ich mich schleunigst aus ihrem Blickfeld machte. Draußen auf der Straße erblickte ich an der Ecke, keine dreißig Meter entfernt, einen Taxistand. Ich stieg in den vordersten Wagen ein.

„Freihafen, Pier 13," instruierte ich den Fahrer und lehnte mich zurück.

Von der Fahrt bekam ich nicht viel mit. In meinen Gedanken wiederholten sich statt dessen immer wieder Szenen der letzten Nacht. Schauplätze waren ausschließlich das „88" und Rossis Wohnung.

Als wir uns dem Pier näherten, konnte ich bereits Klaus und Wolfgang durch den grauen Nieselregenvorhang ausmachen. Bei ihnen standen fünf weitere Männer südländischen Typs. Außer Josef kannte ich keinen. Ich bezahlte den Fahrer und stieg aus. Klaus schaute mich mit leuchtenden Scheinwerferaugen an. Weiß der Teufel, wie viel er wieder genommen hatte. Wir begrüßten uns, und Klaus beklagte sich darüber, dass er Schwierigkeiten gehabt hatte, Wolfgang zu wecken. „Und was war mit dir?" fragte ich Klaus. „Hattest du keine Schwierigkeiten zu schlafen?"

„Schlafen? Wovon träumst Du nachts, Mann!" Er tippte sich an die Stirn. „Ich hab Reddys Beutel gesehen, weiße Kristalle, Alter, und Du redest von Schlafen! Vergiss es!"

Ok, das hatte ich kapiert. Reddy gehörte zu der Sorte, die sich bevorzugt in Gesellschaft die Nase puderte. Notfalls musste seine Begleitung entsprechend animiert werden. Von Wolfgang kamen ein paar abfällige Bemerkungen wie: „Immer habe ich es mit Gifties zu tun."

„Lass ihn", beschwichtigte ich, „dafür kiffst du wie ein Geisteskranker. Und deine Aktien bei Remy Martin sind auch wieder gestiegen."

Da das ein Insiderwitz war, waren wir drei auch die einzigen, die darüber lachten.

„Und was ist mit dir?", fragte Klaus „Du sieht auch nur mäßig erholt aus."

„So sehen verliebte Jungs aus. Aber du weißt ja: Egon hat 'nen Plan!" erwiderte ich mit einer dezenten Anspielung auf die dänische Olsenbande.

Für Josef schien es nun an der Zeit zu sein, uns seine Begleiter vorzustellen. Alle waren Libanesen. Einer von ihnen, Reza, kam sogar selbst aus Berlin. Die anderen waren aus dem gesamten Bundesgebiet angereist. Alle hatten ein oder zwei Fahrzeuge mitgebracht, die sie auch verschiffen wollten. Während wir uns unterhielten, war der Verladevorgang im vollen Gange. Wir erkundigten uns, wie lange der Frachter unterwegs sein würde. Etwa acht Tage, wurde uns geantwortet. Ich fragte Wolfgang, ob er das mit den Papieren schon alles klargemacht habe. Er erwiderte mir, dass er mit Klaus schon alles erledigt hätte. Es bedurfte nur weniger Sätze mit unseren Fremdländern, um zu erfahren, dass alle in der BTM-Branche tätig waren. Im Laufe des Gespräches erhielten wir von den Libanesen ein äußerst großzügiges Angebot. Das Preis-Leistungsverhältnis war für deutsche Verhältnisse extrem günstig. Wir konnten daher gar nicht anders, als vor Ort per Handschlag und auf Kommission zehn kg libanesischen Hasch abzunehmen. Na ja, dachte ich mir, sie hatten ja noch unsere Fahrzeuge. Ansonsten sollte das Geld für die Ware bei unserem ersten Treffen in Beirut an Josef übergeben werden. Während wir uns verabschiedetet, gab uns Josef noch einen Tipp: „Ach so, wenn ihr nach Libanon fliegt, dann tut das nicht von Deutschland aus. Wenn ihr da ein Visum beantragt, steckt ihr automatisch in einer Rasterfahndung und seid im deutschen Netz. Gebt mir mal eure Namen. Ich sorge dafür, dass ihr in unserer Pariser Botschaft ein Visum bekommt. Da wird nichts registriert und nicht weitergemeldet. Den Franzosen ist es scheißegal, wie viele Deutsche von ihrem Land aus rausfliegen. Hauptsache es sind keine Franzosen."

Da nur ich und Wolfgang rüber fliegen wollten, gaben wir beide unsere Namen weiter. Anschließen trennten sich unsere beiden Gruppen.

Während wir drei die Straße entlangggingen und dabei nach einem Taxi Ausschau hielten, begann uns langsam zu dämmern, was da gerade passiert war. Im Grunde hatten wir doch nur vor gehabt, völlig legal Fahrzeuge ins Ausland zu verkaufen. Und auf einmal hatten wir zehn Kilogramm besten Hasch in der Tasche. Wir konnten uns nicht vorstellen, dass unsere neuen Geschäftspartner tatsächlich so naiv sein sollten, bei jeder Gelegenheit kiloweise Drogen mit sich herum zu schleppen und sie jedem Fremden, der ihnen begegnete, zu Dumpingpreisen und ohne Vorkasse aufzuschwatzen. Was war da also unbemerkt an uns vorbeigegangen? Warum sollten wir derart vom Glück geknutscht worden sein? Was hatten wir denn selbst an Informationen zu diesem Thema? Wolfgang, Klaus, Ralf und Rainer hatten zur damaligen Zeit im Großen und Ganzen die Neuköllner Hasenheide mit Haschisch versorgt. Da die Qualität ihrer Ware über dem üblichen Durchschnitt war und der Preis sogar unter dem Durchschnitt lag, waren sie begehrte Handelspartner. Eine, wenn auch seltene, Quelle war damals ein alter Libanese Namens Hassan, den Wolfgang kannte. Getroffen haben sich die beiden jedoch öfters. Meistens in der Kreuzberger „Microthek" in der Mariannenstraße. Die „Microthek" war ein kleiner, schmuddeliger Laden, der sehr rustikal eingerichtet war. Der Tresen war aus Holzbohlen und Vierkanthölzern zusammengezimmert. Es gab keine Zapfanlage. Nur Flaschenbier. Überhaupt gab es die meisten Getränke nur in Flaschen. Ausnahmen waren Kaffee und Tee. Hinter dem Tresen stand Locke. Locke war ein glatzköpfiger Riese, der den Laden gemietet hatte. Locke war es auch, der dafür sorgte, dass der Laden eine heroinfreie Zone blieb. Junkies wurden nur selten geduldet. Und dann auch nur, damit sie sich bei ungünstigen Witterungsverhältnissen kurz aufwärmen konnten. Ein Platz zum Konsumieren von Heroin war die „Microthek" nicht. Wahrscheinlich gab es deshalb auch selten Ärger mit der Polizei. Für das eigentliche, kiffende Stammpublikum schien sich von der Staatsgewalt glücklicherweise niemand zu interessieren. Das war auch gut, sonst hätte die Justiz reichlich zu tun gehabt. Wahrscheinlich wären sonst viele 68'er heute keine hohen Beamte, keine Richter oder Staatsanwälte. Junge Türken verirrten sich nur selten hierher. Da viele von ihnen auf Schick machten, suchten sie sich lieber Schuppen aus, mit denen sie bei ihren Bräute mehr Eindruck schinden konnten. Ansonsten war das Publikum bunt gemischt. Hier traf man Stundenten, Sozialhilfeempfänger, Körnerfresser, Mao-Zecken, alte Libanesen und alte Türken. Die, die hier her kamen, suchten keinen Streit, sondern Entspannung.

Wem das zu anspruchslos war, konnte um die Ecke gehen und sich im „Exil" oder im „Morgenrot" umsehen. Es war wohl in der „Microthek" gewesen, wo Wolfgang und Hassan bei einem gemütlichen Pfeifchen darüber sinnierten, was der jeweils andere denn noch so gebrauchen könnte. Irgendwann musste Hassan auf das Thema Auto gekommen sein. Wolfgang erfuhr also, dass deutsche Fahrzeuge im Libanon sehr begehrt wären. Vor allem Mercedes. Nur dürften es keine Dieselfahrzeuge sein. Deren Einfuhr wurde von der libanesischen Regierung verboten. Und es durften keine Motoren mit Einspritzung sein, weil es so gut wie keine Mechaniker gab, die daran ausgebildet waren. Wolfgang stellte es sich nicht besonders schwierig vor, in Berlin derart gewünschte Fahrzeuge zu kaufen. Blieb nur zu klären, wie die Dinger dann in den Libanon kämen. Worauf Hassan erklärte, er könne einen Kontakt vermitteln, der mittels eines eigenen Schiffes den Transport durchführt. Dieser Kontakt war Josef.

Als wir mit diesen Gedanken weiterhin die Straße entlang schlenderten, wurde uns klar, dass sich die Begleitumstände unseres gerade beendeten Treffens wohl nicht so zufällig ergeben hatten, wie es auf dem ersten Blick aussah. Es schien eher so zu sein, dass wir sehr diskret gelenkt wurden. Auf der einen Seite passte uns eine solche Form der Manipulation gar nicht. Auf der anderen Seite lockte immenser Profit. Ich hoffte nur, dass wir nicht verheizt wurden. So gingen wir also einer viel versprechenden und dennoch ungewissen Zukunft entgegen, jeder von uns mit ein paar Kilogramm Rauchmaterial in den kleinen Reisetaschen. In meiner Arzttasche waren zirka vier Kilogramm.

Es dauerte nicht lange, und ein Taxi nahm uns auf. Seitdem wir in Hamburg angekommen waren, hatte es nicht aufgehört zu nieseln. Bei so einem Wetter sollte man sich nur überdacht und motorisiert fortbewegen. Wir ließen uns am Hauptbahnhof absetzen. Dort kauften wir Bahntickets nach Berlin und stellten fest, dass bis zur Abfahrt noch eine Stunde blieb. Wir suchten uns daher auf dem Bahngelände einen Imbiss, in dem man sich auch hinsetzen konnte. Auf dem Weg dahin kamen wir an einem Zeitschriftenladen vorbei, wo wir Zigaretten und eine Tageszeitung kauften. Kurz darauf betraten wir einen der kleinen Imbissläden. Im Gegensatz zu mir hatten die anderen beiden heute noch nichts gegessen. Daher bestellte ich für mich nur einen Kaffee und las die Zeitung.

Als es soweit war, betraten wir den Zug, der uns nach Berlin zurückbringen sollte. Die Fahrt durch die DDR gestaltete sich sehr langweilig. Bis zur Ankunft verließ keiner von uns das Abteil, das wir für uns alleine hatten. Jeder döste einfach vor sich hin. Keiner verschwendete auch nur einen Gedanken an das Rauchmaterial und den bevorstehenden Grenzübertritt.

Berlin

Da auf dem Bahnhof Zoo zu viel Bahnpolizei und Bundesgrenzschutz herumlungerte, verließen wir bereits während des ersten Stopps in Berlin auf dem Bahnhof Grunewald den Zug. Von einer Telefonzelle aus telefonierten wir mit Ralf und Rainer und verabredeten uns mit beiden für den nächsten Vormittag bei Rainer. Anschließend trennten wir uns.

Ich fuhr nach Hause, rief meinen Flügelmann Tom an und bat ihn vorbeizukommen. Er wohnte nicht weit von mir in Moabit und konnte daher in zwanzig Minuten bei mir sein. Die Zeit reichte gerade, um mich heiß zu duschen und zu rasieren. Beim Abtrocknen kam es mir immer noch so vor, als würde zwischen meinen Beinen ein rohes Stück Fleisch baumeln. Was meine Gedanken wieder einmal in lüsterner Weise zu Rossi abschweifen ließ. Ich zog mich an, ging ins Wohnzimmer, streichelte meine Klipsch-Lautsprecher und legte „The Boys are back in town" von Thin Lizzy auf den Plattenteller. Der Sound brachte mich wieder in Stimmung. Es dauerte nicht lange, und es klingelte an der Tür. Ich öffnete und begrüßte Tom mit einem heavy duty-Gruß. Während ich ihn schon mal ins Wohnzimmer schickte, holte ich für ihn ein Bier und für mich eine Selters aus dem Kühlschrank. Auf dem Weg zurück schnappte ich mir meine Arzttasche. Im Wohnzimmer legte ich die acht Leinensäcke, die mein mitgebrachtes Material enthielten, auf den Tisch. Ich schnitt eines mit meinem Buck-Knife auf und pulte mit der Klinge ein wenig von dem klebrigen, öligen Material heraus. Dann übergab ich Tom die Probe und fragte ihn scheinheilig, ob er etwas damit anfangen könne. Er begutachtete die Materie und lächelte. Wir drehten uns einen Sticker und genossen die hochwertige Qualität. Anschließend gingen wir mit dem Material in die Küche. Ich hatte dort eine zwar alte, aber immer noch präzise messende Waage von Kern herumstehen. Irgendwann hatte ich sie auf einem Trödelmarkt erstanden. Wir wogen zwei Kilo ab, was genau vier Leinensäcken entsprach. Beim Abwiegen fiel mir auf, das alle Säcke einen „Marlboro"-Stempelaufdruck trugen. Ich beschloss, Tom zwei Kilo auf Kommission mitzugeben. Er fragte nach dem Preis und ich antwortete ihm: „Vier-Fuffzig das Gramm."

Er war sichtlich überrascht und meinte:

„Na, hoffentlich ist noch mehr von dem Zeug da."

Ich deutete auf die verbliebene Hälfte und sagte: „Die restlichen zwei Kilo sind für dich. Aber es muss schnell gehen."

Wir verabschiedeten uns und ich war wieder alleine.

Ich wohnte damals in einer im Erdgeschoß liegenden, ehemaligen Ladenwohnung. Von der Straße aus konnte man sie durch eine zweiflügelige, asymmetrisch geteilte Tür betreten. Ich benutzte diesen Eingang jedoch nur, um meine Harleys in die Wohnung rein und raus zu schieben. Ansonsten ließ ich die schweren Holzjalousien an der Tür und dem ursprünglichen Schaufenster unten. Der eigentliche Wohnungseingang war über den Hinterhof durch den Seitenflügel zu erreichen.

Gut gelaunt suchte ich also mein Bastelzimmer auf, drehte dort meinen kleinen Clarion-Autoturm, den ich irgendwann einmal von einem Junkie günstig erstanden hatte, auf und fing an, einen alten Tank von einer Panhead abzuschleifen. Ich war so guter Stimmung, dass ich nicht mitbekam, wie die Zeit verflog. Plötzlich stand Sonja hinter mir. Sie musste im Solarium gewesen sein und zudem beim Friseur. Außerdem hatte sie mir ein T-Shirt mitgebracht, das sie mir an den Körper hielt, um zu sehen, ob es mir passte. Da sie sich besonders hübsch zurecht gemacht hatte, fragte ich, ob sie noch etwas vorhabe. Sie erklärte mir, dass ihre Chefin Babsi aus ihrem Bahama-Urlaub zurückgekehrt sei. Aus diesem Anlass gäbe es eine Begrüßungsparty. Fast im gleichen Atemzug fragte sie mich, ob ich sie dorthin zur Arbeit fahren könnte.

„Kein Problem", stimmte ich zu.

Ich trennte die Stromzufuhr für mein Bastelzimmer und ging mich dann frisch machen. Obwohl meine Haare voll mit Schleifstaub waren, brauchte ich nur einen Bruchteil der Zeit, die Sonja normalerweise benötigt.

Auf dem Weg zu Sonjas Arbeitsstätte in der Gritzner Straße kam ein Song durch das Autoradio, der uns in besonderer Weise auf die Willkommensparty einstimmte: „LA Grange" von ZZ-Top. Inzwischen war es 18.00 Uhr. Ich hielt daher an einem U-Bahnhof, um Blumen zu kaufen. Etwas später waren wir am Ziel. Wie viele Berliner Bordelle war auch dieses für einen Uneingeweihten nicht auf den ersten Blick als ein solches zu erkennen. Der Betrieb war in einer großen Wohnung untergebracht. Betrat man die Räumlichkeiten, ging linker Hand unmittelbar nach dem Eingang eine Tür ab, die in den Küchenbereich führte. Als ich die Küche betrat, fiel mir ein leicht säuerlicher Geruch auf. Neugierig näherte ich mich der Quelle. Der Geruch wurde in einem offenen, großen Kochtopf erzeugt, der auf einem Herd stand. Ich stellte mich vor den Herd und sah, dass da eine Menge Naturschwämme ausgekocht wurden. Etwas unbedarft stellte ich die Frage in den Raum: „Warum kocht ihr denn die Schwämme? Müssen die erst weich gekocht werden?"

Alle anwesenden Mädels brachen ihre Gespräche ab und verließen recht zügig den kleinen Raum. Nur Sonja blieb. Also fragte ich sie noch mal.

„Tja", meinte sie etwas verlegen, „die meisten Mädels haben zur Zeit ihre Tage und damit die Freier von der Menses nichts mitbekommen nehmen sie solche Schwämme."

„Ach so", sagte ich, plötzlich erleuchtet. „Ihr schiebt euch die Schwämme in die Muschi."
Sie lachte.
„Ich wusste doch, dass du ein helles Köpfchen bist. Ein Freund einer Kollegin dachte, dass das Waschen mit den Schwämmchen ausreicht."
Da mir diese Erklärung genügte und in der Küche keine weiteren Neuerungen zu entdecken waren, verließen auch wir sie und gingen in den Aufenthaltsraum, in dem neun Personen anwesend waren. Sonja platze gleich heraus:
„Mein Dicker hat den Test bestanden!"
Worauf eines der Mädels maulte:
„Ich habe mit meinem Naivling ja schon Schluss gemacht."
Ich drehte mich, um alle Personen zu erfassen, und bekam Babsi ins Blickfeld. Wie es sich für jemanden gehörte, der gerade von den Bahamas kam, war sie mächtig braungebrannt. Babsi hatte blonde Haare und ein sehr hübsches Gesicht, aber leider auch um die neunzig Kilo Lebendgewicht. Ich ging auf sie zu und wir umarmten uns. Lachend gab sie mir ein Küsschen.
„Für die bestandene Aufnahmeprüfung."
Da er ein bisschen von Babsi verdeckt wurde, bemerkte ich erst jetzt ihren Mann Detlef. Er war etwa einen Kopf kleiner als Babsi und wirkte neben ihr eher schmächtig. Auch er begrüßte mich und nahm meine mitgebrachten Blumen entgegen um sie in eine auf einem Tisch stehende Vase zu stellen.
Der Aufenthaltsraum war hell eingerichtet. Mit drei großen Sofas, drei kleinen Tischen und mehreren dazu passenden Sesseln. In einer Ecke stand ein heller Schreibtisch mit einem Managersessel. Auf einem der Sofas saßen zwei Männer. Einer von Ihnen war Erwin. Bis vor kurzem war er noch Amateurboxer und Olympiateilnehmer gewesen. Heute lieferte er sich bevorzugt Kämpfe mit Bruder Alkohol und Bettenschlachten mit leichten Mädchen. Nun war er Malermeister und erzählte uns von seinen Plänen, in Berlin Tempelhof einen Thaipuff aufzumachen, was Babsi veranlasste festzustellen, dass er ja dann keine Konkurrenz wäre. Der andere Mann schaute etwas beschämt nach unten und sah dabei auf den ersten Blick aus wie Hassan aus der „Microthek". Während Sonja und Trixi den Raum verließen, ging ich auf ihn zu, und siehe da, er war es.
„Mensch Hassan", begrüßte ich ihn, „ich wusste gar nicht, dass du heute Ausgang hast."

Worauf eines der Mädels einwarf:
„Was denn, bist du etwa im Knast?"
Erstaunlicher Weise krümmten sich fast alle Anwesenden vor Lachen und hielten sich die Bäuche. Hassans Gesichtfarbe wurde noch dunkler und er selbst noch kleiner. Ich setzte mich neben ihn und umarmte ihn. Dann flüsterte ich ihm ins Ohr, dass ich weder in Kreuzberg noch sonst wo etwas sagen würde. Mein Versprechen sorgte zumindest dafür, dass seine Gesichtsfarbe wieder normal wurde.

Eine Nebentür ging auf und Sonja und Trixi betraten wieder den Raum. Sonja hatte ihre langen, roten Haare zu einer Löwenmähne geföhnt. Dazu trug sie ein schwarzes Korsett, das wie Satin glänzte und so eng geschnürt war, dass ihre Brüste zu festen, prallen Kugeln wurden. Ihre langen Beine schienen aus einem winzig kleinen schwarzen Tangaslip, der in einen Fingerhut passte, zu wachsen. Umhüllt wurden diese schönen Beine von High Heels, aus feinem Leder, die bis weit zu den Oberschenkeln reichten. Ich bin mir sicher, dass ich in diesem Moment nicht der einzige Mann in dem Raum war, der kurzeitig vergaß zu atmen.

Gleich darauf kam Trixi. Sie hatte sich als Schulmädchen zurecht gemacht. Seitlich am Kopf zwei Zöpfe, eine halboffene Matrosenbluse die ihre Brüste jedoch nicht zu sehr den Blicken anderer preisgab, dazu eine Krawatte, einen dunkelblauen Faltenrock, weiße Kniestrümpfe und, etwas unpassend, High Heels. Im Gesicht hatte sie sich, wohl mit einem Make-up-Stift, Sommersprossen aufgetupft. Beide Mädchen gingen zu einem sehr großen Bowlegefäß, in dem, wie mir gesagt wurde, der neueste alkoholische Insider-Drink der Karibik, die Bahama-Mama, mit einer Menge zerstoßenem Eis zusammen gemixt war. Auch mir und Hassan wurde je ein Glas gebracht. Hassan lehnte zunächst ab. Ich beruhigte ihn, dass Allah nicht hier her kommen würde. Außerdem war es ja schon dunkel draußen. Das schien ihm einzuleuchten. Es blieb auch nicht bei diesem einen Glas.

In der Zwischenzeit hatte der eigentliche Geschäftsbetrieb begonnen. Freier, die den Laden betraten, wurden von einem der hübschen Mädchen in Empfang genommen und auf ein freies Zimmer geführt. Einzeln kamen nun die Mädchen, um sich mit ihren Künstlernamen vorzustellen. In der Regel teilte der Gast dem letzten Mädchen seine Wahl mit, worauf die das gewünschte Mädchen zu ihm brachte. Der Freier äußerte seine Wünsche, und der entsprechende Preis wurde ausgehandelt. Das Bargeld wurde, bevor es losgehen konnte, von der Auserwählten gleich zur Chefin gebracht.

Es dauerte nicht lange, und auch Sonja wurde verlangt. Es hatte gerade mal für einige Drinks gereicht. Und da ich zum einen sowieso nicht vorhatte, die ganze Schicht hier zu verbringen, und zum anderen wusste, dass Sonja sich nicht so behaglich fühlte, wenn ich während ihrer Arbeit in der Nähe bin, verabschiedete ich mich, fuhr nach Hause und legte mich gleich schlafen.

Wach wurde ich, als an mir herrumgezerrt wurde. Noch im Dämmerzustand nahm ich die Ziffern der roten Leuchtdioden unseres Weckers war und die Person, die mich geweckt hatte. Erstere zeigten etwas nach vier Uhr an, der zweite Eindruck war Sonja. Schlagartig überkamen mich die Bilder aus dem Laden in der Grietzner Straße. Sonja in ihrer Liebesrüstung mit den schenkellangen Lederstiefeln. Ich kam sofort wieder in Stimmung. Immer noch kräftig nach Bahama-Mama riechend, liebten wir uns. Es war nicht ungewöhnlich für sie, dass sie nach getaner Arbeit noch eine Extraportion Sex wollte. Und zwar in einer Form, die sie sich von ihren Kunden strikt verbat. Wir waren ein eingespieltes Team, daher brauchten wir pro Durchgang selten länger als zwanzig bis dreißig Minuten. Früher war das anders. Da war sie der Meinung, dass der Mann, mit dem sie zusammen war nur platt gefickt aus dem Haus kriechen dürfe. Anderenfalls bestand ihrer Meinung nach die Gefahr, dass der Typ fremdgehen würde. In dem einem Jahr, das wir jetzt zusammen waren, hatte sich unter sanftem Druck und Geduld ein Vertrauensverhältnis entwickelt, das unter anderem dazu führte, dass ich mich nicht mehr genötigt sah, diese Marathongymnastik durchführen zu müssen. Glücklicher Weise ist bei uns nie der Fall eingetreten, dass die Kür zur Pflicht wurde. Ich glaube, wenn es so weit kommt, verschwindet das Feeling, und es ist besser, wenn man sich trennt.

Nachdem wir uns geliebt hatten, kuschelten wir uns aneinander. Mit etwas müder, leicht erschöpfter Stimme erzählte mir Sonja, dass Hassan öfter im Laden war. Er ging dann ausschließlich mit Trixi aufs Zimmer. Trixi meinte, das Hassan einfach zu handhaben sei. Eigentlich wäre er ein Lieber, der auch öfter Geschenke und Blumen mitbrachte. Trixi müsse eben nur die Schulmädchennummer abziehen. Ich erzählte, dass ich auf einen Anruf von Reddy wartete. Er würde mir Bescheid sagen, wenn der nächste Container mit Harley Davidsons in Hamburg ankommt. Kurz danach musste ich dann eingeschlafen sein. Der Wecker riss mich gegen 7.00 Uhr aus dem Schlaf. Ich trotte in die Küche, schmiss die Kaffeemaschine an und ging unter die Dusche. Als ich mit meiner Morgentoilette fertig war, duftete es angenehm nach frisch gebrühten Kaffee. Ich erlaubte mir eine Scheibe Brot mit Honig. Im Anschluss zog ich mich an und verließ das Haus.

    Den mit den Jungs vereinbarten Treffpunkt erreichte ich über den Stadtring, zu dem mich die Seestraße führte. Die Straßen waren noch nass vom nächtlichen Regen. Der Verkehr war auch noch ganz schön zäh. Nach zirka fünfzig Minuten parkte ich vor Rainers Wohnung. Als ich an der Wohnungstür ankam, öffnete mir Elke die Tür. Sie strahlte mich an. Nach der Begrüßung fragte sie, ob ich einen Kaffee haben möchte. „Ja", antwortete ich, „gerne." Während sie in der Küche verschwand, ging ich ins Wohnzimmer. Dort saßen Rainer und Klaus. Die Augen von Klaus hatten wieder Normalgröße. Auch sonst sah er erholt und ausgeschlafen aus. So nach und nach trudelten Wolfgang und Ralf ein. Ich erklärte, dass ich bereits zwei Kilo an Tom weitergegeben hatte, worauf Ralf Bedenken äußerte. Ob das denn auch sicher sei, fragte er. Ich antwortete ihm, dass das Material in die selben Kanäle fließen würde wie bisher auch, nämlich in die Berliner Bikerszene. Ich erwähnte noch, dass Tom auch auf die zweiten Kilos gierig sei. Erst recht, nachdem ich gestern mit ihm einen Probesticker geraucht hatte. Klaus und Wolfgang nickten verständnisvoll. Rainer, der wie so oft in seiner Decke eingehüllt auf dem Sofa saß und sich die Augen rieb, meldete, dass er auch etwas von dem Material rauchen wolle. Wolfgang legte ein etwa daumengroßes Stück vor ihm auf den Tisch. Rainer brannte dass Material an. Zusammen mit Ralf roch er an der erwärmten, nun rauchenden Substanz. Während Ralf begann, aus Ritzler-Blättchen einen Joint zusammen zu kleben, zerbröselte Rainer die Rauchware. Der fertige und angerauchte Joint machte die Runde. Klaus und Wolfgang und ich gaben die Tüte ungenutzt weiter. Die Zeit in Hamburg wirkt noch nach.
    Wir sprachen darüber, dass ich mit Wolfgang in neun Tagen zwecks Visumbeschaffung nach Paris aufbrechen würde, um gleich im Anschluss nach Beirut weiterzufliegen. Wir würden dort einige Tage bleiben, um die Fahrzeuge an den Mann zu bringen. Wolfgang informierte die beiden hier gebliebenen, dass wir Material dieser Qualität in Zukunft wahrscheinlich öfter beziehen könnten. Leider habe er Hassan noch nicht erreichen können. Was zumindest gestern auch schwerlich möglich gewesen wäre, dachte ich so bei mir, innerlich lächelnd. Da war er ja gerade beim Schulmädchenreport Teil 9.
    Wir diskutierten über die Verkaufsmodalitäten. Ich schlug einen

Abgabepreis von 4,50 pro Gramm vor, bei einer Mindestabnahmemenge von einem Kilogramm. Angesichts der superben Materialqualität schien das Ralf zu wenig zu sein, womit er zweifelsfrei Recht hatte. Ich gab zu bedenken, dass ein Teil des Erlöses dazu dienen musste, die von uns in Kommission genomme Ware zu bezahlen. Und das in genau neun Tagen im Libanon. Angesichts des diesmal bestehenden Termindruckes sollten wir den Schwerpunkt diesmal nicht auf Gewinnmaximierung, sondern auf rasch verfügbare Liquidität legen. Ralf war in unserer Runde schon immer der Gierige. Eine andere Eigenart war sein Image, das er pflegte. Die arroganten, coolen und überheblichen Bestandteile hatte er sich aus Alan-Delon-Filmen abgeguckt. Rainer und ich belächelten sein Machogehabe häufig, waren wir uns doch sicher, ihm jederzeit den Kopf abreißen zu können. Nachdem Wolfgang zusagte, dass er auch Rainer und Ralf mit Verkaufsmaterial versorgen würde, verblieben wir dahingehend, telefonischen Kontakt zu halten. Wir verabschiedeten uns von Rainer und Elke, verließen ihre Wohnung, und jeder von uns Vieren fuhr seiner Wege.

Ich hatte bereits vier Tage lang kein Workout mehr gehabt. Auf dem Weg nach Hause beschloss ich daher, nachher meine Sporttasche zu packen, den einen Häuserblock zum Leopoldplatz zu Fuß zu gehen und im Sportcenter Nord etwas für meinen Körper zu tun.

Das Nord, wie es häufig von seinen Mitgliedern genannt wurde, war ein sauberes, gut ausgestattetes Sportstudio, in dem sich bevorzugt Bodybuilder- und Kraftsportprofis quälten. Auch in diesem Studio fanden sich natürlich Räume mit Judo-Matten, Aufhängungen für Sandsäcke, große Wandspiegel, Solarien usw. Wie üblich benutzte ich die erste halbe Stunde Bauchtraining zum Warmmachen. Anschließend Brust und Trizeps. Nach etwa eineinhalb Stunden ging es dann noch für dreißig Minuten unter eine Sonnenbank. Die Dusche danach war ein echter Genuss. Ich zog mich an, nahm meine Sporttasche und schlenderte die etwa acht Minuten bis zu mir nach Hause. Hier hängte ich die feuchten Trainingsklamotten über der Badewanne zum Trocknen auf. Schließlich stieg ich in meinen R 16 und fuhr zu meiner Stammlackiererei in der Weddinger Badstraße, um Rahmen, Schutzbleche und Tank abzuholen.

Wieder zu Hause, legte ich sie zu den anderen bereits behandelten Teilen und begann sie zusammenzusetzen. Dabei treten gewöhnlich immer Schwierigkeiten auf. Harley Davidson sind nun mal keine Lego-Baukästen. Für die nächste Zeit verließ ich das Haus nur, um einzukaufen und zum Sport zu gehen. Besucher mussten sich in meinem Bastelzimmer abfertigen lassen. Auch Sonja musste auf meine Fahrerdienste verzichten. Aber das kannte sie schon. Nach fünf Tagen waren die 57'er Pan-Shovel und ich fertig. Wie es der Zufall so wollte, klingelte es kurz darauf an der Tür. Es war Wolfgang. Wolfgang war ungefähr Einenmeterachtundsiebzig groß, wog um die achtzig Kilo, mit leichtem Bauchansatz. Der kleine Finger seiner linken Hand ließ sich auf Grund einer Sehnenverletzung nicht mehr gerade strecken, so dass er wie eine kleine Kralle stets gekrümmt war. Wolle hatte mittellange, blonde Haare. Obwohl nicht schmutzig, wirkt er jedoch immer schlampig und schmuddelig angezogen. Sein verlebtes Gesicht ließ einen kaum ahnen, dass er gerade mal neunundzwanzig Jahre alt war. Er drückte sich sehr gewählt aus. Wie es seit geraumer Zeit Mode war, trug auch er bevorzugt Roots. Nach kurzer Begrüßung führte ich ihn gleich in mein Schrauber-Reich. Er blieb staunend vor der Maschine stehen und sagte:

„Das ist es! Das ist es!"

Ich ging um den Bock herum und schraubte rote Kennzeichen an die Sissybar. Für die eigentliche Kennzeichenhalterung, die sich seitlich an der Maschine befand, damit sie den Blick auf die breite Hinterradwalze nicht versperrte, waren diese Nummerschilder zu breit. In Berlin kann man spezielle Kennzeichenkombinationen für Motorräder erhalten, die außer der Ortsbezeichnung B darunter liegend nur ein oder zwei Buchstaben und ein oder zwei Ziffern enthalten. Diese Zeichen werden dann auch noch sehr eng beim Pressen der Schilder zusammengerückt, so dass äußerst kompakte Nummernschilder entstehen. Rote Überführungs- oder Probefahrtkennzeichen werden nicht so angefertigt.

„Na Wolle, eine Probefahrt?", juckte ich ihn an.

„Warum nicht", stimmte er zu. „Ist zwar ein bisschen kalt, aber wir wollen mit dem edlen Teil ja nicht bis nach Paris fahren."

Ich gab ihm eine Bomberjacke aus Leder, die war zwar etwas zu groß, dafür aber schön warm. Außerdem musste ich ihm noch einen Helm leihen. Da ich den Motor kurz zuvor eingestellt hatte, war ich mir sicher, dass nur noch Benzin nachgefüllt werden musste, um die Probefahrt beginnen zu lassen. Wolle half mit, das Maschinchen vor die Tür zu schieben. Draußen führte ich die für Harley Davidson übliche Startvorbereitungszeremonie durch, trat dann voll durch und ... nichts! Hey Baby, dachte ich bei mir, blamier mich jetzt nicht. Beim zweiten Versuch war sie dann da. Und wie! Wolle sprang um uns rum, als ob seine Freundin gerade ein Kind bekommen hätte. Er nahm auf dem Sozius Platz, und ab ging es. Ich fuhr erst mal nach Moabit in die Essener Straße zu Tom. Da seine Stammkneipe direkt gegenüber seiner Wohnung lag, rollte ich zunächst behutsam über den Bordstein des gegenüberliegenden Bürgersteiges, um einen Blick durch die Kneipenfenster zu werfen. Fast schon wie erwartet erspähte ich ihn am Kicker. Tom war ein sehr guter Kickerspieler, der sogar an Turnieren teilnahm. Auch er wurde auf uns aufmerksam, was bei der Auspuffanlage auch nicht weiter verwunderlich war. Durch die große Glasscheibe hindurch blickte er uns an, unterbrach sein Spiel und kam zu uns nach draußen.

„Wow, nicht schlecht!", sagte er als erfahrener Biker, der schon einige Harley Davidsons gesehen hatte. Nachdem er sie einige Minuten lang begutachtet hatte, gingen wir drei in die Kneipe zurück und setzten uns an den Tresen. Ich bestellte drei Beck's und, wegen dem Bock, drei Zigarren.

„Ist zu verkaufen", gab ich bekannt.

„Gut", sagte Tom „ich hol mal meine Sofortbildkamera und das Geld. Dann kann ich das Bild nachher noch rumzeigen".

Tom verließ den Laden und ging zu seiner Wohnung, um den Apparat und die 9.000 DM für die zwei Kilo zu holen. Als er die Straße überquerte, konnte ich sehen, dass sich schon ein paar Schaulustige um den Bock versammelt hatten. Es dauerte nicht lange, und Tom kam zurück. Wolle und ich traten vor den Laden und schauten zu, wie Tom aus verschiedenen Blickwinkeln Polaroids machte. Die Fotosession dauerte nicht lange, und wir gingen in die Kneipe zurück. Während Wolle für uns noch drei Bier bestellte, ging ich mit Tom auf die Toilette und zählte das Geld durch. Wie nicht anders erwartet stimmte alles. Wir gingen zurück in den Schankraum und stürzten unsere Beck's runter. Bevor wir uns verabschiedeten, ließ ich mir von Tom noch einige der Fotos geben. Nachdem wir vom Hof geritten waren, fuhr ich mit Wolle noch drei Bistros an, in denen Biker verkehrten, um die Maschine und meine Verkaufsabsicht bekannt zu machen. In jedem Laden hinterließ ich an der Pinwand eines der von Tom geschossenen Polaroids. Außerdem genehmigte ich mir jeweils ein Beck's. Wolle konnte sich als Beifahrer zusätzlich ein Paar Remy Martin erlauben. Während unserer Stopps unterhielten wir uns über die bevorstehende Reise nach Beirut. Wir freuten uns über Aktion und darüber, mal wieder etwas Neues zu sehen. Vor allem Paris. Nebenbei erwähnte er, dass er zwischenzeitlich Hassan getroffen und von ihm weiteres Material erhalten hatte, dass er an Ralf und Rainer weiter gegeben hatte. Irgendwann fuhren wir wieder zu mir, damit Wolle seinen Wagen abholen konnte. Ich selbst wäre mit all den Remys nicht mehr gefahren. Wolle war jedoch in solchen Dingen wesentlich geübter als ich. Bevor er losfuhr, sagte ich ihm noch, dass ich auf einen Anruf von Reddy wartete. Kam dieser Anruf rechtzeitig, wollte ich noch drei Tage nach Hamburg fahren, um mich um den aus den Staaten kommenden Harley Davidson-Container zu kümmern. Da Wolle unser Kassenwart war, gab ich ihm die neun Mille mit. Wir verabschiedeten uns, und er fuhr los. Trotz seiner Alkoholisierung sah man seinem Fahrstil die Promille, die er intus hatte, nicht an. Ich ging in meine Wohnung, legte „Stairway to Heaven" von Led Zeppelin auf und lümmelte mich auf meine Couch. Ich dachte an Hamburg, und mir fiel auf, dass ich Wolle gegenüber einen längeren Verweilzeitraum angegeben hatte, als für die Geschäftsabwicklung notwendig war. Erst jetzt wurde mir richtig bewusst, dass da wohl schon Rossi mit in die Zeitplanung eingeflossen sein musste. Verdammt, ich konnte diese Frau einfach nicht vergessen. Die letzten Tage war ich bemüht, sie nicht in meine Gedanken zu lassen. Die meiste Zeit klappte das auch. Und dennoch: Zwischendurch gelang es ihr immer wieder, in meinem Kopf Herumzuspuken. So wie jetzt. Keine Ahnung, wie ihr das gelang. Vielleicht half die Musik ein bisschen mit. Seit mehr als einem Jahr arbeite ich mit Sonja an unserer Beziehung, beide waren wir mit dem bisher Erreichten sehr zufrieden. Und nun passiert mir so etwas. Für Leute, die Schwierigkeiten hatten, mit Frauen in Kontakt zu kommen, mag das ja sehr schön sein. Aber für einen Jungen, der aus dem Leben kommt, sollte das nichts Besonderes sein. Eine gute Wohnung, gutes Einkommen und die Harley Davidson sorgen dafür, dass die Mädels Schlange stehen. Die guten Ficks kann man sich dann aussuchen. Aber das mit Rossi war etwas anderes. Um mich abzulenken, machte ich die Bude sauber, wusch vom Vortag übrig gebliebenes Geschirr ab und ging dann schlafen.

Am nächsten Morgen weckte mich das Telefon. Reddy war am Hörer und teilte mir mit, dass die Container eingetroffen seien. Ich sicherte mein Kommen für den nächsten Tag zu. Anschließend rief ich Bart-Rolf an, den ich aus dem Nord kannte. Auch er war begeisterter Harley Davidson-Fahrer, der sich ab und zu HD-Teile von mir besorgen ließ. Für die jetzige Lieferung hatte ich vor, mir wieder einmal seinen Ford Bronco auszuleihen. Er hatte kein Problem damit, dass wir für die nächsten Tage unsere Fahrzeuge tauschten. Dazu verabredeten wir uns für den nächsten Vormittag im Sportstudio Nord zum Training. Als das geklärt war, ging ich zu Fuß zum Leopoldplatz, um in der dortigen Karstadtfiliale Nachschub für unseren Kühlschrank einzukaufen. Nachdem ich den Einkaufswagen voll gestopft hatte und dafür einen nicht gerade kleinen Betrag an der Kasse losgeworden war, machte ich noch einen Abstecher in die Schallplattenabteilung. Eigentlich wollte ich nur die neuste Scheibe von Brian Ferry kaufen, aber über die Lautsprecheranlage lief gerade ein Song, der mir auf Anhieb gefiel. Ich fragte nach und erhieltdie Auskunft, dass es sich um „Message in a Bottle" von „The Police" handelte. Ich nahm auch diese Scheibe mit und hatte es nun eilig, nach Hause zu kommen, um mir die Platten anzuhören. Als ich nach Hause kam, war Sonja gerade aufgestanden. Ich sah sie Augen reibend ins Badezimmer gehen, schmiss die Kaffeemaschine an, ging dann fast schon eilig ins Wohnzimmer und legte zuerst Brian Ferry auf. Ich drehte die Anlage lauter als sonst, damit ich auch in der Küche noch genug hören konnte, und ging zurück. Nach geraumer Zeit kam Sonja aus dem Bad. Sie war gut aufgelegt und wiegte sich im Takt der Musik. Mehr als über die Musik freute sie sich über den vollen Kühlschrank. Wir nahmen alles, was wir fürs Frühstück brauchten, mit ins Wohnzimmer. Als sie sah, dass hier schon sauber gemacht worden war, freute sie sich noch mehr und gab mir einen zärtlichen Belohnungskuss. Wir machten uns über die Brötchen her und genossen die gute Musik. Ich legte eine Kassette zum Überspielen ein und startete den Plattenspieler noch mal. Während ich die Songs auf Kassette aufnahm, klingelte das Telefon. Tom war dran und teilte mir mit, dass er unbedingt vorbei kommen müsse, da einer seiner Bekannten starkes Interesse an meiner Harley angemeldet hatte. Außerdem wollte Tom noch wissen, ob ich den Videofilm aus der letzten Woche da hätte.

„Ist noch da", beruhigte ich ihn. Als ich das Gespräch beendetet, musste ich ziemlich fröhlich ausgesehen haben, denn Sonja fragte mich, was es denn so Erfreuliches geben würde. Ich erklärte ihr, dass Tom gleich auftauchen und einen Käufer für die 57'er Pan-Shovel mit Wishbone-Starrahmen, Fußkupplung, und Jockey-Shift mitbringen würde. Durch die Beschreibung wusste sie, von welchem Bock ich eigentlich redete. Als ich ihr dann noch sagte, dass die Maschine wenigstens 20.000 DM bringen würde, war ihre Freude sogar noch größer als meine. Und wie ich es nicht anders erwartet hatte, verplante sie auch gleich einen Teil des Geldes:

„Prima", meinte sie glücklich „dann kann ich ja meinen Führerschein machen!"

„Klar, " meinte ich, „wird ja auch langsam Zeit."
Es klingelte an der Tür als Sonja und ich gerade mit dem Abwaschen fertig waren. Ich öffnete und sah Tom mit einem hundert-Kilo-Menschen, der kurze blonde Haare hatte. Wir gingen in meinen Schrauber-Raum. Als der Blonde die Harley Davidson sah, blieb er einen Moment lang regungslos vor ihr stehen. Dann sank er andächtig auf die Knie und begann sie zu streicheln. Prima, dache ich mir, der Bock kommt in gute Hände. Ich nahm Tom beiseite und fragte ob er einen Preis vereinbart hatte. Als er verneinte stellte ich mich neben die Maschine sagte zu meinem Gast:

„Für zweiundzwanzigtausend ist sie deine."

„Einundzwanzigtausend", schlug er vor.

„Abgemacht", akzeptierte ich.

Das ging ja rasch, freute ich mich innerlich. Mir fiel auf, dass er voller Verzückung das verkürzte Gestänge der Handschaltung betrachtete. Ich fragte ihn daher, ob er schon mal mit einem Handgeschalteten Jockey-Shift gefahren sei und wie lange er schon Motorrad fahre. „Zehn Jahre", antwortete er mir.

„Gut", meinte ich „Dann dürfte es keine Probleme geben. Auch nicht mit dem Antreten. Meine Böcke haben nämlich keine E-Starter."

„Tja", meinte er, „das muss ich eben lernen."

Er stand auf und zeigte mir das Geld. Worauf ich ins Wohnzimmer ging und die Fahrzeugpapiere holte. Als ich zurückkam, hatte Tom eine der Maschinen von ihrer Abdeckung befreit, die ich selber noch ein paar Monate fahren wollte, bevor ich sie verkaufen würde. Dieses Modell toppte die gerade eben verkaufte Maschine nicht nur an Optik, sondern auch an finanziellem und arbeitstechnischem Aufwand deutlich. Auch diese Maschine war Baujahr '57 und eine Pan-Shovel oder eben Early-Shovel. In dem Panhead-Kurbelgehäuse steckte also ein Shovelhead-Zylinderkopf, der aus den 60er Jahren stammte. Selbstverständlich hatte auch dieses Schmuckstück einen Wishbone-Starrrahmen, zudem Qwiksilver-Vergaser, eine um 17° geneigte und verstärkte Jan-Hessen-Gabelbrücke, 3" Beltdrive, den ich bevorzugt offen fuhr, kontaktlose Doppelzündung, handgefertigten Benzin- und Öltank, handgefertigte Heckschürze, Black-in-Black-Lackierung, vergoldete Schraubenköpfe, knallgelbe Zündkabel, Ape-Hanger, Shotgun-Auspuffanlage, Ölkühler und natürlich seitlich angebrachter Nummernschildhalterung. Der Mann stand vor dem Prunkstück und schluckte

„Irgendwann sieht meine auch so aus," sagte er ehrfurchtsvoll.

„Na, da kannst du noch mal fünfzehntausend drauflegen", machte ich ihm klar.

Tom schien es zu gefallen, dass der Blonde so beeindruckt war. Um das zu steigern, zog er eine Abdeckung von einem Knucklehead-Motor mit Getriebe und Nebenaggregaten herunter, den ich schon für eine andere Maschine bearbeitet hatte. Als er den Hochglanzpolierten und an vielen Stellen verchromten Motor vor sich sah, war das beinahe zu viel für den armen Kerl. Ich riss ihn aus seiner Verzückung und zeigte ihm die Originalpapiere aus den Staaten. Der Brief war knapp zwei Jahre jünger als der Motor. Erstzulassung 1959. Konnte also ohne Blinker gefahren werden. Wir unterschrieben den Vertrag. Der Umschlag mit der Kohle passte perfekt in die Brusttasche meines Holzfällerhemdes. Zur Besiegelung nahm ich aus meinem kleinen Bastelraumkühlschrank ein paar Beck's. Ich zog die schweren Holzjalousien hoch, Tom öffnete die beiden Ladentürflügel, und der Blonde schob seine Maschine nach draußen. Auf dem Bürgersteig versuchte er dreimal, den Bock zu starten. Ich schob ihn beiseite und gab ihm eine kleine Einweisung zum Thema Harley Davidson-Motoren-Anwerfen. Ein- bis zweimal Gashahn durchziehen, Choke ziehen, mit dem Fuß langsam und mit Gefühl den maximalen Kompressionspunkt ertasten, und dann voll durchtreten. Sie kam gleich. Da war sie wieder, die Musik, die ich so liebe. Ich sagte dem Blonden noch, dass er die roten Kennzeichen später Tom geben sollte. Er nickte, setzte sich auf seine neue Perle, und ab ging es. Beim Schalten war er noch etwas unsicher, aber man merkte, er hatte Gefühl für den Bock. Ich ging mit Tom wieder in die Wohnung, machte die Eingangstür dicht und übergab ihm den am Telefon erwähnten Videofilm, der diesmal aus den restlichen zwei Kilo Rauchware bestand.

Wir verabschiedeten uns und ich machte mich auf den Weg ins Nord, um mit Bart-Rolf zu trainieren und anschließend die Fahrzeuge zu tauschen. Beim Training erzählte er mir, dass er ein unglaublich günstiges Angebot für Koks bekommen hätte. Ich sagte ihm zu, dass auch ich mich nach Abnehmern umsehen wolle.

Nach dem Training fuhr ich mit Rolfs Bronco nach Hause, packte eine Reisetasche, stieg wieder in den Wagen, fuhr zur nächsten Tankstelle, tankte ihn voll und ab ging es in Richtung Heerstraße zum Grenzübergang in die DDR. Auf der Transitstrecke durfte zwar nur 100 km/h gefahren werden, aber gerade deshalb war es ein sehr angenehmes Dahingleiten. Der große amerikanische V8 brubbelte sanft vor sich her, die teure Clarion-Musikanlage hatte keine Probleme, ihren satten Sound zu verbreiten. Ich hatte die beiden neu überspielten Kassetten mit Brian Ferry und Police dabei.

Hamburg

Etwa drei Stunden später hielt ich vor Reddys Laden, dem „Silbersack". Drinnen wurde ich herzlich von ihm begrüßt. Wir setzten uns in seine Stammnische am Tresen, die sich bei Bedarf auch mit einem Vorhang zuziehen ließ. Er ließ uns Kaffee kommen und erzählte mir, was alles in den Containern aus Übersee angekommen war. Unter anderem auch zwei Springer-Gabeln, ein Trike – wohl ein ehemaliger Werkzeugwagen der Polizei aus den vierziger Jahren – und vieles mehr. Im Geiste stellte ich schon meine Wunschliste zusammen
„Ich brauche zusätzlich einen Knickrahmen", meinte ich zu Reddy.
„Ist da, komplett mit Shovel-Motor" erwiderte er.
„Dann nichts wie hin," sagte ich.
Wir fuhren mit dem mitgebrachten Ford Bronco zu Tütes Schrottplatz nach Altona. Etliche Baustellen sorgten dafür, dass die Fahrt deutlich länger dauerte als sonst. Während der Fahrt genoss Reddy meine Musik. Bei Tüte angekommen, begrüßten wir uns mit einem Heavy Duty- Handschlag. Der Schrottplatz war vollgestopft mit Autowracks, die an vielen Stellen schon übereinander gestapelt werden mussten. Ich entdeckte einen neuen Wohnwagen, der von Tüte offensichtlich als Büroraum genutzt wurde. War auch an der Zeit, dass er seine alte, winzige Nussschale, die er bisher als Geschäftsraum genutzt hatte, , entsorgte. Wie er mir erzählte, schlief er zurzeit sogar in dem neuen Wohnwagen, da er Zoff mit seiner langjährigen Freundin hatte. Angeblich sollte er es mit Teenies getrieben haben. Alles Verleumdung, lachte er. Ich wählte den Shovel-Motor mit dem Knickrahmen, die beiden Springergabeln, zwei breite Hinterradfelgen, zwei sehr ausgefallene Tanks und vierzig Liter fünfzig-fünfzig Motorenöl. Ich musste ganz schön rumschieben, um alles in dem Bronco unterzubringen. Da der Motor kein Öl mehr enthielt, konnte ich ihn gleich hinlegen und günstig zurecht schieben. Felgen und Lenker musste ich abbauen. Nachdem alles verstaut war, tranken wir noch ein Beck's, und ich bezahlte 8.000 DM. Wenn es mir gelang, die Schrotteile nach meinen Vorstellungen zusammen zu bauen, würde mir die fertige Maschine etwa 20–50-tausend bringen. Schrott ist eben teuer.

Ich fuhr mit Reddy zurück zum Silbersack. Unterwegs erzählte er mir, dass zwischenzeitlich Rossi bei ihm im Laden gewesen war. Der Silbersack gehörte zu den Gaststätten, die zusätzlich über eine Pension verfügte, in der die Mädchen ihrer Arbeit nachgehen konnten. Es war daher nicht verwunderlich, dass Reddy sich bei Rossis Besuch erhoffte, sie würde den Arbeitgeber wechseln

„Aber nein", spielte er den verärgerten, „weißt du, was sie stattdessen wollte?"

„Woher denn," tat ich ahnungslos.

„Sie hat nach dir gefragt.".

„Und, was hast du gesagt?".

„Dass du rüber kommst, wenn die Container da sind."

Die Vorstellung, demnächst mit ihr zusammenzutreffen und ihr erklären zu müssen, warum ich denn nicht wie verabredet angerufen hatte, ließ mich vor Anspannung das Lenkrad fester umklammern

„Na sauber," murmelte ich verstimmt. „Und, weiß sie, dass die Container schon da sind?" wollte ich wissen.

Er schüttelte den Kopf und lachte. Statt die Sache auf sich beruhen zu lassen, musste er weiter bohren:

„Warum eigentlich nicht?" meinte er. „warum greifst Du Dir den heißen Ofen eigentlich nicht? Jedes Mal, wenn sie in der Davidstraße steht, herrscht da ein Verkehrschaos. Die hat doch auch Interesse an dir."

„Ich hab doch schon mit Sonja den Kopf voll. Und dann auch noch eine zweite Maus? Ich bin doch froh, dass ich Sonja endlich soweit habe, dass ich nach einer Liebesnacht mit ihr aus eigener Kraft und aufrecht aus dem Haus gehen kann. Und das hat schon lange genug gedauert!"

Unerklärlicher Weise fing er laut an zu lachen und krümmte sich dabei wie ein Embryo zusammen. Nach wenigen Sekunden liefen ihm Tränen übers Gesicht. Statt endlich Ruhe zu geben fing er sogar noch an, vor Lachen zu schreien. Er brachte dann noch hervor: „Halt an, ich piss mir sonst in die Hose!"

Genervt ging ich sofort auf die Bremse. Zufällig stoppten wir vor einer Gaststätte. Reddy stürmte hinein. Als er wieder kam, sagte er: „Weißt du, Icke, das liebe ich so an dir. Du bist so grundehrlich, dass ich manchmal glaube, du willst mich auf den Arm nehmen."

„Das wird wohl schwer, Reddy", grinste ich und dachte dabei an sein hundertfünfunddreißig Kilo Kampfgewicht. Und wieder lachte er los. Nach ein paar Minuten sagte er: „Ich steh drauf, mit dir durch die

Gegend zu ziehen. Du kannst dir gar nicht vorstellen, was hier so für Typen rumrennen. Einer ist breiter als der andere. Und wenn es mal Ärger gibt, schmeißen sie sich in den Splittergraben."
Ich sagte nur „Entschuldige."
Er wusste aber, wie ich es gemeint hatte, und lachte wieder los. Während der Fahrt zum Silbersack dirigierte er mich, wohl nicht ohne Hintergedanken, über die Davidstraße. Wir kamen von oben auf die Reeperbahn zu. Rechts sah ich die Davidswache, und links sah ich sie! Sie schien heftig mit einem Kerl zu diskutieren, vielleicht sogar zu streiten, denn sie schüttelte energisch ihren Kopf. Zusätzlich hatte sie ihre rechte Hand erhoben und schwenkte sie heftig mit ausgestrecktem Zeigefinger. Selbst aus der Ferne konnte man leicht erkennen, dass ihre Gesten ein eindeutiges Nein ausdrückten. Sie drehte sich abrupt um und wollte gehen. Da griff der Kerl ihr von hinten an den Kopf und in die Haare. Zu diesem Zeitpunkt hatte ich unsere Geschwindigkeit bereits so verlangsamt, dass wir selber zum Verkehrshindernis wurden. Ich musste mich nun umdrehen, um die Szene weiter beobachten zu können. Als ich das mit den Haaren sah, brachte ich den schweren Wagen innerhalb von zwei Metern zum Stehen. Ungeachtet des Verkehrs riss ich die Fahrertür auf, rief Reddy zu, er solle wegen der Kennzeichen zum Silbersack fahren und rannte los. Aufgebracht schoss mir durch den Kopf: Was macht der Penner da mit meinem herrlichen Arsch? Während ich angerannt kam, sah ich, dass Rossi mit beiden Händen nach hinten langte, die Hand des Idioten ergriff, sie fest umklammerte und sich mit ihrem Körper unter seiner Hand wegdrehte. Dabei entstand eine Art Handgelenk-Dreh-Kipp-Hebel, wie er auch während der Polizeiausbildung gelehrt wird. Glücklicherweise gehen fast alle Bullen nach ihrer Ausbildung nicht mehr zum Training. Ich hatte jedenfalls vor, dem Schwachkopf aus vollem Galopp einen satten Ellbogen einzuschenken. Aber Rossis Hebel war so wirkungsvoll, dass ich über ihn hinweg gedroschen hätte, da er sich unter Schmerzen bereits nach vorne gebeugt hatte. So blieb mir nichts anderes übrig, als ihm aus dem Laufen heraus das rechte Knie gegen den Schädel zu rammen. Es knirschte unheimlich. Er hob regelrecht nach hinten ab und schlug schwer mit dem Rücken auf. Dabei knallte er hart mit dem Hinterkopf auf den Bürgersteig. Ich nahm Rossi bei der Hand und schaute mich besorgt um, da die Davidswache in direkter Sichtlinie lag. In unmittelbarer Nähe waren aber nur Arbeitskolleginnen von ihr. Es sah so aus, als hätten sie ihr auch beistehen wollen. Nun, da hatte ich mich wohl etwas vorgedrängelt. Zeit ihnen zu danken hatte ich auch

nicht, ich hielt es nämlich für angebracht mit Rossi im Schlepptau das Weite zu suchen. Hand in Hand rannten wir beide ein Stück die Davidstraße zurück, bogen in die Kastanienstraße ein, rannten sie entlang in Richtung „Chicago" und Hans-Albers-Platz. Beim Rennen stellte ich erstaunt fest, dass ich Rossi nicht mehr hinter mir her zog, sondern sie stattdessen neben mir, teilweise sogar leicht vor mir rannte. Au warte, dachte ich mir, die hat aber Dampf in den Beinen. Die ist imstande und rennt dir noch davon! Wir kamen auf den Hans-Albers-Platz und liefen quer rüber zur Reeperbahn, bogen dort ein und stoppten. Beide standen wir einfach nur da, hielten uns an den Händen und schauten uns an. Ihre herrlichen Brüste hoben und senkten sich außer Atem durch den Sprint, den wir gerade hinter uns hatten. Sie schmiegte sich an mich und flüsterte mir ins Ohr: „Ich wusste, dass du mein Prinz bist, in leuchtender Rüstung!"

Ihr Prinz zu sein war in Ordnung, nur mit einer leuchtenden Rüstung konnte ich nichts anfangen. Glücklicherweise nutzte sie diesen kurzen Moment meiner Verwirrtheit, um mir ihre Zunge in den Mund zu stecken. Ab da wollte ich von dem Rest ihrer Metapher gar nicht mehr so viel wissen. Es kam mir vor, als hätten wir einen Pakt geschlossen. Mir wurde klar, dass es richtig zwischen uns gefunkt hatte. In diesem Moment war es mir egal, dass ich meine vorher selbst auferlegten Prinzipien über Bord warf. Obwohl sich ihre Augen mit Tränen füllten, lachte sie, während sie mein Gesicht mit Küssen bedeckte. Wir gingen los in Richtung Silbersack und legten unsere Arme umeinander.

„Ich war bei Reddy," sagte sie „Zuerst hat er sich darüber gefreut. Aber als ich nach dir fragte, entgleisten ihm seine Gesichtszüge."

Ich musste lachen. Es schien, als würden wir die kurze Strecke zum Silbersack nicht gehen, sondern schweben. Vor dem Eingang kamen wir wieder auf die Erde zurück. Ich schaute mich um und sah den Bronco nirgends. Wir traten ein und gesellten uns zu Reddy, der am Ende des Tresens stand. Er spielte mal wieder den Verärgerten.

„Das nächste Mal lass mich gefälligst nicht im Auto zurück. So was macht mir doch auch Spaß."

Rossi meinte: „Was wolltest du denn da noch machen? Der Kerl war doch schon absolut platt."

Er lachte: „Das habe ich gesehen. Von der Ampel aus, als sie rot war."

Er griff unter den Tresen, hantierte dort ein wenig und erzeugte dabei ein dumpfes Hallen. Seine Hände wurden wieder sichtbar und hielten dabei eine Flasche Dom Perignon. Er griff noch mal nach unten und brachte mit dem Spruch: „Auf das neue Paar!", drei Champagner-Gläser zum Vorschein. Wir lachten und ich drückte Rossi an meine Seite. Überhaupt lachten wir in den nächsten zwei Stunden viel. Reddy konnte sehr unterhaltsam sein. Nach der ersten Flasche ging Rossi telefonieren, und Reddy machte die zweite auf. Ich bestand darauf, zumindest diese eine selbst zu bezahlen.

„Für dich dreihundert", meinte er.

„Ist auch ok", akzeptierte ich angenehm überrascht. Rossi kam vom Telefonieren zurück und berichtete, dass der Ungeschickte von vorhin mit einem Krankenwagen abgeholt worden sei. Eines der in der Nähe gewesenen Mädchen hatte sich als seine Freundin ausgegeben und war im Unfallwagen mit ihm ins Krankenhaus mitgefahren.

„Vor euch Frauen ist man wohl nirgends wo sicher, was?", stellte Reddy kopfschüttelt mit einem Lachen fest.

„Richtig," bestätigte Rossi und deutete dabei mit dem Zeigefinger in seine Richtung.

„Na ein Glück", meinte ich, „So weiß ich wenigstens, was los ist."

Rossi wusste noch zu berichten, dass der Kerl einen Jochbeinbruch und eine Gehirnerschütterung hatte. Außerdem teilte sie mir mit, dass Klaus uns beide morgen treffen wollte.

„Kein Problem", stimmte ich grinsend zu. Wahrscheinlich hatte Klaus Befürchtungen, dass ich im seine Edeldirne entführen könnte. Reddy machte mir ein diskretes Zeichen, dass mir bedeutete, mit ihm nach hinten zu kommen. Ich sagte Rossi, dass ich gleich zurück sein würde und folgte ihm in sein Büro. Er kramte wie so oft seinen Koksbeutel raus und bot mir eine Line an. Ich lehnte dankend ab.

„Meine Droge sitzt heute bei dir am Tresen", erklärte ich entschuldigend.

Er lachte verständnisvoll, um dann mit gespielter vorwurfsvoller Stimme zu fragen:

„Du wirst doch wohl nicht völlig aufhören zu feiern, oder?"

„Bestimmt nicht!", tat ich entrüstet. „Aber ich fühle mich mit Rossi so wohl, dass ich im Moment gar nichts anderes brauche. Ich habe schon Hochgefühle, wenn ich sie nur ansehe."

„Sollte es morgen mit Kläuschen irgendwelche Probleme geben, dann ruf mich an. Rossi kann natürlich auch hier arbeiten."

Obwohl dieses Angebot wahrscheinlich nicht ganz uneigennützig war, war ich ihm für seine Offerte dankbar. Wir gingen zurück in den

Schankraum und sahen, dass sich einige von Rossis Arbeitskolleginnen zur ihr gesellt hatten. Als sie mich sahen, ging ein Gejaule durch die Mädchenparade. „Da ist ja dein Prinz, Rossi!", rief eine von ihnen. Das mit dem Prinzen wurde langsam nervig und ich hoffte, dass das demnächst von alleine aufhörte. Die Mädchen sahen durch die Bank gut aus. Jede auf ihrer eigene Art. Reddy war im Begriff, Getränke für die Frauen auszuteilen. Ich hielt ihn davon ab, deutete auf die zweite, noch fast volle Schampusflasche, die ich vor einigen Minuten preiswert bei ihm erstanden hatte und ließ von ihm damit die Gläser der hübschen Geschöpfe füllen. Wie in der Branche üblich, wurde das von den Mädchen entsprechend laut und überschwänglich honoriert. Rossi beteiligte sich nicht an den Lobpreisungen. Stattdessen zog sie mich dichter an sich und flüsterte mir ins Ohr:

„Du musst hier nicht den Freier mimen."

Im ernsten Ton erwiderte ich, dass ich bestimmt kein Freier bin.

„Im Moment geht es nur darum, mit deinen Kolleginnen anzustoßen. Oder willst du mit ihnen nicht anstoßen?"

Diese Erklärung schien ihr zu genügen. Jedenfalls nickte sie zur Bestätigung. Wir zwei Männer und die fünf Frauen waren bester Laune. Reddy flirtete mit den restlichen zur Verfügung stehenden Mädchens was das Zeug hielt. Ich bestellte daher noch eine Flasche zum Vorzugspreis. Irgendwann meinte Rossi lachend: „So, mein Prinz. Bring mich nach Hause, oder ich schmeiße mit Gläsern."

Was erneutes Gelächter hervorrief und jede Menge gut gemeinte Ratschläge.

„Na, streng dich mal an, Icke."

„Dass uns keine Klagen kommen."

„Nimm sie bloß mit, ich brauche meine Gläser noch!"

Ich bekam noch mehr zu hören und beeilte mich, nach meiner Rechnung zu fragen. Reddy rundete auf 500 ab. Ich zahlte und bemerkte, dass Rossi eine Sporttasche an sich nahm. Ich fragte sie, wo die denn herkommen würde. Sie antwortete mir, dass die von einem der Mädchen aus der Davidstraße mitgebracht worden sei. Sie habe da ihre Sachen zum Umziehen drin. Wir verabschiedeten uns von den anderen. Ich nahm Rossi bei der Hand, was ihr aber nicht zu genügen schien, denn sie riss sich los und legte ihren Arm um meine Hüfte. Ich legte meinen Arm um ihre Schulter und wir verließen rückwärts gehend, dabei winkend, den Laden.

Draußen schaute ich mich nach dem Bronco um. Dann fiel mir ein, dass Reddy ja den Wagen zuletzt gefahren hatte und ich vergessen hatte, ihn nach Standort und Schlüssel zu fragen. Also ging ich wieder zurück. Reddy grinste, gab mir den Schlüssel und erklärte mir, dass der Wagen hinten auf den Hof stehe. Er führte mich durch eine Seitentür. Ich stieg in das Fahrzeug, und er öffnete das Tor zur Ausfahrt. Vor der Auffahrt zum Gebäude, noch auf dem Bürgersteig, blieb ich stehen und öffnete Rossi von innen die Beifahrertür.

Als sich durch das Türöffnen die typisch amerikanischen großen hellen Innenbeleuchtungen einschalteten, nahm ich zum ersten Mal bewusst war, dass sich Rossi heute im Indianer-Look gekleidet hatte. Ein Minirock und ein kurzes Top aus Wildleder ließen den Blick auf ihre perfekt modellierte Brust- und Rückenpartie frei, Cowboystiefel und Federn verstärkten die erotische Wirkung Ihres Auftritts. Ihre Nähe auf dem Beifahrersitz ließ mich schneller auf die Straße und über die Reeperbahn zur ihrer Wohnung fahren. Unterwegs erzählte Rossi, dass sie morgen ihren kleinen Fiesta abholen müsse, dann könnten wir uns doch gleich mit Klaus treffen.

„Kein Problem", stimmte ich zu.

„Wie lange bleibst du denn?", fragte sie.

„Drei Tage. Danach muss ich wieder in Berlin sein."

Ich grinste, als sie beschloss:

„Na, dann habe ich meine Tage."

Als sie mich fragte, was es da zu lachen gäbe, erklärte ich ihr:

„Ein guter Fischer fischt auch im roten Meer."

Sie schien der Meinung zu sein, mir sagen zu müssen, dass ihre Tage ja erst morgen beginnen würden, wenn sie in der Davidstraße 14 arbeiten müsse. Ich unterließ es, ihr mitzuteilen, dass ich mit solchen Unpässlichkeitsausreden vertraut war. Sie beendete das Thema, indem sie gurrte: „Ich bin ein böses Mädchen, nicht wahr?"

Lachend stimmte ich ihr zu. Plötzlich kletterte sie auf die breite Mittelkonsole, legte ihren linken Arm um mich, begann mich mit ihrer rechten Hand zwischen meinen Beinen zu liebkosen und flüsterte mir vorwurfsvoll in Ohr: „Warum hast du denn nicht angerufen?"

„Damit nicht das passiert, was heute passiert ist."

„Was ist denn passiert?", fragte sie scheinheilig.

„So wie ich die Sache sehe", spielte ich ihr Spiel mit, „ist mit mir dasselbe passiert wie mit dir."

„Wehe wenn nicht!", hauchte sie mir kaum wahrnehmbar und dennoch kontrolliert zu, wobei nicht nur ihre sanften Worte, sondern auch ihre Zunge ihren Weg in mein Ohr fanden. Mir wurde abwechselnd heiß und kalt. Zweimal hatte ich völlig grundlos für einen kurzen Moment einen Kickdown des Automatikgetriebes ausgelöst. Es schien ihr Vergnügen zu bereiten, mich in einer Situation gefangen zu halten, die es mir unmöglich machte mich ihr zu widersetzten oder gar mitzumachen. Statt dessen hatte ich das Lenkrad umkrampft und wünschte, dass die Fahrt sofort zu Ende gehen würde, damit auch ich sie mit Händen und Zunge fühlen konnte. Endlich erreichte ich die Straße, in der Rossi wohnte, und fand auch gleich einen Parkplatz. Ich öffnete die Fahrertür und wollte aussteigen. Rossi bemerkte erst jetzt die Harley Davidson-Teile, die hinten im Wagen lagen.

„Was ist denn das?", fragte sie verblüfft.

„Das ist der Harley-Schrott, weswegen ich hier bin. Den schraube ich zusammen, fahre ihn eine Weile und verkaufe ihn dann," erklärte ich ihr.

„Eh, geil," sagte sie mit einem Funkeln in den Augen, „sag bloß, das alte Zeug kriegst Du noch zum Laufen?"

Ich stimmte ihr zu, machte ihr aber auch klar, dass ich mich jetzt mit anderen Dingen beschäftigen wollte. Sie lachte. Beide liefen wir die paar Meter zu ihrer Haustür. Im Treppenhaus rannten wir die letzten Absätze geradezu nach oben. Als sie aufgeregt am Schlüsselloch ihrer Wohnungstür fummelte, drängte ich mich an sie und begann ihr ein wenig von dem heimzuzahlen, was sie während der Fahrt mit mir gemacht hatte. Leider brauchte sie für die Tür nicht lange. Wir stürzten regelrecht ins Wohnungsinnere und rissen uns gegenseitig die Sachen vom Leib, küssten uns stürmisch, und taumelten eng umschlungen ins Badezimmer. Unter der Dusche wuschen wir uns gegenseitig. Sie drehte sich wieder mit dem Gesicht zur Wand und reckte mir ihren süßen Po entgegen. Ich wusch sie von hinten nach vorne. Dabei fiel mir ein schönes Vorspiel ein. Ich brach die Wäsche ab und begann sie abzutrocknen. Sie drehte sich verdutzt zu mir um und begann, auch mich trocken zu reiben. Ich nahm eines ihrer großen Badehandtücher, legte es auf den Boden und forderte sie auf, sich mit dem Rücken darauf zu legen. Sie beobachtete interessiert, wie ich aus dem Regal einen Rasierer und eine Dose Rasierschaum nahm. Als ich mich seitlich neben sie kniete strich sie mit ihren Händen über ihren Bauch in Richtung Muschi. Ich stoppte ihre Bewegung, indem ich meine Hand auf ihre Hände legte und ihr sagte, sie solle sich entspannen und es genießen. Ich spreizte ihre Beine und ließ über die Stellen, die sie sonst auch zu rasieren schien, Schaum aus der Dose quellen. Wie hatte ich ihn vermisst, meinen kleinen Lieblingsirokesen, der mir wieder keck zwischen ihren Beinen zulächelte. Ich fing an, sie ganz vorsichtig zu rasieren, unterbrach nur kurz, als sie nach einer Doppelrolle Zewa-Wisch-und-Weg angelte, die sie sich unter den Kopf schob. Ihre Augen wurden glasig. Sie knetete ihre vollen Brüste und zwirbelte mit Daumen und Zeigefingern ihre Nippel steif. Was für ein Prachtweib, dachte ich. Sie bewegte sich vorsichtig und dennoch schlangengleich. Die Innenseiten ihrer Schenkel vibrierten vor Erregung, und ihre verlangenden Blicke ließen mich nicht mehr los.

„Wann bist du endlich fertig?", fragte sie heiser. Statt zu antworten ging ich noch zweimal mit der Klinge behutsam über ihren Venushügel und wischte dann denn Schaum weg, um dann mit meinen Lippen ihre süße Muschi zu liebkosen. Als ich meine Zunge zu Hilfe nahm, um auch ihre Liebesperle zu verwöhnen, griff sie mir in die Haare und zog meinen Kopf ein wenig nach oben.

„Nicht so. Besorg es mir richtig!", forderte sie mich heiser auf.

Gute Idee, dachte ich mir und positionierte mich kniend zwischen ihre gespreizten Beine. Der Anblick ihres bildschönen, vor Begierde glühenden Körpers, der mit geöffneten Schenkeln vor mir lag, heizte mich unglaublich an. Ich schob mich langsam über sie und begann, mein Glied an ihrem Kitzler zu reiben. Sie machte es mir nicht einfach, denn das Spiel ihrer Zunge in meinem Mund und die drängenden Bewegungen ihres Beckens gegen meine Lenden forderten enorme Beherrschung, um nicht vorzeitig in ihr zu sein. Hatte ich mich bisher mit den Armen zum Teil abgestützt, so umfasste sie nun mit beiden Händen mein Gesicht und zog mich heftig ganz zu sich hinunter. Dann war es auch mit meiner Zurückhaltung vorbei. Genussvoll drang ich langsam in ihre mich gierig erwartende, Muschi ein. Sie umarmte mich mit festem Griff. Der Rhythmus unserer Körper stimmte auf Anhieb überein. Immer schneller und kraftvoller wurden unsere Bewegungen. Inzwischen hatte sie ihre Beine stark angewinkelt und so weit abgesenkt, dass ihre Füße wieder den Boden berührten. In dem gleichen Rhythmus, in dem ich in sie stieß, drückte sie ihr Becken nach unten, um so die Reibung an ihrem Kitzler zu maximieren. Ich hatte mich wieder auf meine Ellenbogen gestützt. Dabei schob ich sie mit meinen kraftvollen Stößen regelrecht vor mir her. Nach etwa einem Meter musste ich ihren Kopf mit beiden Händen schützen, da ich ihn sonst mit jeder Bewegung machtvoll gegen die gekachelte Wand gestoßen hätte. Wir spornten uns gegenseitig damit an, dass wir uns keuchend Liebes und weniger Liebes in die Ohren flüsterten, und machten weiter, bis unsere Körper zu brennen schienen. Irgendwann presste sie sich mit enormer Kraft gegen meinen Unterleib und hob mich fast aus dem Sattel. Sie verkrampfte sich mit mir zusammen. Mir schoss das Blut in den Kopf, und ich hörte nur noch ein Rauschen. Sie spreizte ihre Beine noch einmal besonders weit auseinander, so dass ich meinen Speer noch ein einziges Mal besonders tief und anhaltend in sie pressen konnte, sie überstreckte ihren Kopf und öffnete weit ihren Mund. Erst als das Rauschen in meinem Schädel abklang, nahm ich war, dass sie ein dunkles Geräusch von sich gab. Dieser dunkle, lang anhaltende, vibrierende Ton hatte etwas unglaublich animalisches an sich. Ich lag tief befriedigt auf ihr. Während sich unsere Oberkörper nahezu bewegungslos aneinander schmiegten, bewegten sich unsere Unterleiber behutsam weiter, solange, bis ich von alleine aus ihr glitt. Wir blieben noch eine Weile so liegen. Schließlich standen wir auf und wuschen uns noch einmal gegenseitig. Wir umarmten uns und hielten uns fest. So umschlungen bewegten wir uns Richtung Schlafzimmer. Sie flüsterte mir zu, dass das die beste Rasur gewesen sei, die sie je gehabt habe.

„Ab jetzt rasiere ich dich immer, wenn es nötig ist," bot ich ihr an.

„Versprochen?", fragte sie verschmitzt.

„Versprochen", bestätigte ich.

Wir ließen uns auf ihr Bett fallen, kuschelten und schmusten, bis ich wieder ein Problem zwischen meinen Beinen bekam.

Als ich am nächsten Morgen wach wurde, hörte ich leise Musik spielen und Geschirr klappern. Ich nahm meine Tasche und ging ins Badezimmer, um mich zu duschen und zu rasieren. Die Wohnung war angenehm beheizt, also zog ich nur meine Jeans über. Ich ging in die Küche und traf dort auf eine fremde Frau. Sie war jung und schön, aber blond. Ich hatte nicht mit einer fremden Person gerechnet, daher war ich einen Moment lang überrascht. Sie lächelte mich an und musterte mich von oben nach unten. Bevor ich eine geeignete Erklärung für meine Anwesenheit vorbringen konnte, ergriff sie das Wort und sagte mir, dass Rossi kurz weg sei, um Frühstück zu holen. Außerdem erfuhr ich, dass sie Carmen hieß und sich die Wohnung mit Rossi teilen würde. Auch ich wollte mich vorstellen, wurde aber von ihr lachend unterbrochen: „Ich weiß, wer du bist," sagte sie in einem verschwörerischen Ton. „Rossi hat sich seit geraumer Zeit ganz schön verändert. Und jetzt sehe ich warum."

„Verändert? Hoffentlich nicht zum Nachteil?", fragte ich nach.

„Ganz bestimmt nicht," meinte Carmen, „Sie ist ausgeglichener und träumt vor sich hin. Schon morgens läuft sie mit einem Lächeln durch die Wohnung, was bisher weniger ihre Art war."

Im Verlauf unserer Plauderei teilte sie mir mit, dass Rossi ihre beste Freundin sei.

„Wir kennen uns zwar nicht, aber bitte tu ihr nicht weh und habe mit ihr ein wenig Geduld," bat sie mich. „Sie hatte eine schwere Jugend im Heim."

Ich unterbrach sie, um ihr zu erklären, dass Rossi und ich noch nicht so weit seinen und ich solche Sachen lieber von ihr selbst hören wollte. Artig bedanke ich mich für ihre gut gemeinten Tipps und sagte ihr: „Seit gestern lebe ich mit Rossi auf der gleichen Wolke. Ich glaube nicht dass einer von uns beiden auch nur im Entferntesten daran denkt, dem anderen in irgendeiner Weise wehzutun. Jedenfalls bin ich froh, diese Frau gefunden zu haben."

Sie lächelte wieder, stellte mir eine Tasse Kaffee auf den Tisch und fragte, ob ich einen Bruder habe. Ich schaute etwas verdutzt und verneinte.

„Warum?", wollte ich wissen.

„Na, ich hatte gehofft, dass es von deiner Sorte noch mehr geben würde." Diesmal lachten wir beide

„So wie du aussiehst, kannst du doch keine Probleme haben", wunderte ich mich.

Sie winkte ab und meinte: „Wenn man sich mit einem nett aussehenden Mann einlässt und sich mit ihm eine Stunde unterhält, weiß man auch, was los ist. Entweder sie haben eine Schraube locker oder sie wollen einen auf den Strich schicken."

„Na ja", gab ich zu bedenken, „Das dürfte wohl am Milieu liegen, in dem du verkehrst. Beweg dich doch mal in anderen Kreisen. Tennisclubs oder Golfclubs. Das wäre doch mal was anderes. Andererseits: Idioten gibt es in jeder Schicht. Du willst doch etwas ganz anderes, Neues, etwas Aufregendes kennen lernen."

„Ja, das stimmt schon," räumte sie ein. „Und wenn wir auf Ibiza arbeiten, treffen wir ja auch viele nette Typen. Aber auf dieser Liebesinsel werden das immer nur One-Night-Stands. Dort ist eben ein Überangebot an schönen Menschen."

An der Eingangstür wurde geschlossen, und wenig später kam jemand in die Küche gehastet. Ich wollte mich gerade umdrehen, kam aber nicht mehr dazu, da ich von hinten umarmt und geküsst wurde. Es war Rossi. Sie war quirlig und ein wenig aufgeregt.

„Ihr habt euch doch schon bekannt gemacht?", fragte sie.
„Und wie!", erwiderte Carmen lachend.
„Wie denn wie?", fragte Rossi ein wenig verunsichert zurück. Worauf Carmen ergänzte: „Ich habe ihn schon gefragt, ob er nicht noch einen Bruder hat."

Rossi strahlte wieder und setzte sich auf meinen Schoß. Sie streichelte mein Gesicht und freute sich über die frische Rasur. Dann deutete sie auf ihre Wangen und meinte, dass noch alles gerötet sei.

„Aber im Eifer des Gefechts habe ich das gar nicht so gemerkt."

Beim Frühstück hatten wir die Wahl zwischen Kiwis, Honig, Brötchen, Käse, Marmelade und gekochten Eiern. Ich selbst nahm mir eines der weich gekochten Eier, machte mir ein Honigbrötchen und löffelte zum Schluss noch eine Kiwi aus. Nachdem Frühstück schlug Rossi vor, an die Alster zu fahren. Carmen empfahl mir Augenzwinkernd, mich warm anzuziehen. Rossi unterbrach: „Ich habe vorhin in deiner Tasche einen Jogginganzug und Laufschuhe gesehen. Ich dachte mir, wir laufen ein wenig und tanken Sauerstoff."

Ich kam bei dieser Frau nicht mehr aus dem Staunen heraus. Wir machten uns fertig und fuhren mit dem Bronco nach Rossis Anweisungen zur Alster. Parkplatzprobleme gab es dort nicht. Wir hielten einfach irgendwo, stiegen aus und begannen mit einem gemäßigten Lauftempo. Beim Joggen erzählte sie mir, dass sie ein- bis zweimal in der Woche laufen würde und zur Zeit nur ein- bis zweimal die Woche zum Kampfsport ginge. Aus irgendeinem Grund achtete ich nicht so auf den Inhalt ihrer Worte. Daher erwähnte ich auch mehr so nebenbei, dass ich auch nur ein wenig Fitnesssport und Jogging betreiben würde. Nach einer halben Stunde animierte sie mich zu Dehnübungen. Ich stimmte zu, wir blieben stehen und ich begann ihre Übungen nachzumachen. Bei mir krachte es dabei mächtig im Gebälk. Rossi lachte, als sie die Geräuschkulisse meiner Gelenke hörte. In der Hinsicht war sie mir haushoch überlegen. Sowohl an Gelenkigkeit, als auch an Geschmeidigkeit. Sie beendete unser Stretchprogramm und begann mit Sidekicks. Zunächst sehr tief angesetzt, so dass ich sie mit dem Schienenbein abwehren musste. Dann zum Oberkörper, so dass ich mit den Armen blocken konnte. Das ging so einige Minuten, bis ich mir mit ihr ein Späßchen erlaubte. Inzwischen mit ihrem Bewegungsrhythmus vertraut, blockte ich nicht einfach, sondern passte ihr linkes Bein ab, indem ich es einfing und festhielt. Gleichzeitig hebelte ich ihr Standbein weg und warf sie auf den Rücken. Ich ließ mich kontrolliert hinterher fallen und kam so, mit ihrem linken Bein über meiner Schulter, auf ihr zu liegen. Mit meiner linken Hand umfasste ich ihren Nacken, damit sie nicht den Kopf wegdrehen konnte, und begann ihr Gesicht abzulecken, auf eine Art, wie es auch junge Hunde tun. Ihr Fluchen ließ nicht erkennen, ob es sich auf mein Ablecken oder auf ihre Unachtsamkeit, die zu ihrem Sturz führte, bezog. Ich rollte mich seitlich ab, kam auf dem Rücken zu liegen und breite meine Arme zum Zeichen meiner Kapitulation aus. Sie nahm darauf keine Rücksicht, sondern sprang sofort auf mich drauf. Dabei hockte sie auf mir, wobei sie meine Hüfte zwischen ihre Schenkel nahm. Sie musste sich nach vorne, fast schon auf mich drauf, lehnen, da sie unbedingt meine Arme festhalten wollte. Ihre Rache bestand darin, dass auch sie mein Gesicht mit vielen kleinen Hundeküssen ableckte. Wir lachten und rollten uns auf dem gut gepflegten Rasen. Nach einer kleinen Verschnaufpause joggten wir zum Wagen zurück. Auf dem Weg dahin meinte sie „Das mit dem ‚ein wenig Fitness' war wohl ein Scherz, wie?"

Ich meinte: „Na ja, am Boxsack tobe ich mich schon ein wenig zum Aufwärmen aus. Und du weißt ja, Jungs prügeln sich doch immer unter einander. Der eine mehr, der andere weniger."

„He, verarsch' mich nicht", lachte sie.

Als wir noch etwa hundert Meter bis zum Wagen zu laufen hatte, schlug ich einen Sprint vor. Ich holte alles aus mir heraus, dennoch hatte ich am Ziel gerade mal drei bis vier Meter Vorsprung. Während ich mich am liebsten gegen den Bronco gelehnt hätte, weil mir die Lunge aus dem Hals zu hängen schien, legte Rossi ihr rechte Bein, fast schon im Spagat, auf die Dachkante des Autos. Als ich mir Mühe gab, dass Pfeifen und Rasseln, das meiner Lunge entströmen wollte, zu unterdrücken, war Rossi glücklicherweise damit beschäftigt, mir mit ein paar weiteren Dehnungsübungen zu imponieren. Wie ich ihr so zuschaute, nahm ich mir vor, einige ihrer hier vorgeführten Stellungen auch heute Abend unbedingt mit ihr auszuprobieren. Sie schaute mich an und hatte offensichtlich keine Schwierigkeiten, meine Gedanken zu lesen. Wie zum Vorgeschmack auf später klammerte sie sich an meinem Nacken fest und umschlang meine Hüften mit ihren schlanken Beinen.

Ihr Gesicht war nur wenige Zentimeter von meinem entfernt, als sie mit gespielt ernster Miene sagte: „Heute abend bist du dran, mein Prinz."

„Verdammt, mach mir doch keine Angst", tat ich furchtsam.

Wir lachten und küssten uns, bevor wir in den Wagen stiegen und zu ihrer Wohnung zurückführen.

Auch unter der Dusche konnten wir natürlich nicht von einander lassen. Leider hatten wir nicht viel Zeit, denn wir wollten ja zur Davidstraße 4. Auf dem Weg dahin kam mir Rossi ein wenig nachdenklich vor. Ich vermutete, dass sie sich Sorgen wegen des Gespräches mit Klaus machte. Um sie zu beruhigen, unterbrach ich das Schweigen und erklärte ihr, dass ich nicht mit ihr zusammen sei, um ihr Geld abzuknöpfen. Das würde ich auch Klaus sagen.

„Wenn du hier in Hamburg in irgendeiner Art Ärger haben solltest, dann werde ich für dich da sein", versprach ich ihr. „Außerdem hast du ja andere Pläne, denk an die Wohnung, die du auf Ibiza kaufen willst."

Sie meinte, dass sie auch an eine Boutique dachte.

„Gute Sache", stimmte ich zu, „dann brauchst du ja nur noch einen guten Schneider."

„Den habe ich schon", strahlte sie. „Ich habe doch Schneiderin gelernt."

Das Mädchen erstaunte mich immer wieder.

„Die nötigen Finanzen aufzutreiben sollte für dich kein Problem sein", stellte ich fest. „Reddy hat mir neulich gesagt, dass es zurzeit hier richtig brummen würde."

Sie nickte zustimmend. In der Davidstraße angekommen suchte ich einen Parkplatz. Als wir in Richtung des Ladens gingen, zeigte Rossi auf einen übergewichtigen Mann, der uns entgegen kam. Das also war Klaus. Er hatte langes, dauergewelltes Haar und war von zahlreichen Grillpartys unterm Solarium extrem braun gebrannt. Wir begrüßten uns und er schlug vor, dass wir uns in einem Café weiter unterhalten könnten. Wir nickten und ließen uns von ihm führen. In einer Art Bistro bestellten jeder für sich Kaffee und Klaus noch zusätzlich einen Remy. Er bedankte sich dafür, dass ich am Vorabend eingegriffen hatte. Nachdem ich aus Höflichkeitsgründen meinen Einsatz heruntergespielt und ihn als selbstverständlich bezeichnet hatte, erzählte er uns, dass Reddy angerufen hatte. Ihm war zu Ohren gekommen, dass ich nicht allein sei und gute Freunde nicht nur in Hamburg habe. Ich war verblüfft. Es war mir unangenehm, wie Reddy dieses Treffen beeinflusst hatte. Ich erklärte Klaus, dass Reddy das Gespräch zwischen mir und Rossi am Vorabend zwar mitbekommen habe, wir aber nicht so verblieben sind, dass er tätig werden sollte. Ich kam auf den für Klaus wichtigsten Punkt und sagte ihm, dass es Rossi überlassen bliebe, was sie machen möchte.

„Ich bin nicht auf ihr Geld angewiesen. Wenn es so wäre, würden wir wahrscheinlich gar nicht zusammen sein."

Die Erleichterung, die Klaus daraufhin befiel, war ihm im Gesicht abzulesen. Rossi, die sich bisher nicht zu Wort gemeldet hatte, warf mit gespielter Empörung ein:

„Ja eben. Wo sind wir denn hier? Auf einem Basar?", um dann auch ihrerseits deutlich zu machen, dass wir auf dem Weg hierher alles geklärt hatten. Klaus bräuchte sich keine Sorgen zu machen. Sie würde auch weiterhin in der Davidstraße 14 arbeiten, bis sie wieder nach Ibiza fliegt. Wir unterhielten uns noch über Allgemeines, bis Klaus fragte, womit ich so mein Geld verdiene. Ich antworte:

„Mit Schrott. Harley Davidson-Schrott."

Rossi lachte und sagte:

„Sein ganzer Wagen ist voll mit alten Motorradteilen."

Er schaute etwas ungläubig und stellte hierzu keine weiteren Fragen. Rossi nutzte die kurze Gesprächspause, um über ihre Menses und ihre Unterleibschmerzen zu klagen. Nachdem Klaus damit klargemacht wurde, dass Rossi, für die nächsten Tage als Arbeitskraft ausfallen würde, verabschiedeten wir uns. Ich sagte Rossi dass ich jetzt gerne noch ein bisschen bummeln würde, um Geschäfte anzuschauen. Für so etwas war sie sofort zu begeistern. Sie schlug vor, wegen der Parkplätze ihren kleinen Fiesta zu nehmen, da sie den Cityfloh wegen des Vorfalls am Vortag sowieso hier hatte stehen lassen müssen. Wir ließen daher den Bronco zurück und schlenderten zu ihrem Wagen. Rossi setzte sich hinters Steuer und gab Gas. Das Mädchen fuhr einen flotten Reifen. Ich hielt es daher für angebracht, mich anzuschnallen. Als ich wieder mal in einer kniffligen Verkehrssituation auf eine imaginäre Kupplung und Bremse trat, legte sie mir für ein paar Sekunden ihre rechte Hand auf meinen Oberschenkel und sagte „Ruhig, Brauner." Als ob sie ein scheuendes Pferd beruhigen müsste! In den Boutiquen war Rossi in ihrem Element. Sie stellte für mich die verschiedensten Kleidungskombinationen zusammen. Hosen, Hemden, T-Shirts und Jacken. Alles passte perfekt zusammen. Unter den Sachen, die sie für mich aussuchte, wählte ich ein paar Checker-Hemden, zwei Jeans, ein Paar Budapester und, obwohl ich mir vorerst eigentlich keine mehr zulegen wollte, ein Paar Cowboystiefel. Rossi bestand auf Home-Unterhosen. Weil sie mir die besser runterreißen könne als Boxershorts, erklärte sie mir. Nach der Einkaufsorgie führte sie mich in ihr derzeitiges Lieblingsrestaurant. Sowohl sie als auch ihre Freundin standen zur Zeit auf indische Küche. In Berlin war mir kein Inder bekannt. Für mich war indisches Essen daher eine Premiere, und so überließ ich Rossi die Speiseauswahl. Ein indischer Kellner erschien, und sie bestellte zweimal ihr Lieblingsgericht. Der Kellner fragte nach, wie die Speisen gewürzt sein sollen, indisch oder europäisch. Vorsichtshalber bestellte ich die europäische Variante. Rossi schmollte ein wenig. Wahrscheinlich hätte sie mich gerne Feuer spucken sehen. Das Essen war hervorragend. Leider galt das auch für die Schärfe der Gewürze. Obwohl ich wusste, dass es wenig helfen würde, bestellte ich noch einige Gläser Selters nach.

Von den drei Tagen, die ich in Hamburg bleiben konnte, ließ sich auch der zweite äußerst reizvoll beenden. Wir lebten diese drei Tage auf unserer eigenen, kleinen Wolke. Auf dieser Wolke, es gab nur uns. Nichts anderes hatte darauf Platz. Als wir spät in der zweiten nächsten Nacht erschöpft aneinander gekuschelt in ihrem Bett lagen, begann sie mir von früher zu erzählen. Ich erfuhr, dass sie, als sie zwölf Jahre alt war, von dem damaligen Freund ihrer Mutter regelmäßig missbraucht worden war. Rossi war sich bis heute nicht sicher, ob ihre Mutter das nicht wahrhaben oder einfach nur weggucken wollte. Als der Punkt kam, wo sie es nicht mehr zuhause aushielt, vertraute sie sich in der Schule einer Lehrerin an. Dieser Vertrauensbeweis brachte sie in ein Heim. Zu diesem Zeitpunkt hatte sie bereits eine tiefe Abneigung gegen Männer. Der Wunsch, sich wehren zu können, führte dazu, dass sie anfing, Taekwon-Do zu trainieren. In dieser Disziplin erlebte sie auch einige Erfolge. Was auch dazu führte, dass sich ihr Selbstvertrauen enorm steigerte. Da sie in den ersten Jahren ihrer Heimzeit nichts von Jungen wissen wollte, versuchte sie, in einer lesbischen Beziehung Zärtlichkeit und Geborgenheit zu bekommen. Aber irgendwie klappte das nicht, irgend etwas fehlte dabei. Drei bis vier Jahre später versuchte sie es mit Jungs. Sie achtete sehr darauf, sich nur mit grünen Jungs einzulassen. In der Regel waren es ausschließlich Kerle, denen sie auch körperlich durch ihren Sport überlegen war. Sie hatte somit die Gewissheit, diese Weicheier im Bedarfsfall zu Spiegeleiern breit klopfen zu können. Auf Dauer war das jedoch nicht befriedigend. Sie ließ eine Weile die Finger davon und konzentrierte sich auf ihre gerade begonnene Ausbildung zur Schneiderin. Es dauerte nicht lange, und sie stolzierte mit selbst entworfenen und geschneiderten Sachen durch die Diskotheken. Hier lernte sie, dass ihre geilen Klamotten, ihr Aussehen und die aufregende Art, wie sie ihren durchtrainierten Körper zur Musik bewegte, Macht verlieh. Macht auch über ältere Männer. Plötzlich bestimmte sie die Regeln. Sie entwickelte ein Spiel daraus, die Jungs und Männer aufzugeilen und sie dann stehen zu lassen. Es ergab sich ganz von allein, dass auch ihre Freundinnen sie baten, etwas für sie zu schneidern. Irgendwann wurde sie von einer Edelnutte angesprochen. Rossi fertigte einige exquisite Stücke für sie an. Neugierig wie sie nun einmal ist, wollte sie von der Edeldirn, wissen, wie das denn so ist mit dem Milieu. Sie erfuhr, wie das Arbeiten auf der Straße, in Clubs oder in Bars vonstatten geht. Ihr wurde das Kobern beigebracht und das „Falle schieben". Falle schieben gehört zu den Standardarbeitsmethoden einer erfahrenen Prostituierten. Hierbei wird der Geschlechtsverkehr nur vorgetäuscht. Das mehr oder weniger steife Glied des Freiers wird an der Scheide vorbeigeführt und teilweise von den gut trainierten und gut eingeölten Pobacken und den Oberschenkeln so umschlossen, dass der Freier mit Kondom nichts merkt. Generell ist es wichtig, dass die Dirne die Initiative und somit auch die Kontrolle von der ersten Berührung an übernimmt und auch nicht mehr aus der Hand gibt. Dazu gehört auch, dass die Kunden mit sanfter Stimme, nett und mit Gefühl angesprochen werden. Es hat keine derben Sprüche und keine lauten Beschimpfungen zu geben, damit in der Nähe befindliche Freier nicht verschreckt werden. Zeigt ein Kunde Interesse, muss er verbal aufgegeilt werden. Auf dem Weg zum Zimmer wird er dann durch Körpersprache und bestimmte Berührungen auch körperlich stimuliert und vorbereitet. In dieser Phase sollte der Freier schon nicht mehr genügend eigene Willenskraft haben um sich beim Hochkobern erfolgreich wehren zu können. Eine erfahrene Hure wird nun darauf bestehen, ihren Kunden an seiner intimsten Stelle zu waschen. Bereits hier hören viele Freier bereits die Vöglein zwitschern. Für den kleinen Rest von Freiern, die noch nicht abgespritzt haben, wird nun die nächste Phase vorbereitet. Hierzu nimmt die Dirn bevorzugt einen Kondom dergestalt in den Mund, dass sie ihn mit ihren Lippen über das steife Glied streift. Wer auch das ohne Erguss über sich gebracht hat, wird nun zur Eile gedrängt. Sie wird ihm, während sie seinen zum Platzen hart gewordenen Ständer mit kräftiger Hand weiter wichst, Komplimente machen. Sie wird ihm Dinge sagen wie: „Oh, mein Gott! Was hast du nur für einen Hammer!"

„Mann, ist der hart!", und, ganz wichtig: „Jetzt bin ich aber auch geil! Komm und stoß mich richtig! Ich kann es nicht mehr abwarten!"

Zu diesem Zeitpunkt ist der Freier in der Regel schon schweißgebadet und nicht mehr Herr seiner Sinne. Er wird von seinem Sexualtrieb derart bestimmt, dass er von dem Falle schieben nichts mitbekommt. Er spritzt einfach ab und ist glücklich. Der Freier muss denken, dass er der Held ist. Die Dirne kalkuliert für einen Akt nicht mehr als fünf Minuten. Läuft alles gut, ist er nach drei bis fünf Stößen vorbei. Es muss auf der Straße schnell gehen. Zeit ist eben auch hier Geld.

Ich unterließ es, ihr zu sagen dass all das nicht neu für mich war. Deswegen hatte ich auch nichts dagegen, als sie mir von ihrer Barkarriere erzählte. Vor geraumer Zeit hatte sie hier in Hamburg zusammen mit Carmen in einer Cocktail-Bar einen gut ausgebildeten Barkeeper entdeckt, der auf atemberaubende Weise Getränke zubereitete, indem er die dazugehörigen Flaschen wahnwitzig durch die Luft wirbeln ließ. Rossi und Carmen waren von diesen Darbietungen so fasziniert, dass sie beschlossen, das auch zu lernen. Da sie keinen geeigneten Lehrer kannten, unterrichteten sie sich in ihrer Küche selbst. Bis beide perfekt und absolut synchron waren, mussten hunderte von Flaschen ihr Leben lassen.

Bei ihrem ersten Urlaub auf Ibiza gingen sie natürlich auch ins Pasha, damals eine der angesagtesten Diskotheken. Hier fragten sie nach einem Ferienjob. Alles besetzt, wurde ihnen gesagt. Selbstsicher wie Rossi war stellte sie fest, dass zwar viele Gäste da waren, aber kaum einer von ihnen auch etwas konsumierte. Sie handelte einen Probeabend aus. Der schlug ein wie eine Bombe. Die Gäste standen in Vierer-Reihen vor dem Tresen, um Rossi und Carmen mit den Flaschen synchron jonglieren zu sehen. Sie wurden vom Fleck weg angestellt. Beide wurden in den einschlägigen Läden zu gefragten Barfrauen. Etwa sechs Jahre später würde es einen US Film geben, in dem die Leute deshalb strömten, weil in ihm ähnlich exzellente Jongliersszenen zu bestaunen waren. Möglicher weise hatte der Zuschauerstrom aber auch damit zu tun, dass in dem Film Tom Cruise mitspielte.

Nach dem, was sie mir gerade erzählte, müsste sie eigentlich eine wahre Männerhasserin sein.

Ich musste daher einfach fragen. Wie passte ich denn in ihre Geschichte? Zunächst rückte sie nicht so richtig damit raus. Stattdessen sagte sie mir die üblichen Schmeicheleien: Ihr gefiele einfach mein kleiner Arsch, meine Augen und mein Lächeln. Dann wurde sie etwas ernster: „Du bist nicht aus Hamburg. Du hast nicht dieses typische Hamburger Ludengehabe an dir. Du versuchst nicht, mich zu bevormunden. Du gibst mir nicht das Gefühl, ich wäre minderwertig oder nichts wert. Du hast einfach so eine herrlich natürliche Art. So wie du mich auf dem Weg nach Hause berührt hast, was du mir dabei gesagt hast, vor allem wie Du es mir gesagt hast ... Du bist anders.. Und du hast mir meinen ersten Orgasmus beschert", schloss sie.

Erstaunt hörte ich zu, machte mir meine Gedanken und schwieg.

„Versteh mich richtig", fuhr sie fort, „Ich wollte schon seit längeren einen richtigen Freund. Ich war gut drauf, und du warst einfach zum richtigen Zeitpunkt da. Noch merke ich den Unterschied zwischen jemanden, der fürs Herz ist, und einem Freier. Deshalb musste ich bei dir auch allen Mut zusammen nehmen. Bei dir ist einfach das Kribbeln da. Ich musste dich einfach anfassen und dich riechen. Danach war es einfach geschehen. Und dass es so schön sein kann, nicht nur das Liebemachen, sondern auch das einfache Zusammensein, hätte ich mir nie träumen lassen."

Etwas nachdenklich fuhr sie fort: „Ich habe Angst, dass das alles kaputt geht, wenn wir sofort zusammenziehen und dabei unsere eigenen Pläne aus den Augen verlieren."

„Das wird so schnell nicht gehen", bezog ich mich auf das Zusammenziehen. „Ich habe auch noch Verpflichtungen, die ich erfüllen muss. Außerdem muss ich noch in Berlin einige Dinge klären, das geht nicht von heute auf morgen."

Ich bekam langsam eine vage Vorstellung, wie gewaltig der Spagat sein würde, den ich zwischen den drei Stühlen – Rossi, Sonja und dem Geschäft – vollführen musste.

Wir hatten in Hamburg drei unvergessliche Tage und Nächte. Beim Abschied hatte jeder von uns einen Kloß im Hals. Es war eine schwache Entschuldigung, als ich ihr erklärte, dass ich jetzt zurück müsste um Geld zu verdienen, und sie ja sehen könnte, dass mich die Schrott-Harleys eine Weile beschäftigen würden. Ich versprach telefonisch mit ihr in Kontakt zu bleiben. Und diesmal versprach ich es auch mir selbst.

In einem Hamburger Vorort tankte ich den Bronco voll. Von hier ab konnte ich ohne Nachtanken bis Berlin durchfahren. Nach etwas neunzig Minuten kam ich an den Grenzübergang Lauenburg das Passieren des westdeutschen Grenzgebietes gestaltete sich wie immer problemlos. Man fuhr im Schritt-Tempo an eine Kontrollstelle, von der aus in den noch rollenden Wagen hineingeschaut wurde. Ohne anzuhalten wurde man dann durchgewunken. Unmittelbar danach war man schon auf DDR-Gebiet. Weithin sichtbar ragte als Vorbote ein Wachturm empor. Oben thronte mindestens ein mit einer Kalaschnikow bewaffneter Angehöriger der Grenztruppe der DDR und machte per Feldstecher die ersten Feindbeobachtungen. Um die eigentliche Transitstrecke durch die DDR benutzten zu dürfen, hieß es dann Einreihen und Anstellen. Auch an diesem Grenzübergang gab es mehrere Spuren, auf denen sich Lkws, Busse, Pkws und Motorräder sowie Privilegierte einzusortieren hatten.

Ich kann mich an keine Durchfahrt erinnern, an dem alle verfügbaren Kontrollstellen gleichzeitig geöffnet waren. Egal wann man ankam, sie ließen einen immer warten. Die DDR war auch nicht darauf angewiesen, den Grenzverkehr zügig abzuwickeln. Geld gab es ja trotzdem. Heute, im Jahr 2001, stellt man die Soldaten, die früher an der Mauer auf all die Menschen geschossen haben, die nicht mehr dort bleiben und einfach nur weg wollten, vor Gericht und will sie verurteilen. Damals jedoch hat die gleiche Bundesrepublik Jahr für Jahr zig Millionen DM an die DDR-Führung als Transitgebühr überwiesen. Was die damit gemacht hat, konnte jeder an der Grenze sehen. Sie schufen eine der imposantesten Grenzanlagen weltweit und ersannen fast schon teuflisch zu nennende Selbstschussanlagen. Sie installierten Minengürtel und monströse Panzersperren, die jedoch nie gegen militärische Panzer, sondern ausschließlich gegen zivile Fluchtfahrzeuge eingesetzt wurden. Von all dem wusste natürlich auch die Bundesregierung, dennoch gab es von ihr für all das unglaublich viel Geld.

Bevor man an eine der Visa-Abfertigungsstellen kam, stand man also in einer Fahrzeugschlange. Jede Wartebahn war von der anderen durch ein mächtig langes, schmales Fließband getrennt. Diese Laufbandanlage stand auf Stelzen und war überdacht, um ihr Transportgut vor der Witterung zu schützen. Saß man in einem normalen Pkw, verlief die Anlage etwa in Augenhöhe. Während man in einer solchen Schlange darauf wartete, dass es ziemlich genau eine Fahrzeuglänge weiterging, schritt ein DDR-Grenzer entgegenkommend die Fahrzeuge ab, sammelte die Personaldokumente und die Fahrzeugscheine, nicht jedoch die Führerscheine, ein. Meistens wurde man noch gefragt, ob man Waffen oder Funkgeräte mit sich führte. So erheiternd die Wortwahl auch war, vor allem, wenn sie im sächsischen Dialekt vorgetragen wurde. Zeigte man auch nur den kleinsten Anflug von Belustigung oder ließ es sonstwie an der erwarteten Unterwürfigkeit vermissen, fand man sich sehr schnell auf einen Randstreifen wieder und wartete. Hier hatte man im Durchschnitt zwei bis vier Stunden Zeit, in sich zu gehen und seine verwerflichen Verfehlungen zu bereuen. Hatte man jedoch den Grenzer zufrieden gestellt, wurden die von mehreren Fahrzeugen eingesammelten Papiere durch eine Klappe auf das Fließband gelegt, wo sie dann an allen Fahrzeugen vorbei erheblich schneller zur eigentlichen Kontrollstelle gelangten. Irgendwann war man dann das vorderste Fahrzeug in der Reihe. Man schaute ein wenig neidisch auf das Heck des Fahrzeuges, dass als letztes die Prozedur hinter sich gelassen hatte. Ein großes Schild forderte einen auf, an einer Haltelinie, etwa 6 m vor dem die letzte Prüfung durchführenden Grenzer zu halten, den Motor abzustellen, das Standlicht einzuschalten und erst auf Kommando weiter zu fahren. Überfuhr man diese Linie oder fuhr los, bevor man ein entsprechendes Zeichen erhalten hatte, bekam man häufig Gelegenheit, auf dem Seitenstreifen einige Stunden Buße zu tun.

Auch ich stand nun an einer der extrem gut gesicherten Pforten, die hinter den eisernen Vorhang führten und wartete auf das auffordernde Zeichen des Grenzers, der mir meine Papiere und mein Transitvisum aushändigen sollte. Endlich kam der herrische Wink der rechten Hand, die schon meine Papiere hielt. Ich startete den Motor und fuhr an die Abfertigungstelle, die so gebaut war, dass der sitzende Grenzer und der Fahrer eines normalen Pkws etwa in derselben Höhe saßen. Auch hier gab es eine Zeremonie, die von allen DDR-Grenzern durchgeführt wurde. Sie verrenkten noch mal ihre Hälse, um ins Wageninnere zu spähen, schauten auf das Passbild des Personaldokumentes, schauten einen intensiv ins Gesicht, dann wieder auf das Passbild, wieder ins Gesicht, übergaben die Papiere und beachteten einen nicht mehr. Beim ersten Mal ist man etwas irritiert, bevor man begreift, dass man weiterfahren darf. In meinem Fall wäre der wohl mehr symbolisch zu verstehende Ausspähblick auf Grund der Höhe des Bronco nur möglich gewesen, wenn der Mann aufgestanden wäre. Dazu schien er keine Lust zu haben. Es reichte ihm wohl, bei der Gesichtskontrolle nach oben schauen zu müssen.

Von hier ab kam man recht zügig auf die vorbildlich ausgeschilderte Autobahn. Wer sich trotzdem verfuhr, hatte ein paar Tage lang nichts zu lachen. Hilfe von Seiten der Bundesregierung bestand hauptsächlich darin, dass sie bei den DDR-Behörden schleimte, worauf ihr häufig gestattet wurde, eine Art Lösegeld zu bezahlen.

Nach nicht einmal fünfzehn Minuten fuhr ich auf eine Autobahnüberführung zu, die es zu unterfahren galt. Entlang des Geländers, also quer zu meiner Fahrtrichtung, war über fast die gesamte Brückenbreite ein Werbeplakat aufgespannt: „Plaste und Elaste aus Zschopau. Ich weiß nicht, woran es lag, aber diese schlichte Anpreisung ostdeutscher Hochtechnologie versetzte mich immer wieder in Heiterkeit. Vor allem, wenn ich die kleinen Trabbis unter mir sah, in denen wahrscheinlich auch einiges an Plaste und Elaste verbaut wurde.

Auf den Autobahnen der DDR war für Pkw hundert km/h erlaubt, was zufällig exakt der Höchstgeschwindigkeit des am häufigsten anzutreffenden ostdeutschen Autotyps entsprach. Es gab nicht wenig Wessis, die mit ihren in der Regel immer stärker motorisierten und zudem erheblich schnelleren Fahrzeugen die armen kleinen, schon aus dem letzten Zylinder pfeifenden Trabbis durch ihre Fahrweise verhöhnten. Für viele Wessis war es eine Art Sport, das Tempolimit auf den DDR-Autobahnen möglichst deutlich zu überschreiten, ohne sich dabei von den gut getarnten, mobilen Radarwagen der Vopos erwischen zu lassen. Hatten die einen geblitzt, gab es kein Entkommen. Schließlich musste man die DDR ja innerhalb der nächsten Stunden wieder verlassen, wollte man nicht riskieren, eingesperrt zu werden. Mir selbst war selten nach Rasen zumute. Was mit Sicherheit auch an dem mächtigen, satt vor sich hin brabbelnden amerikanischen V8-Motor lag, der den Bronco mit seinen nunmehr etwa drei Tonnen äußerst souverän nach vorne schob. Außerdem hatte ich Respekt vor meiner Ladung, die ich – verkehrswidrig – nicht ganz verrutschungssicher hinten im Fahrzeug hatte.

Die Fahrt selbst führte hauptsächlich durch eher eintöniges, landwirtschaftlich genutztes Gebiet. An einigen Stellen zwang einen der penetrante Güllegestank dazu, alle Fenster und sogar die Lüftungsklappen zu schließen.

Der volle, große Tank des Ford ermöglichte es mir, ohne Zwischenstopp die etwa dreihundert Kilometer zwischen Hamburg und Berlin hinter mich zu bringen. Während der Fahrt ließ ich mich von der am Fahrzeughimmel installierten Clarionanlage mit Musik berieseln. Gegen Ende der Transitstrecke tauchten wieder haufenweise und gut sichtbare Hinweisschilder auf, die einem den weiteren Weg nach Berlin wiesen.

Berlin

Ich kam gegen 20.00 Uhr in Berlin an und fuhr direkt zu mir nach Hause. Gegenüber stand die Harley Davidson von Tom. Das traf sich gut, so hatte ich jemanden, der mir beim Abladen helfen konnte. Ich ging über die Straße in die gegenüber liegende Kneipe. Fast schon wie erwartet war Tom beim Kickern. Gleich nach unserer Begrüßung sagte er mir, dass er neues Material brauchte. Das Geld für die letzte Lieferung habe er auch bei.

„Freut mich zu hören," sagte ich, „aber erstmal müssen wir Harleys ausladen. Dann muss ich den Bronco zurücktauschen und danach noch mit Hassan in Kontakt treten."

Wolfgang muss auch noch angerufen werden, fügte ich im Gedanken hinzu.

„Wir haben viel zu tun. Packen wir es an", beendete ich die Unterhaltung. Dass ich für den Transport aus Platzgründen die Räder abmontiert hatte, machte sich nun beim Abladen schweißtreibend bemerkbar. Als alles in meinem Bastelzimmer war, waren wir ganz schön geschafft. Ich rief Bart-Rolf an und teilte ihm mit, dass ich demnächst vorbeikommen würde, um die Fahrzeuge zu tauschen. Tom und ich verschnauften noch einen Moment, bevor wir in Richtung Neukölln zum Südstern losfuhren.

Dort angekommen sahen wir ihn schon auf der Straße stehen. Während ich einparkte, kam er uns ein Stück entgegen. Wir begrüßten uns und tauschten wie üblich gleich die Fahrzeugschlüssel. Rolf lud uns dann noch auf ein Bier in seiner Wohnung ein. Wir machten es uns bei ihm oben gemütlich und ich berichtet davon, welche Kostbarkeiten ich aus Hamburg mitgebracht hatte. Er war gleich Feuer und Flamme für eine Springergabel, die ich ihm auch zusagte. Er berichtete, dass er in der Damaschkestraße im „Softrock" als Türsteher anfangen werde. Und dass er gutes Kokain zu einem richtig guten Preis bekommen könne. Zur Bestätigung holte er einen kleinen Cellophanbeutel, der etwa fünf Gramm Koks fasste, aus der Brusttasche seines Hemdes hervor. Ich hatte kein Interesse, deshalb sagte ich: „Für mich brauchst du nichts zu machen. Tom kann meine mitziehen."

Was der sich nicht zweimal sagen ließ. Meine Gedanken schweiften ab zu Rossi. Diese Frau war Droge genug.

Tom ließ sich für seine Clubbrüder weitere fünf Gramm mitgeben. Als ich merkte, dass beide anfingen, sich gegenseitig im beginnenden Kokarausch zuzutexten, drängte ich zum Aufbruch. Wenn man da nicht hart durchgreift, kann sich die Laberei über Gott und die Welt über viele schrecklich öde Stunden erstrecken. Keiner der Schwafelnden scheint dabei auch nur einmal Luft holen zu müssen. Da baut man als nicht berauschter Zuhörer reichlich Lebenssubstanz ab. Nachdem wir uns endlich verabschiedet hatten, fuhr ich mit Tom, nun wieder in meinem alten R 16, zur Microthek.

Wir hatten Glück. Hassan wollte gerade den Laden betreten. Das ersparte uns Wartezeit. Wir fingen ihn noch draußen ab und ich fragte ihn gleich nach Material. Er druckste etwas herum. Ich sagte daher in einem verschwörerischen Ton „Gritzner Straße". Er grinste und fragte, wieviel. Drei Kilo, schlug ich vor. Er stimmte zu und wir einigten uns auf einen

Preis. Wir vereinbarten, uns in einer Stunde wieder hier zu treffen. Hassan ging wieder los, Tom ging in den Laden mit der Auflage, auch für mich ein Beck's zu bestellen, und ich suchte den nächsten Münzfernsprecher auf. Ich führte ein Ferngespräch nach Hamburg und rief in der Davidstraße 14 an. Dort bekam ich den Wirtschafter an den Hörer. Ich verlangte Rossi zu sprechen. Ich hörte, wie der Wirtschafter sie durchs Erkerfenster ausrief. Sie musste also gerade auf der Straße stehen. Es dauerte nicht lange, und ich hörte lautes Getrampel.

„Hallo, mein Prinz. Du hältst ja dein Versprechen", sagte sie mit leicht beschleunigtem Atem.

„Hast du nach unseren drei Tagen etwas anderes erwartet?", fragte ich zurück.

„Bei dir bin ich mir noch nicht so sicher," meinte sie, „du bist für mich noch so undurchsichtig."

„Da gibt es auch nicht viel zum Durchsehen", beschwichtigte ich sie. „Ich wollte auch nur Bescheid sagen, dass ich gut angekommen bin. Und dass du mir wieder durch den Kopf geisterst."

„Du mir auch, mein Prinz", schmachtete sie zurück.

Da ich mich kurz fassen musste, beendete ich unsere Turtelei mit einer entschuldigenden Erklärung und ging zurück zur Microthek. Tom saß am Tresen, vor sich drei Beck's, neben ihm eine blonde Hippiebraut, die ihn anhimmelte. Wahrscheinlich hatte er gerade einen Teil der für seine Clubbrüder gedachten fünf Gramm für das Betummeln ihrer Titten und sonstige Schweinereien investiert. Ich setze mich dazu, wendete mich jedoch, nachdem ich mein Beck's an mich genommen hatte, ab, um die Szenerie in dem Laden zu betrachten. Es war immer wieder amüsant, das hiesige Publikum zu beobachten. Die Kiffer saßen weitgehend stumm da und lauschten andächtig der Musik. Die Kokser philosophierten wortgewaltig an ihren Gesprächpartnern vorbei. Die Alkis glotzten recht benebelt in die Runde.

Tom war eifrig am Baggern. Dabei machte es ihm das junge, hübsche Ding sehr einfach. Vor Ablauf der vereinbarten Stunde kam Hassan und forderte mich auf, mit ihm zu kommen. Auf dem Weg nach draußen sagte er mir, dass er mit seinem Wagen vorfahren würde und ich ihm mit meinem folgen solle. Wir stiegen in unsere Fahrzeuge und ich fuhr ihm um einige Häuserblöcke nach. Irgendwann stoppten wir. Während er ausstieg und in einem der alten Häuser verschwand, wartete ich in meinem Wagen. Nach ein paar Minuten kam er wieder und setzte sich zu mir. Er übergab mir eine Plastiktüte mit dem Material, und ich gab ihm die vereinbarte Summe. Wir trennten uns, und ich fuhr zurück zur Microthek.

Tom wartete bereits auf der Straße mit der jungen Frau auf mich. Wir fuhren zu mir zurück in die Genter Straße. Dort verabschiedeten wir uns, und ich gab ihm verschlüsselt zu verstehen, dass er mit den drei Kilo erst einmal auskommen müsse, da ich für ein paar Tage nicht in Berlin sei. Ich betrat meine Wohnung und machte nur noch das Nötigste, dann legte ich mich ins Bett und schlief sofort ein.

Irgendwann in den frühen Morgenstunden wurde ich von Sonja geweckt. Sie war gerade von der Arbeit gekommen und wollte unbedingt wissen, warum ich mich drei Tage lang nicht gemeldet hatte. Meine Beichte, dass ich Berlin in ein paar Stunden wieder für einige Tage verlassen müsste besserte ihre Laune nicht im Geringsten. Im Gegenteil: Sie wurde stocksauer und keifte „Du Schwein! Hast du dir ein anderes Weib angelacht?"

Ich seufzte, nahm sie am Arm und zog sie mit in den Hobbyraum. Dort deutete ich auf die Teile und meinte: „Schau mal, das habe ich doch alles mitgebracht."

„Und das hat drei Tage gedauerte?", benörgelte sie nicht ganz zu Unrecht.

„Na ja, " meinte ich, „wir haben uns lange nicht gesehen", und ließ offen, dass ich nicht nur Reddy meinte.

„Lange nicht gesehen?!", rief sie empört. „Du warst doch erst letzte Woche drüben!"

„Na, wir haben uns eben sehr lieb", versuchte ich die Lage zu entspannen. Glücklicher Weise bezog sie auch das auf Reddy.

„Von wegen", schmollte sie weiter, „Du und Reddy, ihr seid doch bloß wieder durch die Puffs gezogen."

„Ja", bestätigte ich, „Und in ein paar Stunden fliege ich mit Wolle los in den Libanon, um da ein paar Autos zu verkaufen."

Dann ließ ich sie stehen, ging ins Wohnzimmer, legte mich auf die Couch und hoffte, dass Sonja jetzt keinen Sex haben wollte. Sie rief mir noch hinterher: „Wenn du jetzt losfährst, bin ich, wenn du wiederkommst, nicht mehr da!"

Ich nahm die Drohung nicht ernst und schlief ein. Etwa zwei Stunden später wurde ich wach und ging unter die Dusche. Während ich mich rasierte stieg mir der Geruch von frisch gebrühtem Kaffee in die Nase, was mich etwas wunderte. Bedeutete es doch, dass Sonja entweder noch wach war, oder nur sehr kurz geschlafen haben musste. Ich zog mir etwas über und ging ein wenig neugierig in die Küche. Sonja war dabei,

Frühstück zu machen. Als sie mich sah, kam sie mir entgegen, und umarmte mich. Sie war ein wenig zerknirscht und entschuldigte sich auf süße Weise für ihren Eifersuchtsanfall. Das tat sie so lieb, dass ich ihr nicht weiter böse sein konnte. Beim Frühstück fragte ich sie, ob sie schon ihren Führerschein angemeldet habe. Als sie verneinte, legte ich ihr tausend DM auf den Tisch und sagte ihr, dass ich die Hälfte zugeben würde. Sie freute sich so riesig darüber, dass sie mir half meine große Sporttasche zu packen. Wir verabschiedeten uns sehr herzlich und ich ging den Häuserblock entlang zum Leopoldplatz, da dort ein Taxistand war. Von hier ließ ich mich zum Flughafen Tegel fahren.

Bis zum Abflug war noch Zeit. Ich schlenderte noch ein wenig umher und stieß dann gegenüber des Air France-Standes auf Wolle. Wir holten uns Tickets für den Flug nach Paris. Währenddessen erzählte er mir, dass Ralf am liebsten mitgekommen wäre. Ich fragte, was ihn davon abgehalten habe. Wolle sagte, sein Pass wäre abgelaufen, außerdem würde das Geld knapp werden, wenn wir zu dritt fliegen würden. Ich zog fünftausend DM aus der Tasche und erklärte ihm, dass ich eine Harley verkauft hatte.
Wir besaßen also etwas Reserve.

Paris

Der Flug selbst dauerte keine neunzig Minuten. Auf dem Pariser Flughafen Charles de Gaulle angekommen, wechselten wir dreihundert DM. Wir bekamen dafür etwa sechshundert Franc. Im Anschluss erkundigten wir uns wann der nächsten Flug nach Beirut gehen würde. Täglich ab 20.00 Uhr, wurde uns gesagt. Wir hatten also noch ein paar Stunden bis zum Weiterflug. Da wir uns nicht sicher waren, ob das mit den Visa auch so reibungslos klappen würde, wie man es uns zugesagt hatte, kauften wir erstmal keine Tickets. Stattdessen deponierten wir unsere Reisetaschen in Schließfächern, bestiegen draußen ein Taxi und ließen uns zur libanesischen Botschaft fahren.

Paris war eine Stadt der Hektik. Am auffälligsten am Pariser Verkehr waren für mich die Motorradfahrer, die sich mit äußerst gewagten Fahrmanövern und sehr risikoreich zwischen den Blechlawinen bewegten.

Auf den Straßen herrschte pulsierendes Leben. Berlin und Hamburg wirkten daneben wie Kleinstädte. Das Taxi hielt vor der Botschaft. Beim Bezahlen beschlich uns das Gefühl, dass uns der Taxifahrer beschissen hatte. Wir stiegen aus, gingen die steinernen Stufen zum Eingang der Botschaft empor und nannten dem Pförtner unsere Namen, worauf dieser telefonierte. Das Gespräch dauerte nicht lange, und wir durften passieren. Als wir das Gebäude betreten hatten, kam uns bereits von einer Treppe eine orientalisch wirkende Frau mittleren Alters entgegen, begrüßte uns zunächst auf französisch, bis wir uns auf englisch einigten, und führte uns in ihr Büro. Sie bat um unsere Pässe, bot uns Platz an und verließ mit unseren Dokumenten das Büro. Einige Minuten später kam sie lächelnd zurück und gab uns unsere bearbeiteten Papiere zurück. Sie teilte uns noch mit, dass dieser Vorgang in Berlin ca. zwei Monate gedauert hätte. Wir bedankten uns und verließen die Botschaft. Draußen suchten wir uns ein Taxi und ließen uns in den Stadtteil Montmartre bringen. Auf den Weg dorthin kamen wir überein, dass Josef tatsächlich über excellente Verbindungen verfügen musste. Wir lästerten über den deutschen Beamtenapparat. Hätten wir uns auf den deutschen Behördenweg eingelassen, dann würden unsere Autos wohl im Libanon verrosten, während wir in Berlin, auf unsere Visa wartend, an Altersschwäche starben. Dass das Ganze bisher so reibungslos verlief war sehr erfreulich.

Am Place du Tertre ließen wir uns absetzen. Diesmal schien der Fahrpreis angemessen.

Auch hier war alles voller Leben. Vor allem Lebenskünstler wie Porträtmaler, Jongleure oder Hütchenspieler sorgten dafür, dass sich überall in dem Menschenstrom kleine Inseln bildeten, auf denen es keine Hektik zu geben schien.

Bei den Hütchenspielern fiel auf, dass es eine kleine Anzahl von Personen gab, die immer zu gewinnen schienen. Sie schienen auch nie wegzugehen. Ich fand es erstaunlich, dass es trotzdem Touristen gab, die sich von den getarnten Komplizen zum Spielen animieren ließen. Zumal man nie auf das gleiche Hütchen setzten durfte wie der Komplize. An einer anderen Stelle fiel mir ein begabter Pantomime dadurch auf, das er einen Passanten mit starrem, festen Blick fixierte, ohne sich dabei auch nur im Geringsten zu bewegen. Der angestarrte Tourist versuchte angestrengt genau so zurückzustarren und bekam dadurch gar nicht mit, wie sich ein nicht minder begabter Taschendieb seines Portemonaies bemächtigte. Nach Abschluss des Besitzerwechsels machte die menschliche Statur eine ruckartige Bewegung nach links und begann den nächsten anzustarren. Die Naivität mancher Leute erstaunte mich immer wieder. Allmählich wurde es Zeit, etwas zu essen. Wir suchten ein Bistro auf, bestellten und waren voller Vorfreude. Schließlich war Paris ja auch die Stadt der Gourmets. Was dann kam, war sehr ernüchternd. Ich hatte Rumpfsteak mit Pommes Frites bestellte, bekam aber etwas, dass ein zehnjährigen Kind nicht schlechter hätte zubereitet können. Ein wahrer Gourmet hätte dem Koch den servierten Lappen wahrscheinlich um die Ohren gehauen. Etwas wütend über diese Enttäuschung schlang ich das Essen runter und beschloss, künftig meine Erwartungen deutlich herunterzuschrauben. Da es Wolle nicht besser erging, beschlossen wir, woanders ein paar Getränke zu uns zu nehmen. Lange brauchten wir nicht zu suchen, um eine weitere Möglichkeit zu finden, Geld auszugeben. Wir betraten eine Eckkneipe, die wir für typisch französisch hielten. Auf dem Tresen standen Körbe, in denen senkrecht Baguette standen. Die meisten Gäste schienen Rotwein oder Pernod zu trinken. Wir gliederten uns bei den Pernodtrinkern ein. Auf schleichende Weise begann der Anisschnaps langsam unsere Sinne zu benebeln, was sich auf die Kommentare, die wir zu den Beobachtungen unseres Umfeldes machten, auswirkte. Schließlich wurde es Zeit, zum Flughafen zurückzukehren.

Beirut

Auch das Einchecken zu unserem Beirut-Flug verlief problemlos. So gut es auf den engen Sitzen möglich war, machte ich es mir gemütlich. Eine Zeitung, die ich mir schon auf dem Flughafen Tegel gekauft hatte, half mir beim Einschlafen.

Kurz vor der Landung wurde ich geweckt. Nachdem ich eine Tasse Kaffee angeboten bekommen hatte, ging ich, um mir die Beine zu vertreten, auf die Toilette.

Zurück bei Wolle mutmaßte ich mit ihm bis zur Landung, was uns wohl im Libanon erwartete, und wie es da so sein würde.

Das Auschecken unterschied sich nicht besonders von dem auf deutschen Flughäfen. Einige Reisende mussten ihre Koffer öffnen. Den Inhalt unser Reisetaschen wollte niemand sehen. Dafür wurden wir gefragt, wie viel Geld wir bei hätten. Ich zeigte meine 5.000 DM vor uns, und wir konnten passieren. Die scheinen hier keine Bettler haben zu wollen, dachte ich mir. Es war kein Problem, vor dem Flughafengebäude ein Taxi zu bekommen. Wir ließen uns zum Holiday Inn fahren. Auf dem Weg dorthin kamen wir an vielen Kreuzungen vorbei, auf denen gepanzerte Fahrzeuge und schwer bewaffnete Soldaten standen.

Im Holiday Inn angekommen nahmen wir uns, um Geld zu sparen, ein Doppelzimmer. Nachdem wir uns geduscht hatten, gingen wir in die Hotelbar und riefen von hier aus eine Nummer an, die wir damals am Hamburger Hafen von Josef bekommen hatten. Er war selbst am Telefon und zeigte sich darüber überrascht, dass wir schon im Lande waren. Er hatte damit gerechnet, dass wir bereits von Paris aus die erste Zwischenmeldung absetzen würden. Ich teilte ihm mit, in welchem Hotel wir abgestiegen waren, worauf wir uns einigten, dass er umgehend zu uns in die Hotelbar kommen würde. Wir beendeten das Gespräch ,und ich gab dem Barkeeper das schnurlose Telefon zurück. Mit amüsiertem Unterton fragte ich Wolle, ob Josef vielleicht glauben würde, dass wir hilflose Kinder seien. Er lacht und blieb mir natürlich eine Antwort schuldig. Es dauerte nicht lange und Josef stand plötzlich neben uns am Tresen. In seiner Begleitung waren zwei Männer, die ich auf Grund ihrer Kampfanzüge für Soldaten hielt. Dafür sprach auch, dass beide in ihren Gürtelholstern eine 45 er Colt Gouvernment trugen. Wir begrüßten uns, und da Josef seine Beschützer nicht vorstellte, wollten wir uns auch keine Blöße geben und fragten nicht nach. Wir ließen die Getränke auf unsere Zimmernummer anschreiben, gaben an der Rezeption unsere Schlüssel ab und verließen das Hotel. Draußen wartete noch ein dritter Uniformierter, der in einem Willy Jeep saß und wohl dafür sorgte, dass niemand eine Bombe in die Fahrzeuge legte. Josef führte uns zu einem schwarzen, zweitürigen Chevrolet Blazer, der nicht weit vom Hoteleingang in einer der schräg angelegten Parkbuchten stand. Außer uns setzte sich noch einer der Uniformierten in das betagte Fahrzeug. Er holte unter der vorderen, durchgehenden Sitzfläche eine amerikanische Mac 10 hervor, lud sie durch und ließ sie für den Rest der Fahrt nicht mehr aus den Händen. Josef hatte sich ans Steuer gesetzt. Er sagte uns, dass wir jetzt zu ihm nach Hause fahren würden. Während der Fahrt hielt sich der Jeep mit den anderen beiden Soldaten immer hinter uns. Etwa 15 Minuten später hielten wir vor einem enorm widerstandsfähig aussehenden, zweiflügeligen Tor, das in eine nicht weniger massiv wirkende dicke hohe Mauer eingelassen war. Unser Begleiter mit der Maschinenpistole stieg aus, betrat das Grundstück durch eine ebenfalls sehr stabil wirkende Nebentür und öffnete das schwere Tor von innen. Wir fuhren auf das Gelände, und zumindest Wolle und ich waren sehr überrascht. Während die Reifen knirschend über einen mit weißem Kies ausgelegten Weg rollten, bestaunten wir die Oase, die sich hinter diesen hohen Mauern verborgen hielt. Mehrere Rasensprenger bewässerten einen topp gepflegten Garten. Mannsgroße, weiße Figuren im griechischen Stil waren geschmackvoll angeordnet. Vögel zwitscherten und badeten in Wasserlachen. Josef führte uns zu einem zweistöckigen Haus, dessen Baustil eigentlich nicht orientalisch war. Die Tür wurde uns von einer schwarz gekleideten Dame geöffnet, die uns Josef als seine Mutter vorstellte. Sie trug, gemessen an europäischen Maßstäben, viel Goldschmuck. Besonders auffällig war ein kunstvoll bearbeitetes, goldenes Kreuz, dass sie an einer mittellangen Kette um den Hals trug, so dass es auf ihrem Busen zu liegen kam. Sie begann uns auf Französisch willkommen zu heißen, wurde aber von Josef unterbrochen und über unsere sprachlichen Unzulänglichkeiten unterrichtet. Mit einem entschuldigenden Lächeln führte sie uns in einen Raum, den ich für ein Wohn- und Esszimmer hielt. Bis auf die Teppiche, die in großer Anzahl auf dem Fußboden und an den Wänden zu finden und mit eindeutigen Motiven versehen waren, gab es in diesem Raum so gut wie nichts, das auf etwas Orientalisches hinwies. Die gesamte Einrichtung war europäisch und sehr modern. Man bot uns Platz an einem ovalen Tisch an, um den zehn massive, hochlehnige Stühle gruppiert waren. Eine schwarzhaarige Schönheit, die uns Josef als seine Schwester vorstellte, brachte uns Tee und Gebäck. Donnerwetter, dachte ich, in diesem Land scheint es eine Menge Rossis zu geben. Bereits auf dem Wege hierher war mir eine Vielzahl sehr hübscher Frauen aufgefallen, die im Gegensatz zu islamischen Gegenden ihre Schönheit nicht hinter dicken, verschleiernden Tüchern verstecken mussten. Im Gegenteil, sie bewegten sich voller Stolz und ihrer Anmut voll bewusst durch die Straßen. Alle strahlten ein großes Maß an Lebensfreude aus.

Von Josef erfuhren wir, dass das Schiff in zwei Tagen ankommen würde. Sein Vorschlag, nachher zur Mittagszeit ins St. George zu fahren und danach ein wenig die Stadt unsicher zu machen, wurde von uns gerne akzeptiert. Er fragte, ob wir etwas über die momentan herrschenden allgemeinen, gesellschaftlichen und politischen Verhältnisse erfahren wollten. Wir wollten. Darauf hin schaltete er den Fernseher ein, legte eine Kassette in einen Videorecorder, spulte sie per Kabelfernbedienung einige Male hin und her und ließ dann das Band in normaler Geschwindigkeit ablaufen. Bei den Szenen, die wir zu sehen bekamen, handelte es sich um Mitschnitte von Nachrichtensendungen, die alle gewalttätige Auseinandersetzungen zum Inhalt hatten. Die dazugehörigen arabischsprachigen Kommentare wurden uns von Josef übersetzt. Wir sahen Bilder eines durch eine Autobombe zerfetzten Fahrzeugs. In dem Wagen hatte während der Detonation der libanesische Präsident Ramon Shamal gesessen. Das hatte ihm wahrscheinlich nicht gefallen, dachte ich bei mir. Josef erklärte uns, dass dieser Präsident nur drei Monate im Amt gewesen war, bevor er auf diese Weise starb. Ramon Shamal hatte der christlichen Partei angehört, für die auch Josef arbeitete. Bei der nächsten Wahl würde der Bruder des verstorbenen Präsidenten, Armin Shamal, für dieses Amt kandidieren. Seine Wahl galt unter Insidern als gesichert. „Zur Zeit ist es ein wenig unruhig im Libanon", sagte uns Josef. „Deswegen auch die Eskorte."

Das leuchtete uns ein.

„Und Morgen", fuhr er fort, „fahren wir nach Baalbek. Da treffen wir ein paar Bauern, die Interesse an euren Autos haben."

Josef hatte vorhin mit seinen Rundfahrtplänen unsere Neugierde geweckt, daher hatten wir nichts dagegen, als er vorschlug, uns nun auf dem Weg zu machen. Wir verabschiedeten uns von seiner Mutter und seiner Schwester, wobei die junge Schönheit etwas auf Französisch zu mir sagte. Etwas ratlos schaute ich Josef an, in der Hoffnung, dass er für mich übersetzen würde. Er schien sich jedoch davor drücken zu wollen. Seine Schwester wurde darauf energischer und boxte ihn mit Nachdruck auf den Oberarm. Mit säuerlicher Miene übersetzte er, dass sie mir mitteilen ließ, ich wäre in dem Haus seiner Familie jederzeit willkommen. Ich war fasziniert. Nicht nur von ihrer Erklärung, sondern auch von ihren herzlichen Art und ihren vor Lebenslust strahlenden Augen. Als wir wieder im Wagen saßen entschuldigte sich Josef für seine Schwester. „Warum das denn?", fragte ich sehr erstaunt. Ich erfuhr, dass seine Schwester erst seit vier Monaten verwitwet war und sie sich erstmal ein Jahr zusammenreißen müsse. Wegen der üblichen Trauerzeit und so. Für eine Neunzehnjährige bestimmt nicht einfach, dachte ich mir. Ihr Ehemann hatte für Josef gearbeitet und war während eines Haschischtransportes nach Saudi Arabien, wo der Umgang mit Hasch strengstens verboten ist, erschossen worden. Ich nahm mir fest vor, die Finger von dieser Frau zu lassen. Anderenfalls würde ich mir wahrscheinlich mehr Ärger einhandeln, als gut für mich gewesen wäre.

Immer den Jeep im Schlepptau fuhren wir los. Wir stiegen vor dem St. George aus, gingen durch die Empfangshalle des alten im Kolonialstil erbauten Hotels. An der Rückfront des Gebäudes war eine große Terrasse angegliedert, von der aus man einen eindrucksvollen Blick auf den Teil der Hafenanlage hatte, der einen imposanten Jachtclub beherbergte. Wir nahmen an einen der auf kunstvoll geschmiedeten Beinen ruhenden Marmortische Platz. Aus dem zum Hotel gehörenden Restaurant kam ein Kellner im schwarzen Frack. Josef redete mit der Bedienung, worauf an einem anderen Tisch für drei Personen gedeckt wurde. Wolle, Josef und ich zogen daraufhin an diesen Tisch, während unser uniformierter Aufpasser sitzen blieb. Der Anblick der unter uns vielleicht hundert Meter entfernt liegenden schnittigen Jachten stand im krassen Gegensatz zu den Videobildern die ich vor knapp einer Stunde bei Josef zu sehen bekommen hatte. Ich bat ihn daher, mehr über Land und Leute zu erzählen. Mehrere Kellner tafelten auf, und Josef begann über die politische Aufteilung des Landes zu erzählen.

Die christlichen Parteien bestanden aus Kataeb, Achrar, Ars und der südlibanesischen Partei. Er selbst gehörte der Kataeb an.

An moslemischen Parteien gab es die Amal-Miliz und mehrere Splittergruppen der PLO, wie ASEFA, die Arafat Partei Fatah, die Demokratiepartei von Neif Hanaten, die Dr. Georg Habasch Demokratie-Partei, die Shabatarid Partei, die Shiuwai Kommunistische Partei, die Bas Partei und natürlich Schwarzer September. Schwarzer September war eine Art Geheimbund, der sich auf die Entführung von Flugzeugen spezialisiert hatte und erstmalig 1979 in der Öffentlichkeit von sich Reden machte. Finanzielle Unterstützung fanden sie unter anderem durch eine der damals populärsten Sängerin der arabischen Welt.

Dann gab es noch die moslemischen Drusen, die mit den Israelis zusammenarbeiten.

Baalbek, wo wir morgen hinfahren wollten, wurde von Abdala El-Amin und seiner syrischen Partei kontrolliert. Unter diese Kontrolle fielen auch vier kleine Flughäfen. Die syrische Partei beeinflusste alle weiteren Parteien.

Die Amal-Miliz kontrollierte die Bordelle und verschiffte Cannabis und Heroin über Jachthäfen bevorzugt nach Ägypten. Von hier aus ging es dann weiter. Auch der Beiruter Hauptflughafen lag unter ihrer Kontrolle.

Die christliche Partei kontrollierte den Privatjachthafen, den wir direkt von der Terrasse des St. George Hotels aus sehen konnten und die

Energieversorgung in der Stadt. Für die christliche Partei arbeiteten auch die beiden Brüder Shamal und Samir Shasha. Sie exportierten Rauschgift und Waffen in die ganze Welt.

Die armenische Partei produzierte Waffen direkt in Beirut und arbeitete mit den Christen zusammen.

Ich war überrascht, solche Informationen erhielt man über das deutsche Fernsehen nicht. Uns beiden Europäern derartiges Insiderwissen zu vermitteln musste einen Grund haben. Ich war mir mit Wolle einig, dass Josef mehr mit uns vor hatte, als sich im Moment erkennen ließ.

Nach dem exzellenten Essen genossen wir noch eine Weile die Aussicht. Schließlich erklärte Josef uns für eingeladen und schlug vor, nun zur Hamrah-Street zu fahren. Er zahlte die Rechnung, wir verließen die Terrasse, sammelten beim Hinausgehen unseren Aufpasser ein und bestiegen draußen unsere Fahrzeuge. Als wir mit unserer Eskorte das nächste Ziel ansteuerten, machte ich mir über unseren Bewacher Gedanken. Bewaffneter Schutz ist zwar ganz nett, fällt aber auch mächtig auf. Und die Augen der Gegenseite, z.B. der Interpol, quasi mit Gewalt auf uns zu ziehen, erschien eher unvorteilhaft.

Josef führte uns durch mehrere Bars und Cafés. Er erklärte uns, dass bis Ende 1975 hier alles voll war mit den reichen und superreichen Saudis und Kuwaitis, die hier die Sau raus ließen. In ihrer eigenen, sittenstrengen Heimat hätte es für derartige Ausschweifungen im günstigsten Fall von einem der zahlreichen Sittenwächter etwas mit dem Stöckchen gegeben. Im ungünstigsten Fall, nun ja... Es soll da sehr harte Gesetze geben.

Der Libanon war die Schweiz der arabischen Länder. Offen für alles, was Geld brachte. Es verwunderte daher nicht, dass sich hier die Vermögenden trafen, um richtig abzufeiern.

Da wir für den folgenden Tag eine Menge vor hatten, trennten wir uns heute zeitig und vereinbarten, dass uns Josef morgen gegen 9 Uhr vom Hotel abholen sollte. Nachdem wir von ihm vor dem Holiday Inn abgesetzt wurden, gingen wir früh schlafen.

Baalbek

Am nächsten Tag blieb nur Zeit für ein kleines Frühstück, bevor Josef auftauchte, um uns in seinen Chevy zu verfrachten. Natürlich folgte uns wieder der Jeep. Josef fuhr mehr als zügig los und sagte uns, dass die Fahrt etwa zweieinhalb Stunden dauern würde. Nach ca. eineinhalb Stunden kramte er während der Fahrt mit einer Hand im Handschuhfach und reichte uns etwas nach hinten. Etwas ratlos erkannte ich zwei aus schwerem, schwarzem Stoff bestehende Beutel. Jeder hatte einen Kordelzug, mit dem sich seine Öffnung zuziehen ließ. Josef bestand darauf, dass wir uns die Beutel über unsere Köpfe zogen. Wolle und ich zögerten einige Sekunden. Mit einem mulmigen Gefühl stülpten wir uns die absolut blickdichten Stoffbeutel über. Zumindest meiner roch im Innern stark nach Waffenöl. Um die Furcht, die sich in beklemmender Weise an mich ranschleichen wollte, wieder zu vertreiben dachte ich laut darüber nach, dass es ja eigentlich Wolle gewesen war, der mich dazu überredet hatte, an dieser Aktion mit zu machen. Aus dem Dunkeln heraus durch die beiden Stoffsäcke versprach ich Wolle für den Fall, dass wir hier irgendwo eingebuddelt würden, ihm in der Hölle einen Einlauf mit Sambal Oelek zu machen. Anschließend würde ich ihn mit einem Flammenwerfer durch den gesamten Hades jagen. Die Situation, dass sich zwei dicht beieinander befindliche, schwarze Säcke miteinander unterhielten, schien bei Josef Heiterkeit hervorzurufen. Er gluckste und lachte, was sich negativ auf seine Fahrzeugführung auswirkte. Jedenfalls wurden wir einem Moment lang kräftig hin und her geschüttelt. Schließlich beruhigte er uns. Es sei eine Vorsichtsmaßnahme, die verhindern soll, dass wir die genauen Standpunkte vor allem der mobilen Fla-Stellungen zu sehen bekommen. Denn, wie uns Josef weise erklärte, so könnten wir auch unter Folter nichts verraten. Besonders die Israelis wären auf solche Informationen scharf, fuhr er fort. In der Vergangenheit habe es mehrmals Versuche gegeben, die in Baalbek liegenden Nutzpflanzenfelder von der Luft aus mit Pflanzenvernichtungsmittel zu besprühen. Auf Grund der örtlichen Luftabwehr war das aber den israelischen Piloten nicht so gut bekommen. Immer wieder wurden Versuche unternommen, die Fla-Stellungen durch Luftangriffe auszuschalten.

„Na das beruhigt mich aber," sprach ich durch den Sack. „Dich doch auch, oder Wolle?"

„Na klar," nuschelte der zurück. „Heißt das jetzt, dass es keinen Einlauf gibt?" Wieder wurden wir durchgeschüttelt, weil Josef beim Lachen das Lenkrad verriss.

Der Sack sorgte zwar dafür, dass ich nichts sehen konnte, mein Gehör blockierte er aber leider nicht. Zum Glück war ich zu sehr mit meinen Gedanken beschäftigt, so dass der größte Teil von Josefs Vortrag über die Historie Baalbeks an mir vorbei ging. Ich erinnere mich nur noch daran, dass die Stadt dem phönizischen Sonnengott Baal gewidmet war, dass die Griechen auch irgendwann mal da waren und den Ort nach ihrem Sonnengott Helios genannt hatten. Natürlich haben sich auch die Römer hier herum getrieben und Tempel zu Ehren Jupiter und Venus gebaut.

„Heute sind davon natürlich nur noch Ruinen übrig", fuhr Josef fort. „Aber da gehen nur Touristen hin. Einheimische findet man dort kaum. Außer denen, deren Job es ist, Touristen auszunehmen."

Als Josef dann auch noch anfing, die Abmessungen der Tempel bis auf den Zentimeter genau aufzusagen, schaltete ich endgültig ab.

Obwohl uns beim Aufsetzen der Beutel gesagt worden war, dass wir noch eine Stunde unterwegs sein würden, verlor ich in der mich umgebenden Dunkelheit jedes Zeitgefühl. Ich war froh, als von vorne gesagt wurde, dass wir die Dinger nun abnehmen könnten. Wir fuhren an Cannabispflanzen vorbei, die mehr als zwei Meter hoch waren. Nun konnte ich auch den eigentümlichen Geruch identifizieren, der mir seit geraumer Zeit sehr unangenehm in der Nase biss. Nachdem ich nun wusste, was ihn verursachte, verlor ich meine Abneigung. Ich hatte einfach noch nie zuvor einen derart intensiven Cannabisgeruch wahrgenommen. Kurze Zeit später bogen wir auf eine Art Bauernhof mit riesigen Gemüsebeeten und unzähligen Obstbäumen ein. Typisch Eigenversorger, dachte ich mir. Mittendurch schlängelte sich ein kleines, ca. 50 cm breites Bächlein, das auch der Bewässerung diente. Wir stiegen aus den Fahrzeugen und gingen in Richtung eines teilweise zweistöckigen kastenförmigen Gebäudes, an dem weitere Kästen in verschiedenen Größen angebaut worden waren. Das ganze Gebilde war gänzlich unverputzt und sah wie ein Rohbau aus. Um dort hin zu gelangen, mussten wir über den schmalen Bach steigen. Ich nutzte diese Gelegenheit, um meine Hand in das kristallklare, fließende Wasser zu tauchen. Es war sehr kalt. Josef zeigte auf eine Bergspitze, wohl um anzudeuten, dass es sich um einen Gebirgsbach handelte. Ich konnte der Versuchung nicht widerstehen, etwas von dem Wasser mit der hohlen Hand zu trinken. Um auf mich zu warten, war unser kleiner Trupp stehen geblieben. Während ich sie einholte, gab Josef zum Besten, dass der Libanon das einzige Land auf der Erde war, in dem man Skifahren und zweieinhalb Stunden später im Meer baden könnte. Mir fiel da noch ein Ort in Kalifornien ein. Aber das behielt ich für mich. Wir kamen an sehr intensiv riechenden Tomatenstauden und Obstbäumen vorbei. Auch hier blieb ich stehen, um die Früchte in die Hand zu nehmen und an ihnen zu riechen. Josef lachte und fragte, ob ich Bauer sei. Ich nicht, antwortete ich. Aber die Familie meines Vaters waren Hopfenbauern in der Holladau. Diesmal war es Josef, der verdutzt schaute.

„Hopfen?", fragte er.

„Klar", meinte ich. „Hopfen und Malz. Daraus wird Bier gemacht."

„Bier wird aus Hopfen gemacht?", fragte er kopfschüttelnd, während wir weiter gingen. Ich beendete das Thema mit einem knappen: „So ist es."

Vor dem Kastenkomplex stand eine Gruppe von unterschiedlich alten Männern, die uns anblickten. Einer von ihnen löste sich von dem Trupp, kam auf uns zu und schüttelte uns die Hand. Josef stellte ihn uns als das Familienoberhaupt vor. Ihm folgend betraten wir das Gebäude. Drinnen sah es schon deutlich mehr nach Orient aus. Er führte uns in einen recht kleinen Raum, in dessen Mitte ein großer, ovaler und sehr niedriger Tisch stand. Um den Tisch verteilte sich eine Menge von Sitzkissen, die als Stuhlersatz dienten. Wir nahmen auf diesen Kissen Platz und saßen dabei fast auf dem Boden.

Die Wände waren ringsum mit Wandteppichen behängt, die vom Boden aus bis in eine Höhe von vielleicht einen Meter fünfzig reichten. Sie schienen gleichzeitig als Sitzlehne zu fungieren. Eine ältere Frau und zwei jüngere, die ich für die Ehefrau des Bauern und seine Töchter hielt, betraten den nun eng gewordenen Raum und servierten Tee. Der Raum besaß nur ein Fenster, das zudem sehr klein war. Vermutlich wegen der Hitze. Es war sehr schmal und länglich gebaut und erinnerte damit stark an eine Schießscharte. Josef unterhielt sich mit dem Bauern in der Landessprache. Nach einigen Sätzen schickte der Mann einen seiner Söhne weg. Keine zwei Minuten kam er mit einem gepressten Haschischblock zurück. Wie wir es auch von Berlin her kannten, bestand die Umhüllung aus einem Leinensack, der mit verpresst worden war. Die Größe des Blockes betrug ca. fünfzehn mal zehn mal vier Zentimeter und wurde daher von mir auf etwa fünfhundert Gramm Gewicht geschätzt. Auf den Leinensack war eine grüne Zeder gestempelt. Der Form nach war es das gleiche Baummotiv, das auch in der libanesischen Nationalflagge zu sehen ist. Der Bauer nahm das Päckchen an sich, um es mit einem, bisher auf dem Tisch liegenden Nahkampfmesser, das die Ausmaße eines Kurzschwertes hatte, zu halbieren. Er gab Wolle und mir je eine Hälfte zur Begutachtung. Wir rochen an der öligen Substanz, brannten sie an und rochen erneut dran. Zusätzlich bröselte ich von einer anderen Stelle ein Stückchen ab und steckte es mir in den Mund. Der Bauer sagte lächelnd etwas zu Josef. Während ich behutsam das Material zerkaute, übersetzte er mir: „Nur Bauern stopfen sich so etwas in den Mund."

Ich grinste und nickte dem Bauern bestätigend zu. Schließlich hatte ich gerade feststellen können, dass das Volumen nicht mit Sand oder anderen Füllstoffen künstlich vergrößert worden war. Mit einer Geste seiner Hand verlangte er eines der ca. zweihundertfünfzig Gramm großen Stücke, um sie weiterzugeben. Der gleiche Sohn wie vorhin nahm die Platte und das riesige Messer an sich, verließ den Raum und kam nach einigen Minuten mit einer silbernen Schüssel zurück. In der Schüssel lag das Material, in einen Haufen Späne von etwa einem halben bis einem Gramm zerspant. Der junge Mann wurde erneut losgeschickt. Vielleicht hat er heute Strafdienst, dachte ich mir noch. Er nahm eine Wasserpfeife in Form eines kugelförmigen, fußballgroßen silbernen Behälters vom Tisch. Von der oberen Hemisphäre gingen fünf oder sechs stoffbezogene, verzierte Gummischläuche mit Mundstücken ab. Die Pfeife wurde von dem jungen Mann zerlegt, damit er die untere Halbkugel mitnehmen konnte. Die obere Hälfte mit dem Pfeifenkopf blieb bei uns und wurde von dem Bauern gesäubert. Dabei sagte er wieder etwas, dass uns von Josef übersetzt wurde: „Er holt frisches Quellwasser. Das beste Wasser, das man hier in den Bergen kriegen kann."

Wir nickten zustimmend. Wissend, dass das wohl jeder Bauer von seiner Quelle behaupten wird. Nach ein paar Minuten kam der Sohn wieder. In der Halbkugel kreiste das kristallklare Wasser des Gebirgsbaches. Die Wasserpfeife wurde wieder zusammengesetzt und mit dem Rauchmaterial befüllt. Die Art, wie sie nun Josef aufgedrängt wurde, ließ uns auch ohne Arabischkenntnisse erraten, dass von ihm erwartet wurde, die Pfeife anzurauchen. Er verzog das Gesicht und versuchte, die Prozedur von einer anderen durchführen zu lassen, was nicht weiter verwunderlich war. Derjenige, der ein solches Teil anraucht, inhaliert eine erheblich größere Ration, da er mehrere Züge nehmen muss, bis das Material ausreichend glüht.

„Und das mit meinem Asthma", klagte er.

Was mich veranlasste, ihm bei dieser Zeremonie zu helfen, indem ich mir eines der freien Mundstücke zwischen die Lippen schob und dreimal kräftig inhalierte. Nach dem letzten Zug verbreitete das glühende Material in dem Pfeifenkopf ein deutlich sichtbares Leuchten. Mich selbst haute der Stoff beinahe vom Kissen. Der Rauch kam durch das kalte Wasser angenehm kühl in die Lungen. Es gab daher kein Kratzen. Somit blieb auch jeglicher Hustenreiz aus. Was zur Folge hatte, dass man in der Lage war, noch tiefer zu inhalieren und noch mehr von der hochwertigen Substanz aufzunehmen. Beim Ausatmen wollte der ausströmende Rauch kein Ende nehmen. Ich merkte, dass ich mein für solche Situationen typisches, breites Grinsen bekam. Ich saß da wie ein Smily-Button. Auch Wolle hatte sich in der Zwischenzeit ein Mundstück geschnappt und saugte daran. Und wie. Er zog so gierig daran, dass die Adern an seinem Hals als dicke Stränge unter der Haut hervortraten. Fasziniert beobachtete ich, wie viel von dem rauchigen Gas in Wolles Lungen zu passen schien.

    Nachdem sich auch unserer Gastgeber bedient hatten, kamen wir zum geschäftlichen Teil. Während Wolle und ich so vor uns hin grinsten, unterhielt sich Josef mit dem Bauern. Nach einigen Sätzen erklärte er uns dann, dass es im Moment sehr schlecht mit Geld aussehen würde. Alle Parteien horteten es, um sich mit Waffen zu versorgen, da für die nahe Zukunft mit neuen Kämpfen gerechnet wurde. Natürlich könnte es auch passieren, dass alle Parteien so stark aufrüsteten, dass sich keine trauen würde, die andere anzugreifen. Uns wurde jedenfalls klar gemacht, dass es kein Geld geben würde. Stattdessen bot man an, uns mit Haschisch zu bezahlen. Wahrscheinlich lag es daran, dass wir reichlich fett waren, denn keiner von uns beiden protestierte über diese völlig unplanmäßige Abänderung des vorher Abgemachten. Im Gegenteil, ich fragte gleich, an wie viel sie denn so dachten. An sechzig Kilo, kam vom Bauern über Josef die Antwort zurück. Ich machte klar, dass wir mit dem Material hier im Libanon nichts anfangen könnten. Josef meinte, das wäre kein Problem. Wir könnten es in Paris in Empfang nehmen. Wolfgang fragte, wann denn das sein würde. In einer Woche, kam es zurück. Im Grunde genommen blieb uns gar nichts anderes übrig, als uns damit zufrieden zu geben. Ich dachte an die vielen MGs und Raketenwerfer, die ich auf dem Weg hierher gesehen hatte, und die, die ich wegen meiner Kapuze nicht hatte sehen können, und kam zum Schluss, dass es wenig Sinn hätte, hier auf den Tisch zu hauen. Zumal der Verkaufserlös von sechzig Kilo dieser hochwertigen Ware den Zeitwert der von uns importierten Fahrzeuge erheblich überstieg. Wir wurden uns daher einig und verabschiedeten uns. Der kurze Weg zum Blazer war auf einmal gar nicht so einfach. Selbst das kleine Gebirgsbächlein hatte plötzlich ganz andere Dimensionen bekommen. Beherzt sprang ich los, landete aber nicht auf der anderen Seite, sondern mitten drin. Fett wie ich war, lachte ich auch noch mit den anderen über meine akrobatische Einlage. Zum Glück nahm es Josef nicht krumm, dass ich die Sitze in seinem Wagen nass machte. Er fuhr los und brachte uns zu einem anderen Bauern.

Dort angekommen ging es weniger formell zu. Die erwachsenen Söhne empfingen uns und brachten uns zu ihrem Familienoberhaupt, einem äußerst korpulenten Mann, der auf einem Haufen Kissen thronte. Auch hier wurde uns süßer Tee angeboten und natürlich etwas zu Rauchen. Josef erklärte, dass wir schon bedient waren und noch etwas vorhatten. Stattdessen regelte er, dass wir den Bunker der Familie sehen konnten.

Das Gebäude hatte tatsächlich viel von einem Bunker. Wir gingen auf einen kleinen Hügel zu, umrundeten ihn teilweise und standen vor dem durch ein Tarnnetz verborgenen in einer Erdgrube liegenden, Eingang. Das Erdreich vor dem Eingangsbereich war über die gesamte Bunkerbreite von ca. fünfzehn Metern, auf eine Tiefe von ein Meter fünfzig abgetragen. Die Grube begann etwa fünf Meter vor der Bunkerwand. Über Holzbohlen, die treppenartig angeordnet waren, gelangte man auf den Grubenboden. Zusätzlich gab es auch eine Materialrutsche aus Holz. Die Bauform des Bunkers erinnerte mich stark an Flugzeughangars, wie ich sie auch schon auf militärischen Einrichtungen gesehen hatte. Genau wie diese war auch der hier mit Erde bedeckt, auf der Gras und sonstiges Unkraut wucherte. Während einer der Söhne in einigen Metern Entfernung in eine kleinere Grube sprang, um dort ein Tarnnetz von einer Maschine zu ziehen, führten uns unsere Gastgeber in die größere Grube und öffneten die stabile Bunkertür. Beim Betreten hörten wir, wie draußen ein Dieselmotor ansprang. Gleichzeitig ging im Inneren eine Vielzahl von Glühbirnen an, die die Halle gut ausleuchteten. Schon im Gebäude stehend drehte ich mich um und sah durch die geöffnete Tür das draußen angeworfene Dieselaggregat. Seine Größe erstaunte mich. Das Staunen ging drinnen noch weiter. Im Grunde handelte es sich bei dem Gebäude um die obere Hälfte einer der Länge nach aufgeschnittenen, ca. zwanzig bis fünfundzwanzig Meter langen Röhre, die aus Wellblech zu bestehen schien und vielleicht fünfzehn Meter Durchmesser hatte. Der Boden im Inneren lag ca. einen Meter fünfzig unter dem Erdniveau und war mit Holzbohlen ausgelegt. Unmittelbar hinter dem Eingang stand an der rechten Bunkerseite ein Doppelbett. Sein Metallgestell ließ mich vermuten, dass es aus Armeebeständen stammte. Wie alle anderen hier befindlichen größeren Gegenstände konnte es auf Grund der halben Röhrenform des Bunkers nicht bis ganz an die Außenwand gestellt werden. In gleicher Höhe, allerdings auf der linken Seite, befand sich eine Sitzgruppe, bestehend aus sechs klappbaren Campingstühlen mit Arm- und stabilen Rückenlehnen und einem großen runden Campingtisch. Auf einem Regal stand unter anderem ein TV-Gerät. Neben Lebensmittelkonserven entdeckte ich auch noch einige andere Sachen, die geeignet waren, im Falle eines Luftangriffes einige Tage hier ausharren zu können. Um einen solchen Angriff auch nervlich unbeschädigt überstehen zu können, halfen sicherlich auch die mindestens zwei Meter hohen Berge aus Haschischpuder, die im hinteren Teil des Bunkers auf großen Plastikplanen lagerten. Ich hatte so etwas noch nie gesehen. Es fiel mir daher schwer, die Menge des noch unverarbeiteten Materials zu schätzen. Es könnten fünf bis sechs Tonnen gewesen sein. In dieser Gegend wird dreimal im Jahr geerntet. Zu den jeweiligen Erntehochzeiten dürfte hier ein Vielfaches dieser Menge lagern. Im vorderen Teil des Bunkers waren links einige sehr große Pappkisten zu sehen, in denen sich die schon bekannten Leinensäcke befanden. Dahinter, ebenfalls links und auf großen Plastikplanen, waren die versandfertigen Tafeln gestapelt.

Etwas mehr in unserer Richtung auf der rechten Seite stand eine sehr massiv aussehende, elektro-hydraulische Presse. Ihr quadratischer Stempel hatte eine Kantenlänge von ca. zwei Metern. Für den Antrieb mussten bestimmt eine Menge Ampere zur Verfügung stehen. Kein Wunder, dass das Stromaggregat draußen eine Übergröße hatte. Dicht neben der Presse standen einige Schubkarren. Am anderen Ende der Halle war ziemlich weit oben, fast am Scheitelpunkt, ein großer Ventilator in die Rückwand eingelassen. Ansonsten fand sich noch einiges an anderen Gebrauchsgegenständen in der Halle.

Unsere Gastgeber fingen an, uns etwas zu erklären. Josef übersetzte, und wir schauten zu, wie die Produktionsstraße in Betrieb genommen wurde. Der kleinste der anwesenden Söhne, ich schätzte ihn auf vielleicht zwölf Jahre, nahm einen der leeren Leinensäcke aus einer Pappkiste und hielt ihn offen. Ein anderer nahm eine der beiden Messschaufeln, fuhr damit in eine der mit Haschischpuder gefüllte Schubkarren, strich das Material auf der Schaufel glatt und füllte es dann in den ihm hingehaltenen Leinensack. Der Kleine gab den Beutel an einen Bruder weiter, der ihn zuschnürte und auf die Presse legte. Der Vorgang wiederholte sich, bis die Pressfläche satt mit gefüllten Leinensäcken belegt war. Die Presse wurde eingeschaltet. Der Stempel senkte sich langsam, und das Material wurde unter sehr hohem Druck verfestigt. Ich traute dem Gerät eine Presskraft von etlichen Tonnen zu. Das Pressen selbst dauerte nicht einmal eine Minute. Noch bevor der Stempel in seine Ausgangsposition zurückkehrte, nahm der Jüngste eines der Päckchen weg und brachte es mir. Beim Begutachten der gepressten Tafel fiel mir eine grünlich-bräunliche Verfärbung des Sackes auf, die an den Seiten, die nicht von den metallischen Pressflächen berührt worden waren, wesentlich stärker ausgeprägt war. Ich nickte zustimmend, und der Kleine begann, alle gepressten Beutel aus der Presse zu räumen. Er warf sie auf einen Haufen, nahm einen Holzhammer, der auf einer Seite eine Stempelform eingearbeitet hatte, und begann die Säcke zu kennzeichnen, indem er mit dem Holzhammer auf sie schlug. Dieser Clan verwendete als „Familienwappen" den Schriftzug „Marlboro"; natürlich in Rot. Nach der Besichtigung dieses für die Gegend typischen Landwirtschaftsbetriebes kamen wir schnell zum Geschäftlichen. Unsere Hoffnung, Bargeld für unsere importierten Fahrzeuge zu bekommen, zerschlug sich ebenso schnell. Wir erklärten unser Bedauern, verabschiedeten uns, ohne das an einen Sumoringer erinnernde Familienoberhaupt noch mal zu Gesicht zu bekommen, stiegen in unsere Fahrzeuge und ließen uns von Josef zum nächsten Bauern bringen. Lange bevor wir dort eintrafen schauten wir auf ein Meer wogender roter Wellen. Rasch wurde klar, dass es sich um ein sehr ausgedehntes Mohnfeld handeln musste.

„Ich sehe gar kein Cannabis mehr," bemerkte ich mehr fragend zu Josef.

„Ja, ja," bestätigte dieser. „Der Bauer baut nur Mohn an."

Diese Fahrt konnten wir uns eigentlich sparen. Zum einen hatten wir keine geschäftlichen Kontakte, die im großen Stil Heroin abnehmen konnten, zum anderen war die Polizei hinter harten Drogen erheblich schärfer her als bei Haschisch. Ich teilte Josef meine Gedankengänge mit und wollte ihn damit zum Umkehren bewegen. Er blieb aber hartnäckig.

„Wenn wir schon mal hier sind, können wir ja auch vorbeischauen. Und vielleicht ergibt sich ja doch ein Geschäft."

Ich hatte da erhebliche Zweifel, fügte mich aber missmutig.

Im Gegensatz zu den schlichten Gebäuden der beiden vorigen Bauern hielten wir hier vor einer Villa. Das Familienoberhaupt saß mit einigen Söhnen auf einer Terrasse und ließ es sich gut gehen. Wir wurden eingeladen, uns dazu zu setzen. Man bot uns an, uns von einem riesigen Teller zu bedienen, der voll war mit allerlei exotischen Früchten. Gleiches galt für Getränke, die in einer dicht neben uns befindlichen gemauerten Bar standen. Diese kleine Bar war Bestandteil der äußeren Hauswand. Selbst ein gemauerter Tresen gehörte dazu. In dem angegliederten Kühlschrank fanden sich sogar alkoholische Getränke. Auf dem Tisch, an dem wir Platz genommen hatten, stand neben der mächtigen Obstschale eine deutlich kleinere Schale, die ein glitzerndes, weißes Pulver enthielt. Ich schätzte, dass in der Schale ca. zweihundert Gramm Kokain waren. Auch davon wurde uns angeboten. Was sich Josef nicht zweimal sagen ließ. Er nahm den kleinen Zuckerlöffel, der in der Droge steckte, und schaufelte zwei Häufchen vor sich auf den Tisch. Da die Substanz viele Rocks enthielt, zerstampfte er sie mit seinem Dupont-Feuerzeug. Anschließend streifte er von seiner Winston-Zigarettenschachtel die durchsichtige Zellophanfolie ab, legte sie über das Kokain und zerkleinerte es noch weiter, in dem er mit dem Daumennagel mehrmals über die Folie und das darunter befindliche Material strich. Anschließend nahm er eine Klinge, löste das nun leicht klebrige Material vom Tisch, wobei es in kleine, unregelmäßig geformte, dünne Plättchen zerbrach, und hackte diese Plättchen mit der Klinge wieder in feines Pulver. Nachdem Josef diese Prozedur beendet hatte, stellte einer der Söhne eine kleine handbetriebene Kaffeemühle auf den Tisch. Josef glotze einen Moment lang verdattert auf das Gerät, dass ihm beim Zerkleinern des Kokains sicherlich sehr hilfreich gewesen wäre. Im Gegensatz zu uns war Josef der einzige, der auf die Mühle starrte und nicht lachte. Nachdem das Gelächter abgeklungen war, verhandelte er wegen der Fahrzeuge mit den Einheimischen. Auch hier das Gleiche, wie schon zweimal zuvor: Interesse an den Autos bestand, aber Geld würde es keines geben. Stattdessen könnten wir in Paris drei Kilogramm Heroin Nr.3, so genanntes „Brown sugar", bekommen. Der Reinheitsgrad würde etwa fünfundsechzig Prozent betragen. Unabhängig von den Fahrzeugen bot man uns an, zukünftig Heroin gegen Bargeld kaufen zu können. Man würde uns den Stoff mit der beschriebenen Qualität für fünfzehntausend DM pro Kilo abgeben. Ich machte eine kleine Überschlagsrechnung: Bei der Qualitätsstufe ließen sich aus dem einem problemlos zwei Kilogramm machen. Das so verschnittene Material dürfte für ca. fünfzigtausend DM pro Kilo weggehen. Bei zwei Kilogramm wäre das ein Gewinn von um die fünfundachtzigtausend DM. Ohne Nebenkosten. Das wäre ein äußerst lukratives Geschäft gewesen, wenn wir die entsprechenden Abnehmer gehabt hätten. Ich kannte keinen, der auf einen Schlag mehrere Kilogramm Heroin kaufen und bar bezahlen konnte. Wir wären also gezwungen gewesen, den Stoff in kleineren Portionen von vielleicht hundert Gramm anzubieten. Das hatte zwei gravierende Nachteile: Der Verkauf würde natürlich wesentlich länger dauern und man hatte mit viel mehr Leuten zu tun. Schon damals war jedoch die Heroinszene durch und durch mit V-Leuten und sonstigen Polizeispitzeln verseucht. Wir lehnten daher erstmal ab, nahmen uns aber vor, die Marktlage in Berlin zu studieren. Wolle und mir wurde klar, dass wir wohl das Angebot des ersten Bauern annehmen würden. Da damit die geschäftliche Abwicklung vorerst geregelt war, beschlossen wir beide, die restlichen Tage hier im Libanon zu verbringen und uns dann in einer Woche in Paris überraschen zu lassen. Wir verabschiedeten uns und bestiegen die Fahrzeuge. Wolle und ich waren immer noch so bekifft, dass wir uns über die scheinwerfergroßen Augen unseres Fahrers keine Gedanken machten. Auch hatten wir kein mulmiges Gefühl mehr, als es darum ging erneut die schwarzen Stoffsäcke über unsere Köpfe zu ziehen. Verständnisvoll streiften wir uns die Beutel über und waren kurz darauf auch schon selig eingeschlafen.

Beirut

Ich wachte auf, als leicht an meiner Schulter gerüttelt wurde.
„Was ist'n los?", murmelte ich schlaftrunken.
„Wir sind da", hieß es.
„Wo da?", fragte ich.
„Na, vorm Hotel", kam es zurück.
Gut, dachte ich mir und zog mir den Beutel vom Kopf. Wolle hatte es mir gleichgetan. Josef sagte uns noch, dass er uns in einer Stunde hier abholen würde. Wir bestätigten, stiegen aus und betraten das Holiday Inn. Zunächst gingen wir auf unser Zimmer. Ich, um mir das Nötige für meinen beabsichtigten Swimmingpoolbesuch zu holen, Wolle, um gleich hier unter die Dusche zu steigen. Als ich nach einer halben Stunde zurück kam, duschte Wolle immer noch. Ich stellte mich neben die geschlossene Duschkabine und fragte mit lauter Stimme, um gegen das Prasseln des Duschkopfes anzukommen: „Was ist los? Bist du unter der Dusche eingeschlafen?"

„Nö! Ich überlege, was wir den anderen erzählen sollen."

Zwar leuchtete mir nicht ein, warum er solche Dinge unbedingt unter der Dusche überlegen wollte, dennoch beschloss ich die Qual seiner Überlegungen abzukürzen: „Die Wahrheit natürlich", sagte ich ihm.

„Das glaubt uns doch keiner", meinte er.

„Na, wenn uns keiner die Sache glaubt, dann zahlen wir sie eben für die Autos aus. Den Rest des Geschäftes machen wir dann selber. Du wirst sehen, dass das Ganze mit einer langen Diskussion aus der Welt zu schaffen is! Der einzige, der wieder Ärger machen wird, ist Ralf."

Wolle murmelte noch etwas, das ich nicht verstand. Ich verließ daher die Dusche und wartete im Zimmer auf ihn. Wenig später machten wir uns auf den Weg in die Hotelbar. Auch dieses Holiday Inn schien ein beliebter Treffpunkt für Journalisten zu sein. Wie gestern waren auch heute die meisten Barbesucher Reporter. Die gestrige Begrüßung durch Josef, zusammen mit seiner bewaffneten Eskorte, schien uns für diese Leute interessant gemacht zu haben. Wir beobachteten, wie einige von ihnen eine junge, hübsche Kollegin auswählten, die uns wahrscheinlich ausfragen sollte. Obwohl es ihr eigentlich nicht mehr möglich war, versuchte sie ihre Annäherung wie eine zufällige Begegnung aussehen zu lassen. Dazu steuerte sie an dem nur wenig besetzten Tresen eine Stelle in unserer unmittelbaren Nähe an, bestellte sich ein Getränk und fing an uns, auf Englisch zu befragen. Sie hätte uns schon gestern gesehen. Was wir so mit unserem Bekannten – damit meinte sie Josef – zu tun hätten. Er schien ja ein bedeutender Mann zu sein. Was wir selbst denn hier so tun würden. Und so weiter. Unsere Antworten wurden immer einsilbiger. Wir verkaufen hier Autos. Über den Mann von gestern wüssten wir nichts. Schon gar nicht, ob er bedeutsam wäre. Wir wurden ziemlich schnell uninteressant, was uns sehr angenehm war.

In diesem Moment betrat Josef mit zwei Soldaten die Bar und kam auf uns zu. Seine beiden Begleiter blieben etwa drei Meter vor uns stehen und sicherten die Umgebung. Er selbst begrüßte uns nochmals herzlich. Er hatte sich umgezogen. Anstelle des Camel-Outfits, das er ansonsten bevorzugt trug, hatte er nun teure Abendgarderobe angelegt. Das weiße Hemd, Hose, Jackett und Weste waren aus edlen Stoffen gewoben. Ich deutete mit dem Kopf zuerst auf die dunkelhaarige Journalistin, die etwas abseits von uns stand, dann auf den Reportertisch, von dem sie losgeschickt worden war, und sagte ihm, dass sein Auftritt von gestern hier für Neugierde gesorgt hatte. Und dass man schon begonnen hatte, uns auch über ihn auszuhorchen.

„Das haben wir gleich", meinte er.

Er gab seinen beiden Aufpassern einen kurzen Wink und ging auf den von mir bezeichneten Tisch zu. Die beiden Soldaten schienen genau zu wissen, was von ihnen erwartet wurde. Ohne vorher von Josef etwas gesagt bekommen zu haben, postierten sie sich links und rechts etwa einen halben Meter hinter ihm. Beide lösten schon beim Hingehen die dünnen Sicherungsriemen an ihren ledernen Gürtelholstern. Als sie dann breitbeinig vor dem Tisch standen, jeweils die rechte Hand an den Griff ihres 45er Colt Government gelegt, wagte es schon keiner der Reporter mehr, sie oder Josef direkt anzusehen. Mit einer kristallklaren, eisigen Stimme sagte er zu den am Tisch Sitzenden auf Englisch, dass die Belästigung seiner beiden Freunde aufzuhören habe. Anderenfalls gäbe es für die anwesenden Journalisten keine Informationen mehr zu kaufen und sie müssten damit rechnen, das Land verlassen zu müssen. In das nun folgende, betretene Schweigen der Reporter hinein fragte er nach, ob das, was er gerade erklärt hatte, auch von allen verstanden worden sei. Mit immer noch gesenkten Köpfen nickten alle betroffen. Josef hatte laut genug gesprochen, dass auch noch einige Tische weiter plötzliches Schweigen herrschte. Der Blick der jungen Reporterin pendelte mit gemischten Gefühlen zwischen uns und Josef hin und her. Na toll, dachte ich mir, da sind wir wohl doch wieder interessant geworden. Und das, nachdem wir uns Mühe gegeben haben, das Gegenteil zu erreichen. Nachdem er seine Position deutlich gemacht hatte, kam er zu uns zurück und sagte: „Das sollte geklärt sein. Lasst uns jetzt ins Basat fahren. Ich habe da einen Tisch reservieren lassen."

Wolle und mir war das recht. Da wir den Schuppen nicht kannten, fragte ich Josef, was das Basat für ein Laden wäre.

„Das Basat ist das beste libanesische Restaurant mit den schönsten Bauchtänzerinnen der Stadt."

Das hörte sich gut an und so verließen wir voller Vorfreude das Hotel. In den Parknischen links und rechts des Einganges standen überproportional viele Chevrolet Blazer. Schon gestern war mir aufgefallen, dass dieses Modell hier sehr oft gefahren wurde. Als wir in seinem Wagen Platz genommen hatten und er die Hotelauffahrt entlang rollte, um sich in den Straßenverkehr einzufädeln, fragte ich ihn: „Chevrolet Blazer sind hier wohl ziemlich beliebt, oder?"

Er lachte gurgelnd, und als er im Innenspiegel unsere verständnislosen Blicke sah, bequemte er sich, uns zu erklären:

„Ja, die werden hier oft gefahren. 1975 hatte Chevrolet ein unschlagbares Angebot, ein richtig günstiges Preis-Leistungsverhältnis, gemacht. Etwa 200 Blazer und eine Menge anderer Fahrzeugtypen, Kleinlaster, Pkw und so, sind damals preiswert auf den Markt gebracht worden."

Er schaute uns durch den Rückspiegel an und gluckerte immer noch beim Lachen.

„Stellt euch das vor, mehr als zweihundert Autos sind an einem einzigen Tag bei einem einzigen Händler geklaut worden. Oh, wir sind übrigens schon da."

Ich schaute mich verdutzt um. Wir waren keine drei Minuten unterwegs gewesen. Für die zehn Minuten Fußweg hätten wir nicht extra ins Auto steigen müssen. Wir und unser Begleitfahrzeug parkten ein.

Das Basat lag im Erdgeschoß. Drinnen war es so orientalisch eingerichtet, wie man es sich als Europäer im Allgemeinen vorstellt: Das Ambiente war sehr farbenfroh, überall glitzerte es. Ein gut gekleideter Angestellter nahm uns in Empfang und führte uns an den Tisch. Josef zeigte auf eine Stelle vor unserem Tisch und sagte zu uns: „Genau hier fangen die Tänzerinnen an zu tanzen."

Wir nahmen Platz, und ich fragte Wolfgang, ob er auch genügend Geldscheine dabei hätte, die wir den Mädchen in die Slips stecken könnten. Er nahm ein Bündel des von uns im Hotel getauschten Geldes aus der Hosentasche und schwenkte es energisch.

„Sehr gut", freute sich Josef. „Die Tänzerinnen werden hier gar nicht mehr weg wollen. Sie werden die ganze Zeit nur für uns tanzen."

Als die Bedienung kam, bestellten wir über Josef erst einmal Wein und verlangten die Karte. Da sie in französisch und arabisch gedruckt war, überließen wir es Josef, für uns mit zu bestellen. Ich beschloss, die Toilette aufzusuchen. Auf dem Weg dahin erspähte ich an einem kleinen, an der Wand stehenden Tisch die neugierige Journalistin aus dem Holiday Inn. Ohne meinen Toilettengang und einen an ihrem Tisch stehenden Kellner wäre sie mir wahrscheinlich gar nicht aufgefallen. Als sie mitbekam, dass ich in ihre Richtung blickte, nahm sie schnell die Speisekarte vors Gesicht. Ich glaubte nicht, dass ihre Anwesenheit ein Zufall war. Hatte sie mitgehört, als Josef das Basat erwähnte? Oder war sie uns einfach nur gefolgt? Etwas nachdenklich betrat ich den Trakt, der zu den Toiletten führte.

Wenn man durch die Tür schritt, ging links ein schmaler Gang von etwa anderthalb Metern Breite und vielleicht acht Metern Länge ab. An der linken Gangseite waren Zigarettenautomaten aufgestellt. Rechts des Ganges gingen zuerst die Herrentoiletten, danach die Damentoiletten ab. Am Ende des Ganges war eine Tür, die offen stand. Durch die Öffnung konnte ich eine gemauerte Wand des gegenüberliegenden Gebäudes sehen. Bevor ich die Herrentoilette betrat, fiel mir noch auf, dass draußen kein Straßenverkehr zu sehen war. Ich stellte mich an das PP-Becken und erleichterte mich. Dabei kam mir eine Idee, wie wir unsere neugierige Reporterin los werden könnten. Nachdem ich mit meiner Notdurft fertig war, ging ich den Gang bis zum Ende, verließ das Gebäude und stand in einer schmalen Sackgasse von vielleicht vier Metern Breite. Rechts führte die Gasse in etwa fünf bis sechs Metern Entfernung auf eine Straße. Links stand nicht ganz zwei Meter entfernt ein kleiner, wahrscheinlich ausrangierter Kühlschrank. Gleich dahinter sah ich einige große, verzinkte, runde und eckige Mülltonnen. Noch weiter links, wurde das Ende der Sackgasse durch eine etwa vier Meter hohe Bretterwand gebildet, die ich für die Rückseite einer Plakatwand hielt. Ich erinnerte mich, dass wir vor dem Einparken an einer solchen Plakatwand vorbei gefahren waren. Allerdings hatte ich dahinter keine befahrbare Gasse vermutet, sondern einen Teil des Gebäudes. Bis auf die großen Mülltonnen und den Kühlschrank war die Gasse absolut leer. Die kleine trübselige Funzel, die direkt über dem Nebeneingang des Basat hing, war in der Gasse die einzige Lichtquelle. Perfekt, dachte ich mir, ging wieder in das Gebäude und kehrte an unseren Tisch zurück. Dort war bereits der Wein serviert worden, und eine der angekündigten Tänzerinnen bewegte sich aufreizend genau an der Stelle, die uns vorher von Josef benannt worden war. Wolfgang war Feuer und Flamme.

„Na", fragte ich ihn, „hast du schon Geld in ihr Höschen gesteckt?"

„Nicht nur dahin!", sabberte er mit leuchtenden Augen.

Ich wandte mich an Josef und teilte ihm mit, dass die Reporterin von vorhin hier sei. Er kniff den Mund zusammen, bekam einen starren Blick und er schien zu überlegen, wie er dagegen vorgehen sollte. Bevor er selbst zu einer Lösung kam, unterbreitete ich ihm meine am Pinkelbecken gereifte Idee.

„Mach doch folgendes", schlug ich vor. „Du lässt drei Mann herkommen, die richtig finster aussehen. Am besten mit Vollbart."

„Was willst du denn mit denen?", unterbrach er mich.

„Pass auf. Einer von denen kommt unauffällig hier rein und merkt sich ihr Gesicht. Der Gang zur Toilette führt in eine Gasse."

Damit erzählte ich ihm nicht Neues, so dass er nur bestätigend nickte. Ich fuhr fort: „Die drei Mann postieren sich draußen und behalten den Gang im Auge. Irgendwann wird das neugierige Weib auch mal auf dieToilette gehen. Wenn es soweit ist, schnappen sich deine Jungs die Kleine und zerren sie nach draußen. Sie sollen ihr das Höschen runterziehen und ihr ein bisschen am Arsch rumfummeln. Ich komme dazu und ballere mit deiner Government über ihre Köpfe in die Luft. Die Drei hauen ab und ich bin der Held. Ich bringe sie ins Hotel, gebe ihr ein paar Beruhigungspillen und komme wieder zurück."

Josef war richtig begeistert. Eine solche Inszenierung schien ihm großen Spaß zu bereiten.

„Sehr gut! Das gefällt mir!"

„Wir sind die Maus los," fuhr ich fort. „Du brauchst dich nicht mehr um sie kümmern, und ausgewiesen muss auch keiner werden."

„Das ist sehr gut!", freute sich Josef. „Ich gehe gleich mal telefonieren."

Sein Gespräch dauerte nicht lange. Als er zurückkam, gab er zu verstehen, dass alles in Ordnung sei. Es vergingen ungefähr zwanzig Minuten, bis ein Kellner an unseren Tisch trat, um Josef davon zu unterrichten, dass am Eingang jemand auf ihn warten würde, um ihn zu sprechen. Er stand daraufhin auf und ging zum Eingangsbereich, um dort einen Mann zu treffen, der mit einem langen Trenchcoat bekleidet war. Möglicherweise trug er darunter einen militärischen Tarnanzug und wollte nicht, dass dieser in dem feinem Schuppen zu sehen war. Er und Josef standen nun an einer Art Empfangsbar, die sich unmittelbar rechts hinter dem Eingang befand. Auch von hier aus ließ sich ein Großteil des Ladens überblicken. Als Josef dem Mann unsere Reportermaus zeigte, schauten ich unwillkürlich in ihre Richtung, um mich zu vergewissern, dass die Kleine nichts von ihrer Beobachtung mitbekam. Der Fremde verließ das Basat, Josef kehrte zu unserem Tisch zurück und sagte, dass die Männer postiert seien. Wolle hatte währenddessen nichts von unser kleinen Vorbereitung mitbekommen. Im Gegenteil, die ganze Zeit über hatte er die sich anmutig vor ihm bewegende Tänzerin angeschmachtet. Josef griff unter sein wohl extra darauf zugeschnittenes Jackett, zog aus seinem Schulterhalfter die 45er und gab sie mir unter dem Tisch mit den Worten:

„Sei vorsichtig, sie ist durchgeladen und gesichert."

Sollte irgendwer die Übergabe bemerkt haben, so schien sich niemanden dafür zu interessieren. Ich schob die Waffe unter meine Jacke, in meinen Hosenbund. Das Ding war ein Klotz! Ich fragte Josef: „Warum tragt ihr hier eigentlich so große Schießeisen? Die Dinger tragen doch kräftig auf und sind schwer zu verstecken."

Er antwortete:

„Wir haben hier ständig Auseinandersetzungen. Und ein Colt, vor dem haben alle Respekt."

Ich war zwar der Meinung, dass auch andere Geräte Respekt einflößen, gab mich aber mit der Machoantwort zufrieden. So dachte man hier eben. Josef und ich rückten unsere Stühle so zurecht, dass wir die Tür zum Nebenausgang im Blickfeld hatten. Als die Tänzerin bemerkte, dass ich ihr nicht meine volle Aufmerksamkeit widmete, schlängelte sie sich genau in die Blickachse zwischen mir und der Tür. Mit einem kurzen Seitenblick auf Josef überzeugte ich mich davon, dass er weiterhin freies Sichtfeld hatte. Seufzend ergab ich mich in mein Schicksal und sagte mir, dass ich genauso gut ein paar Minuten die geschmeidigen Bewegungen der begabten Tänzerin genießen konnte. Dennoch blieb ich unruhig. Also beschloss ich, mir wieder freie Bahn zu verschaffen. Zu diesem Zweck schob ich dem sich dicht vor mir bewegenden Mädchen ein paar Geldscheine in ihr Oberteil. Das half tatsächlich. Sie tanzte ein wenig zur Seite, blieb aber in der Nähe unseres Tisches. Während ich den Wein und die hervorragenden libanesischen Spezialitäten genoss, erklärte uns Josef, dass es in Paris noch ein Basat geben würde. Es gehörte der gleichen Familie, die auch dieses hier betrieb. Wir unterhielten uns über Gott und die Welt, während wir darauf warteten, dass unsere Journalistin endlich auf die Toilette verschwinden würde. Unter anderem fragte ich Josef, was seine Androhung vorhin im Holiday Inn zu bedeuten hatte, nämlich, dass die Journalisten keine Informationen mehr verkauft bekämen. Wir erfuhren, dass, bis auf wenige Ausnahmen Ton- und vor allem Bildmaterial in der Regel nicht von den ausländischen Reportern erstellt waren. Vielmehr wurden es einheimische Kamerateams, die Aufnahmen von Feuergefechten, einschlagenden Granaten und Raketen, entstellten Leichen frisch Gefallender usw. machte. Auch die Aufnahmen eines Armeniers, der angekettet hinter einem Blazer durch die Stadt zu Tode geschleift worden war, was internationale TV-Sender ausgestrahlt hatten, waren von Einheimischen gefilmt worden. All diese Aufnahmen wurden dann in der Regel von Ausländern gekauft, ein bisschen zurecht geschnitten, und schon sah es so aus, als wäre es dem fremdländischen Reporter unter Einsatz seines Lebens gelungen diese Aufzeichnungen vor Ort selbst zu machen. In Wirklichkeit saß er zur selben Zeit wahrscheinlich an der Hotelbar des Holiday Inn und ließ sich vollaufen. Zur Kommentierung wurde dann noch häufig ein fotogener Standort ausgewählt, der mehrere Kilometer vom eigentlichen Kampfschauplatz entfernt war. Zum Beispiel das Dach vom Holiday Inn. Von hier aus hatte man einen herrlichen Panoramablick auf die weit entfernt in den Vororten einschlagenden Geschosse. Vor allem nachts erzeugte das todbringende Lichterspiel eine Faszination, der man sich nur schwer entziehen konnte und die sich gut verkaufen ließ. Auf Anhieb würde Josef nur ein Mann einfallen, der tatsächlich in vorderster Front sein Leben riskierte, um die Geschehnisse zu dokumentieren. Sein Name war Peter Scholl-Latour. Ich hatte diesen Namen schon früher einige Male im Zusammenhang mit Vietnamberichterstattungen wahrgenommen, und ich erinnerte mich an einige Berichte, die mich in ergreifender Weise beeindruckt hatten.

Irgendwann war es dann soweit. Die Reportermaus verschwand in dem Trakt, der zu den Toiletten führte. Josef blickte mich an, und ich machte mich auf den Weg. Der vordere Teil der Government drückte unangenehm gegen meinen linken Beckenknochen. Als ich den Nebengang erreichte, war niemand zu sehen. Dafür hörte ich aber ein Quieken und Klatschen. Ich zog den Colt und entsicherte ihn. Vorsichtig blieb ich an der leicht geöffneten Außentür stehen und blickte nach draußen. Ich sah unsere Maus und drei kräftige, bedrohlich wirkende Kerle in militärischen Tarnanzügen. Sie hatten die Kleine bäuchlings über den ausrangierten Kühlschrank gelegt. Einer der drei Männer hockte am Boden und durchwühlte die Umhängetasche der Frau. Der zweite Mann hatte ein kantiges Gesicht und einen ebenso kantig geschnittenen Vollbart und stand vor der Kleinen auf der anderen Seite des Kühlschrankes. Er hatte sich vorne übergebeugt, um sie an ihren Handgelenken festzuhalten und so gleichzeitig ihren Oberkörper auf den Kühlschrank zu fixieren. Dabei leckte er ihr Gesicht ab. Sie versuchte durch heftige Bewegungen ihres Kopfes ihr Gesicht der leckenden Zunge zu entziehen. Immer wenn die fremde Zunge über ihre Lippen fuhr, spuckte sie angeekelt aus. Ihr Rock war hochgeschoben und über ihren Rücken gelegt worden. Es kam mir so vor, als würde ihr herrlich knackiger Hintern förmlich in dem fahlen Licht der einzigen Lichtquelle, die es in dieser Gasse gab, leuchten. Und das, obwohl die Funzel nur trübe vor sich hin glomm. Der dritte Mann stand dicht hinter ihr. Er war ein Hüne von wenigstens einen Meter neunzig und hatte einen riesigen Oberlippenbart. Er streckte gerade einen Finger in die Rosette der Maus, was sie zu einem nicht gerade lustvollen Quieken brachte. Mit der anderen Hand hatte er sein Glied steif gewichst. Der Mann war enorm gut ausgestattet. Ich dachte mir noch, wenn der ihr seinen Monsterkolben in den Hintern rammt, dann muss da drinnen einfach etwas kaputt gehen. In der Zwischenzeit hatte der erste Mann die Inspektion ihrer Umhängetasche abgeschlossen. Er schien darin nichts Interessantes gefunden zu haben und hatte nun ihre Spiegelreflexkamera am Wickel. Die Kamera war bereits von ihm geöffnet worden und er begann, den eingelegten Film zu entfernen. Er nahm sich jedoch nicht die Zeit, die Filmpatrone zu entnehmen. Stattdessen hatte er den bereits belichteten Teil des Films in der Hand und zerrte alles aus der Patrone. Das leise Surren, das dadurch entstand, wurde von einem weiteren grellen Aufschrei der Journalistin übertönt. Ich schaute wieder zu der Kleinen hin. Der hinter ihr stehende Hüne hatte ihr nun einen zweiten Finger zusätzlich in ihre Rosette gebohrt und wühlte wenig zärtlich in ihrem Hintern. Ihre zusammengekniffenen Pobacken zitterten ebenso wie ihr gesamter Körper. Der Typ vor ihr hielt sie immer noch fest und leckte ihr immer noch kreuz und quer übers Gesicht. Sie hatte die Augen fest zusammen gepresst und wimmerte herzerweichend. Obwohl ich der Initiator dieser Szene war, war sie auf einmal gar nicht mehr nach meinem Geschmack. Ich hatte keine Freude mehr an meinem Plan. Die kleine Maus tat mir auf einmal Leid. Ich beschloss, die Sache schnell zu Ende zu bringen. Mit einigen raschen Schritten trat ich aus der Deckung der Hintertür heraus und stellte mich zwischen den am Boden Hockenden und den, der ihren süßen Arsch bearbeitete, hob die Government mit gestrecktem Arm und gab drei rasche Schüsse über dem Kopf des Großen ab. Alle drei Projektile klatschten gegen die Hauswand. Die Detonationen wurden in der schmalen Gasse enorm verstärkt und machten fast taub. Für den Bruchteil einer Sekunde erschienen einschließlich mir alle zu erstarren. Die beiden, die sich mit der Maus beschäftigt hatten, überwanden als erste ihre Starre, ließen von ihr ab und liefen links an mir vorbei. Ich verdaute noch die akustischen Nachwirkungen der gebrochenen Schüsse. Ich bildete mir ein, dass ich das Surren der Querschläger wahrnehmen konnte, nicht jedoch die Schritte der beiden Männer. Der Dritte war inzwischen aufgesprungen. Noch immer hielt er die geöffnete Kamera in seiner linken Hand und in seiner rechten den Filmstreifen. Er stand da, schaute mich an und rührte sich nicht. Nanu, dachte ich mir, war der Kerl etwa nicht eingeweiht worden? Zugegeben, im Moment stand ich ihm direkt in seinem Fluchtweg. Ich ging daher rückwärts zwei Schritte seitlich von ihm weg, aber er reagierte immer noch nicht, sondern blieb einfach stehen. Ich ging daher wieder einen Schritt auf ihn zu und zielte auf seinen Kopf. Der Große, dessen nun mehr schlaffes Glied immer noch aus seiner Hose hing, kam mit eiligen Schritten auf ihn zu und zog ihn an der Schulter mit sich. Die Herren hatten sich scheinbar zu sehr auf die Durchführung ihrer Aufgabe konzentriert und dabei vergessen, dass es sich nur um eine gestellte Szene handelte. Hastig stiegen sie in ihren Peugeot. Erst jetzt bemerkte ich, dass sie den Wagen rückwärts in die Sackgasse gefahren und etwa einen Meter vor der Hintertür des Basat geparkt hatten. Um zufälligen Beobachtern von der Straße aus den Blick auf das Geschehen zu erschweren, hatten sie die Vordertüren offen gelassen und zudem die Kofferraumklappe aufgestellt. Einer von ihnen hatte die Klappe schon zugeworfen. Als alle drei im Wagen saßen, wurde der Motor aufheulend angelassen, und der Peugeot verschwand mit durchdrehenden Vorderrädern. Etwas nachdenklich sicherte ich die Waffe und drehte mich um. Die Maus war vom Kühlschrank gerutscht und lag nun auf der Seite schluchzend mit angezogenen Knien zusammengekauert auf dem Boden. Ich ging zu ihr und berührte sie behutsam an der Schulter. Sie zuckte zusammen, ließ sich aber von mir aufhelfen. Ich bemerkte, dass sie ihre Schuhe verloren hatte. Sie lagen nicht weit vom Kühlschrank entfernt. Ich sammelte sie auf, ebenso ihre Tasche, die glücklicherweise groß genug war, um den Colt darin unterzubringen. Ich zog diese Lösung vor, da ich mir während unserer bevorstehenden Taxifahrt den sperrigen Klotz nur ungern wieder in den Hosenbund schieben wollte. Ich ging zu ihr zurück, kniete mich vor der immer noch Schluchzenden hin und streifte ihr die Schuhe über ihre schlanken Füße. Dann richtete ich mich auf und erklärte ihr, dass ich sie nun ins Hotel bringen würde. Ich stützte sie und führte sie die paar Meter bis zur Hauptstraße. Dabei kamen wir an ihrem zerrissenen, achtlos hingeworfenen Höschen vorbei. Sie schien es nicht wahrzunehmen. Auf der Hauptstraße brauchten wir nicht lange zu warten, um eines der vorbeifahrenden Taxis anzuhalten. Ich half ihr behutsam beim Einsteigen. Der Fahrer machte ein saures Gesicht, als er unser Fahrziel von mir genannt bekam. Im Holiday Inn führte ich sie erst zu der kleinen Apotheke. Zwar hatte sie sich etwas beruhigt, dennoch fragte ich die Bedienung nach einem starken Beruhigungsmittel und bekam eine Schachtel 10er Valium. Danach hätte ich auch gleich fragen können. Aber woher sollte ich wissen, dass die Dinger im Orient genauso heißen wie bei uns. Ich bezahlte, wir gingen zur Rezeption, um mir ihren Zimmerschlüssel geben zu lassen, und warteten dann auf einen Fahrstuhl. Wir waren in der Kabine die einzigen. Die Maus hatte sich schon die ganze Zeit schutzsuchend an mich gedrückt. Plötzlich umarmte sie mich heftig und schluchzte erneut los. Sie begann zu zittern. Als die Fahrstuhltür aufging, versagten ihr die

Beine. Ich konnte sie gerade noch festhalten, bevor sie zu Boden glitt. Etwas umständlich gelang es mir, ihren erschlafften Körper auf die Arme zu nehmen. Ohne sie abzusetzen öffnete ich ihre Zimmertür. In dem kleinen Flur hatte sie sich wieder soweit gefasst, dass sie selber stehen konnte. Sie wollte unbedingt ins Badezimmer, und sie wollte dabei alleine sein. Während ich für sie aus der Minibar ein kleine Flasche Mineralwasser und ein Glas nahm, hörte ich, wie die Dusche anging. Für mich selbst nahm ich Wodka und Bitter Lemon. Ich nippte an dem Glas, angelte nach ihrer Umhängetasche, holte die 45er hervor und legte sie neben mir auf den Nachttisch zu den Valium. Die Vorstellung, dass da zwei Sachen so dicht beieinander lagen, die beide sehr gut geeignet waren einen Menschen ruhig zu stellen, allerdings auf völlig verschiedene Weise, amüsierte mich kurz. Es dauerte nicht lange und die Maus kam aus der Dusche. Sie hatte einen dünnen Morgenmantel aus einem satinähnlichem Stoff an, der kurz vor den Knien endetet. Ihre Haare waren noch feucht und glatt nach hinten gebürstet. Sie stellte sich zu mir, und ich gab ihr zwei Valium. Während sie sich die beiden Tabletten in den Mund schob, füllte ich ein Glas mit dem Mineralwasser und reichte es ihr. Sie spülte die blauen Dinger runter und setzte sich auf das Doppelbett. Da sie keine Anstalten machte sich hinzulegen, nahm ich sie an den Schultern und drückte ihren Oberkörper sanft mit meinen Händen auf das Bett. Anschließend schob ich noch ihre über die Bettkante ragenden Beine in eine bequemere Position und deckte sie zu. Sie ergriff meine Hand und flehte eindringlich, nichts von dem Geschehenen an irgendjemanden weiter zu sagen. Erst recht nicht an ihre Kollegen. Das schien ihr sehr wichtig zu sein. Ich antwortete nicht gleich, sondern dachte darüber nach, wie wichtig ihr ihre Arbeit zu sein schien. In mein Schweigen sagte sie mehrmals:

„Bitte. Nichts sagen. Niemanden etwas sagen."

Dabei krallten sich ihre Fingernägel in meinen Unterarm. Ich überlegte, was sie mehr fürchtete: Dass sich in ihrer Familie der Versuch einer Vergewaltigung herumsprechen und sie dadurch von Menschen, die sie liebte geächtet werden könnte oder dass sie von nun ab unter dem Hohn ihre Berufskollegen Spießruten laufen müssten. Während ich darüber nachdachte, war ihr Bitten immer flehender geworden. Ich versprach, nichts weiter zu sagen, und fühlte mich einfach mies. Ich nahm mit rechts ihre Hand, streichelte ihr mit meiner Linken sanft übers Gesicht und sagte ihr, dass alles gut werden würde und sie sich beruhigen könne. Als ich den Eindruck hatte, dass die Tabletten zu wirken anfingen, wollte ich meine Hand aus ihrer lösen und das Zimmer verlassen. Sie war jedoch noch wach und drückte augenblicklich fester zu. Ich hielt weiterhin ihre Hand und unternahm etwa zehn Minuten später einen weiteren Versuch. Diesmal schlief sie fest, und ich verließ das Zimmer. Ich entschied mich, trotz der kurzen Entfernung wieder mit einem Taxi ins Basat zu fahren. Es war dort voller geworden. Wahrscheinlich tanzten deshalb jetzt drei Mädchen. Alle drei verstanden ihren Job, daher fiel es ihnen leicht, die Stimmung unter dem willigen Publikum anzuheizen. Ich setzte mich an unseren Tisch. Josef war bester Laune. Er umarmte mich freudig, und ich gab ihm unter dem Tisch die Government zurück. Zuerst wollte er sie gar nicht annehmen.

„Du kannst sie ruhig behalten. Solange du hier bist", sagte er mir.

„Danke, aber das Gerät ist mir eine Nummer zu groß", lehnte ich lächeln ab. „Wenn, dann etwas Handlicheres, 'ne 38er, oder so."

„Ist Okay", kam es von ihm zurück.

Vor ihm stand eine schon recht leere Flasche Jim Beam. Wolle hielt sich an Remy Martin. Beide panschten den guten Stoff mit Cola. Ich machte mit einer Flasche Wodka und Bitter Lemon weiter. Es half mir, die Erlebnisse mit der Journalistin runterzuspülen.

Wir blieben noch ungefähr drei Stunden, in deren Verlauf sich einige von Josefs Bekannten zu uns gesellten. Josef erzählte mindestens viermal die Story von der Finte mit der kleinen Reportermaus. Dabei erzählte er Details, die er nicht von mir hatte. Ich vermutet daher, dass er während meiner kurzen Abwesenheit von dem Bartträgertrupp bereits eine Rückmeldung erhalten hatte. Die meisten seiner Bekannten sprachen auch Englisch oder Deutsch. Häufig wurde über Familienprobleme gesprochen, aber auch über die Parteikämpfe hier im Libanon. Ich hatte den Eindruck, dass viele der Parteiauseinandersetzungen in Wirklichkeit riesengroße Familienfehden waren. Die Intensität, mit der sie ihre Verbitterung zum Ausdruck brachten, ließ erahnen, dass es hier in nicht allzu langer Zeit einen gigantischen Flächenbrand geben würde. Das einzige, worüber sich alle Parteien einig zu sein schienen, waren Reporter. Niemand sah sie hier gerne.

Stunden später hatte ich mächtig einen in der Krone. Jeder, der sich an unseren Tisch setzte, bestand darauf, mich mindestens zweimal zu umarmen und mir einige Bruderküsse zu verpassen. Selbst zu den Zeiten, als ich noch Fußball spielte, bin ich nicht so oft abgeknutscht worden.

Schließlich war der Punkt erreicht, an dem nichts mehr reinpasste. Es war an der Zeit, den Abend zu beenden. Bevor wir das Basat verließen, bestand Josef darauf, unbedingt noch vor unserer Abreise mit uns jagen zu gehen. Uns war alles recht, wenn wir nur jetzt ins Bett gehen konnten. Josef fuhr zum Glück nicht selbst. Einer seiner Leibwächter setzte uns vor dem Hotel ab und fuhr dann mit ihm weiter. Wolle und ich torkelten zum Hoteleingang. In der Ferne waren Salven aus vollautomatischen Waffen zu hören, aber irgendwie schreckte uns das in unserem Zustand nicht sonderlich.

In unserem Zimmer angekommen, gelang es uns mit Mühe, unsere Klamotten auszuziehen, ohne dabei auf die Fresse zu fallen. Wir kippten jeder auf seiner Seite ins Bett und schliefen nahezu synchron ein.

Irgendwann wurde ich wach. Es schien Minuten zu dauern, bis ich die Ursache erkannte. Ein klopfendes Geräusch schien aus Richtung Badezimmer zu kommen. Das Klopfen hörte nicht auf und langsam begriff ich, dass es nicht aus dem Badezimmer, sondern von der Zimmertür kam. Ich wartete darauf, dass Wolle aufstehen würde, um nachzusehen. Aber der lag noch im Koma. Also schleppte ich mich selbst zur Tür und öffnete. Schlaftrunken glotzte ich die draußen stehende Person an, ohne sie einordnen zu können. Ich brauchte einige Sekunden, um in dem störenden Besucher meine Reportermaus zu erkennen. Sie stand mit offenem Mund vor mir, schaute mich von oben nach unten an und sagte kein Wort. Ich nahm sie an der Hand und zog sie hinein. Sie begann zu reden, verstummte aber, als ich meinen gestreckten Zeigefinger auf meine Lippen legte. Aus der Minibar, holte ich zwei Flaschen Mineralwasser, kehrte zu der Maus zurück, schloss die Zimmertür und ging mit ihr in das große Bad. Ich setzte sie auf den geschlossenen Toilettendeckel, gab ihr eine der beiden Wasserflaschen und stürzte den Inhalt der anderen durch meine ausgedörrte Kehle. Leider wurde mir davon schwindlig, und so quälte ich mich mühsam in die Badewanne. Ich angelte nach dem Duschkopf, drehte das Wasser an, legte den Kopf in den Nacken und hielt mir die Düsen wie ein Horn an die Stirn. Langsam stellte sich wieder Wohlbefinden ein, aber auch ein tierischer Druck auf der Blase. Schwerfällig drehte ich den Kopf und sah die Kleine auf dem Toilettendeckel sitzen. Die Valium schienen auch bei ihr einen mächtigen Durst ausgelöst zu haben. Sie hatte schon einen Großteil der Literflasche geleert. Ich brachte es nicht über mich, sie von der Toilette zu verscheuchen, erst recht nicht, weil ich dazu hätte aufstehen müssen. Ich hielt mir weiterhin den Duschkopf an die Stirn und ließ es nun auch unten laufen. Diese Erleichterung brachte mir ein wohliges Gefühl großer Befriedigung. Dann blieb ich noch einige Minuten so sitzen. Schließlich stand ich auf, bediente mich beim Haarshampoo und seifte mich gründlich ein. Nachdem ich mich abgeduscht hatte, stieg ich aus der Wanne, schnappte mir ein Handtuch und trocknete mich ab. Anschließend warf ich das feuchte Tuch auf den Boden vor dem Waschbecken und stellte mich drauf. Ich putze mir die Zähne und schäumte dann mein Gesicht ein, um mich zu rasieren. Seitdem wir in dem Badezimmer waren, hatten wir kein Wort miteinander gesprochen. Statt dessen verfolgte sie mich mit ihren wundervollen, großen Rehaugen. Während ich mir mit der Klinge über das Gesicht fuhr, wurde mir plötzlich klar, dass ich schon die ganze Zeit nackt gewesen war. Wenn vorhin an der Tür ein völlig Fremder gestanden hätte, wäre das peinlich geworden. Ich benutze einen Teil dieses Gedankenganges, um ein Gespräch zu beginnen: „Ich stehe hier völlig nackt vor dir und weiß noch nicht einmal, wie du heißt", sagte ich zu ihr.

Sie schaute verdutzt und überlegte. Ich unterbrach ihre Gedanken und fuhr fort: „In dem ganzen Durcheinander haben wir uns noch gar nicht vorgestellt."

Ich nannte ihr meinen Namen und erfuhr, dass sie Susanna hieß und für eine römische Zeitung arbeiten würde. Ich fragte, ob sie noch bleiben wolle, in Beirut. Sie meinte, dass sie erst mal Urlaub machen und nach Hause fahren würde. Ich wollte wissen, wie sie sich fühlte, nach den Erlebnissen des Vorabends. Besser, sagte sie, außerdem würde sie sich in meiner Nähe gut fühlen. Als sie vorhin aufgewacht und ich nicht da war, hatte sie Panik bekommen und mein Zimmer gesucht. Über das Reinigungspersonal hatte sie die Zimmernummer herausbekommen.

„Was hast du denn für Anhaltspunkte genommen, um mich oder uns zu beschreiben?", wollte ich wissen.

„Ich erzählte von deinem Bekannten. Josef ist hier sehr bekannt. Er gilt als einer der Devisenbeschaffer der Christlichen Partei."

Mir fiel auf, dass sie nur seinen christlichen Namen verwendete. Wahrscheinlich kannte sie seinen richtigen Namen gar nicht. Viele arabische Christen hatten nun mal christliche Beinamen. Ich ärgerte mich darüber, dass meine ursprünglich beabsichtigte Diskretion von Josef völlig vereitelt wurde.

„Na bitte", sagte ich auf deutsch und in einem wütenden Ton mehr zu mir selbst. „Josefs Auftritte machen uns stadtbekannt."

Susanna verstand nichts von dem Gesagten und schaute mich nur erstaunt an. Meine Laune besserte sich. Ich musste lachen und beugte mich zu der immer noch Sitzenden hinunter, um ihr einen Kuss auf die Wange zu geben. Im entscheidenden Moment drehte sie ihren Kopf in meine Richtung, so dass sich unsere Lippen berührten. Dabei blieb etwas von meinem Rasierschaum an ihrem Gesicht haften. Wir schauten uns einige Sekunden lang in die Augen. Ich merkte, dass es in meiner Bauchgegend zu kribbeln anfing. Um abzulenken, hielt ich ihr meinen kleinen Rasierspiegel vors Gesicht. Sie lachte, als sie die kleine Rasierschauminsel entdeckte, die sich über einen Nasenflügel und einen Teil ihrer rechten Wange erstreckte. Sie stand auf und drängelte sich zwischen mich und das Waschbecken, um sich den Schaum abzuwaschen. Ich blieb hinter ihr stehen und rasierte mich weiter. Um mir nicht im Weg zu stehen, ging sie einen Schritt beiseite und wartete, bis ich fertig war. Sie nahm ein Handtuch und trocknete damit mein vom Abspülen noch immer nasses Gesicht. Bei unseren ersten beiden Begegnungen war mir gar nicht aufgefallen, wie klein sie war. Sie reichte mir nicht einmal bis zum Schlüsselbein, sie dürfte also nur wenig über ein Meter fünfzig groß gewesen sein. Sie ließ das Handtuch fallen und schmiegte ihren Kopf an meine Brust. Ich umarmte sie und drückte sie an mich. Dabei roch ich ihren Duft. Kurz bevor mir eine Sicherung durchbrannte, zog ich noch einmal die Notbremse.

„Hast du schon gefrühstückt?", fragte ich.

Sie verneinte und damit war klar, was wir als Nächstes unternehmen würden. Ich löste mich aus unserer Umarmung. Da der Kleiderschrank im Flur eingebaut war, musste ich zum Anziehen nicht ins Zimmer. Letztendlich blieb mir aber doch nichts anderes übrig, da ich Wolle eine Nachricht hinterlassen wollte, die er auch problemlos finden konnte, also legte ich einen entsprechenden Zettel auf mein Kopfkissen. Leise verließen wir das Appartement und gingen zu einem der Fahrstühle, der uns auf das Dach brachte.

Von der Dachterrasse aus hatte man einen tollen Ausblick auf die Stadt. Die Sonne würde noch etwa drei Stunden brauchen um den Zenit zu erreichen. Bis dahin warfen die zumeist sandfarbenen Gebäude lange Schatten. Ich konnte nirgends Grünflächen wie Parkanlagen, kleine Wälder, oder baumreiche Alleen, wie ich sie aus Berlin kannte, entdecken.

Zu der Terrasse gehörte ein Restaurant. Wir setzten uns an einen Tisch, von dem aus wir das Meer sehen konnten, und ließen uns Frühstück servieren. Susanna sagte mir, dass sie die Valium immer noch merken würde. Ich dachte an meine Wodka-Session und sagte ihr, dass auch ich noch ganz schön den Iwan im Nacken spürte. Sie schaute mich verständnislos an, so dass ich ihr von meinem Wodka-Bitter Lemon-Schlacht erzählte. Glücklicherweise wechselte sie danach das Thema. Sie deutete auf eine Art Brücke, die sich rechts von mir vom Dachrand zum gegenüberliegenden Gebäude spannte. Die Brücke war überdacht und – wohl auf Grund der in dieser Höhe zwischen den Gebäuden auftretenden heftigen Winde – an den Seiten verglast. Das andere Ende der Brücke führte zum Venisha-Hotel. Auf dessen Dach gäbe es einen tollen Swimmingpool, dessen Wände auch verglast seien, so dass man vom darunter liegenden Casino durch die Glaswände in den Pool schauen konnte, erzählte sie. Das hörte sich interessant an, und so war es eigentlich schon beschlossene Sache, dass ich mir Pool und Casino anschauen würde. Nicht weit von uns entfernt überragte ein Gebäude alle anderen in der Stadt. Es dürfte gut doppelt so hoch gewesen sein wie das Holiday Inn. Ich deutete auf die von uns aus sichtbare schmale Silhouette und fragte Susanna, ob das auch ein Hotel sei.

„Ja", antwortete sie. „Das ist das Berjmor, das höchste Hotel in der Stadt." Was unschwer zu erkennen war, dachte ich mir. Ich erfuhr noch, dass das Berjmor fünfundsechzig Stockwerke hatte. Weitere elf Stockwerke lagen unter der Erde. Obwohl es erst Vormittag war, besaß die Sonne bereits genug Kraft, um unseren benebelten Köpfen zuzusetzen. In der Ferne leuchtet das scheinbar endlose Band des Sandstrandes fast makellos weiß, unterbrochen nur durch die Hafenanlage. Ich schlug vor, an den Strand zu fahren, um uns dort einen schönen Tag zu machen. Susanna war sofort begeistert.

„Ich besorge uns ein Auto", sagte sie und ging ins Restaurant.

Ich blickte ihr hinterher und konnte sehen, wie sie am Tresen telefonierte. Nach einigen Minuten kam sie strahlend zurück und verkündete, dass sie ihr Lieblingsauto mieten konnte. Ich fragte, ob das Autoradio über ein Kassettenteil verfügte. Sie bestätigte, und wir beendeten unser Frühstück. Anschließend gingen wir zum Lift. Wir verabredeten uns in der Tiefgarage. Ich musste als erster den Lift verlassen und ging in mein Zimmer. Wolle schlief immer noch den Schlaf der Gerechten. Den immer noch auf meinem Kopfkissen liegenden Zettel ergänzte ich um den Satz: „Bin am Strand". Im Flur suchte ich aus dem Kleiderschrank eine Badehose heraus und zog sie unter die Jeans. Ich legte mir ein Handtuch über die Schulter, steckte mir eine Musikkassette in die Brusttasche meines Hemdes und stiefelte los.

In der Tiefgarage musste ich auf sie warten. Da sie mir nicht gesagt hatte, was für ein Auto von sie gmietet hatte, blieb ich am Fahrstuhl stehen. Ich zündete mir eine Zigarette an. Susanna trat aus dem Lift, bevor ich sie zu Ende geraucht hatte. Sie hatte sich umgezogen, trug nun weiße Tennisschuhe und ausgewaschene Jeans ohne Gürtel. Einen knallgelben Badeanzug hatte sie darunter gezogen. Darüber ein weißes Piratenhemd, das für sie eindeutig zu lang war, deshalb hatte sie es über der Hüfte zusammen geknotet, so dass auch hier ein Streifen des Badeanzuges zusehen war. In ihre vollen, schwarzen Haare hatte sie oberhalb der Stirn eine Ray Ban Classic Sonnenbrille gesteckt. Außerdem hatte sie die gleiche Tasche mit, die schon gestern die 45er transportiert hatte. Sie ging in ein verglastes Büro und schien dort die Verleihmodalitäten zu erledigen. Dann steuerten wir auf eine Ente, einen 2CV, zu. Das Vehikel hatte ein Stoffdach, dass sich wie der Deckel einer Sardinenbüchse aufrollen ließ. Was wir dann auch taten. Susanna setzte sich als Ortskundige ans Steuer und trat den kleinen Motor gnadenlos. Sie kam erstaunlich gut mit der Revolverschaltung des Fahrzeuges zurecht. In der ersten Kurve neigte sich das kleine Gefährt gefährlich zur Seite. Susanna lachte, als sie mein besorgtes Gesicht sah. Ich holte die Kassette aus meiner Brusttasche und schob sie in das Abspielgerät. Als erstes Lied kam ein Song von den Stones. Ich sprach den Titel laut aus: „Gimme shelter, baby."

Sie erwiderte lachend: „I'll give you shelter any time, baby."

Die Frau kannte sich im Beiruter Verkehr gut aus. Dennoch geschah es mehr als einmal, dass ich auf imaginäre Bremsen und Kupplungen trat. Immer wenn sie das bemerkte, lachte sie. Um mich zu beruhigen, sagte sie: „Wer mit dem Verkehr in Rom zurechtkommt, der kommt überall zurecht."

Das glaubte ich ihr aufs Wort.

Wir suchten uns eine Stelle am Strand, die etwas außerhalb der Stadt lag. Aus der Nähe reflektierte der Sand das Sonnenlicht so gleißend hell, dass auch ich meine Sonnenbrille aufsetzen musste. Wir rollten das Verdeck wieder zu, zogen uns bis auf die Badesachen aus, ließen alles Überflüssige im Wagen und rannten ins Meer. Wir tauchten unter den uns entgegen brandenden Wellen durch und schwammen weiter hinaus. Susanna hatte einen guten Schwimmstil. Sie kraulte gleichmäßig und kraftvoll durch die Wellen. Ich hängte mich an sie. Nach etwa zwanzig Minuten schaute ich zurück und erschrak. Die Küste bestand nur noch aus einem dünnen, entfernt liegenden Strich. Selbst die hohen Hotels der Stadt waren winzige Zipfel. Zeit umzukehren, dachte ich mir und rief Susanna. Sie war jedoch schon ein gutes Stück entfernt und schien mich nicht mehr zu hören. Also gab ich Stoff, um sie einzuholen. Ich musste mich ziemlich anstrengen, um sie endlich am Fuß zu fassen zu kriegen. Sie hielt an und ich fragte, wohin sie eigentlich schwimmen wollte. Sie drehte sich im Wasser und nahm auch erstaunt wahr, dass wir schon ziemlich weit von der Küste entfernt waren. Sie erklärte mir, dass sie beim Schwimmen völlig abschalten könne und dann gar nicht mitbekommen würde, wie die Zeit verging. Wir machten uns auf den Weg zurück. Nach weiteren zwanzig Minuten hatten wir gerade mal die Hälfte der Strecke geschafft. Als wir wieder am Strand ankamen und aus dem Wasser stiegen, hatte uns die Strömung etwa einen halben Kilometer abgetrieben. Wir schauten uns an und lachten über unsere Sorglosigkeit. Die Stunde im Meer hatte meinen Kopf frei gemacht vom Restalkohol. Mein Körper hingegen war auf angenehme Weise ausgepowert. Die Muskeln brannten wie nach einem intensiven Training und meine Adern auf Brust und Schultern traten wie Pipelines hervor. Susanna schien das weniger auszumachen. Sie war in dieser Sache eindeutig besser im Training als ich. Wir gingen zur Ente zurück und Susanna holte aus ihrer riesigen Umhängetasche eine Flasche Mineralwasser hervor. Auch ich spülte mir den salzigen Geschmack des Meeres aus dem Mund und nahm anschließen einen langen Schluck des nunmehr lauwarmen Wasser aus der Kunststoffflasche. Wir waren mit der Ente bis in die Dünen gefahren. Außer uns beiden war kein Mensch zu sehen. Wir breiteten nicht weit vom Wagen unsere Handtücher aus, ölten uns gegenseitig mit Sonnenschutzmittel ein und machten es uns gemütlich. Vom Meer wehte eine frische Brise. Sie verschaffte uns angenehme Kühlung und ließ uns vergessen, wie gnadenlos die Sonne bereits auf uns herunter brannte. Matt und erschöpft lagen wir beieinander und taten einen Moment lang nichts anderes, als dem Rauschen der Wellen zu lauschen. Ich dachte an die Leichtigkeit, mit der das Mädchen vorhin durchs Wasser geglitten war, und fragte sie, ob sie früher aktiv geschwommen sei. Sie drehte sich zu mir, schob sich halb auf mich und erzählte, dass sie in ihrer gesamten Schulzeit sehr aktiv geschwommen sei und auch heute noch versuchte jede Minute, die ihr der Job ließe, zu schwimmen. Wie vorhin im Meer sagte sie mir noch einmal, dass sie beim Schwimmen ganz abschalten und an ganz andere Dinge denken könnte. Die Ereignisse der gestrigen Nacht hatten sie die Zeit vergessen lassen.

„Und ich dachte schon, dass du nach Sizilien schwimmen wolltest," lenkte ich von dem Thema ab.

Sie lachte und schob sich nun ganz auf meinen Körper, nahm meine

Hand, steckte sich jeden einzelnen Finger in den Mund und zog sie langsam mit spitzen Lippen heraus. Dabei schaute sie mir tief in die Augen. Ich lächelte sie an und war mir sicher, ihre Geste richtig verstanden zu haben. Mit einer geschmeidigen Bewegung näherte sie sich meinem Gesicht und begann, meine geschlossenen Augen zu küssen. Ihr Mund streichelte meine Haut, bis ich ihren heißen Atem auf meinen Lippen spürte und sie mit einem langen, intensiven Kuss an mich zog.

„Du musst das hier nicht aus Dankbarkeit mit mir tun", flüsterte ich heiser in ihr Ohr. Sie antwortete nicht, sah mir tief in die Augen und schob sich dann hinunter auf meine Brust, wo ihr Kopf still liegen blieb.

Dünen, Sonne und die sanften Geräusche des Windes und des Meeres ließen uns eng umschlungen einschlafen. In meinem Traum berührte ich Susanna überall. Als ich wach wurde, war ich immer noch erotisiert.. Susanna lag ruhig atmend auf mir, ihr Unterleib drückte sich unbeabsichtigt gegen meinen und löste ein lustvolles Verlangen in mir aus. Sie spürte meine Erektion und schien durch meine Unruhe wach zu werden.

„Was ist denn das?", fragte sie mit einem verschlafenen Lächeln und berührte mich zwischen den Schenkeln. „Als ob Du nicht wüsstest", antworte ich rau und küsste sie leidenschaftlich. Sie löste sich aus meiner Umarmung, sah verstohlen zur Seite, um sicher zu sein, dass wir nicht beobachtet wurden, zog ihren Badeanzug etwas zur Seite und ließ ihr Becken langsam auf meinen Unterleib herunter. Ich spürte, wie ich tief in ihren erhitzten Körper eindrang, der sich in einem erregend trägen Rhythmus auf mir zu bewegen begann.

„Ich tue das nicht aus Dankbarkeit", sagte sie leise, „sondern, weil ich Dich will."

„Dann komm her", stöhnte ich, legte meine Hände um ihre Hüften und zog sie fest an mich. Voller Begierde drängte sie sich gegen meinen Unterleib, ihre Bewegungen wurden schneller und fordernder, und ihre Hände krallten sich unkontrolliert in meine Schultern. Ihr heftiger Rhythmus zog mich mit, und als ich kurz nach ihr einen intensiven Höhepunkt hatte, schrie sie leise auf und ließ sich erschöpft auf meine Brust sinken. Erst Minuten später stellte ich fest, dass wir beide klitschnass waren.

„Oh mein Gott!", sagte sie mit gespieltem Entsetzen, und ich necke sie grinsend: „Bitte keine Titel!"

Wir lachten beide, rollten eng umschlungen von unseren Handtüchern und wälzten uns in dem feinen Sand. Nachdem wir uns wie zwei Schnitzel paniert hatten, liefen wir wieder ins Meer, um uns abzuspülen.

Wir halfen uns gegenseitig dabei, den Sand aus den Badesachen zu bekommen. Und dabei blieb es nicht.

Ich schaute den Strand entlang. Links und rechts von uns war auf wenigsten hundert Meter niemand zu sehen. Ich stand fast bis zur Brust im Wasser. Susanna hielt sich an mir fest und tauchte an mir ab. Sie streifte unter Wasser meine Badehose ein Stück nach unten und ließ mein Glied einige Male in ihren Mund gleiten. Es kam mir vor, als würde ich dabei an ihr Rachenzäpfchen anstoßen. Nachdem sie mich auf diese Weise vorbereitet hatte, durchbrach sie schnell auftauchend die Wasseroberfläche und schleuderte ihrem kräftigen, nassen Haare nach hinten. In einem Reflex schloss ich meine Augen und bekam so nichts von dem Meerwasser hinein. Ich drehte sie um und rieb mich an ihrem süßen Hintern. Dann zog ich ihren Badeanzug nach unten. Sie half mir dabei, indem sie ganz aus ihm stieg und ihn anschließend in der Hand behielt. Ich drückte ihren Oberkörper nach vorne und hielt sie dabei fest. Dann nahm ich sie kräftig von hinten und ließ meiner Lust freien Lauf: Sie stöhnte dabei auf eine Weise, die mich unglaublich anturnte, krallte sich in meine Unterarme, die sie immer noch abstützen, und unterbrach den Rhythmus. Sie glitt von mir, drehte sich um, umklammerte meinen Hals und wir vereinigten uns aufs Neue. Unsere Zungen spielten in wilder Begierde miteinander, und ihr Unterleib drängte sich meinem auf die gleiche fordernde Art entgegen, die mich schon vorher am Strand in Ekstase versetzt hatte. Das Wasser trug einen Teil ihres ohnehin nicht großen Gewichtes, und so war es nicht einmal anstrengend, sie an ihrem hübschen Hintern haltend in Position zu bringen. Ich drückte und knetete die festen Pobacken während ihre Beine mich an der Hüfte umfingen, entstand ein Rhythmus, der uns kurz darauf in der Glut unserer Erregung gemeinsam kommen ließ. In diesem Moment hörten nur die Wellen unsere Lustschreie. Dass jederzeit ein Fremder auftauchen und uns beobachten konnte, machte die Sache noch prickelnder. Nach dem Akt blieben wir noch eine Weile umschlungen und wiegten unsere Körper im Takt der Wellen. Schließlich löste sie sich von mir. Sie zog sich ihren Badeanzug wieder an, und ich streifte meine Badehose, die mir bis zu den Knöcheln heruntergerutscht war, wieder hoch. Wir verließen lachend das Wasser und legten uns auf unsere Handtücher. Ich lag auf meiner linken, sie auf ihrer rechten Körperseite. Unsere Körper berührten sich fast, die Gesichter waren nur wenige Zentimeter voneinander entfernt. Keiner von uns sprach auch nur ein Wort. Stattdessen schauten wir uns nur an und streichelten uns zärtlich. Wahrscheinlich waren Valium und Alkohol doch noch nicht ganz abgebaut, denn nach geraumer Zeit schliefen wir wieder ein. Als wir aufwachten, stand die Sonne schon sehr tief. Wir tranken den Rest unseres mitgebrachten Wassers aus. Unsere Haut war auf eine Art gezeichnet, die bewies, dass wir mehr von der Sonne abbekommen hatten, als Hautärzte für gewöhnlich empfehlen. Wir beschlossen, wieder ins Hotel zu fahren. Also packten wir unsere paar Sachen zusammen und fuhren los. Susanna bestand darauf, dass ich noch mal „Gimme Shelter" der Stones abspielte. Sie jauchzte zur Musik. Es war schade, dass die Fahrt so schnell zu Ende ging. Während ich mir an der Hotelrezeption meinen Zimmerschlüssel geben ließ, lud mich Susanna zu sich ein. Wir hatten vor, uns gemeinsam in ihrer Badewanne frisch zu machen, bevor sie mir in der Stadt ihre Lieblingsschuppen zeigen wollte. Wir trennten uns, als der Fahrstuhl auf ihrer Etage angekommen war. Ich fuhr noch zwei Stockwerke höher. Unnötigerweise betrat ich besonders leise mein Zimmer, aber Wolfgang war nicht mehr da. Er hatte auf den Zettel, den ich ihm hinterlassen hatte, geschrieben: „Ich bin mit Josef unterwegs. Unser Schiff soll mit den Autos morgen Mittag ankommen. Schau mal in den Nachttisch, da liegt was für dich."

Ich schaute neugierig nach und entdeckte eine stupsnasige 38er mit Pachmayer-Griffschalen. Es war eine Waffe vom Typ „Bodyguard", also ein Revolver mit innenliegendem Hammer. Ich entriegelte und schwenkte die Trommel beiseite. Sie war mit sechs Patronen voll belegt. Der Übergang zu dem kurzen zwei Zoll-Lauf wies keine Nutzungsspuren auf. Die Waffe war wahrscheinlich, bis auf Probeschüsse, neuwertig. Zusätzlich gab es noch zwei Schnellader-Streifen, die es ermöglichten, sechs Patronen gleichzeitig in die Trommel zu schieben. Ich nahm einen der Streifen und steckte ihn zusammen mit der Waffe in meine Kulturtasche. Aus Bequemlichkeit nahm ich keine Sachen zum Wechseln mit, sondern zog gleich das an, was ich auch nachher zum Weggehen tragen wollte. Ich schnappte mir meinen Kulturbeutel und machte mich auf den Weg zu Susanna.

Sie hatte bereits Badewasser eingelassen und etwas ins Wasser gegeben, was einen sehr dichten und angenehm duftenden Schaum erzeugte. Ein gutes Dutzend dicke, runde Kerzen waren so auf höher liegende Ablagen verteilt, dass man sie nicht versehentlich umwerfen konnte. Alle Kerzen waren bereits angezündet. Neben der Wanne stand ein Sektkühler auf dem Boden. Befüllt war er mit Eis und einer bereits geöffneten Flasche Dom Pérignon. Selbst zwei gefüllte Gläser standen schon bereit.

Sie gab mir eines davon und begann mich auszuziehen. Nackt wie ich war drückte sie mich auf den geschlossenen Toilettendeckel. Sie stand vor mir und zündete uns einen kleinen Sticker an. Wir nahmen abwechselnd jeder zwei gute Züge. Ich legte den Rest in den Aschenbecher zurück und nahm einen großen Schluck aus meinem Champagnerglas. Die Wirkung stellte sich rasch ein. Meine Sinne wurden auf angenehme Weise berauscht. Susanna drehte am Waschbecken den Wasserhahn auf und schöpfte etwas Wasser mit ihren Händen auf meine Haare. Sie sagte dazu: „Jetzt schneiden wir erst mal deine Haarspitzen. Du siehst mir ein wenig zu wild aus."

„Mach da keinen Fehler", mahnte ich sie, hatte aber nicht grundsätzlich etwas dagegen, dass sie mir die Haare schnitt.

Sie strich mir sanft durch die feuchten Haare und sortierte sie mit Hilfe von Haarklammern. Das Gefühl, wenn mir zarte Frauenhände durchs Haar streichen und dabei auf angenehme Weise die Kopfhaut massieren, hat etwas unglaublich Erotisches. Diese Art von Zärtlichkeit erzeugt einen Genuss, der mich in den siebten Himmel schweben lässt. Susanna ließ ihren dünnen Morgenmantel zu Boden gleiten, drückte meine Knie zusammen und stellte sich breitbeinig so dicht vor mich, dass ihre herrlichen Brüste mein Gesicht berührten. Während sie mit Kamm und Schere an meinem Hinterkopf hantierte, berührte ich mit meinen Lippen ihren Busen. Mehr traute ich mich nicht, da ruckartige Bewegungen von mir zu hässlich geschnittenen Ecken an meinen Hinterkopf führen konnten. Sie beendete zufrieden ihr Werk. Anschließend löschte sie das elektrische Licht und winkte mir zu, ihr in die Badewanne zu folgen. Wir ließen uns gegenüber sitzend langsam in die Wanne gleiten. Sie ließ warmes Wasser nachströmen. Wir entspannten uns und nippten an unseren Gläsern, bis sie leer waren, stellten sie neben der Wanne ab und begannen uns gegenseitig abzuseifen und die Haare zu waschen. Da wir uns schon auf unseren Streifzug durch das Beiruter Nachtleben freuten, blieben wir nicht lange in der Wanne. Nach dem Abtrocknen cremten wir uns ein, um die Auswirkungen des Sonnebrandes zu lindern. Susanna meinte, sie würde hier noch etwas Zeit brauchen. Ich schaute sie fragend an und sie ergänzte: „Ich muss mich noch verwandeln."

Dagegen hatte ich nichts, also nahm ich meine Sachen und ging ins Zimmer. Dort öffnete ich ein Fenster und sog nackt die frische Nachtluft ein. In weiter Ferne hörte ich verschieden kurze Salven von Sturmgewehren, wahrscheinlich Kalaschnikows. Das schien hier die am weitesten verbreitete Waffe zu sein. Dass geschossen wurde, beunruhigte mich nicht mehr, man gewöhnt sich rasch an so etwas. Hauptsache, die Lärmquelle ist soweit entfernt, dass man nicht die ausgeworfenen Geschoßhülsen auf dem Asphalt klimpern hört. Ich zündete mir eine Zigarette an und legte mich aufs Bett, damit die aufgetragene Creme Zeit hatte einzuziehen und mir nicht meine Sachen verschmutzte. Während ich so da lag, hörte ich, wie ihm Badezimmer ein Fön summte. Fein, dachte ich mir. Das Mädchen will sich wohl besonders hübsch machen. Nach etwa zwanzig Minuten ging die Zimmertür auf und Susanna kam, ihre Fingernägel bepustend, damit der Nagellack schneller trocknete, herein. Mit offenem Mund bestaunte ich verblüfft die von ihr angekündigte Verwandlung. Aus der, ohnehin schon hübschen Journalistin war eine aufregende italienische Padronella geworden. Ihre schönen schwarzen Haare waren zu einer Löwenmähne gestylt, die Augen wundeschön geschminkt. Goldene Kreolen unterstrichen ihren verwegenen Ausdruck. Zahlreiche, feingliedrige Ketten, Armreife und Ringe schmückten sie. Sie trug ein eng anliegendes, tief ausgeschnittenes Kleid aus schwarzem Stoff, das fast bis zu den Knien reichte. Das Kleid saß wie eine zweite Haut. Aufs Vorzüglichste brachte es ihre aufregenden Formen zu Geltung. Der Stoff war dünn genug, dass sich ihre Brustwarzen deutlich darunter abzeichneten. Schmale High Heels verliehen ihr eine besonders anmutige Haltung. Ihre schlanken Beine schimmerten wie satiniert. Zuerst dachte ich, der matte Bronzeton würde durch besonders feine Nylons erzeugt, doch als sie näher kam, sah ich, dass sie gar keine Nylons trug. Sie musste eine Art Creme aufgetragen haben, die diesen Effekt erzeugte. Sie kam seitlich ans Bett. Ich richtete mich auf, um ihre vollen Lippen zu küssen, doch sie wusste genau das zu verhindern, indem sie mir ihre Hand aufs Gesicht legte und nur soviel Spielraum ließ, dass sich nur unsere Zungen berührten. So konnte ich ihren frisch aufgetragenen Lippenstift nicht verschmieren. Sie sagte: „Komm, ich möchte dir das Beirut zeigen, das ich so liebe."

Während ich aufstand, um mich anzuziehen, fügte sie noch hinzu: „Wenn das hier so weitergeht, wird davon sowieso nichts mehr übrig bleiben. Und mit dir wird es die schönste Erinnerung für mich."

Ich war gerade dabei, in meine Schuhe zu schlüpfen, als sie mich fragte: „Wie lange bleibst du eigentlich in Beirut?"

„In zwei, drei Tagen fliege ich wieder nach Paris zurück", antwortete ich.

„Prima", erwiderte sie. „Hast du was dagegen, wenn ich mit nach Paris fliege?"

„Nicht im Geringsten", versicherte ich ihr, nahm ihre Hand und küsste sie. „im Gegenteil, die Begleitung einer Senorita von solch erlesener Schönheit würde mich aufs Höchste entzücken."

Statt auf meine Schmeichelei einzugehen, knuffte sie mir auf den Oberarm und sagte mit gespielter Entrüstung: „Komm mir nicht so!"

Ihre vor Freude leuchtenden Augen verrieten mir, dass sie verstanden hatte, wie ich es meinte. Kurz bevor wir ihr Zimmer verließen, nahm ich den 38er aus meiner Kulturtasche und machte Anstalten ihn in die Handtasche, die sie mitnehmen wollte, zu schieben. Ich hielt dabei einen Moment inne und schaute Susanna an. Sie nickte zur Bestätigung, das Ding verschwand in der schwarzen Tasche und wir gingen endlich los.

Die erste Diskothek, in die sie mich führte, war das ein wenig außerhalb liegende „CoCo". Hier holte sie von einem ihr bekannten Engländer für uns etwas Koks. Wie zwei Schulkinder, die auf dem Schulgelände eine versteckte Ecke suchen, um dort heimlich eine Zigarette zu rauchen, so suchten auch wir in dem großen Laden eine verschwiegene Nische, in der wir uns zwei beachtliche Lines reinzogen. Susanna holte dazu ein goldenes Röhrchen aus ihrer Damentasche. Im oberen Drittel war eine Öse angesetzt, durch die eine zierlich Goldkette lief. An dieser Kette hing noch eine goldene Gillette- Rasierklinge. Ein Ende des Röhrchens verdickte sich zu einer Kugel. Das hohle Innere des Röhrchens war jedoch durchgehend. Susanna legte ihre Tasche auf den Tisch und klappte sie auseinander. Auf der Innenseite des aufgeklappten Taschendeckels befand sich ein großer Schminkspiegel. Auf ihm zog sie mit der Rasierklinge die Lines auf. Das Mädchen war gut ausgerüstet.

Im Laufe der Nacht feierten wir richtig ab. Aber zunächst blieben wir noch im „CoCo", wir tanzten ausgelassen und tranken viel Wein. Es war noch früh am Abend und die Diskothek füllte sich allmählich. Susanna schleppte mich weiter. Wir fuhren ins „Kristal" und danach ins „Joker". Überall war Superstimmung. Susanna schien überall bekannt und auch gern gesehen zu sein. Wir zogen weiter ins „Bonanza" und dann ins „Joy". Zum Abschluss zeigte sie mir noch eine kleine Bar, in der es deutlich ruhiger zuging, und die sich daher gut zum Unterhalten eignete. Wir spielten einige Partien Backgammon. Dabei erzählte sie mir, dass ihre Eltern beide Journalisten waren. Sie hatte zwei ältere Brüder und war die jüngste in der Familie. Der Älteste war Arzt, der Andere war auch Journalist. Die meiste Zeit würde sie im Ausland verleben. In den paar Wochen im Jahr, in denen sie in Rom war, wohnte sie bei ihren Eltern, die während dieser Zeit meist selbst nicht da waren. Sie fragte mich, ob wir uns in Europa wieder sehen würden.

„Auf jeden Fall werden wir uns wieder sehen", sagte ich ihr. „Aber ich kann noch nicht sagen wann."

Sie holte aus ihrer Handtasche einen Stift und einen kleinen Notizblock und schrieb eine Nummer auf.

„Unter dieser Nummer erreichst du meine Eltern. Wenn ich nicht da bin, dann sagst du deinen Namen. Sie werden dir dann sagen, wie du mich erreichen kannst."

Sie riss dass Blatt ab, gab es mir, und ich steckte es ein.

Ich erzählte ihr von meinen kleinen Importgeschäften mit amerikanischem HD-Schrott und dass ich die alten Maschinen wieder aufbaute um sie dann gewinnbringend zu verkaufen. Ich sagte ihr, dass Wolle und ich zum ersten Mal im Libanon waren, und dass wir hier Autos verkaufen wollten, aber Schwierigkeiten hatten, dafür Bargeld zu bekommen. Sie zwinkerte mir mit einem Auge zu und gab mir den Tipp, mich doch mit etwas anderem bezahlen zu lassen. Ich lachte, da der Vorschlag nicht so neu für mich war, was sie aber nicht wissen konnte. „Na ja", meinte ich, „bei solchen Geschäften braucht man einen Lieferanten und einen Abnehmer. Stimmt deine Theorie, dann fehlt mir nur noch ein Abnehmer. Vorausgesetzt, ich bin nur der Zwischenhändler."

Sie strahlte mich an und sagte: „Das sollte einem Strolch wie du es bist nicht schwer fallen."

Oha, dachte ich, Koks löst die Zunge. Ich fragte: „Was denkst du eigentlich von mir?"

Sie nahm einen kräftigen Schluck Rotwein und lehnte sich zurück, musterte mich mit vor der Brust verschränkten Fingern und klopfte ihre Daumen gegeneinander. Sie schien zu überlegen, ob sie mir die Wahrheit sagen oder mit einer Ausrede vom Thema ablenken sollte. Nach kurzer Zeit kam sie an mein Ohr und sagte leise: „Ich denke, dass du schon viel erlebt hast. Und du bist kein Kind von Traurigkeit. Deine Art dich zu bewegen, dein Verhalten mir gegenüber, deine Art, wie du mich anfasst, fasziniert mich. Ich möchte ständig mit dir zusammen sein."

Ich war einen Moment lang sprachlos und ziemlich verblüfft.

„Danke, aber im Grunde hast du meine Frage nicht beantwortet", sagte ich.

Sie lächelte und küsste mich. Dann sagte sie mir: „Mit deiner Selbstsicherheit wirst du alles schaffen, was du dir vornimmst."

Mir wurde klar, dass sie nicht antworten wollte. Also fragte ich nicht weiter, sondern bestellte noch eine Flasche Wein. Wir beschlossen, noch fünf Partien Backgammon zu spielen. Der Gewinner sollte nachher im Hotel beim Sex unten liegen und durfte sich vom Anderen verwöhnen lassen. Gegen 3.00 Uhr morgens war das Spiel entschieden. Ich hatte gewonnen.

Im Holiday Inn angekommen, parkten wir die Ente in der Tiefgarage. Susanna wollte unbedingt noch einmal aufs Dach, um die Aussicht auf das nächtliche Lichtermeer der Stadt zu genießen. Also fuhren wir mit dem Lift bis ganz nach oben und verweilten einige Minuten lang auf der menschenleeren Aussichtsterrasse. Auch jetzt fuhr uns eine vom Meer kommende Brise übers Gesicht und zerzauste auf leichte, angenehme Art unsere Haare. Susanna zog mich an der Hand hinter sich her, über die Brücke zum Venisha-Hotel. Auch hier war außer uns niemand zu sehen. Unmittelbar um den Rand des Poolbeckens standen Liegestühle aus weiß lackierten Metallrahmen, die mit derben dunkelblauem Segelstoff bezogen waren. Gewissermaßen in zweiter Linie verteilten sich, Tische und Stühle rings um den Pool, alles in schwerer, weiß lackierter Metallausführung. Sitzflächen und Rückenlehnen der Stühle waren ebenfalls blau bezogen. Eine große, zugezogene Glasfront verschloss den Zugang zu der kleinen Poolbar. Wir schoben uns am Poolrand zwei der Liegestühle eng zusammen, rückten einen der Tische bis an unsere Kopfenden und setzten uns in die Liegestühle. Susanna begann in ihrer Handtasche zu kramen, brachte einen fertig gedrehten, kleinen Sticker hervor und zündete ihn mit einem eleganten, goldenen, nicht einmal fingerstarken Dunhill-Feuerzeug an. Sie nahm einen Zug und übergab mir den Sticker. Während ich tief inhalierte, lehnte sie sich zurück und blickte in den Nachthimmel. Ich tat es ihr gleich und war überwältigt. Myriaden von Sternen glitzerten und funkelten um die Wette. Und das alles mit einer endlos wirkenden Erhabenheit, die einem einen Hauch der Unendlichkeit erahnen ließ. Es war zauberhaft. Wir zogen abwechselnd jeder zweimal langsam und genussvoll an dem Sticker, sprachen kein Wort sondern starrten einfach nur in den Himmel. Fast schien es so, als wären wir ganz alleine auf diesem Planeten. Nicht einmal Verkehrslärm drang zu uns hoch. Und dennoch störte etwas diese Idylle. Aus unterschiedlichen Entfernungen war das Feuern vollautomatischer Kriegswaffen zu hören. Erst jetzt fiel mir auf, dass wir während unserer nächtlichen Vergnügungstour durch Beiruts Nachtleben keine Schüsse wahrgenommen hatten. Wahrscheinlich waren es aber diese Schüsse, die Susanna nun meine Hand suchen und fest drücken ließen. Schließlich rollte sie sich halb zu mir, um mir zuzuflüstern: „Komm, lass uns schwimmen gehen."

Wir zogen uns beide aus, ließen nur unsere Slips an und sprangen in den ungewöhnlich konstruierten Pool. Drei seiner Seitenwände bestanden aus dickem Glas. Hinter den Glaswänden, gewissermaßen eine Etage tiefer, lag das Spielcasino des Hotels. Zurzeit war der von uns einsehbare Bereich fast völlig dunkel. Niemand schien mehr dort zu sein. Was uns auch ganz recht war, da wir von im Poolboden eingelassenen, matt verglasten Scheinwerfern beleuchtet wurden. Ich hatte die zweite Bahn fast zu Ende gekrault, als sich jemand an meinem Slip zu schaffen machte. Ich tauchte meinen Kopf unter Wasser und sah, wie die kleine Maus versuchte, mir auch das letzte Kleidungsstück vom Körper zu ziehen. Ich ließ sie gewähren. Sie tauchte auf und küsste mich. Wir schwammen die letzten Meter zum Poolrand. Ich wollte eigentlich aus dem Wasser um es mir mit ihr auf den Liegestühlen bequem zu machen. Aber daraus wurde nichts. Sie zog mich an meinem Glied zurück. Ihr Griff hatte etwas Überzeugendes, da gab es keine Gegenwehr. Ich konnte mich im Wasser auf den Rücken drehen, stützte mich mit den Ellenbogen auf den Überlauf des Poolrandes und ließ meinen Körper an der Wasseroberfläche treiben. Dann genoss ich, wie die Kleine sich langsam über mich schob, ihre harten Brustwarzen an mich presste und meinem Körper deutlich machte, dass es wieder Zeit war, uns zu lieben. Susanna schlang die Arme um meinen Nacken, rieb sich an mir und lenkte mich, bis ich tief in ihr war. Diese Frau wusste, was sie wollte, und sie nahm sich von mir, was sie brauchte.

Passiv legte ich meinen Kopf in den Nacken und überließ ihr die Regie, bis ihre Bewegungen schneller wurden. Mit einen heiseren Stöhnen krallte sie ihre Fingernägel in meine Haut, wir verkrampften uns beide, und ich spürte das Pulsieren ihre Körpers, das meinen Orgasmus auslöste. Mit gewaltiger Intensität presste ich mich hart in sie hinein, die erotische Spannung entlud sich wie eine Explosion, begleitet von Susannas lustvollem Aufschrei. Schwer atmend verharrten wir in unserer Position und vergaßen alles um uns herum.

Als wir wieder zu uns kamen und das Becken verlassen wollten, starrten wir auf zwei Cocktails, die auf unserem Tisch standen. In jedem steckte eine brennende Wunderkerze. Daneben lagen zwei große Badetücher. Wir schauten uns an und mussten lachen. An der Bar oder im Casino mussten doch noch Leute sein, die sich an unserer Darbietung erfreut hatten. Wir kletterten aus dem Pool und machten uns über die

Cocktails her. Noch während wir sie ausschlürften schlug ich vor, nach unten zu fahren und uns noch mehr von diesen Dingern zu genehmigen. Schließlich schien es dort ja trotz der vorgerückten Stunde noch jemanden zu geben, der sie zubereiten konnte. Susanna druckste etwas herum und murmelte: „Die haben uns doch gesehen."

„Allerdings," erwiderte ich, „und wir müssen ihnen gefallen haben."

Schließlich stimmte sie zu. Wir trockneten uns ab, zogen uns an und fuhren mit dem Fahrstuhl eine Etage tiefer. Als wir aus dem Lift traten, wurden wir mit Applaus und Gejohle empfangen. An der Bar saßen noch sieben Personen. In dreien erkannte Susanna missmutig Kollegen. Einer von ihnen begrüßte sie schon auf unserem Weg zur Bar lautstark mit den Worten: „Hey, Susanna! Wir wussten ja schon immer, dass du nicht frigide bist, aber dass du so abgehst, hat keiner von uns gedacht."

„Ja, vor allem deine Unterwasserangriffe! Alle Achtung! Das könntest du ruhig mal mit mir machen", warf ein anderer ein.

„Aber Roberto", gab sie zurück, „du weißt doch, dass ich nichts mit Kollegen anfange. Seit acht Monaten bin ich hier im Land und habe nichts gemacht. Da werde ich doch jetzt nicht wie ein Brett da liegen. Außerdem: Jede Frau würde heiß werden, wenn ihr so ein Kerl zur Verfügung steht."

Zur Bestätigung umarmte sie mich. Ihre Kollegen und auch die anderen vier lachten. Ich erkundigte mich bei dem Barkeeper, was uns denn da nach oben gebracht worden war.

„Natürlich einen Swimmingpool", grinste er.

Schau an, dachte ich mir, die Jungs haben richtig Humor. Ich ließ mir die Cocktailkarte geben. Susanna entschied sich mit mir zu Flying Kangaroos. Da ich nun wusste, wer uns beobachtet hatte, gab es keinen Grund mehr noch besonders lange zu bleiben. Wir tranken daher gemächlich aus und lauschten dabei den Gesprächen ihrer Kollegen, die sich hauptsächlich um das Erhalten von Terminen im Verteidigungsministerium drehten. Wir verabschiedeten uns und machten uns auf den Rückweg. Es war klar, dass ich bei ihr schlafen würde, daher fragte ich sie, wann sie aufstehen müsste, und bestellte von ihrem Zimmer aus telefonisch den Weckdienst für 10.00 Uhr. Ich benutzte nach ihr das Badezimmer. Als ich zurückkam lag sie schon im Bett. Ich legte mich zu ihr. Wir kuschelten uns aneinander und streichelten uns in den Schlaf.

Das Klingeln des Telefons weckte uns. Ich hob ab und nuschelten dem Weckdienst ein bestätigendes Danke durch den Hörer. Susanna hatte es eilig. Im Gegensatz zu mir wollte sie nicht länger liegen bleiben, stattdessen gab sie mir einen Guten-Morgen-Kuss, sprang aus dem Bett und verschwand im Bad. Ich folgte ihr ziemlich träge und erkundigte mich nach dem Grund ihrer ungesund erscheinenden Hast. Sie sagte, dass sie heute unbedingt noch einen Bericht fertig stellen müsse, bevor sie in Urlaub fährt. Schade, dachte ich mir.

„Aber du hast noch Zeit, um mit mir zu duschen?", fragte ich sie und bestieg schon mal die Duschwanne.

„Dafür werde ich wohl immer Zeit haben", lächelte sie und folgte mir. Wir erledigten den Rest unserer Morgentoilette. Während ich mich noch rasierte, ging sie nach nebenan und zog sich an. Als ich fertig war hatte sie bereits ein weißes T-Shirt an, darüber ein Hemd aus verblasstem, olivfarbenen Stoff. Dazu eine Hose aus demselben Material. Hose und Hemd waren vom Schnitt her Armeekleidung nachempfunden und besaßen eine Vielzahl von aufgesetzten Taschen.

Die Ärmel des Hemdes hatte sie akkurat bis über die Ellenbogen aufgerollt. An den Füßen trug sie ausgelatschte Cowboystiefel. Sie war gerade dabei, zwei Spiegelreflexkameras in der gleichen Tasche zu verstauen, die vor nicht allzu langer Zeit noch einen Colt Government transportiert hatte. Eine der Kameras war mit einem Weitwinkelobjektiv ausgestattet. Überhaupt lagen in ihrem Zimmer verstreut eine größere Anzahl an Objektiven der verschiedensten Brennweiten und entsprechende Schutztaschen herum. Ich griff nach der Tasche die sie gestern Nacht bei sich gehabt hatte, und nahm den 38er heraus. Ich fragte sie, ob sie einen Bodyguard brauche. Sie antworte: „Ja, dich."

Ich streckte ihr den Revolver entgegen und erklärte: „Das Ding heißt so."

Unsicher neigte sie den Kopf und meinte: „Ich kann mit so was gar nicht umgehen. Ich habe noch nie geschossen."

„Ist ganz einfach," bemerkte ich altklug. Ich ließ die Trommel ausschwenken.

„Hier sind sechs Kugeln drin."

Ich drückte die Trommel wieder zurück und ließ sie einrasten. Mit dem linken Zeigefinger deutete ich auf den Abzug und sagte: „Nur dahin zielen, wo es wehtun soll, und hier abdrücken."

Sie tat sich immer noch schwer, das Teil an sich zu nehmen.

„Ich weiß nicht so recht", sagte sie zögerlich, um dann spontan zu fordern: „Ach, gib her!"

Ich blickte seufzend zur Decke und übergab ihr die Waffe am Lauf. Sie steckte sie zu den Kameras in ihre riesige Tasche.

Wir verließen ihr Zimmer und trennten uns am Fahrstuhl. Ich fuhr nach oben und ging in mein Zimmer. Diesmal war Wolle anwesend. Er lag noch im Bett und rauchte eine Zigarette, sah mich an und lachte.

„Wie siehst du denn aus?"

Statt zu antworten fragte ich: „Na wie denn?"

„Na ja, du siehst ja richtig gepflegt aus. Gut gebräunt und geschoren."

„Ich hatte gute Pflege."

Ich erzählte ihm, dass die kleine Journalisten gestern Morgen vor der Tür stand und nicht alleine sein wollte. Und nun wollte ich nicht mehr ohne sie sein. Ich räumte ein, dass es eine blöde Situation für mich war, denn Gefühle waren eigentlich nicht eingeplant.

„Sie möchte mit uns nach Paris fliegen und anschließend Urlaub machen."

Wolle lachte und meinte: „Na, mit dem Urlaub habt ihr wohl schon begonnen."

Ich grinste ein wenig schuldbewusst und fragte ablenkend: „War deine Arbeit mit Josef denn so schlimm?"

Er lacht, fasste sich an die Seite und sagte: „Meine Leber hatte ganz schön zu arbeiten. Eigentlich tut sie es immer noch."

„Dann gib doch den anderen Organen auch etwas zu arbeiten", schlug ich vor , „und lass uns oben frühstücken gehen. Anschließend orientieren wir uns Richtung Hafen."

Wolle quälte sich aus dem Bett und schlurfte ins Badezimmer. Als er mit seiner Morgentoilette fertig war und sich angezogen hatte, fuhren wir aufs Dach und frühstückten. Dabei fragte ich ihn, ob sich noch etwas über Josefs Bekannte ergeben hatte. Er erzählte mir, dass die meisten uns Heroin andrehen wollten. Wie vorher ausgemacht hatte er immer abgelehnt, da wir den Berliner Markt nicht gut genug einschätzen konnten. Nach dem Frühstück nahmen wir uns vor dem Hotel ein Taxi und ließen uns zum Hafen bringen. Wolfgang hatte am Vortag erfahren, wo das Schiff anlegen sollte und dass es gegen 12.00 Uhr erwartet wurde. Wir schauten uns die Stelle an, der Frachter war aber noch nicht eingelaufen und entdeckten eine Kantine, in der sich überwiegend Hafenarbeiter aufhielten. Sie befand sich im zweiten Stock eines Büro- und Verwaltungstraktes. Von hier aus ließ sich auch die Anlegestelle überblicken. Ich holte mir zunächst Wasser. Wolle nahm sich einen Kaffee und

Raki, wahrscheinlich schrie seine Leber nach mehr Arbeit. Wir setzten uns an eines der großen Fenster und warteten etwa zwei Stunden lang, bis wir Josef am Pier sahen. Bei ihm war der Bauer, den er uns als Ersten vorgestellt hatte. Außerdem zwei seiner Söhne. Wir winkten durch die Scheibe, wurden aber nicht bemerkt. Also kippte ich eine der Scheiben um ihre horizontale Mittelachse, lehnte mich hinraus und pfiff laut. Das genügte, man winkte uns zu und der Trupp setzte sich in Bewegung. Oben bei uns angekommen wurden wir überschwänglich auf die traditionelle landtypische Weise begrüßt. Wir holten uns an der Selbstbedienungstheke etwas zu essen und warteten in der nun vergrößerten Runde weitere zwei Stunden, bis endlich ein Schiff draußen auftauchte, von dem Josef glaubte, dass es seines sein könnte. Um sich zu vergewissern, borgte er sich an der Kasse einen Feldstecher, durch den er das Schiff tatsächlich identifizierte. Es lag weit vor dem Hafen und wartet auf kleine Schlepper, die es in das Hafenbecken bugsieren sollten. Alleine das dauerte wenigstens eine weitere Stunde. Bis unsere Autos endlich an Land waren, vergingen nochmals zwei Stunden. Und als wir sie endlich vor uns hatten, erkannten wir sie kaum wieder. Alle Fahrzeuge waren weiß. Es war ein schmutziges, gräuliches Weiß, erzeugt durch Meersalzkrusten, die sich während der Überfahrt an den Fahrzeugen abgelagert hatten. Später erfuhr ich, dass alle Fahrzeuge, die unverhüllt auf dem Oberdeck transportiert werden, so im Hafen ankommen. Dass wir die Autos vor der Überfahrt in einer Waschstraße mit Heißwachs haben behandeln lassen, half uns nun, sie rascher sauber zu bekommen. Josef sicherte uns zu, dass alles geregelt wäre und wir das Material in vier Tagen in Paris in Empfang nehmen könnten. Die endgültige Geschäftsabwicklung wurde per Handschlag besiegelt. Der Bauer und seine Söhne verabschiedeten sich wieder mit überschwänglichen Gesten und vielen Worten, die wir nicht verstanden, von Wolle und mir. Ich schaute Josef fragend an. Er zuckte grinsend mit den Schultern und meinte: „Ist nur blah blah."

Endlich stiegen die drei Autokäufer in ihre „neuen" Fahrzeuge und brausten von dannen. Wir anderen schlenderten zu Josefs Wagen. Dort trafen wir auch auf seine Leibwächter. Ich hatte die Jungs schon vermisst. Wir wurden wieder ins Hotel gebracht. Auf dem Weg dorthin machte Josef den Vorschlag: „Morgen um 8.00 Uhr hole ich euch zur Jagd ab. Einverstanden?"

Wir stimmten beide zu. Ich erkundigte mich noch, wo ich hier festes Schuhwerk kaufen könne. Josef fragte was ich für eine Schuhgröße hätte. Ich nannte sie, was Wolle veranlasste, ungefragt auch seine bekannt zu geben. Im Hotel angekommen, übergab man mir an der Rezeption einen Zettel. Er stammte von Susanna. Sie ließ mich wissen, dass sie in der Stadt in einem Café auf mich warten würde. Ich fragte Wolle, ob er mitkommen wollte. Er meinte, dass er eh nichts anderes vor habe, also könne er auch mitkommen. Wir gingen auf unser Zimmer und machten uns frisch.

Vor dem Hotel nehmen wir ein Taxi. Ich zeigte dem Fahrer den Zettel mit Susannas Nachricht, in der sie die Straße und den Namen des Cafés erwähnte. Es war nicht weit von uns entfernt. Wir waren vielleicht zehn Minuten unterwegs, als der Fahrer vor unserem Ziel anhielt. In dem Café sah ich Susanna an einem Tisch in Gesellschaft von drei einheimischen Frauen. Sie hatte uns noch nicht bemerkt, daher stellte ich mich mit Wolle zunächst an den Tresen und beobachtete unsere Umgebung. Als uns Susanna sah, kam sie zu uns und begrüßte uns unterschiedlich herzlich. Sie führte uns an ihren Tisch und stellte uns den drei Frauen vor. Sie arbeiteten für irgendeine Behörde und hatten mit Waisenhäusern zu tun. Susanna erzählte uns, dass sich heute mit den dreien einige Waisenhäuser besucht hätte. Dadurch, dass es in der Region seit Jahren blutige Familienkämpfe abspielten, gab es auch eine große Zahl an Waisenkindern. Ich wurde etwas nachdenklich. Über solche Dinge denkt man in der Regel nicht nach, wenn man als Tourist hierher kommt.

„Wie sieht es in den Heimen denn so aus?", wollte ich wissen.

„Schrecklich", sagte Susanna. „Die Kinder sehen zwar noch nicht unterernährt aus und man bemüht sich die Räume sauber zu halten, aber die Bausubstanz ist erbärmlich. Farbe und Putz bröckeln ab. Es gibt Risse in den Wänden. Kacheln fallen von der Wand. Für notwendige Sanierungsarbeiten und Reparaturen fehlt das Geld."

„Kein Wunder", sagte ich mehr zu mir selbst. „Die Kohle fließt eben in Waffengeschäfte. Die rüsten hier ja alle auf."

Um von diesem Thema weg zukommen fragte Susanna: „Sind denn eure Autos schon angekommen?"

„Klar," sagte Wolle. „Sind sogar schon verkauft."

Susanna zwinkerte mir mit einem Auge zu. Sie schien verstanden zu haben, dass wir uns für die bargeldlose Variante der Geschäftsabwicklung entschieden hatten. Statt darauf näher einzugehen, zwinkerte ich einfach nur zurück. Die drei einheimischen Frauen schienen nichts mehr mit Susanna besprechen zu müssen, denn sie verabschiedeten sich von uns und verließen das Café. Ich bestellte für Susanna und mich eine Flasche Wein. Wolle blieb bei Kaffee und Remy Martin. Wir Männer ließen uns von Susanna mehr über ihre Arbeitsweise berichten und erfuhren, dass es vielen Kollegen genügen würde, sich um Termine mit dem jeweiligen Pressesprecher zu bemühen. Sie selbst hielt nicht allzu viel davon. Sie redete lieber mit den Putzfrauen der Pressesprecher oder deren Ehefrauen. Auch wäre es ergiebiger, ein paar Dollar für den Inhalt eines Papierkorbes zu investieren, als den erfundenen Geschichten einer Behörde zu lauschen. Da haben wohl alle Pressesprecher die gleiche Arbeitsweise, dachte ich als Berliner. 'Viel reden, nichts sagen', und auch das muss nicht die Wahrheit sein.

Allmählich plagte uns Hunger, und Susanna schlug vor, ein in der Nähe liegendes, kleines Restaurant zu besuchen. Wir zahlten und machten uns auf den Weg. Wolle schaute etwas irritiert, als er sah, dass Susanna mit einer Ente unterwegs war. Aber da schlecht gefahren immer noch besser war als gut gelaufen, überlegte er nicht lange und stieg natürlich auch mit ein. Susanna kramte aus den unergründlichen Tiefen ihrer Tasche einen Sticker hervor und gab ihn mir, damit ich ihn für uns anzünden konnte. Im Radio steckte noch meine Kassette. Susanna drehte das Radio an und schob meine Kassette tiefer in den Schacht. Aus den Lautsprechern klang „Gimme Shelter". Vom Rücksitz tönte Wolles Stimme: „Die Frau hat einen guten Geschmack."

Susanna ergriff mein Gesicht mit beiden Händen, zog es zu sich, um mich zu küssen, und sagte dann zu Wolle: „Das finde ich auch. Und nicht nur bei Musik."

Sie drehte das Radio lauter, startete den kleine Motor und fädelte sich in den Verkehr ein. Ich inhalierte tief und reichte ihr, während sie zügig weiter fuhr, den Sticker. Sie nahm zwei kräftige Züge, schaute kurz in den Innenspiegel und fing laut an zu lachen. Ich drehte mich um und sah Wolle. Er saß in der Mitte der Rückbank und hielt sich krampfhaft mit gestreckten Armen links und rechts an den Halteschlaufen fest, die sich an den Türholmen befanden. Ein Anflug von Panik stand in seinem Gesicht geschrieben, als er bei jedem ruckartigen Lenkmanöver von einer Seite zur anderen schaukelte. Mitten in der Fahrt drehte sich Susanna zu ihm um und steckte ihm den Sticker zwischen die Lippen. Er inhalierte hastig und traute sich nicht, auch nur eine Hand von den Halteschlaufen zu nehmen. Es dauerte nicht lange, und es roch nach verbranntem Pappfilter und angesengten Haaren. Ich schaute nach hinten, um sicher zugehen, dass er nicht in Flammen stand, aber es waren wohl nur ein paar Barthaare verkohlt. In diesem Moment ging es für einige Sekunden nur geradeaus. Wolle riss seine rechte Hand los und schnipste den Filterrest durch das offene Dach nach draußen, um sich sofort wieder an der Schlaufe festzuklammern. Glücklicherweise war seine Leidenszeit nach einigen Minuten vorbei, denn Susanna parkte vor einem Restaurant. Wir betraten das Lokal, und ich blieb einen Moment stehen, um den genau gegenüberliegenden Tresen aus gemauerten Natursteinen zu betrachten. Wolle stupste mich an und deutete auf Susanna. Die war schon links am Tresen vorbei gegangen und steuerte einen im hinteren Teil des Ladens stehenden freien Tisch an. Wir trotteten hinter ihr her, als sich ihr plötzlich ein etwa ein Meter fünfundachtzig großer, sehr übergewichtiger, unsympathischer, vollbärtiger, in einem Kampfanzug steckender Berber in den Weg stellte. Er überschüttete sie gleich mit einem lauten französischen Wortschwall. Ich wollte ursprünglich dicht aufschließen, aber bevor es dazu kam, war eine Bedienung zwischen dem Tresen und einer gläsernen Speisenvitrine hervorgewieselt und hatte sich zwischen den bedrohlichen Finsterling und Susanna gestellt. Seine Bemühungen, zu beschwichtigen wurden durch den Bartträger dadurch beendet, dass er ihn hinter den Tresen zurück schubste. Während das geschah, kramte Susanna in ihrer Riesentasche. Ich hoffte, dass sie den Revolver nicht schnell genug zu fassen bekam. Der Bärtige schien nur sie wahrzunehmen. Wolle und ich gehörten für ihn gar nicht dazu. Das erleichterte die Sache erheblich, denn so achtete er nicht weiter auf uns. Das einzige, was ich auf die Schnelle zu fassen bekam, war ein Metalltablett mit Meeresfrüchten, das auf einer Glasvitrine lag. Ich tat unbeteiligt und balancierte das Tablett wie ein Kellner auf der rechten Hand, um mich in eine günstigere Position zu bringen. Dann drosch ich es mit beiden Händen dem Lästigen ins Gesicht. Das Tablett vibrierte in meinen Händen, entglitt mir und schlug scheppernd auf dem steinernen Boden auf. Während das Blech eine große Beule davon trug, schien die Nase des Mannes verschwunden zu sein. Es blutete sehr stark. In seinem kräftigen Bart hatten sich einige Shrimps verfangen. Der Mann kippte nach hinten und schlug wie ein Brett auf. Ich hatte kein Interesse mehr, mir die Speisekarte zeigen zu lassen. Statt dessen nahm ich Susanna am Arm und zog sie beim Verlassen des Ladens hinter mir her. Sie kam nur widerwillig mit und kramte dabei weiter in ihrer Tasche. Als wir draußen waren, schien sie die Waffe im Griff zu haben. Zum Glück holte sie das Ding nicht raus. Wolle folgte uns auf dem Fuß. Wir stiegen in die Ente und fuhren sofort los. Ich fragte Susanna: „War das ein alter Freund von dir?"

Sie schüttelte den Kopf.

„Der läuft mir schon seit sechs Monaten hinterher. Egal, wie oft ich ihn abwimmele, er versucht es immer wieder."

„Wundert mich nicht", sagte ich verständnisvoll. „Ich würde es auch immer wieder versuchen."

Sie lachte und gab mir einen Kuss. Erst jetzt meldete sich Wolle zu Wort: „Mann, du hast gerade einen Soldaten niedergeknüppelt!"

„Immer noch besser, als wenn Susanna dem Typen die Eier weggeschossen hätte."

„Gar nicht besser", knurrte Susanna, zog die nun griffbereite 38er hervor und hielt sie entschlossen mit dem Lauf nach oben.

Wolle schluckte, und ich war schon damit zufrieden, dass Susanna das Ding nicht wie einen Fahnenmast aus dem offenem Dach ragen ließ. Sollten wir dadurch Probleme bekommen, hatte ich insgeheim die Hoffnung, dass Josef die Sache regeln würde.

Susanna steuerte ein anderes Restaurant an. Ich beschäftigte mich nur kurz mit dem Gedanken, dass der nunmehr Nasenlose nach uns suchen könnte.

Das Genießen des vorzüglichen libanesischen Abendmahls bereitete erheblich mehr Vergnügen. Wolle brauchte nur vier Raki, um wieder über die Situation lachen zu können. Er beschrieb noch mal den Anblick des Söldners als der mit samt der Shrimps in seinem Bart umkippte. Wolle meinte, dass Tablett hätten wir mitnehmen sollen. Das Ding müsste jetzt eigentlich wie eine Totenmaske die detaillierte Konturen seines Gesichtes tragen. Ich sagte: „So hübsch sah der Kerl nicht aus, dass ich unbedingt eine dreidimensionale Abbildung seiner Visage mit nach Hause nehmen möchte."

Beide stimmten mir lachend zu.

Nach dem Essen blieben wir nicht lange. Auf den Weg ins Hotel beobachteten wir etwa 100 m voraus, wie sich zwei verfeindete Gruppen mit vollautomatischen Waffen beschossen. Es blieb keine Zeit, um zu sehen, ob es Verwundete gab, denn Susanna schlug gleich einen Haken und fuhr auf einem Umweg zum Hotel. Dort holten wir unsere Zimmerschlüssel und ließen uns vom Lift aufs Dach bringen. Es dämmerte bereits. Die Luft war angenehm warm. Trotzdem saß kaum einer an den Tischen. Statt dessen drängte sich eine neugierige Meute an das den Dachrand umschließende Geländer. Aus verschiedenen Richtungen drang der Lärm von Schnellfeuerwaffen zu uns. Offensichtlich erhofften sich die Schaulustigen, Augenzeuge einer blutigen Auseinandersetzung zu werden. Fotografen hatten ihre mit großen Objektiven versehenden Spiegelreflexkameras auf Stative gepflanzt. Das kleinste Objektiv dürfte 500 mm Brennweite gehabt haben. Da aber keiner der sensationslüsternden auf seinen Auslöser drückte, schloss ich, dass sich die Feuergefechte in von hier aus nicht einsehbaren Häuserschluchten abspielten. Wir setzten uns an einen der vielen freien Tische in der Nähe der Bar. Susanna und ich bestellten zwei der Cocktails, die uns heute früh in dem Casino des gegenüberliegenden Hotels nach unserem Poolerlebnis empfohlen worden waren. Wolle orderte Remy Martin mit Cola. Als die Cocktails serviert wurden, fingen Susanna und ich an zu lachen. Wolle wollte mitlachen, also erzählten wir ihm von unserem Auftritt am Pool.

Wolle meinte kopfschüttelnd:

„Das gibt es doch nicht! Ich renne mit Josef durch Beirut auf der Suche nach etwas Abwechslung und hier im Hotel läuft eine super Lifeshow. Und niemand sagt mir etwas davon! Das darf doch nicht wahr sein!"

„Ist es aber", zog ich ihn auf. „Und es war herrlich! Da hast du was versäumt."

Wie zur Bestätigung schmiegte sich Susanna an mich und legte ihre Hand auf die Innenseite meines Schenkels. Wir alberten noch eine Weile rum, ließen uns noch einige Cocktails bringen und kamen langsam in Stimmung. Allerdings war klar, dass Wolle für seine eigene Stimmung sorgen musste. Als er begriffen hatte, dass ich demnächst mit Susanna auf ihr Zimmer gehen würde und wir diesmal keine Zuschauer haben wollten, sagte er schmollend:

„Na gut, ich hab ja noch was von dem Material zu rauchen. Und der Fernseher ist ja auch noch da."

Nachdem wir Wolle vorhin von unseren sexuellen Eskapaden erzählt hatten, besaß ich so eine Ahnung, was für Filme er sich anschauen würde. Ich gab ihm daher den Rat:

„Wenn's wehtut, aufhören. Es kann höllisch brennen."

Er machte ein saueres Gesicht, blieb oben sitzen und bestellte sich noch einen Remy mit Cola. Susanna hatte es auf einmal eilig. Sie zog mich an der Hand zum Fahrstuhl. Wir kamen an einem Tisch vorbei, an dem sich inzwischen zwei Kollegen von ihr niedergelassen hatten. Die zwei waren auch heute morgen im Casino gewesen. Beide grinsten. Einer hatte die Faust ausgestreckt und hielt den Daumen nach. Der andere fragte scheinheilig:

„Hey, Susanna. Wohin denn so eilig?"

„Du weist doch, " konterte sie, „wenn ich dir das sage, muss ich dich erschießen!"

Während der Mann noch darüber nachdachte, ob das spaßig gemeint war, hatten wir den Lift erreicht. Wir waren in der Kabine die Einzigen und Susanna kam gleich zur Sache.

Gut aufgeheizt betraten wir ihr Appartement und gingen sofort ins Badezimmer. Sie zündete ihre Kerzen, die immer noch da standen, an. Wir ließen unsere Sachen achtlos zu Boden fallen und stiegen unter die Dusche. Wir wuschen uns ausgiebig gegenseitig. Als wir damit fertig waren, setzte ich sie auf den Toilettendeckel und verlangte von ihr, sich nicht zu rühren. Dann ging ich ins Zimmer zur Minibar, füllte zwei große Gläser mit Wein und kam zu ihr zurück. Ich gab ihr eines der Gläser, stellte meines neben ihr auf den gefliesten Boden und nahm aus meiner Kulturtasche einen Rasierer und die Dose Rasierschaum. Ich drückte Susanna sanft zurück, bis sie mit ihren Schultern an der Wand lehnte. Ich drückte ihre Schenkel etwas nach oben und auseinander. Vom Hahn des Waschbeckens schöpfte ich mit der hohlen Hand ein wenig Wasser und benetzte damit ihre Schamhaare. Aus der Dose sprühte ich mir eine Portion des Rasierschaums auf die Finger der rechten Hand und begann damit, ihre Scham einzuschäumen. Dann nahm ich den Rasierer und machte mich behutsam ans Werk. Susanna schaute mir erregt dabei zu. Sie fuhr sich mit der Zunge über ihre vollen Lippen. Ich hielt einen Moment inne, nahm eine der brennenden Kerzen, stellt sie vor ihre Muschi und sagte:

„Das ist heute die Grubenlampe. Sie fing an zu lachen. Sie hörte auf, als ich weiter rasierte. Sie nahm einen langen Schluck aus ihrem Glas und massierte sich mit der freien Hand ihre linke Brust. Dann stellte sie ihr Glas neben sich auf den Boden, um auch die andere Brust bearbeiten zu können. Sie fragte gierig: „Wann bist Du denn endlich fertig?"

„Gleich", beruhigte ich sie und machte weiter.

Wer kaut nach dem Lecken schon gerne die halbe Nacht auf Schamhaaren herum? Als ich mit der Rasur fertig war, stellte ich die Kerze weg und wischte den restlichen Schaum ab. Susanna vibrierte förmlich vor Erregung. Zwischen ihren geöffneten Schenkel lächelte mich ihr Kitzler an. Ich liebkoste ihn mit meiner Zunge. Ich nahm einen Finger zur Hilfe und suchte in ihrer Muschi nach dem G-Punkt. Er ließ sich leicht finden. Es dauerte nicht lange und Susanna griff mir in die Haare und drückte mein Gesicht fest an ihre Schamlippen. Gleichzeitig umklammerten ihre Schenkel meinen Nacken. Dann bäumte sie sich auf und spritze mir ins Gesicht. Ich bearbeitet sie gnadenlos weiter. Sie presste ihre Brüste fest zusammen und zwirbelt hart an den steifen Brustwarzen. Sie keuchte und stöhnte auf Italienisch und bäumte sich wieder auf. Ich verstand ihre Worte nicht. Manche ihrer Sätze klangen so, als wolle sie mir etwas befehlen. Sie kam noch zweimal. Dann ließ sie ihre Schenkel nach unten gleiten. Sie setzte sich aufrecht, zog mein Gesicht zu sich hoch. Sie küsste mich und begann mein, immer noch von ihren Körpersäften feuchtes, Gesicht abzulecken. Wir gingen noch mal unter die Dusche, denn nicht nur mein Gesicht war von ihr befeuchtet worden. Sie wusch mich und ging vor mir in die Knie, um meinen Ständer zu verschlingen. Bevor es ihr gelang mich zur Explosion zu bringen, zog ich meinen Stab aus ihren gierigen Mund. Ich zog sie hoch und wir gingen, ohne uns abzutrocknen, ins Zimmer. Ich legte sie mir auf dem Bett zurecht und nahm sie von hinten in der Hundestellung. Ich begann mit langsamen, tiefen Stößen. Immer schneller und immer härter stieß ich zu. Fast schon brutal rammte ich meinen Schwanz in die herrliche Muschi, die sich mir gierig entgegenstemmte. Wir waren beide schweißüberströmt, als ich ein verräterisches Zucken in den Lenden spürte. Ich wollte noch nicht kommen. Ich drehte sie auf den Rücken und leckte ihren Schweiß vom Bauchnabel bis zu den Brüsten ab. Meine Zunge wanderte wieder nach unten, zu ihrer heißen und hungrigen Muschi. Jede Berührung meiner Zunge löste ein Zucken ihres Unterleibes aus. Ich legte ihre Beine auf meine Schultern, stützte mich mit den Händen dicht über ihre Schultern auf dem Bett ab, so dass sie mir nicht entkommen konnte und nahm sie Volley. Ich stieß auf sie ein, bis mein Schweiß auf ihr verzerrtes Gesicht tropfte. Mit bebender Stimme keuchte sie, dass sie doch schon genug hatte. Ich war so aufgegeilt, dass ich darauf keine Rücksicht nehmen konnte. Erst als sie versprach es mir anders zu machen, ließ ich von ihr ab und rollte mich auf den Rücken. Sie nahm mein Glied zwischen ihre Lippen und machte es mir richtig gut. Sie massierte meine Hoden und stopfte sich meinen Schwanz tief in den Mund. Es war ein richtig guter Mundfick. Bevor sie ihn perfekt machen konnte zog ich ihren Kopf von meinem Schwanz und stand auf. Ich wollte ihr besser beim Blasen zusehen können. Sie rutschte an den Bettrand ließ die Beine rausbaumeln und machte weiter. Sie blickte mich beim Blasen mit ihren schönen großen Augen an, während ihr Kopf erbarmungslose Fickbewegungen machte. Dagegen konnte ich mich nicht mehr wehren. Ich schoss ihr eine gewaltige Ladung so überraschend in den Mund, dass sie nicht alles auf einmal schlucken konnte. Was überquoll tropfte ihr auf die Brüste. Mir zitterten die Beine und ich ließ mich seitlich aufs Bett fallen. Das kleine Luder ließ dabei meinen Schwanz nicht los. Sie setzte noch mal nach und saugte mich bis auf den letzten Tropfen aus. Erst dann ließ sie es zu, dass ich mich entspannt hinlegen konnte. Sie stand auf, holte die angebrochene Weinflasche, zündete für jeden eine Zigarette an und legte sich dann zu mir. Wir lagen nebeneinander, zogen an unseren Zigaretten, tranken den Wein wenig stielvoll direkt aus der Flasche und starrten wortlos zur Decke. Susanna unterbrach als erste das Schweigen.

„Du bist ein Tier."

Ich drehte überrascht meinen Kopf zu ihr und wollte gerade sagen, dass sie eigentlich das Tier sei, als sie auch schon fort fuhr:

„Aber manchmal liebe ich das Tier in Dir."

Ich war immer noch nicht so weit, um schlagfertig antworten zu können, daher war es mir recht, dass sie aufstand und ins Badezimmer ging. Ich blieb noch einen Moment liegen, stand dann auf um das Fenster zum Lüften zu öffnen und folgte ihr ins Bad. Ich stellte mich zu ihr unter die Dusche und sagte ziemlich verspätet:

„Du bist es, die das Tier in mir weckt."

„Na hoffentlich hört das nie auf", antwortet sie.

Nach dem Duschen trockneten wir uns ab, legten uns wieder ins Bett und drängten uns eng aneinander. Ich fragte sie flüsternd:

„Was hast Du mir eigentlich vorhin auf Italienisch gesagt?"

„Das sage ich Dir morgen", flüsterte sie zurück.

Dann schliefen wir ein.

Wir wurden beide wach, als es kräftig an der Tür klopfte.

„Bleib liegen, ich gehe schon", nuschelte ich schlaftrunken zu Susanna, was sie mit einem dankbaren Schnurren quittierte.

Auf den Weg zur Tür nahm ich aus dem Kühlschrank eine Flasche Wasser. Als ich die Apartmenttür öffnete, stand Wolle vor mir. Er starrte erst auf die Wasserflasche und dann auf meinen Morgenständer.

„Sag mal ...", fing er an, wurde aber von mir mit einer Handbewegung gestoppt. Ich fragte ihn mürrisch: „Wie spät ist es denn?"

Er schaute auf seine Armbanduhr.

„Kurz nach sieben Uhr. Um acht holt uns Josef ab."

„Richtig", erinnerte ich mich wieder. „Dann treffen wir uns in zwanzig Minuten oben. Bestell schon mal Frühstück."

„Für zwei oder für drei?"

„Für zwei", sagte ich und schloss die Tür, als er sich auf den Weg machte.

Als ich ins Zimmer zurückkam, lag Susanna wach im Bett und hielt sich ihre Muschi mit beiden Händen. Sie sagte, dass ihr alles wehtun würde und dass sie ihre Tage bekommen hätte. Ich gab die oft von mir genutzte Weisheit zum Besten: „Ein guter Fischer fischt auch im roten Meer."

„Das traue ich dir zu", kam es zurück.

Beschwichtigend bot ich ihr an, mit nach oben zu kommen, um dort zu frühstücken.

„Wolle ist auch schon oben."

„Nein danke, ich werde erstmal losziehen und mir ein Kamillebad holen."

„Lass dir noch einen Naturschwamm geben", empfahl ich ihr, aber mit dem Hinweis konnte sie nichts anfangen.

„Was willst du denn mit einem Naturschwamm?", fragte sie stattdessen.

„Das sage ich dir heute Abend", kürzte ich die Sache ab. „Vergiss nicht, das wir morgen nach Paris fliegen", erinnerte ich sie.

Sie krabbelte aus dem Bett, kam auf mich zu und umarmte mich.

„Komm, lass uns duschen", schlug ich vor.

Als wir uns unter der Dusche gegenseitig wuschen, nutzte sie ihre zärtlichen Berührungen, um mir noch mal das gleiche Zugeständnis aus der Nase zu ziehen: „Sehen wir uns in Europa denn wieder?", fragte sie und wusch mir dabei den Unterleib.

Ich schaute ihr in die Augen und fragte: „Na, was für ein Gefühl hast du denn?"

Sie schaute an mir nach unten, betrachte das Ergebnis ihrer sich ihr entgegenreckenden Handwerkskunst und stellte trocken fest: „Tja, zumindest ein Teil von dir will mich auf jeden Fall wieder sehen. Aber was ist mit dem Rest von dir?"

Ich antwortete nicht gleich, und sie fuhr fort: „Ich habe einfach Angst, dich nicht wieder zu sehen."

Ihre Offenheit erstaunte mich. Ich beruhigte sie, indem ich sie fest in den Arm nahm, sie küsste und ihr versprach: „Du brauchst keine Angst haben, wir werden uns wieder sehen. Ich werde mich auf jeden Fall bei dir melden."

Allerdings hatte ich zu dem Zeitpunkt noch nicht die geringste Vorstellung darüber, wie ich den neuen Geschäftsbereich und mein Privatleben mit nunmehr drei äußerst ungewöhnlichen Frauen reibungslos unter einen Hut bringen sollte. Ich merkte, dass ihr meine Erklärung nicht genügte. Also schmückte ich sie noch etwas aus: „Glaubst du, dass ich so schöne und aufregende Zeiten so einfach vergessen kann? Wir haben in den paar Tagen doch mehr erlebt als ein stinknormales Ehepaar in zehn Jahren."

„Aufregend ist gut!", unterbrach sie mich. „Ich könnte sehr gut mit weniger Aufregung zurecht kommen."

„Nun hör aber auf", widersprach ich ihr. „Du bist doch ein Adrenalin-Junkie. Ansonsten wärst du wohl kaum Journalistin geworden. Erst recht nicht hier in Beirut."

Sie öffnete ihren hübschen Mund, um heftig zu widersprechen, aber die Zeit ließ ich ihr nicht. Stattdessen machte ich weiter: „Und weißt du, wie du Auto fährst? Wenn du Wolle gestern während der Fahrt keinen Joint zwischen die Lippen geschoben hättest, hätte er dir die Rückbank vollgeschissen!"

Sie lachte kurz auf, um sich dann mit gespielter Empörung zu verteidigen. „Das ist ganz normal! In Rom fahren alle so!"

„Dann müsste ja ganz Rom zum Psychologen", hielt ich gegen.

Sie tat so, als ob sie mich schlagen wollte. Ich entzog mich ihrer nicht ernst gemeinten Attacke, indem ich eilig aus der Dusche hüpfte, nahm eines der Handtücher und begann mich abzutrocknen. Sie folgte mir immer noch schmollend und trommelte mit ihren kleinen Fäusten fast schon zärtlich auf meine Brust und meine Oberarme. Ich umarmte sie wieder, um ihr ihre Bewegungsfreiheit zu nehmen, und flüsterte ihr zu: „Ich werde Dich doch mit niemanden teilen. So eine verrückte Maus wie dich muss man doch einfach lieben."

Sie streckte sich auf die Zehenspitzen, schob mir ihre Zunge in den Mund und gab sich noch nicht geschlagen: „Gibst du mir deine Telefonnummer," fragte sie in einem unschuldigen Ton.

Ich seufzte, löste mich von ihr und begann mir am Waschbecken die Zähne zu putzen. Sie stellte sich neben mich und fing auch damit an. Im Spiegel kreuzten sich unsere Blicke. Ich weiß nicht, ob dieser Blick auch gespielt war, aber es sah verdammt echt aus, wie sich ihre schönen, großen Augen traurig mit Tränen füllten. So eine Scheiße, dachte ich mir. Was hast du denn jetzt schon wieder angerichtet? Nach dem Zähneputzen gab ich ihr die Nummer meiner Schwester und verwendetet dabei eine ähnliche Erklärung, wie sie sie mir schon mal gegeben hatte: „Meine Schwester wird dir sagen können, wo ich zu erreichen bin."

Ihre Laune besserte sich schlagartig. Ich verließ das Bad, und sie rief mir hinterher: „Ich dachte, dass du Harley Davidson aufbaust. Da wirst du doch nicht so oft durch die Gegend reisen."

„Schon richtig", bestätigte ich ihre Einschätzung. „Aber da wird sich in Zukunft einiges ändern. So wie es aussieht, habe ich in der nächsten Zeit viel zu tun. Und ich werde wohl mehr auf Reisen sein als bisher."

Sie kam aus dem Bad, stellte sich dicht vor mich und zwinkerte mir zu.

„Ich hatte also gestern doch Recht. Ihr lasst euch mit Hasch bezahlen."

Das waren eindeutig die falschen Feststellungen. So etwas konnte ich gar nicht gebrauchen. Erst recht nicht mit ihrem Beruf. Ich legte meinen Zeigefinger auf ihre Lippen und sagte ihr: „Was du nicht weißt, macht dich nicht heiß. Ich bin keine Story, die du ausschlachten kannst. Mach mit deinem Reportertrieb nicht etwas kaputt, was noch gar nicht richtig angefangen hat."

Sie schaute mich mit ihren großen Augen an und nickte bestätigend. Wir zogen uns an und machten uns auf den Weg zum Lift. Ich fragte, was sie heute noch so vorhätte. Sie sagte: „Erstmal werde ich mir aus der Apotheke ein Kamillenkonzentrat besorgen und baden. Und dann werde ich die Waisenhaus-Story fertig machen."

„Willst du nicht doch mit hochkommen?", fragte ich.

Sie meinte: „Du hast nicht mal eine halbe Stunde Zeit zum Frühstücken. Das ist mir zu hektisch. Außerdem will ich fertig werden. Ich werde mir was aufs Zimmer bringen lassen."

Ihr Fahrstuhl kam zuerst. Sie stellte sich in die Lichtschranke, um die Tür zu blockierte, küsste mich noch einmal und sagte: „Pass gut auf dich auf. Bei so einer Jagd gab es schon viele Unfälle."

Ich versprach ihr vorsichtig zu sein. Sie trat einen Schritt zurück, drückte einen Knopf an der Schalttafel, die Tür schloss sich, und weg war sie. —

Oben angekommen sah ich Wolle, wie er schon kräftig einschaufelte. Im Grund gab es hier oben gar kein richtiges Frühstück. Es war eher ein kaltes Buffet an dem man sich bedienen konnte. Ich wählte einige Sachen aus und setzte mich zu ihm. Erst beim Essen fiel mir auf, wie hungrig ich eigentlich war. Fast schon gierig schaufelte ich eine Portion Rührreier in mich hinein und stand dann auf, um Nachschlag zu holen. Als ich zurück kam, meinte Wolle: „Die Nacht war wohl ganz schön anstrengend."

„Tja, so was weiß man immer erst hinterher. Anstrengend vielleicht, aber wunderschön."

„Beneidenswert", meinte er. „Meine Nacht war weniger aufregend. Sie war mehr verraucht und hat geflimmert."

Die Vorstellung eines Tüte paffenden, stumpf in die Röhre glotzenden Wolle ließ mich grinsen.

Wir ließen die Rechnung auf unsere Zimmernummer schreiben, fuhren nach unten, holten uns Zigaretten und setzten uns in die Lobby. Es dauerte nicht lange, und Josef betrat das Hotel. Er hatte wieder einmal ein Camel-Outfit angelegt. Wir begrüßten uns und gingen zu seinen Fahrzeugen. Wolle und ich nahmen wie üblich hinten Platz. Bevor wir losfuhren, wurden uns von vorne zwei Kalaschnikows nach hinten durchgereicht. Es waren noch die alten Rückstoßlader mit dem großen Kaliber.

„Ich dachte, wir gehen auf die Jagd?", fragte ich etwas beunruhigt.

„Tun wir auch", kam es von vorne zurück. „Hinten liegen Sachen für euch. Zum Anziehen."

Ich verrenkte mich mit Wolle nach hinten und sah zwei olivfarbene Holzkisten, die wahrscheinlich aus Armeebeständen stammten.

Wir fuhren aus Beirut hinaus, in Richtung Berge. Nach etwa zwei Stunden hielten wir in einer kargen Einöde an. Die Umgebung war sehr felsig, zudem sehr hügelig, so dass man im Grunde nicht weit blicken konnte. Zumindest nicht von hier aus. Nur dort, wo sich genügend Sand angesammelt hatte, wuchsen vereinzelt Sträucher und kleine Bäume. Wie kleine Inseln ragten sie aus dem Felsenmeer. Hier wäre wahrscheinlich nicht mal Jesus entlang gelaufen. Und wenn, hätte er sich wohl über das einzige Symbol menschlicher Schaffenskraft gewundert. In etwa fünfzig oder sechzig Meter Entfernung stand ein Autowrack. Irgendetwas Französisches, Viertüriges. Es schien schon ewig hier zu stehen, hatte keine Räder mehr und auch keine Scheiben. Die Türen standen offen. Wahrscheinlich war das Wrack auch innen arg geplündert worden. Unsere beiden Fahrzeuge hielten dicht nebeneinander. Wir stiegen aus, gingen nach hinten und Josef öffnete die Heckklappe. Er zog die beiden Holzkisten zu sich heran und machte sie auf. In der einen waren Bekleidungsstücke der Marke Camel. Es war alles da, was wir brauchten: Schweres Schuhwerk, Hosen, Hemden und Westen aus festem Stoff, solide Gürtel, stabile Umhängetaschen und sonstiger Kleinkram, wie Mützen, die uns vor der Sonne schützen sollten. In der anderen Kiste lag eine Unmenge an bereits befüllten Magazinen für unsere Waffen. Wolle und ich zogen uns um. Dabei fragte ich Josef, ob er einen Sondervertrag mit Camel habe. Er gluckste wieder vor sich hin und meinte: „Na ja, auch Camel hat uns mal ein Angebot gemacht, das wir nicht ablehnen konnten."

„So ein Angebot wie damals mit den Blazern?", fragte ich zurück. Er lachte noch mehr: „Genau so eines!"

Erst als wir uns umzogen bekam ich mit, dass der Jeep dieses Mal mit vier Personen besetzt war. Die zusätzlichen zwei Mann wurden uns als Geschäftsfreunde vorgestellt. Welche Funktion sie wirklich hatten, haben wir vorerst nicht erfahren. Auch nicht, ob ihre Namen echt waren.

Einer der beiden fing gleich an, uns die Handhabung der AK 47 zu erklären. Nachdem er das Magazin entfernt, überprüft und wieder eingesetzt hatte, bekam ich die Waffe zurück. Ich spannte den Verschluss und beförderte damit das erste Projektil in den Lauf. Josef forderte uns auf, uns erstmal einzuschießen. Ich legte an, drehte den Sicherungshebel über die Dauerfeuerstellung in die Position Einzelfeuer und gab drei Schuss auf das Autowrack ab. Die Geschosse schlugen mühelos durch die Karosserie. Dahinter stieg das Gelände etwas an. Man konnte sehen, wie die Projektile in einer der Sandinseln einschlugen und dort Sand und Geröll aufspritzen ließen. Ich schob den Sicherungshebel eine Raste zurück auf Dauerfeuer, visierte noch einmal die Autohülle an und rotzte das Magazin leer. Dabei machte ich einen typischen Anfängerfehler und presste mir den Schaft nicht fest genug gegen die Schulter. Der Rückstoß war so enorm, dass ich die Waffe nicht aufs Ziel halten konnte. Stattdessen wanderte der Lauf recht zügig nach oben, so dass ich von der verbliebenen Munition etwa fünfundzwanzig Schüsse abgab, mit denen ich eine weit hinter dem Wrack liegende Hügelkuppe erschoss. Die Waffe machte einen Höllenkrach. Meine Ohren piepsten innerlich. Ich brauchte ein paar Sekunden um zu realisieren, dass ein Teil der Geräusche, die ich nun wahrnahm, Josefs Lachen war. Er gluckerte vor sich hin und meinte: „Nur kurze Feuerstöße! Nur kurze!"

Das hatte ich selbst gemerkt. Einer der Männer gab mir etwas Watte, die ich mir dankbar in die Ohren stopfte. Die Watte ging reihum und alle schützten sich damit. Josef händigte jedem eine Umhängetasche aus, die mit vollen Magazinen gefüllt war. Ich zählte meine nach und kam auf fünfzehn Stück. Kaum zu glauben, aber die Dinger waren ganz schön schwer. Ich schaute Josef an. Er schien zu glauben, dass ich die ausgehändigte Menge für zu gering hielt, denn er sagte von sich aus: „Keine Sorge, es sind noch reichlich da."

Ich fragte: „Was für Wild jagen wir eigentlich?"

„Na, alles was uns vor die Gewehre kommt."

Das half mir nicht weiter.

„Und was wird das so sein?"

„Weißt du, um richtig jagen zu können, müssen wir weiter in die Berge fahren. Aber dann dauert die Jagd zwei bis drei Tage. Ich dachte, dass wir hier bleiben, ein wenig rumlaufen, uns unterhalten und auf alles schießen, was sich bewegt oder nicht bewegt."

Ich glotzte erst ihn verständnislos an und schaute dann ratlos um mich: „Wir schießen wohl mehr auf alles, was sich nicht bewegt. Ich meine, hier gibt es ja nicht mal Grashüpfer, die sich bewegen können."

„Weißt du, hier gehen viele Leute jagen, da ist halt nicht mehr so viel übrig."

Ich seufzte innerlich und machte mich schon mal mit dem Gedanken vertraut, dass meine imposanteste Jagdtrophäe eine Handvoll erlegte, vertrocknete Grashalme sein würde. Josef übernahm die Führung, und unser Trupp marschierte los. Wie Josef gesagt hatte, ballerten wir auf alles Mögliche. Auf das Wenige, das sich bewegte, wie Spatzen, und auf den großen Teil dessen, was sich nicht bewegte. Jagdfeeling kam zwar nicht auf, aber irgendwie machte es trotzdem Spaß. Wir merkten daher gar nicht, dass bereits drei Stunden vergangen waren, als einer der Männer zurückblieb. Wir stoppten und warteten, damit er zu uns aufschließen konnte. Mit leicht verächtlichem Ton sagte Josef zu mir: „Ich habe zwar Asthma, aber der verträgt ja gar nichts mehr. Ist 'n Dauerkokser. Hat wahrscheinlich seinen Beutel heute Morgen vergessen."

Josef schien wenig von Leuten zu halten, die ihren Konsum nicht kontrollieren konnten. Vor allem, wenn sie Suchtabhängige waren. Der Mann hatte uns nach einigen Minuten eingeholt. Er kramte aus einer der Brusttaschen seiner Weste einen plastikummantelten Spiegel hervor, setzte sich wortlos auf den Boden und begann, die Kunststoff-ummantelung abzupulen. Unter der Umrandung war tatsächlich noch Kokain, und nicht wenig. Er schob die Reste mit einem Taschenmesser zusammen und zog sich die Line mit einem zusammengerollten Dollarschein unhygienisch durch die Nase. Man konnte förmlich zusehen, wie der Mann aufblühte.

Wir zogen weiter und ballerten noch ein Stündchen in der Gegend herum.

Schließlich kamen wir an einen Bauernhof. Die Familie schien die Ruhe weg zu haben. Keiner zeigte sich ob der sich nähernden Knallerei beunruhigt. Josef arrangierte für alle ein einfaches, aber üppiges Mahl. Wir nahmen draußen an einem schweren, aus dicken Holzbohlen bestehenden Tisch Platz. Anstelle von Stühlen verteilten sich um den runden Tisch Baumstümpfe. Einer der Söhne brachte schweren Rotwein und einen großen Krug Wasser. Ich verdünnte den Wein mit Wasser. Wolle haute sich den Stoff pur hinter die Binsen. Nach dem zweiten Glas fing er an, fröhlich zu werden. Während wir unseren Durst löschten, hatte der Bauer begonnen, Josef mit aufgeregter Stimme und weit ausholenden Gesten zu belabern. Als der Mann angeekelt auf den Boden spuckte, nutze Josef die kurze Pause, um für uns eine Übersetzung anzufangen. Wir erfuhren, dass zurzeit im Libanon eine vereinte Friedenstruppe stationiert sei. Ich fragte, ob das die Soldaten seien, die man an fast jeder Straßenecke zu sehen bekam. Josef nickte und fuhr fort:

„Die bringen ganz schön Probleme ins Land. Die Syrer sind die schlimmsten. Ihr Anführer ist General Ali Dihb. Der hat 1976 schon in Hama und Aleppo die Arabische Bruderschaft niedergemetzelt. Mit Flugzeugen und Panzern. Wenigsten zwanzigtausend Mann sind damals getötet worden. Der Rest wurde lebenslang eingesperrt, was in einem syrischen Gefängnis aber nicht lange dauert. Alles nur, weil sie politisch anders dachten als Assad. Und das in ihrem eigenen Land! Die Syrer plündern uns straff organisiert aus. Das wird richtig geplant und zwar von ganz oben. General Dhib schickt seine Truppen los, um alles einzusammeln, was nicht niet- und nagelfest ist. Antike Möbel, Gold, wertvolle Teppiche, Kunst, Fahrzeuge, Maschinen. Alles wird Lkw-weise nach Syrien verfrachtet."

Wir erfuhren, dass zur Friedentruppe außerdem Jemen, Irak, Ägypten, Kuwait, Saudi-Arabien und Sudan gehörten. Nach dem Essen machten wir uns auf den Rückweg. Wir feuerten unsere Magazine bis auf eines leer. Josef bestand darauf, dass jeder ein volles Magazin übrig behielt. Er wollte nicht, dass wir unbewaffnet zurückfuhren. Als wir wieder in Beirut ankamen, war es bereits 18.00 Uhr. Josef wollte im Basat mit uns Abschied feiern. Wir vereinbarten, dass er uns in zwei Stunden in der Hotellobby abholen sollte. Bevor wir losfuhren, holten Wolle und ich aus dem Blazer unsere Sachen. Die beiden Fahrzeuge setzten sich in Bewegung.

Als wir im Hotel und auf dem Weg zur Rezeption waren, wurden uns merkwürdige Blicke zugeworfen. Auch die junge Frau, die uns unseren Zimmerschlüssel gab, schaute uns verlegen und unsicher an. Ich drehte mich zu Wolle, der gerade seine Sonnenbrille abnahm, und schaute ihn verblüfft an. Ich riss mir die Brille von der Nase, um sicher zu gehen, dass ich nicht einer optischen Täuschung erlag. Aber ohne die kontrastverschleiernde Wirkung der dunklen Gläser war der Effekt noch klarer zu sehen. Wolles Gesicht war von sehr ungesund wirkender gräulich-schwarzer Färbung. Nur der Bereich um die Augenpartie, der von seiner Sonnenbrille bisher abgedeckt worden war, besaß seine natürliche Hautfarbe. Er selbst schaute mich mit offenem Mund staunend an.

„Sieh Dir mal ..."

Aber da hatte ich mich schon umgedreht und war zu einer Stelle gegangen, an der große Spiegelflächen an der Wand angebracht waren. Ich sah ähnlich aus wie Wolle, wie ein Zombie, als wäre ich auf einem Motorrad ohne Helm nur mit Sonnenbrille von München nach Berlin hinter einem mächtig rußendem LKW hergefahren. Und da hieß es immer, modernes Nitropulver verbrennt völlig rauchfrei. Von wegen. Wolle kam mir nach und meinte:

„Du siehst schlimmer aus. Ist auch kein Wunder. Du hast ja die Hälfte meiner Magazine zusätzlich verballert."

Wir stiegen in den Fahrstuhl und trennten uns auf Susannas Etage. Ich klopfte an ihre Zimmertür. Sie öffnete und erschrak kurz. Ich sagte: „Der Dreck kommt vom Schießen."

„Habe ich mir schon gedacht", behauptete sie dreist. „Womit habt ihr denn geschossen? Mit Old Shatterhands Bärentöter?"

Die Frau wollte mich heute einfach nicht verstehen, also unterließ ich es, ihr von unseren erjagten Felsen zu berichten.

Susanna überraschte mich damit, dass sie mir mitteilte, wir wären mit einigen ihrer Kollegen verabredetet. Das passte mir gar nicht. Also beichtete ich ihr, dass ich mit Wolle von Josef ins Basat eingeladen worden war. Um für den Fall vorsorgen zu können, dass ihre Kollegen vorhatten, auch ins Basat zu kommen, fragte ich, was für ein Programm sie denn hätten.

„Nichts Festes", meinte sie. „Wir ziehen ein bisschen um die Häuser. Weiß noch nicht, wo wir anfangen werden. Aber gegen Mitternacht wollen wir wieder im Vanisha sein. Im Casino", ergänzte sie noch.

„In Ordnung", beschloss ich. „Dann werde ich auch ab 12.00 Uhr da sein."

Ich ging zum Bad und schnitt auf dem Weg dahin ein anderes Thema an: „Hast du schon deinen Flug gebucht?"

Sie bejahte. Ich duschte mich ausgiebig. Vor allem den Dreck der Treibladungen aus dem Gesicht zu bekommen dauerte etwas. Als ich fertig war und aus der Dusche stieg, saß Susanna auf dem Deckel der Toilette.

Ich gab ihr einen Kuss, schob ihr langes T-Shirt hoch und legte meine Hand behutsam zwischen ihre Schenkel. „Wie geht es ihr denn?", fragte ich teilnahmsvoll.

Sie sagte: „Ich habe sie zweimal sehr lange in Kamille gebadet. Und meine Tage sind da." Das hatte sich schon heute Morgen angekündigt.

„Hast du den Naturschwamm gekauft?", fragte ich.

Sie zeigte auf eine Tüte, die auf einer Ablage links vom Waschbecken lag. Ich angelte sie mir und zupfte den Schwamm hervor. Dann fragte ich sie, was sie denn heute Nacht noch mit mir vor habe. Sie antwortete lächelnd: „Heute, mein Liebling? Nun, heute werde ich oben liegen", betonte sie, um dann fortzufahren: „Und heute wird es deutlich zärtlicher zugehen."

Na, dagegen hatte ich doch nichts. Ich nahm eine Schere von der Ablage, schnitt aus dem Schwamm ein faustgroßes Stück raus und gab es ihr. Sie schaute mich verdutzt an. Also erklärte ich ihr: „Der Schwamm ist dafür da, dass wir nachher nicht im Blut baden."

Sie hatte immer noch diesen verständnislosen Blick, also erklärte ich weiter: „Das ist in Berlin ein alter Hausfrauentrick."

Endlich schien sie zu kapieren: „Du meinst, ich soll mir das Ding in die Muschi schieben?", fragte sie skeptisch. „Natürlich, Mädchen! Danach holen wir ihn wieder raus und schmeißen ihn auf den Müll."

Da es zu diesem Thema nichts mehr zu sagen gab, stellte ich mich an das Waschbecken und rasierte mich. Susanna blieb dabei neben mir auf dem Klodeckel sitzen und schaute mir zu. Als ich fertig war, spülte ich mein Gesicht ab. Ich richtete mich auf, und Susanna stand mit einem Handtuch neben mir, um mich abzutrocknen. Wir gingen ins Zimmer und legten uns aufs Bett. Susanna zündete für jeden eine Zigarette an. Sie legte ihren Kopf auf meine Brust und erzählte mir, dass sie nicht wusste, was sie ihrer Mutter sagen sollte. Warum sie nicht mehr nach Beirut zurück wollte. Ich schlug vor: „Sag ihr einfach die Wahrheit", und nach einer kurzen Pause: „Aber was hat denn deine Mutter mit deinem Job in Beirut zutun?"

„Na ja, sie hat sich stark für mich eingesetzt, damit ich aus dem Büro rauskomme und ich was von der Welt sehe."

Dafür hatte ich nur bedingt Verständnis: „Na, aber deswegen musst du doch nicht gleich in einem Bürgerkrieg ausharren."

Sie versuchte zu beschwichtigen, indem sie mir sagte: „Normalerweise sind wir ja auch immer zu zweit. Aber mein Kameramann hat gerade Urlaub..."

„Den hast du also auch schon geschafft", unterbrach ich sie, was mir ein Knuff auf die Brust einbrachte.

„Quatsch, seine Frau hat ein Kind bekommen! Na, jedenfalls musste ich nun alles selber machen. Mit den Fotos und so. Ich wollte unbedingt eine neue Story aufreißen."

„Und deswegen warst du im Basat?", tat ich überrascht. „Was wolltest du denn da für eine Story aufreißen?", fragte ich scheinheilig.

„Josef macht so auf wichtig. Seine Auftritte, wenn er euch abgeholt hat. Das machte mich neugierig."

„Dich macht wahrscheinlich alles neugierig", vermutete ich.

„Gar nicht wahr!", entrüstet sie sich und verpasste mir den nächsten Knuff. „Ich dachte, dass bei euch eine große Sache läuft, gerade wegen Josef und seiner Auslandskontakte."

Ich wiegelte ab: „Da ist nichts Großes dabei. Natürlich kann es für das, was gerade läuft, ein wenig Knast geben. Vor allem, wenn du darüber etwas schreiben würdest. Aber das ist keine Story, sondern Spitzelarbeit für die Bullen. Und das kann nicht das sein, was du willst. Die Umstände, die hier zur Zeit herrschen, sind für Wolle und mich nicht besonders gut. Und dass Josefs Auftritte zusätzlich Aufmerksamkeit auf uns lenken, ist auch nicht nach meinem Geschmack. So im Blickpunkt zu stehen ist für eine gewöhnliche geschäftliche Transaktion eher hinderlich", beendet ich meine Ausführungen und dachte daran, dass wir ursprünglich nur drei gebrauchte Autos verkaufen wollten.

Susanna kam noch mal auf ihre Mutter zurück: „Wenn ich meiner Mutter erzähle, warum ich nicht mehr hier sein will, kann ich dann von dir erzählen? Dass du meinen Arsch gerettet hast?"

„Natürlich", erlaubte ich ihr gönnerhaft und tätschelte dabei den geretteten Hintern. Susanna schnurrte, schmiegte sich etwas fester an mich. Sie verfiel in eine kleinkinderähnliche Ausdrucksweise und fragte, ob wir noch einen Sticker rauchen wollen, bevor wir losgehen.

„Okay", stimmte ich zu.

Sie sprang auf, holte aus dem Schreibtisch eines ihrer vorgefertigten Teile und zündete es an. Während sie dann das Fenster öffnete, ging ich zum Kühlschrank und füllte zwei Gläser halbvoll mit Wein. Wir brachten uns in Ausgehstimmung und machten uns fein.

Wir verließen das Apartment und trennten uns am Fahrstuhl. Ich hatte mir von Susanna den 38er wiedergeben lassen. Die geschenkten Camel-Klamotten unter den Arm geklemmt, ging ich zu Wolle in unser

Zimmer. Er hatte sich auch schon zurechtgemacht und wartete, mit einem Riesenjoint bewaffnet auf mich. Ich fragte ihn, ob er die große Tüte tatsächlich alleine wegrauchen wollte.

„Nö", meinte er, „ich wusste doch, dass du gleich kommen wolltest."

„Nett gemeint", lehnte ich ab. „Ich bin schon von Susanna versorgt worden."

„Hätte ich mir eigentlich denken können", murmelte er und ließ die Tüte mit einem mächtigen Zug vorne aufglühen.

Es schien aber noch einen anderen Grund für ihn zu geben, denn er meinte plötzlich: „Bei der Ballerei hier ist das das beste Beruhigungsmittel."

Da hatte er wahrscheinlich Recht.

Ich erzählte ihm von Susannas Absicht, eigentlich jetzt mit mir um die Häuser zu ziehen. Dass daraus nichts werden würde, er aber damit rechnen müsste, dass ich mich um Mitternacht abseile. Er zuckte nur mit den Schultern und meinte: „Wird im Basat sowieso nicht lange dauern. Wir müssen ja morgen früh los."

Ich sagte ihm, dass wir uns heute noch mit Josef Gedanken darüber machen müsste, wie es nach der Übergabe in Paris weitergehen würde.

„Die sechzig Kilo sind schnell verteilt. Wir werden zügigst Nachschub brauchen. Ich kann in Hamburg auch noch einiges absetzen. Du hast mir doch mal erzählt, dass du in Erlangen auch noch jemanden zu sitzen hast."

Er meinte: „Da müsste ich erst wieder Kontakt aufnehmen."

„Das wird wohl das Beste sein", ermunterte ich ihn. „Ich gehe davon aus, dass wir die nächste Ladung auf Kommi kriegen werden. Wer hat schon für zwei-, dreihundert Kilo Bargeld."

„Na, hoffentlich", sagte Wolle nur. Ich fragte ihn: „Ist mit den Flugtickets alles erledigt?"

Er nickt und sagte: „Flug geht um 8.00 Uhr, Einschecken um 7.00 Uhr."

„Ziemlich früh", meinte ich und dachte dabei an die Art und Weise, wie ich die Nacht bis zum Morgen verbringen wollte.

Wolle zuckte wieder mit den Schultern und meinte: „Wir können ja durchmachen und nachher im Flugzeug pennen."

„Auf gar keinen Fall!", protestierte ich. „Auf den unbequemen Sitzen kann man sowie nicht richtig schlafen."

Bevor wir nach unten aufbrachen, erinnerte ich Wolle daran, dass wir die beiden Waffen inklusive Zubehör mitnehmen müssten, um sie Josef zurück zu geben.

Wir stiegen aus dem Fahrstuhl, zogen uns Zigaretten und warteten in der Lobby auf Josef. Wie immer kam er pünktlich. Wir hielten uns nicht lange mit der Begrüßung auf, sondern begleiteten ihn gleich nach draußen. Als wir seinen Wagen bestiegen, gehörte für uns seine Eskorte wie selbstverständlich dazu. Wahrscheinlich wären wir stutzig geworden, wenn es nicht so gewesen wäre. Bevor wir losfuhren, übergaben wir ihm die Waffen. Er nickte bloß und verstaute alles im Handschuhfach.

Im Basat angekommen wurden wir wieder von einem Angestellten in Empfang genommen und zu Josefs Tisch geführt. Während des Abends genossen wir das gute Essen und die exquisiten Darbietungen der Tänzerinnen. Irgendwann fragte ich Josef, wie das mit uns in Zukunft weitergehen sollte. Vor allem interessierte mich, wann mit einer weiteren Lieferung zu rechnen sei, und ob wir künftig auf regelmäßigen Lieferungen vertrauen könnten. Er zeigte sich erfreut und meinte: „Wenn es erst mal angelaufen ist, dann läuft es immer weiter. Wegen dieser Lieferung wird sich jemand bei euch melden."

Zur Ankunftszeit des Kuriers würden wir bereits seit einigen Tagen wieder in Berlin sein. Wir tauschten Telefonnummern aus. Zusätzlich gaben Wolle und ich noch ungefähre Uhrzeiten an, zu denen wir am Wahrscheinlichsten erreichbar waren. Josef sagte, dass man uns das Material am Pariser Flughafen Charles de Gaulle übergeben würde. Ich fragte nach einem Erkennungszeichen. Er meinte, das wäre nicht nötig; wir würden die Person kennen. Ich fragte ihn noch, ob er unserer Lieferung zwei 38er beilegen könnte. Am besten die, die ich ihm vorhin zurückgegeben hatte.

„Kein Problem," beendete er das Thema.

Stattdessen unterhielten wir uns über seine letzte Woche. Voller Teilnahme erfuhren wir, dass sie sehr stressig gewesen sei. Vor allem seine Schwester schien ihn kräftig genervt zu haben. Überallhin wollte sie mit. Vor allem dahin, wo sie wusste, dass auch ich dort sein würde. Er musste sehr energisch werden, um ihr das auszureden, und dabei blieb dabei nichts anderes übrig, als sie zu beschwindeln: „Das ist ein verheirateter Mann. Der macht so etwas nicht."

„Doch", soll sie gesagt haben. „Ich habe in seine Augen gesehen. Und einen Ring hat er auch nicht! Erst nimmst du mir meinen Mann und wenn mir einer gefällt, dann willst du mir den auch nicht gönnen!"

Ja, er hatte wirklich eine schwere Woche hinter sich.

Wir blieben bis etwa 23:30 Uhr. Auf dem Rückweg fragte Josef mich, ob er auch Munition beilegen soll.

„Das wäre gut," begrüßte ich seinen Vorschlag. „Neun Millimeter Para sind kein Problem. Davon gibt es in Berlin haufenweise. Aber 38er Revolvermunition ist seltener und entsprechend teuer."

„Gut, dann lege ich ein paar Schachteln dazu", sagte Josef, um dann nach etwas anderem zu fragen: „Hast du eigentlich die Journalistin wieder zu sehen bekommen?"

Ich bestätigte: „Ja, Ich habe sie kürzlich gesehen."

Neben mir kicherte Wolle in unpassender Weise.

Mit einem missbilligenden Blick auf ihn ergänzte ich: „Sie fliegt wahrscheinlich mit derselben Maschine zurück wie wir."

„Oh!", sagte Josef. „Das freut mich."

Am Hotel angekommen verabschiedeten wir uns. Ich wünschte ihm Glück und bat ihn, gut auf sich aufzupassen, denn die Luft in Beirut schien sehr bleihaltig zu werden. Er lachte und sagte, wenn es noch schlimmer würde, ginge er nach Damaskus. Dort hätte seine Familie auch Grund und Boden. Und ein schönes Apartment gäbe es auch. Von dort aus könne er die Exportgeschäfte der Partei genauso gut abwickeln. Nachdem auch Wolle herzlich verabschiedet worden war, trennten sich vorerst unserer Wege. Wolle und ich blieben noch einen Moment lang auf dem Bürgersteig stehen und schauten den beiden sich entfernenden Fahrzeugen hinterher. In die Nacht hinein behauptete Wolle auf einmal: „Gesehen ist gut. Vor allem über dir und unter dir."

„Nicht nur," korrigierte ich ihn. „Auch neben mir sah ich sie häufig."

Wolle lachte.

Wir blieben noch so lange stehen, bis wir die Bremsleuchten der beiden Fahrzeuge aufleuchten sahen und somit wussten, dass sie sich gleich in dem Verkehr auf der Hamrah-Street einfädeln und somit unseren Blicken entziehen würden. Erst dann drehten wir uns um und betraten das Hotel.

An der Rezeption hielt uns eine junge, hübsche Angestellte schon unseren Schlüssel entgegen. Während wir im Fahrstuhl nach oben fuhren, fragte ich Wolle, ob er nicht Lust hätte, mit ins Casino zu kommen. Er sagte zu und wir fuhren bis zur Dachterrasse durch. Als wir die Terrasse Richtung Vanisha überquerten, hörte ich Susannas Stimme. Sie kam vom linken Dachgeländer freudestrahlend auf uns zu. Ich war überrascht, sie hier zu sehen, und fragte: „Ich dachte, du wolltest im Casino mit deinen Kollegen feiern?"

Sie hängte sich an meinen Hals und antwortete: „Ach, die wollen mich doch bloß anmachen. Die hoffen, mich am letzten Tag noch rumkriegen zu können."

„Na, dann lass uns mal rübergehen und den Lustmolchen zeigen, dass du schon vergeben bist", schlug ich vor.

„Oh ja, das machen wir", strahlte sie mich an.

„Ich komme mit", maulte Wolle, der bisher wenig Beachtung gefunden hatte.

„Na klar", bestätigte sie und hakte sich in unserer Mitte ein.

Wir schritten über die Verbindungsbrücke und ließen uns vom Fahrstuhl des anderen Gebäudes eine Etage tiefer ins Casino bringen. Als sich die Lifttüren öffneten, konnten wir bereit ihre Kollegen am Tresen sitzen sehen. Die meisten kannte ich bereits vom Sehen. Einige blickten in unsere Richtung und machten die anderen durch lautes Johlen und Grölen auf unsere Ankunft aufmerksam. Wir gesellten uns zu ihnen. Obwohl ich, was Susanna betraf, für die Jungs ein ernsthafter Rivale war, wurden Wolle und ich sehr herzlich begrüßt. Sie schienen uns in ihre Mitte aufnehmen zu wollen. Für den Fall, dass sie vorhatten, mich als ihren Nebenbuhler unter den Tisch zu saufen, nahm ich mir vor, auf ein solches Spiel nicht einzusteigen. Einer ihrer Kollegen stellte mir ein paar Fragen zu dem Hünen mit den Shrimps im Bart. Bei der Gelegenheit erfuhr ich, dass Susanna die Geschichte schon haarklein weitererzählt hatte. Zwischendurch kamen unsere ersten Getränke: Cocktails für Susanna und mich, Remy Martin mit Cola für Wolle. Wir hatten den Eindruck, als wären wir willkommene Gäste. Susanna hatte sich seitlich an mich geschmiegt und umarmte meine Hüfte, als wolle sie zeigen: ‚Seht her. Das ist mein Mann und ich bin für niemanden mehr zu haben.' Nach einigen Gläsern zog sie mich zum Lift. Wir fuhren nach oben auf die Terrasse und setzten uns ein wenig abseits. Sie holte ihr goldenes Röhrchen samt Zubehör aus der Tasche mit dem großen Innenspiegel. Wir zogen uns ihr Kokain durch die Nasen und küssten uns gierig. Dann fuhren wir wieder nach unten. Zurück am Tresen bekam ich den Rest von Wolles Erzählungen mit. Er musste gerade von unserem Harley Davidson-Trip erzählt haben. Er hatte davon geschwärmt, dass er zum ersten Mal auf einer Harley mitgefahren war, und schilderte sein Gefühle in überschwänglicher Weise. So kannte ich ihn gar nicht und fragte: „Ich wusste ja gar nicht, dass dich das so beeindruckt hatte."

Er meinte, er hatte damals keine Worte gefunden , um seine Gefühle zu beschreiben. Aha, dachte ich mir. Schon wieder einer, der infiziert worden war.

Susanna deutet mit dem Kopf auf die Tanzfläche und sagte, dass sie nun Lust hätte zu tanzen.

„Da läuft aber nur Blues", gab ich zu bedenken.

„Ich weiß", lächelte sie mich an und zog mich auf die Tanzfläche.

Durch ihre High Heels hatte sie die richtige Größe. Ihr Becken drückte sich gegen meinen Unterleib. Sie flüsterte mir ins Ohr, was sie nachher noch so alles mit mir vorhabe und massierte dabei meinen Schwanz mit ihrem Becken.

„Na Hoppla. Haben wir da etwa ein Problem?", fragte sie scheinheilig und stellte dann fest: „Du fühlst dich auch ganz heiß an."

„Was erwartest du?", fragte ich. „Ich bin jung und gesund."

Wir tanzten noch zu ein paar Songs und brachten uns gegenseitig in Stimmung. Schließlich gingen wir zum Tresen zurück, tranken unsere Gläser aus und verabschiedeten uns. Unter den geheuchelten Bedauerungsrufen ihrer Kollegen verließen wir das Casino.

In ihrem Apartment fragte ich sie, wie lange sie nachher brauchen würde, um alles zusammenzupacken. Etwa eine Stunde, schätzte sie. Ich bestellte telefonisch den Weckdienst für 5.00 Uhr. Da blieb nicht viel Zeit fürs Schlafen. Wir gingen unter die Dusche. Danach platzierte Susanna den Naturschwamm.

Es wurde einer jener Nächte, die man nie vergessen will.

Als sich der Weckdienst gegen 5.00 Uhr telefonisch meldete, brauchten wir ihn gar nicht mehr. Wir waren immer noch wach. Ich hatte gerade auf der Toilette mit eingeölten Fingern dass Schwämmchen aus ihrer Vagina entfernt. Dass Ding saß so tief, dass Susanna mit ihren zierlichen Fingern nicht mehr heran kam. Dann erledigten wir unserer Morgentoilette. Nun saßen wir nebeneinander mit dem Rücken an der Wand in ihrem Bett.

Wir rauchten und tranken Kaffee. Die Tassen standen neben uns auf der Bettdecke. Wir lachten über alles Mögliche und sahen beide übernächtigt und gut durchgefickt aus. In diesem Moment waren wir sehr glücklich.

Ich fragte, ob sie im Flugzeug schlafen könnte. Sie antwortete: „Wie ein Stein. Und wenn nicht, dann habe ich noch ein paar von deinen Valium. Mit den Hammerteilen ist das Schlafen garantiert kein Problem. Wahrscheinlich werden sie uns nach der Landung aus dem Flugzeug tragen müssen."

Ich stimmte ihr lachend zu. Allmählich wurde es Zeit aufzustehen und sich abreisefertig zu machen. Wir zogen uns an. Während Susanna damit begann, ihre Habe in ihre Koffer einzusortieren, bemerkte ich auf dem Schreibtisch jenen Zettel mit der Telefonnummer meiner Schwester, den ich ihr am Vortag gegeben hatte. Einen logischen Grund hatte ich nicht, aber ich nahm ihn wieder an mich und steckte ihn heimlich ein. Irgendwie glaubte ich, damit meinen und ihren Gefühlen entkommen zu können. Ich verabschiedete mich vorläufig von ihr und fuhr zu Wolle nach oben. Er hatte bereits seine Sachen gepackt und, wie ich sehen konnte, auch meine. Ich schaute noch mal in den Schrank und in den Schreibtischfächern nach, konnte aber nichts entdecken. Wolle war gründlich gewesen. Er meinte, er würde auf der Toilette noch etwas Zeit brauchen. Daher schnappte ich mir meine große Sporttasche und ging wieder zu Susanna nach unten. Von dort nahm ich zusätzlich die beiden Koffer mit, die in dem kurzen Flur standen, und fuhr mit dem Lift zur Empfangshalle. An der Rezeption erledigte ich für Wolle und mich das Auschecken. Dann fuhr ich wieder zu ihm nach oben. Er war nun auch soweit, dass wir jetzt endgültig das Zimmer räumen konnten. Wir fuhren im Lift nach unten. Auf Susannas Etage trennten wir uns vorläufig. Er fuhr weiter, ich ging wieder zu ihr. Im Apartment glotzte ich erstaunt auf drei weitere Koffer. Frauen, dachte ich mir und schüttelte den Kopf.

„Kein Wunder, dass du mit uns zurückfliegen willst. Alleine würde das mit deinen Koffern nicht klappen", sagte ich zu ihr.

„Idiot!", bekam ich zu hören. „Ich fliege bestimmt nicht wegen der Koffer mit dir. Und überhaupt. Als ich hier ankam, hatte ich auch bloß einen Koffer. Aber ich bin schließlich schon acht Monate hier. Und da sammelt sich natürlich was an."

Da hatte sie wahrscheinlich Recht, musste ich mir eingestehen. Dennoch stellte ich fest, dass Susanna offensichtlich so früh am Morgen noch nicht geländetauglich war. Um sie versöhnlich zu stimmen, nahm ich sie in den Arm und drückte sie an mich. Als ich mich von ihr lösen wollte, sah ich, dass sie Tränen in ihren Augen hatte. Ein wenig hilflos zog ich sie wieder fester an mich und versuchte, ihr ein wenig Mut zu machen. Ich flüsterte ihr ins Ohr: „Du brauchst keine Angst zu haben. Wir werden uns ganz bestimmt wieder sehen. Fest versprochen."

Sie flüsterte zurück: „Ich werde dich vermissen."

Wir küssten uns zärtlich und sie schien sich wieder gefangen zu haben. Ich nahm zwei weitere Koffer und sie den restlichen sowie ihre Riesenumhängetasche. Wir fuhren nach unten und gesellten uns zu

Wolle in die Lobby. Er hatte für uns drei je eine Stange Zigaretten gekauft. Susanna ging zur Rezeption und checkte aus. Wir verließen das Hotel und beluden ein Taxi, das uns vom Portier herbeigerufen worden war. Wolle stieg vorne ein, Susanna und ich in den Fond. Sie setzte ihre Sonnenbrille auf und ergriff dann meine Hand. Auf dem Weg zum Flughafen schauten wir uns sehr intensiv die an uns vorbeigleitende Umgebung an. Uns war klar, dass wir Beirut in dem jetzigen Zustand nie wieder zu sehen bekommen würden. Das war sehr schade und drückte stark auf die Stimmung. Wahrscheinlich sprach deshalb niemand von uns während der Fahrt.

Wir kamen sehr zeitig am Flughafen an und checkten ein, wir gaben unser Gepäck auf und gingen dann zur Kantine. Dort holten wir Frühstück und viel Kaffee. Selbst Wolle verzichtet auf seinen Remy. Ich schaute ihn an und wollte eine passende Bemerkung loslassen, aber er kam mir zuvor: „Glotz nicht so. Da wo wir jetzt hinfliegen, wird nicht so viel rumgeballert." Irgendwie brach das den Bann. Der Ballast, der bisher auf unsere Stimmung gedrückt hatte, wurde durch unser Lachen plötzlich in Nichts aufgelöst. Wir suchten uns einen Tisch am Fenster. Von hier aus hatten wir einen guten Blick über die Rollfelder und die Parkpositionen der Maschinen. Ich war erstaunt, was für alte Modelle noch fliegen durften. Zwei der neueren Maschinen waren vom Typ DC 10, aber es gab auch einige DC 3 aus dem zweiten Weltkrieg. Weiter hinten glaubte ich eine Super One Eleven zu sehen. Und dann gab es noch einige Flugzeuge, deren Typen mir völlig unbekannt waren, deren Bau aber bestimmt schon vor meiner Geburt eingestellt worden war.

Wir erzählten uns gegenseitig, was uns an unseren Zielorten erwartete. Ich fragte Susanna, ob sie für die Zukunft beruflich etwas anderes in Aussicht habe. Sie antwortete, dass sie mehrere Optionen hätte. Sie konnte weiterhin für ihre Zeitung in Rom arbeiten, oder als freie Journalistin für Zeitungen auf der ganzen Welt tätig sein. Im Moment favorisierte sie die zweite Möglichkeit. Sie wollte sich ein wenig von ihrer Familie abnabeln.

Unser Flug wurde aufgerufen, und wir machten uns auf den Weg. Wir hatten es so arrangiert, dass wir auf einer Dreier-Reihe zusammen sitzen konnten. Susanna saß am Fenster, ich in der Mitte und Wolle am Gang. Der Start verlief völlig problemlos. In der Luft lösten wir unsere Gurte und versuchten, es uns in der engen Röhre so bequem wie möglich zu machen. Susanna lehnte ihren Kopf an meine Schulter und schaute mir dabei zu, wie ich eine Illustrierte durchblätterte. Kurz darauf schliefen wir ein. Auch ohne Valium. Nach vier oder fünf Stunden wurde ich wach. Ich hatte einen mächtigen Druck auf der Blase. Susanna schlief noch, ihr Kopf lehnte immer noch an meiner Schulter. Ich schob ihn behutsam zum Fenster und kletterte über Wolle, der auch in verrenkter Haltung, aber friedlich vor sich hin schlief. Ich musste mich beeilen, fegte an zwei Stewardessen vorbei und hatte Glück. Die Toilette war nicht besetzt und ich konnte mir Erleichterung verschaffte. Anschließend wusch ich mir noch das Gesicht und spülte mir den Mund aus. Als ich aus der Toilette kam, fühlte ich mich schon viel besser. Ich sah, dass die beiden Stewardessen mit dem Getränkewagen unterwegs waren, ich holte sie ein und quetschte mich in dem schmalen Gang an ihnen und dem Wagen vorbei. Dabei bat ich darum, mir gleich eine ganze Thermoskanne mit Kaffee vorbeizubringen. Eine der beiden bestätigte, und ich ging schon vor. An unserer Sitzreihe angekommen, stieg ich wieder über Wolle. Als ich mich setzte, wurde Susanna wach. Zumindest teilweise. Denn statt sich mit einen Blick durchs Fenster die Frage selbst zu beantworten, ergriff sie meine Hand und fragte mich verschlafen, ob wir schon gelandet seinen. Ich verneinte. Sie kramte in ihrer Tasche, während ich mich erneut darüber wunderte, dass das riesige Teil von der Fluggesellschaft tatsächlich als Handgepäck akzeptiert worden war, und holte etwas Weißes, vermutlich einen OB, hervor. Dann hatte sie es auch eilig, auf die Toilette zu kommen. Sie bemühte sich, die Balance zu halten, indem sie sich an mir, an den Sitzlehnen direkt hinter uns und vor uns abstützte und kletterte über mich und Wolle hinweg. Der wurde bei der Aktion wach, da es ihr nicht gelang, völlig berührungsfrei über ihn hinweg zu steigen.

Als sie wiederkam, hatte uns der Getränkewagen bereits mit reichlich Kaffee versorgt. Vorsorglich standen Wolle und ich auf, um ihr Platz zu machen. Schließlich wollten wir nicht, dass sie uns den Kaffee bei ihrer Kletterei über den Bauch goss. Wir nahmen wieder Platz und sie flüsterte mir zu: „Du Tier. Du hast meine Muschi ganz kaputt gemacht."

„Wie das?", flüsterte ich erstaunt zurück. „Du warst doch die ganze Zeit oben."

„Nein, nein", widersprach sie im Schmoll-Ton. „Einmal warst du oben. Und da hast Du alles kaputt gemacht", behauptete sie gespielt vorwurfsvoll. Wir strahlten uns gegenseitig an und waren richtig verliebt. Wolle meldete sich von rechts: „Was ist kaputt gegangen? Irgendwas am Flugzeug?"

„Nein, nein", sagten Susanna und ich fast synchron. Wolle beugte sich zu mir rüber schaute immer noch skeptisch aus dem Fenster.

„Nicht da draußen", beruhigte ich ihn. „Hier ist was kaputt", und legte dabei meine Hand zwischen Susannas Schenkel. Er brauchte zwei Sekunden, um zu begreifen, meinte dann: „Ach so", und lehnte sich wieder zurück.

Wir gossen uns von dem Kaffee nach und rauchten einige Zigaretten. Den Rest des Fluges brachten wir entspannt hinter uns.

Nach der Landung in Paris hatten wir noch zwei Stunden Zeit, bis unser Anschlussflug nach Berlin starten würde. Susanna hatte für ihren Flug nach Rom nur knapp eine Stunde Zeit. Sie rief ihre Mutter an, um sich vom Flughafen abholen zu lassen. Nun fing der Teil des Abschiedes an, vor dem ich mich am liebsten gedrückt hätte. Susanna hatte wieder Tränen in den Augen, und ich hatte einen Kloß im Hals. Es war, als wären Stimmbänder und Zunge gelähmt. Nur mit Mühe brachte ich aus meiner plötzlich furchtbar eng gewordenen Kehle ein paar Worte hervor. Um uns abzulenken beschlossen wir, noch einen Kaffee zu trinken. Wolle blieb diskret beim Gepäck zurück. Susanna bemerkte natürlich, dass ich auch nicht der Glücklichste war, und bekam wieder Aufwind: „Hey, du zeigst ja auch Gefühle", stellte sie mit sanfter Stimme fest.

„Na, so langsam solltest du aber auch wissen, was ich für dich empfinde", sagte ich leise mit ernster Stimme. Wir standen an einem kleinen Tresen, kuschelten uns aneinander und flüsterten uns liebe Worte zu, bis es an der Zeit war, dass sie zu ihrem Flugsteig zurück musste. Ich ging mit ihr bis zur Absperrung des Abfertigungsschalters. Dort schaufelte ich ihre Koffer auf die Waage. Insgesamt ergab sich etwas Übergewicht, was von ihr resignierend bezahlt wurde. Dann kam der Moment der Trennung. Ich gab ihr einen letzten Kuss bevor sie hinter der Absperrung verschwand. Dass Letzte was ich von ihr sah war, dass sie ihre Sonnenbrille aufsetzte. Vielleicht, um ihre Tränen zu verbergen.

Ich kehrte zu Wolle zurück. Mit ihm brachte ich wortkarg die übliche Prozedur des Eincheckens hinter mich. Wolle versuchte mich in der nächsten Stunde abzulenken, indem er mit mir darüber sprach, wie wir zukünftig den Rest der Mannschaft einbinden sollten. Als wir dann das Flugzeug betraten, hatte ich in meinem Kopf wieder etwas Platz für andere Dinge.

Der Flug an sich war unproblematisch.

Berlin

Wir landeten mit nur wenigen Minuten Verspätung auf dem Flughafen Tegel. Die Zollkontrolle verlief reibungslos. Ich teilte mir mit Wolle die Arbeit, die anderen zu informieren. Er rief Klaus und Rainer an und ich Ralf. Nachdem alle wussten, dass wir uns nachher um 20.00 Uhr bei Rainer treffen würden, rief ich mich selbst an, aber bei mir war keiner. Auch keine Sonja. Da unser Gepäck nicht sonderlich schwer war, verzichtet wir darauf, uns einen Gepäckwagen zu organisieren. Wir hängten uns unsere Taschen über die Schultern und gingen in Richtung der Taxistände. Eine gläserne Schiebetür öffnete sich automatisch vor uns und entließ uns in das kühle Berliner Herbstwetter. Der Himmel war in verschiedenen Grautönen gezeichnet. Es nieselte leicht. Auf einmal hatte ich einen fast schon widerlichen Geruch in der Nase. Es roch nach abgestandener Ofenheizung und irgendwie nach S-Bahn. Das war sie also, die viel besungene Berliner Luft. Irgendwie war sie zum Kotzen. Na ja, wahrscheinlich hatte ich mich schon morgen wieder an sie gewöhnt.

Ich trennte mich von Wolle. Jeder stieg eilig in ein Taxi und fuhr dann los.

Ich war froh, wieder Zuhause zu sein, ich ging zum Telefon, nahm das daneben liegende kleine Telefonbüchlein und notierte darin die Nummern von Josef und Susanna. Während Josef seinen Namen behielt, trug ich Susanna als „Römische Zeitung" ein. Dann ging ich ins Bad, stopfte meine mitgebrachte Schmutzwäsche in den Wäschekorb, verstaute den Inhalt meiner Kulturtasche im Alibert und war nun bereit für eine ausgiebige Dusche. Dabei dachte ich an Rossi. Die Uhrzeit war günstig. Ich beschloss, sie gleich nach dem Duschen anzurufen, was ich etwa zwanzig Minuten später auch tat. Sie meldete sich mit sehr genervter Stimme, was sich aber schlagartig änderte, als sie mich erkanntem und fragte gleich, ob ich in Hamburg sei. Ich verneinte und sagte ihr, dass ich gerade erst vom Tegeler Flughafen gekommen sei. Sie wollte wissen, ob es mir gut geht.

„Bin etwas müde und gerädert. Aber jetzt, wo ich deine Stimme höre, geht es mir wieder besser", schmeichelte ich ihr.

Sie schäkerte zurück und meinte dann etwas aufgeregt: „Ich habe vor ein paar Tagen was im Fernsehen gesehen. Über Beirut. Die schießen ja da!"

„Ja, wirklich?", tat ich überrascht, räumte dann aber ein: „Stimmt schon. Aus der Ferne hört man gelegentlich etwas Geballere. Aber von unserem Hotel aus war nichts zu sehen. Und da, wo wir verkehrt haben, auch nicht", verdrehte ich ein wenig die Tatsachen.

Das schien sie zu beruhigen, und sie fragte ungeduldig: „Na, wann kommst du denn endlich?"

„Kann ich dir noch nicht sagen. Ich muss erst auf einen wichtigen Anruf warten und danach noch einige Dinge erledigen. Sobald ich damit fertig bin, komme ich sofort zu dir. Und dann wird es wieder Zeit, dass du Klaus leider mitteilen musst, dass du wieder deine Tage hast, mein Schatz."

Das Telefon übertrug das aufgekratzte Lachen ihrer rauchigen Stimme derart plastisch, dass ich mir bildlich vorstellen konnte, wie sie mit ihrem süßen Knackarsch wackelte, wie ein kleines Hündchen, mit seinem Hinterteil. Ich stellte ihr eine entsprechende Frage und erhielt als verheißungsvolle Antwort: „Ja, und er wartet auf dich, mein Prinz."

Da mir schon wieder die Hose eng wurde, schob ich noch einige Besorgungen vor und verabschiedete mich von ihr. Bester Laune drehte ich meine Musikanlage an und machte es mir auf der Couch gemütlich. Aus irgendeinem Grund war ich auf entspannte, angenehme Art unruhig. Ich ließ die letzte Woche noch mal in einer Zusammenfassung in meinem Kopf Revue passieren und schaute mich dabei in dem Zimmer um, als würde ich etwas suchen oder vermissen, ohne zu wissen, was es denn eigentlich sein könnte. Dabei fiel mein Blick aus dem Fenster. Verblüfft sah ich, wie mächtig große Schneeflocken an der Scheibe vorbeitanzten. Ich schaute einige Minuten der hypnotisch wirkenden Schneechoreographie zu. Das mit dem Winter geht ja dieses Jahr früh los, dachte ich mir noch, bevor ich mich losriss, um in die Küche zu gehen. Obwohl ich mir sicher war, im Moment alleine in der Wohnung zu sein, öffnete ich auf dem Weg dahin die Schlafzimmertür, um mich zu vergewissern. Aber das Bett war leer. Sonja war noch nicht da. In der Küche setzte ich mir Kaffee auf. Ich öffnete den Kühlschrank und war erstaunt. Es war noch allerhand da. Ich entschied mich für Rührei er mit Schinken. Bevor ich mit der Zubereitung begann, rief ich Tom an. Er freute sich darüber, dass er mich am Hörer hatte, und sagte mir, dass er mich unbedingt sprechen müsse. Ich schlug ihm vor, zu mir zu kommen. Er müsse sich aber beeilen, da ich nachher noch einen Termin hätte. Er sagte, dass er sofort losfahren wollte und beendete das Gespräch. Ich ging in die Küche zurück und haute ein paar Eier in die Pfanne.

Wenige Minuten nachdem ich mit dem Essen fertig war, klingelte es an der Tür. Draußen stand etwas, dass ein wenig von einem Yeti hatte. Ich schaute nach oben zu dem etwa ein Meter dreiundneunzig großen Tom. In seinen langen pechschwarzen Haaren und seinem fast genauso schwarzen Bart hatten sich unzählige Schneeflocken verfangen. Ich schloss die Tür hinter ihm. Wir begrüßten uns freudig und gingen ins Wohnzimmer. Er kam gleich zur Sache und sagte, dass er neues Material brauche. Dabei zog er ein Geldbündel aus einer der großen Taschen des Militärparkas, den er trug, und übergab es mir. Es war der Betrag, der noch von der letzten Lieferung offen war. Ich zählte nach. Wie nicht anders von mir erwartet, stimmte alles. Ich sagte zu, dass ich ihm am nächsten Tag drei Kilogramm vorbeibringen würde. Nachdem das Geschäftliche geregelt war, ließ ich mir von ihm berichten, was ich während meiner Abwesenheit alles an gesellschaftlichen Höhepunkten verpasst hatte. Ich erfuhr, dass Bart-Rolf im Soft Rock in der Damaschkestraße als Türsteher angefangen habe.

„Der Laden füllt sich zwar erst ab Mitternacht, läuft dann aber bombig. Es ist da richtig gut. Da verkehrt alles, was nachts so unterwegs ist. Luden, Nutten, Gastronomen, Taxifahrer, richtig geile Transen, Schauspieler, alle möglichen Künstler und was-weiß-ich-noch."

„Wer steht noch an der Tür?", unterbrach ich ihn. Statt mir Namen zu nennen sagte er: „Die arbeiten im Team mit den Jungs vom Tolstefanz zusammen." Damals war das Tolstefanz noch im Europa-Center. Ich wollte noch wissen, wer denn den Laden betrieb. Er antwortete: „Arthur, Rolf und Annette. Ein geiles Teil. Sehr hübsch und blond. Schön gebräunt. Mit einer sportlichen Figur."

„Sportlich?", horchte ich auf und ließ mir noch ein wenig mehr erzählen. Schließlich musste ich Tom rauswerfen, um meinen Termin einhalten zu können. Ich zog mir Jacke und Schuhe über. Dann verließ ich mit Tom meine Wohnung. Die Schneekristalle in seinen Haaren hatten sich in der Zwischenzeit in glitzernde Wasserperlen verwandelt. Draußen bestieg er sein Winterfahrzeug, einen alten Ford Capri. Während er schon losfahren konnte, musste ich zunächst meine Autoscheiben vom Schnee befreien. Dem alten Vierzylinder meines R 16 schien die Kälte nicht zu behagen. Erst nachdem ich mit dem Choke spielte, sprang er widerwillig an. Ich drehte das Radio an. Wie immer war AFN voreingestellt. Dann fuhr ich los.

Ich fühlte mich immer noch gerädert von meiner letzten Nacht mit Susanna. Und die unbequemen Flugzeugsitze waren in keinster Weise geeignet, mein körperliches Wohlbefinden zu steigern. Es war eben nur die Holzklasse. Das Schneetreiben hatte zugenommen und behinderte erheblich die Sicht. Deshalb hielt ich mich auf dem innerörtlichen Stadtring auch ans Tempolimit von 80 km/h. Ich wurde auf einmal müde. Der R 16 heizte wie verrückt. Ich drehte die Heizung herunter und kurbelte die Seitenscheibe ein wenig nach unten. Am liebsten hätte ich mich schlafen gelegt. Aber das ging nun mal nicht. Denn „Egon hatte ja einen Plan". Eigentlich gab es im Moment nichts Lustiges. Dennoch ließen mich meine Gedanken grinsen. Andererseits hatte ich ein schlechtes Gewissen gegenüber Rossi. Ich konnte es mir selbst nicht erklären, warum ich es mit Susanna soweit hatte kommen lassen. Ich schob es auf die Umstände in dem unruhigen Gebiet und ich redete mir ein, dass ich mich von der Endzeitstimmung hatte anstecken lassen. Irgendwie hat man im Hinterkopf: Bevor es einen erwischt, sollte man noch so viel Spaß haben wie möglich. Dass sich aus dem Spaß-Haben mehr entwickeln kann, hat in den Gedanken keinen Platz.

Als ich vom Stadtring abfuhr und auf die Hauptstraße kam, hielt ich an der nächsten Telefonzelle, vor der ich parken konnte an, um Reddy in Hamburg anzurufen. Am Ende der Leitung wurde abgehoben, und ich konnte Reddys Stimme vernehmen. Er schien jedoch nicht am Hörer zu sein, sondern irgendwo im Raum.

„Du blöde Schlampe! Habe dir doch gesagt, du sollst nur mit Gummi ficken!" Eine Frauenstimme meldete sich mit: „Silbersack." Ich nannte meinen Namen und sagte, dass ich Reddy sprechen möchte. Er kam an den Apparat und fragte: „Hey Icke, wie geht's dir?"

Ich sagte, dass alles in Ordnung sei, und fragte zurück, ob bei ihm auch alles okay wäre und sagte ihm dann, dass ich mit ihm ein längeres Gespräch führen müsste, wenn ich demnächst wieder in Hamburg wäre. Er freute sich und betonte, dass er jederzeit für mich da wäre.

„Es gibt aber noch einen Grund, warum ich bei dir anrufe", fuhr ich fort. „Sei doch so nett und schicke einen großen Strauß Orchideen per Fleurop zu Rossi in die Davidstraße 14. Ich gebe dir das Geld wieder, wenn wir uns das nächste Mal sehen."

„Kein Problem", sagte Reddy lachend. „Es hat dich ja ganz schön erwischt", stellte er fest.

„So ist es", bestätigte ich. „Auf der Karte soll nur mein Name stehen."

Er sagte mir zu, dass er die Sache sofort erledigen würde. Wir verabschiedeten uns, und ich machte mich wieder auf den Weg.

Es war noch nicht Dezember, dennoch wurde fast überall in Berlin damit begonnen, die Stadt zu schmücken. Geschäfte lockten tagsüber mit weihnachtlicher Dekoration die vorbeidrängenden Menschen in ihre Läden. Um die jetzige Uhrzeit gab es kein Drängen mehr. Das deutsche Ladenschlussgesetz verbot es den Ladenbesitzern, bis auf wenige Ausnahmen ihre Geschäfte wochentags länger als bis 18.00 Uhr offen zu halten. Daher waren es im Moment nur wenige Menschen, die durch den kalten, frühen Abend und den Matsch des schmelzenden Schnees stapften. Über vielen Hauptstraßen spannten sich in regelmäßigen Abständen Drahtseile, an denen sich von einem Bürgersteig zum anderen helle und bunte Lichtergirlanden rankten. Eigentlich bin ich kein Fan von kitschigen Arrangements. Dennoch konnte ich mich nicht davor verschließen, dass sich der gewollte Effekt der Erzeugung von weihnachtlicher Stimmung auch auf mich übertrug. Aus dem Radio spielte immer noch AFN. Wulf Man Jack erzählte wieder einmal die Geschichte von Rudolf, dem Rentier mit der rot leuchtenden Nase. Ich dachte mir noch: So eine Leuchtnase, die mich sicher durch das Schneegestöber lotst, könnte ich jetzt auch gebrauchen.

Etwa zwanzig Minuten später parkte ich in der Nähe von Rainers Wohnung. Als ich noch einige Meter von der Haustür entfernt war, summte bereits der Türöffner. Wahrscheinlich hatte Elke mich durch das Küchenfenster hindurch kommen sehen. Ich drückte die Tür auf und stieg die drei Treppen nach oben. Die Wohnungstür stand bereits offen. Ich drückte die angelehnte Tür ganz auf und vernahm eine heftige Diskussion, die in einem hitzigen, lauten Ton geführt wurde. Ralf war der lauteste. Ich konnte mir daher schon denken, worum es gerade ging. Als ich das Wohnzimmer betrat, verstummten alle für einen Moment. Ausgerechnet Ralf war der erste, der mich fragte und von mir wissen wollte, was denn in Beirut passiert sei. Um die Spannung aus der Situation zu nehmen, erzählte ich bewusst von etwas ganz anderem: „Na ja, mal lag ich oben und mal Susanna. Und ab und zu lagen wir auch nebeneinander."

Ich wurde von fast allen entgeistert angestarrt. Nur Wolle, als Insider, fing sofort laut an zu lachen. Sein Ausbruch war so heftig, dass er sich seitlich aus dem Sessel rutschen ließ und sich kichernd auf dem Boden in Embryostellung zusammen rollte. Elke funkelte mich mit ihren Augen böse an. Rainer war der erste, der sich fing. Er ließ sich von Wolle anstecken und lachte mit ihm, was ich ein wenig erstaunlich fand.

Schließlich konnte er nicht wissen, worauf sich meine Äußerungen bezogen. Aber egal, mein Ziel war erreicht. Wir konnten nun sachlich und im ruhigen Ton miteinander reden. Bevor es dazu kam, fragte Rainer noch, wie sie denn ausgesehen habe, diese Susanna, was ihm einen bösen Blick seiner Elke einbrachte.

„Aber Schatz, was funkelst du mich denn so an? Ich war doch gar nicht in Beirut", versuchte er sie zu besänftigen.

Ich beschrieb in groben Zügen, wie Susanna aussah, und führte dann ergänzend aus, dass ich kräftiges, langes, schwarzes Haar unheimlich erotisch finde. Zumindest bei Frauen und solange es ihnen nicht unter den Achseln hervor quillt. Die superblonde Elke schaute mich noch grimmiger an. Ihre Mimik erinnerte mich an eine angriffsbereite Raubkatze. Auch Rainer blieb das nicht verborgen. Ich zwinkerte ihm zu, und er schien das als Signal zu missdeuten und begann, auch über Elkes Reaktion zu lachen. Während Rainer und Wolle sich die Tränen aus ihren amüsierten Gesichtern wischten, setzte sich Elke schmollend weit weg von Rainer auf die andere Seite des Sofas. Wolle holte ein Stück Haschisch hervor und begann für alle einen Joint zu drehen. Der einzige, der nicht mitgelacht hatte, war Ralf. Er schaute mich mit verkniffenen Lippen an, wagte aber nicht, die vorhin verlangten Informationen erneut von mir einzufordern.

Ich begann, die Geschehnisse in Beirut aus meiner Sicht heraus zu erzählen, und endete mit der Erklärung, dass das Angebot ein gutes Geschäft sei, und dass es so weitergehen soll. Ich benutzte Josefs Worte: „Wenn das Geschäft erst mal angelaufen ist, dann geht es immer so weiter." Um dann klarzustellen: „Und wer nicht mitziehen möchte, der wird eben ausgezahlt, nachdem wir das erste Material verkauft haben."

„Dann will ich jetzt gleich ausgezahlt werden", sagte Ralf.

„Da wirst du wohl noch eine Weile warten müssen", bremste ihn Wolle. „Ich werde jedenfalls keinen Kredit aufnehmen, nur um dich jetzt auszuzahlen. Du wirst wohl etwas Vertrauen haben müssen und solange warten, bis wir das Material verkauft haben."

Ralf stand auf, um zu gehen. Auf halben Wege drehte er sich um sagte wütend: „Ich glaube, ihr wollt mich bescheißen."

Ich antwortete: „Aber wie denn? Wir sitzen doch alle im gleichen Boot."

Klaus stand auf und meinte, er müsse sich die Sache auch erst mal durch den Kopf gehen lassen. Beide verließen die Wohnung. Rainer hatte sich bereits dafür entschieden mitzumachen.

„Für mich ist die Sache klar. Wir verdienen durch den Verkauf des Materials doch viel mehr, als wenn wir uns in Beirut hätten auszahlen lassen."

Da gab ich ihm Recht. Ich stand auf und ging in die Küche. Mit etwas Glück konnte ich noch unsere beiden Unentschlossenen beobachten. Elke war dabei, Kaffee zu kochen. Ich schaute durch die Gardinen an der große Fensterscheibe. Die beiden standen tatsächlich noch draußen auf dem Gehweg. Zu verstehen war natürlich nichts, aber ich konnte sehen, wie Ralf aggressiv gestikulierend auf Klaus einredete. Ich deutete nach draußen und sagte zu Elke: „Guck dir das mal an".

Sie stellte sich neben mich, schaute zu und lachte kurz.

„Du weißt doch, wie gerne Ralf das Alpha-Tier sein möchte."

Ich nickte nachdenklich. Ja, das wusste ich. Dennoch fragte ich Elke: „Aber was hat er denn dagegen, mehr Geld zu verdienen?"

Sie zuckte mit den Schultern und meinte spöttisch: „Vielleicht hat er ja genug Geld."

Wir lachten beide. Dann begann sie mich noch einmal wegen Susanna auszuhorchen: „Na, wie war es denn?"

„Wie war was?", tat ich unwissend.

„Na, das mit der Frau in Beirut", ließ sie nicht locker.

Ich schaute sie an und fragte mich, was sie tatsächlich hören wollte. Da ich mir nicht sicher war, spielte ich weiter naiv.

„Na, es war wunderschön."

Das war es wohl nicht, was sie hören wollte, denn sie bekam schon wieder diesen giftigen Blick in ihren Augen. Da sie Sonja kannte, nahm ich an, das es sich um so eine Art von weiblicher Solidaritätsbekundung handelte. Ich hielt es daher für klug, zu diesem Thema nichts mehr von mir zu geben. Stattdessen wollte ich wieder ins Wohnzimmer gehen, aber Elke hielt mich am Arm fest, drückte mir ein Tablett in die Hände und stellte es mit einer kaffeegefüllten Thermoskanne, Tassen und sonstigem Zubehör voll. Dann gab sie mir einen Stups und schickte mich los. Im Wohnzimmer stellte ich meine Last auf den Couchtisch, setzte mich in einen der Sessel und erzählte den anderen, dass sich Ralf und Klaus immer noch unten stritten. Wir besprachen unsere weitere Vorgehensweise und beschlossen unter anderem, auf jeden Fall nach Paris zu fahren, wenn der erwartete Anruf kommen sollte. In der Zwischenzeit hatte Wolle seine Tüte vollendet und rauchte sie an. Er gab das Ding an Rainer weiter, der den Fernseher eingeschaltet hatte und sich nun mit der Fernbedienung durch die Kanäle zappte. Er legte den kleinen Steuerkasten aus der Hand, um die ihm herübergereichte Tüte zu nehmen, und ließ dabei eine Nachrichtensendung im TV laufen. Wahrscheinlich, weil gerade ein Beitrag über Beirut lief. Elke, die sich nun auch dazu setzte, fragte erstaunt: „Die haben da geschossen, als ihr da unten wart?"

Ich verwendete einen ähnlichen Spruch, mit dem ich vorhin schon Rossi beruhigt hatte. Sie schien immer noch skeptisch zu sein, also bagatellisierte Wolle noch ein wenig: „Ich habe von all dem kaum was mitbekommen. Aber ich war eh jeden Abend breit und zugekifft."

„Genau", bestätigte ich seine Ausführung. „Na, und ich habe mich eben auf andere Weise abgelenkt."

Was mir wieder einen Giftblick von Elke einbrachte. Wir rauchten den Joint zu Ende und tranken dazu unseren Kaffee. Wolle und ich verabschiedeten uns.

Draußen überquerten wir die durch einen breiten Mittelstreifen geteilte Straße, um ins schräg gegenüberliegende „Schaukelpferd" zu gehen. Das „Schaukelpferd" verband das Flair einer gepflegten Bar mit der Einrichtung einer kleinen Diskothek. Ein richtiger Kompressorschuppen, in den sich die Leute hineinpressten, um dort ihr Geld ausgeben zu können. So eine Goldgrube hätte ich auch gerne gehabt. In dem Laden bestellte sich Wolle den üblichen Remy mit Cola. Ich nahm eine Selters. Ich erzählte Wolle, dass ich demnächst noch zu Hassan müsse, um Material für Tom zu holen. Wolle zeigte sich überrascht, das ich so eng mit Hassan befreundet war. Obwohl es nicht notwendig gewesen wäre, stimmte er nickend zu. Wir überschlugen unsere finanzielle Situation und kamen zu dem Ergebnis, dass unser Geld ausreichen würde, um mit drei Mann nach Paris zu fahren und notfalls einige Tage dort ausharren zu können. Wir blieben noch eine Weile und plauderten über gänzlich andere Sachen. Als es Zeit für mich wurde aufzubrechen, sagte Wolle, dass er noch etwas bleiben würde. Ich verabschiedete mich von ihm und machte mich auf den Weg. Ich setzte mich in meinen Wagen und beschloss spontan, die Microthek anzufahren, in der Hoffung, Hassan dort anzutreffen.

Ich hatte Glück. Als ich etwa zwanzig Minuten später den kleinen Laden betrat, saß Hassan auf seiner Lieblingscouch. Er war hoch erfreut, mich zu sehen. Bevor wir zur Sache kamen, bestand er darauf, dass wir einen Tee zusammen tranken. Solche kleinen Rituale schienen im viel zu bedeuten. Ich bat ihn um seine Telefonnummer, die er auch bereitwillig rausrückte. Dann verließen wir die Microthek und erledigten unser Geschäft auf die gewohnte Weise. Wir verabschiedeten uns voneinander, Hassan fuhr wieder zurück und ich zu Tom. Er war nicht da. Ich kombiniere, dass die Chancen gut stehen würden, ihm im Soft Rock anzutreffen, und machte mich auf den Weg dahin.

Dort angekommen musste ich erst einen Parkplatz suchen. Dabei kam ich an Bart-Rolfs Bronco und Toms Capri vorbei. Na also, dachte ich. Im Soft Rock musste ich nicht lange nach den Beiden suchen. Als ich die Tür öffnete, standen sie direkt vor mir, begrüßten mich freudig und nahmen mich mit zum Tresen. Auf dem Weg dahin sah ich mich um. Gleich rechts neben der Eingangstür war die Kasse. Daran schloss sich, entlang der Wand ein etwa dreißig Zentimeter tiefes und drei Meter langes Brett an. Es diente als Ablage für Getränke und Gläser und war, wie man es von Arbeitsflächen in Küchen her kennt, mit marmorstrukturiertem Resopal beschichtet. Vor der Ablage standen einige Barhocker. Zwei der Hocker wurden von sehr attraktiven Geschöpfen mit äußerst weiblichen Attributen besetzt. Tom stellte sie mir als Barbara und Anuschka vor. Barbara hatte lange dunkle Haare, Anuschkas rotblonde Mähne reichte fast bis zum Hintern. Beide begrüßten mich mit etwas zu dunklen Stimmen und mir wurde klar, dass mich Tom und Bart-Rolf offenbar auf die Schippe nehmen wollten. Ich bemühte mich, mir nichts anmerken zu lassen, und drehte mich zu den beiden grinsenden echten Kerlen um. Eigentlich wollte ich ihnen kräftig Feuer geben, beschloss dann aber, erstmal mitzuspielen. Ich wandte mich wieder den beiden Grazien zu, ging ganz nahe an Barbara heran und fragte sie: „Bist du denn schon umgebaut?"

Während hinter mir die beiden Spaßvögel laut loslachten, nickte Barbara eifrig und sagte rasch: „Anuschka hat auch schon eine Muschi."

Ich klimperte sie schmachtend mit den Augen an und log: „Irgendwann suhlen wir beide uns in deinem Bett, mein Schatz."

Der Transi war hocherfreut und küsste mich aufgeregt auf die Wange. Mit einem triumphierenden Grinsen drehte ich mich zu Tom und Rolf um. Beide hatten ihr Lachen verschluckt und starrten mich mit offenen Mündern an. Dass ich ihnen die Suppe versalzen konnte, erfüllte mich ein wenig mit Genugtuung. Aber der Spaß war nun vorbei, und wir setzten uns ohne die beiden Umgebauten an den gegenüberliegenden Tresen. Ich bestellte drei Beck's für uns und zwei Pikkolo für Barbara und Anuschka. Das Soft Rock war ein relativ kleiner Laden. Es gab zwei Ebenen. Die Höhendifferenz betrug aber nur vierzig bis fünfzig Zentimeter. Wenn man den Laden betrat, musste man zwei Stufen erklimmen und befand sich dann auf einem großflächigen Podest. Stand man auf der Straße vor der Eingangstür und schaute nach oben, wirkte jeder Türsteher geradezu riesig. Hatte man den Laden betreten, stach sofort ein geschälter Baumstamm ins Auge. Der etwa vierzig bis fünfzig Zentimeter starke Stamm war dunkel gebeizt. Etwa drei Meter vom Eingang entfernt durchbrach er das Podest und schien aus ihm heraus zu wachsen. Oben verschwand er durch die abgehängte Decke. Er musste an beiden Enden auf äußerst solide Weise fest verankert worden sein. Ca. zwei Meter hinter dem Stamm wurde der „Eingangsraum" durch eine Wand begrenzt, in der zwei verschieden große Mauerdurchbrüche wie Fenster den Blick in den dahinter liegenden Raum freigaben. Zwischen den beiden Fensterdurchbrüchen gab es einen weiteren. Dieser tür- und rahmenlose Durchbruch war einer von drei Möglichkeiten, den dahinter liegenden Raum zu betreten. Er lag zwei Stufen tiefer und wurde bevorzugt genutzt, um sich etwas zurückzuziehen. Absichtlich waren hier keine Lautsprecher installiert worden. Direkt links vom Eingang des Ladens, parallel zur Häuserfront, war auf einer Länge von etwa einem Meter fünfzig eines der resopalbeschichteten Ablagebretter montiert. Noch weiter links schloss sich der Arbeitsbereich des DJ an. Nach dem schmalen und etwa zwei Meter langen DJ-Bereich begann die kleine Tanzfläche. Sie schloss die Räumlichkeit zur linken Hand ab und war gerade mal sechzehn bis zwanzig Quadratmeter groß. Das Soft Rock war von der Baulage her ein Eckladen, der Eingang befand sich fast direkt an der Straßenecke. Man musste nur einen Meter in die Albrechtstraße gehen und stand davor.

Trotz der geringen Lokalfläche gab es viele unübersichtliche Ecken, um ungestört eine Maus anzubaggern.

Am heutigen Tag hatte hinter dem Quadrattresen eine hellhäutige, bildschöne Mulattin Dienst. Wegen ihrer großen Augen wurden sie von allen Daisy genannt, was ihr sogar zu gefallen schien. Sie trug ein eng geschnittenes Minikleid aus hellem, cognacfarbenem Wildleder, das unten in Fransen endete, und Cowboystiefel aus hellbraunem Wildleder. Ich begann ein wenig mit ihr zu schäkern. Bart-Rolf nahm sein Bier, die beiden Pikkolos und ging zu den zwei hübsch anzusehenden Transen zurück, Tom unterbrach meine gerade eben erst begonnene Flirterei mit Daisy und holte mich wieder auf den Boden zurück. Ich sagte Tom, dass ich das Material im Wagen hätte, und gab ihm verdeckt meine Autoschlüssel, damit er das Zeug umladen konnte. Ich sagte ihm noch, wo ich geparkt hatte, und Tom ging nach draußen, um die Sache zu erledigen. Daisy wurde gerade von einem anderen Gast in Beschlag genommen. Ich beschloss daher, mich im Laden umzuschauen. Um den zweiten Tresen herum waren alle Barhocker mit Männern besetzt. Auch zwischen den Hockern drängten sie sich an den Tresen. Alle hatten nur Augen für die Bedienung. Ich drängelte mich irgendwo dazwischen. Was ich zu sehen bekam, ließ mich die armen Kerle verstehen. Hinter dem Tresen arbeitete eine schlanke Schönheit. Sie hatte lange blonde Haare, die bis zum Gürtel ihrer schwarzen, knallengen Lederhose reichten. Das musste Annette sein, von der Tom so geschwärmt hatte - zu Recht! Das Mädchen war ein Gedicht, erst recht die Art, wie sie sich bewegte. Es hätte nicht viel gefehlt, und den meisten Typen, die sie anschmachteten, wäre der Geifer aus den Mundwinkeln getropft. Die Schönheit hatte reichlich zu tun, zumal der Laden sich langsam zu füllen begann. Ich setzte daher meinen Rundgang fort, was nicht lange dauerte, da es nicht mehr viel zu besichtigen gab. Ich landete wieder in dem Raum mit dem Podest. Tom schien alles erledigt zu haben. Scherzhaft fragte ich ihn: „Und ist dir auch nichts geklaut worden? Bist du auch nicht überfallen worden?"

Er schien für solche Späße im Moment nichts übrig zu haben, denn er reagierte nur mit einem säuerlichen: „Haha," wurde dann aber wieder lebhafter und fragte mich, fast schon aufgeregt: „Hast du Annette schon gesehen?"

„Flüchtig, aber man sieht ja kaum etwas. Zwei Drittel des Laden steht ja bei ihr vor dem Tresen."

„Das lässt sich ändern", meinte er gönnerhaft. „Ich werde sie dir mal vorstellen."

„Na, die Frau sieht aber so aus, als ob sie sich ihren Kandidaten selbst vorstellen würde. Zumindest denen, mit denen sie Kontakt haben möchte", wandte ich ein.

Tom grinste: „Da hast du wahrscheinlich Recht.

„Heute würde daraus sowieso nichts werden", brach ich das Thema ab.

Ich trank aus, verabschiedete mich von beiden Kerlen und von denen, die mal welche gewesen waren. Dann machte ich mich auf den Weg nach Hause, wo ich mich duschte und sofort schlafen legte.

Irgendwann in den frühen Morgenstunden wurde ich davon wach, dass jemand kraftvoll an mir lutschte. Im Halbschlaf erkannte ich Sonja. Als sie meinem Glied die von ihr gewünschte Festigkeit verliehen hatte, setzte sie sich auf mich und nahm sich, was sie brauchte. Nachdem sie mich vernascht hatte erzählte sie mir die neuesten Geschichten aus der Gritzner Straße. Ich war auf dem besten Wege, wieder einzuschlafen, daher bekam ich gar nicht alles mit. Um das zu vertuschen, brummte ich gelegentlich etwas Zustimmendes, bis ich wieder einschlief. Der letzte Satz, den ich von ihr noch mitbekam lautete: „Schönen Dank für das Gespräch."

Oder so ähnlich.

Als ich wach wurde machte ich mich frisch und frühstückte eine Kleinigkeit. Während Sonja noch fest weiterschlief, ging ich zum Training.

Zwei Stunden später kam ich zurück. Ich hatte mir vorgenommen, an einer der Harley Davidsons weiter zu schrauben. Immer, wenn ich das tat, betrat ich einen anderen Kosmos. Zu sehen, wie die von mir bearbeiteten Teile Gestalt annahmen, zu erleben wie die verschiedenen Baugruppen funktionell zusammen wirkten, gewissermaßen wie ein Vater das Heranwachsen der für sich leblosen Einzelteile zu einem selbständigen Kind zu beobachten, ja es selbst erst zu ermöglichen, erfüllte mich immer wieder mit großer Genugtuung.

Auch dieses Mal tauchte ich in jene Welt ein, die wahrscheinlich nur wenige Menschen zu betreten vermögen. Unterstützt von geeigneter Musik strichen auf diese Weise vielen Stunden unbemerkt an mir vorbei.

Ich saß auf einem Schemel mit drehbarer Sitzfläche und zog gerade einen Kabelbaum ein, als ich überraschend von hinten umarmt wurde. Sonja hatte ausgeschlafen und beschlossen, mich in ihre Welt zurück zu holen. Ich machte mit meiner Elektroarbeit weiter, während sie sich weiter von hinten an mich schmiegte. Da sie stehen musste, konnte sie ihre Arme über meine Schultern legen und vor meiner Brust überkreuzen. Dabei versetzte sie uns mitsamt des drehbaren Sitzes in Schwingungen, indem sie von rechts nach links und wieder zurück schaukelte. Das Einfädeln des Kabelbaumes wurde dadurch ziemlich schwierig. Dann hörte ich sie noch sagen: „Weißt du, Dicker, wir verbringen viel zu wenig Zeit miteinander."

Oje, dachte ich mir. Dann werden ihr wohl meine nächsten Sätze nicht sonderlich gefallen.

„Tja, ich warte die ganze Zeit schon auf einen wichtigen Anruf. Und wenn der da ist, werde ich wahrscheinlich nach Paris fahren."

Ich spürte wie sie zusammenzuckte, als ob sie einen Stromstoß bekommen hätte. Sie löste sich von mir. Ich vernahm ein Geräusch, wie es entsteht, wenn man einen schweren metallischen Gegenstände hastig aus einem Holzregal nimmt, und dabei an andere metallische Dinge stößt. Unheil ahnend drehte ich mich hastig auf dem Hocker um die eigene Achse. Da war sie schon fast über mir. Sonja hatte eine Gabelbrücke zu fassen bekommen. Sie hielt das schwere Teil mit beiden Händen über ihrem Kopf und war im Begriff, es auf mich niedersausen zu lassen. Viele Möglichkeiten, dem Schlag aus meiner niedrigen Sitzposition heraus zu entgehen, hatte ich nicht. Ich hockte gewissermaßen da, ähnlich einem Footballspieler. Und wie ein solcher stieß ich mich explosionsartig vom Boden ab, sprang sie an und stieß ihr meinen Kopf in die Magengrube. Keinen Sekundenbruchteil zu früh. Statt auf meinem Schädel schlug die Brücke auf meinem Rücken ein. Schmerz fühlte ich in diesem Moment nicht. Sonja wurde wie eine Puppe gegen die hinten liegende Wand geschleudert und rutschte an ihr herunter zu Boden. Die Gabelbrücke hatte sie verloren. Ich sprang auf und kniete mich neben Sonja. Sie versuchte krampfhaft Luft zu holen. Ich schob sie von der Wand weg und legte sie behutsam auf den Boden. Weil sich ihr Zustand nicht besserte, streckte ich ihre Arme senkrecht nach oben und bewegte sie halbkreisförmig auf und nieder. Als das auch nicht half, hielt ich ihre Nase zu und begann mit meinem Mund Luft in sie hinein zu pumpen. In der Hoffnung, dass das wirkte, wiederholte ich es mehrere Male, bis sie ihre Arme um meinen Hals legte. Sie fixierte damit meinen Kopf und biss mir hart in die Unterlippe. Ich riss meinen Kopf weg. Es schien ihr wieder besser zu gehen. Sie drehte ihren Kopf zur Seite, spuckte mein Blut aus und hustete verkrampft. Als sie wieder atmen konnte, begann sie mich zu beschimpfen: „Du Schwein! Du wolltest mich umbringen!"

„Hey!", protestierte ich. „Ich habe dich doch gerade aufgeblasen, damit du nicht wegbleibst."

„Das hast du nur getan, weil du ein schlechtes Gewissen hast. Du Schwein!", unterstellte sie mir.

Jetzt, nachdem die Anspannung nachließ, machte sich der Treffer auf meinem Rücken bemerkbar. Ich spürte, wie mir etwas warm den Rücken hinunter lief. Sonja kam nun auch wieder alleine zurecht. Ich ließ sie also liegen und ging ins Schlafzimmer, um mir anzusehen, was das verrückte Weib angerichtet hatte. Sie war gut genug bei Kräften, um mir hinterher zu laufen und mich weiter zu beschimpfen: „Haben die Weiber dir deinen Rücken zerkratzt? Da kommt ja immer noch Blut durch!", keifte sie.

Ich stellte mich vor die großen verspiegelten Schiebetüren des Schrankes, zog mein T-Shirt aus, verdrehte den Oberkörper, um besser sehen zu können und erschrak. Sonja hörte endlich auf Scheiße zu reden, und beteuerte hastig: „Das war ich aber nicht! Ich? Auf gar keinen Fall!"

„Wer denn sonst?", knurrte ich zurück.

Sonja drehte sich um und verschwand im Badezimmer, um unseren Verbandskasten zu holen. Ich ging in die Küche, setzte mich rittlings auf einen der Küchenstühle und wartete auf Sonja. Sie kam mit schnellen Schritten in die Küche. Mit einem Handtuch wischte sie das Blut ab und schaute sich die Wunde genauer an. Ich fragte sie bissig: „Und, schon Spuren von Fingernägeln gefunden?"

„Nein", antwortete sie verlegen. „Aber das kann trotzdem nicht von mir sein."

Die Frau war unbelehrbar. Ich fragte, wie tief die Wunde sei.

„Geht so", beruhigte sie mich. „Aber es ist viel Haut weggeschabt worden."

Sie pulverte mich ordentlich mit einem gelben Wundpuder ein, riss einen der steril verpackten Wundkompressen auf und klebte sie mit langen Pflasterstreifen auf meinem Rücken fest. Als sie fertig war, fing sie an zu weinen. Ich stand auf und nahm sie in die Arme.

„Siehst du, was du aus mir machst?", fragte sie flüsternd. „Ich werde wahnsinnig."

„Mädchen, du bist wahnsinnig", gab ich ihr leise Recht.

Sie ging nicht darauf ein, sondern sagte: „Ich weiß gar nicht mehr, was ich tue."

Sie löste sich von mir, griff nach einer Rolle Küchentüchern, und riss ein paar Blätter ab, um sich die Tränen abzuwischen und sich anschließend die Nase zu putzen. Ich holte eine Flasche Asti Spumante aus dem Kühlschrank, nahm im Vorbeigehen zwei Gläser mit und ging ins Wohnzimmer. Sonja dackelte hinterher. Ich sagte ihr: „Ruf in der Gritzner Straße an und mach frei."

Sie griff zum Telefon und wählte.

„Du kannst ruhig erzählen, was du angerichtet hast", stichelte ich, worauf sie das Telefon nahm und damit im Schlafzimmer verschwand. Ich schlich an die Tür und lauschte. Wie nicht anders erwartet, erzählt sie, dass sie sehr schlimm ihre Tage habe. Ich ging ins Badezimmer und rubbelte meine ölverschmierten Hände mit einer Waschpaste sauber. Als ich zurückkam, war Sonja immer noch im Schlafzimmer. Im Vorbeigehen rief ich ihr durch die angelehnte Tür zu, sie solle mir ein schwarzes T-Shirt raussuchen. Im Wohnzimmer stellte ich die Musikanlage an und legte Lee Clayton auf. Zusätzlich schaltete ich den Fernseher ein, stellte aber den Ton stumm und ließ nur das Bild laufen. Ich öffnete die Flasche und füllte die beiden Gläser. Dann drehte ich einen Sticker für uns beide. Ich war dabei ihn anzurauchen, als Sonja ins Wohnzimmer kam, nahm zwei kräftige Züge und übergab dann an sie. Sonja rauchte normaler Weise kein Hasch. Aber heute konnte sie ein wenig Beruhigung gebrauchen. Während sie zwei Züge nahm, zog ich das von ihr mitgebrachte T-Shirt über. Sie gab mir den Sticker zurück. Ich zog noch einmal dran, legte ihn in den Aschenbecher und ließ ihn dort zu Ende glimmen. Ich lehnte mich entspannt zurück. Das hätte ich nicht tun sollen. Der Druck auf die frische Wunde brannte höllisch. Wütend sprang ich auf und ging ein paar Schritte. Sonja kicherte hinter vorgehaltener Hand, was mir mein Missgeschick noch deutlicher vor Augen führte.

„Ja ja, lach nur", fauchte ich sie an.

„Wie kannst du dich denn auch mit deinem Rücken anlehnen?", gab sie zurück.

„Ich kann es auch noch gar nicht fassen, dass mein Mädchen mich mit einer Gabelbrücke erschlagen wollte", warf ich ihr vor.

Sie schaute vor sich auf den Boden und sagte leise: „Du weißt doch, wie schnell Liebe in Hass umschlagen kann."

„Hasst du mich denn jetzt?", wollte ich von ihr wissen.

„Nein. Es tut mir doch Leid", jammerte sie.

Zögernd kam sie auf mich zu und umarmte mich. Es war nicht das erste Mal gewesen, dass sie versucht hatte, mit irgendwelchen Gegenständen auf mich einzuschlagen oder damit nach mir zu werfen. Etwas Unerklärliches sorgte dafür, ich ihr ihre Ausbrüche nicht lange nachtragen konnte. Im Grund hatte ich ihr auch jetzt bereits verziehen. Allerdings würde ich ihr das jetzt noch nicht sagen. Sie sollte ruhig noch etwas Buße tun. Ich beschloss daher, die Situation auszukosten.

Also legte ich mich bäuchlings auf das Sofa und ließ mich den ganzen Abend lang verwöhnen und bedienen.

Paris

Am nächsten Morgen bekam ich von Wolle einen Anruf. Er erzählte mir, dass sich Josef gemeldet hatte. Wir müssten in zwei Stunden losfahren. Wir vereinbarten, uns bei Rainer zu treffen. Ich sagte Wolle, dass ich quasi schon unterwegs sei. Dann trennten wir die Verbindung.

Ich setzte Kaffee auf und ging dann unter die Dusche. Dabei lösten sich die Pflasterstreifen. Sie waren letzte Nacht ohnehin nicht besonders schonend behandelt worden. Mit freiem Oberkörper setzte ich mich in die Küche, trank eine Tasse Kaffee, schmierte mir drei Stullen und belegte sie mit gekochten Schinken. Ein Brot aß ich gleich, die anderen packte ich mir ein. Dann füllte ich den restlichen Kaffee in eine gut vorgeheizte Thermoskanne. Schließlich suchte ich ein paar Sachen zusammen, die ich in meine Sporttasche stopfte. Dazu kamen noch mein Stullenpaket und die Thermoskanne. Ich war fast reisefertig und ging daher zu Sonja, küsste sie wach und legte ihr den Verbandskasten auf ihren Bauch. Weiter brauchte ich weiter zu sagen. Ich setzte mich auf die Bettkante, drehte mich zurecht, damit sie besser an die Stelle kommen konnte, und ließ mir von ihr zärtlich eine frische Kompresse anbringen. Anschließend drehte sie mich zu sich, um mich besser umarmen zu können. Ich musste mich von der Frau regelrecht losreißen um meinen Termin einhalten zu können. Im Hinausgehen sah ich, wie sie an meiner Stelle mein Kopfkissen umarmte und an sich drückte.

Als ich die Straße betrat, sah es nicht mehr so weihnachtlich aus. Der Boden war noch nicht gefroren. Der Schnee hatte sich in Matsch verwandelt, einen ziemlich dreckigen Matsch, da er sich mit dem von der Berliner Straßenreinigung gestreuten dunklen Granulat vermischt hatte. Wahrscheinlich würde es in ein paar Wochen keinen Schnee und keinen Matsch mehr geben. Aber das Granulat würde noch Monate liegen bleiben und die Stadt bis in den Frühling hinein noch dreckiger aussehen lassen, als sie ohnehin schon war. Ich fuhr vorsichtig los. Trotz der geringen Dichte floss der Verkehr äußerst zäh.

Als ich bei Rainer ankam, sah ich am Straßenrand schon Wolles Auto stehen. Der brummende Summer an der Haustür zeigte mir, dass meine Ankunft bereits bemerkt worden war. Mit schnellen Schritten lief ich die Treppe hinauf. Schon während der Begrüßung konnte ich sehen, dass Wolle das gleiche aufregende Kribbeln zu verspüren schien wie ich auch. Es war das Kribbeln, dass uns schon in Beirut befallen hatte. Rainer war die Ruhe selbst, aber er wusste auch noch gar nicht, was auf ihn zukam. Elke bestand darauf, dass wir wenigsten noch einen Kaffee trinken müssten. Das ließ sich schwer abschlagen. Unter ihren missbilligenden Blicken tranken wir die angebotenen Tassen so schnell es ging aus und verließen zügig die Wohnung. Auf dem Weg nach unten entschieden wir uns für Wolles Ford Granada, da er auf seinen Wagen Winterreifen aufgezogen hatte und Rainer gar keinen Führerschein und somit auch kein Auto besaß. Ich lud meine Tasche in den Granada und setzte mich für die erste Etappe ans Steuer.

Nach der Grenzkontrollstelle fuhr ich auf die erste Transittankstelle und tankte voll. Der Motor des Ford war robust genug, um auch mit den niedrigeren Oktanzahlen klaglos zurechtzukommen. Auf der Transitstrecke drehte Rainer einen Joint und ließ ihn kreisen. Es wurde ein kleiner Kreis, da ich als Fahrer ablehnte. Auf der Transitstrecke selbst gab es kein Granulat, wahrscheinlich ließ die DDR Salz streuen. Die Straßen waren frei und trocken. Da der Granada nicht für hohe Geschwindigkeiten gebaut worden war, machte es mir nichts aus, die erlaubte Höchstgeschwindigkeit meistens einzuhalten. Später im Wessiland erhöhte ich das Tempo auf die in Deutschland empfohlene Richtgeschwindigkeit von 130 km/h. Aber vorher hatte ich eine von meinen Reisekassetten in das Radio gelegt, um mich in gute Stimmung zu bringen. Dennoch wurde die Fahrt sehr zäh und anstrengend. Die weichen Sitze waren für längere Fahrten nur mäßig geeignet. Unterwegs trank ich meinen Kaffee und aß nach und nach meine Schinkenbrote. Wolle und Rainer hatten sich, mit Hilfe des Cannabisgenusses in Morpheus Arme fallen lassen. Als mir Stunden später die Augen zu brennen begannen und mir beim Fahren die ersten Unaufmerksamkeiten auffielen, steuerte ich die nächste Raststätte an. Wir waren bereits in Frankreich, und bis nach Paris war es nicht mehr weit. Während ich einparkte, wurden Wolle und Rainer wach. Als der Wagen dann stand, hatten es beide mächtig eilig, auf die Toilette zu kommen. Ich schlenderte hinterher. Wir verrichteten unsere Notdurft und betraten die Raststätte, erstaunt über das gute Angebot und die Sauberkeit. Ich genehmigte mir einen großen Salat mit Käsestücken drin und zwei Danone Joghurt. Natur, im Glas. Die Mahlzeit tat mir gut und baute mich richtig auf.

Ich hätte mir gerne mehr Zeit gelassen, aber unser Termin drängte.

Wir machten uns daher wieder auf den Weg. Ich ließ Wolle ans Steuer. So, wie die in Paris fuhren, war es mir lieber, dass Wolle im Falle eines Crashs selbst am Steuer saß. Er rollte zur nächsten Zapfsäule und tankte voll.

Am Rand von Paris angekommen, fuhren wir über den äußeren Stadtring Richtung Gare du Nord. So kamen wir gleich in das Zentrum von Paris. An einer Tankstelle kauften wir uns einen aktuellen Stadtplan und orientierten uns. Durch das Einbahnstraßensystem konnten wir uns leicht zurechtfinden. Wir bogen auf die Rue La Fayette ein und fuhren sie herunter bis zum Place de Opera. Dort suchten wir uns ein Hotel.

Nach dem Einchecken rief Wolle Josef an. Von ihm erfuhr er, auf welches Flugzeug wir achten mussten und wann es ankommen würde. Danach rief Wolle bei Klaus an und unterrichtete ihn über den Zwischenstand. Ich telefonierte mit meiner Schwester und teilte ihr auch mit, in welchem Hotel wir abgestiegen waren. Dann brachten wir unsere Sachen nach oben. Nach der unbequemen Fahrt war uns danach, uns erst einmal die Beine zu vertreten. Wir ließen daher alles stehen und liegen und gingen zu Fuß, um in der Umgebung einen gemütlichen Laden zu finden, in dem wir noch ein paar Gute-Nacht-Drinks zu uns nehmen konnten. Wir mussten ja erst am nächsten Tag gegen 14.00 Uhr am Charles-de-Gaulle Flughafen sein, um das Material in Empfang zu nehmen.

Wolle und Rainer legten beide richtig los. Natürlich mit Remy-Cola. Ich selbst nahm lediglich zwei Pernod mit Wasser. Dann ließ ich die Beiden alleine. Die Fahrt hatte mich offensichtlich mehr geschlaucht als die beiden Spritköppe. Auf dem Weg ins Hotel kam ich an einem nagelneuen, erst vor kurzem auf dem Markt eingeführten BMW 323i vorbei. Zwischen all den französischen Autos fiel der deutsche Wagen sofort ins Auge. Im Hotel angekommen duschte ich kurz und legte mich schlafen.

Am nächsten Vormittag stand ich auf, machte mich im Bad frisch, zog mich an, ging zu den Zimmern der anderen beiden und scheuchte dann gut gelaunt Wolle und Rainer aus den Federn. Beide wirkten ziemlich verkatert, rollten sich aber sofort aus ihren Betten. Ich sagte ihnen, dass ich unten auf sie warten würde, und dass ich keine Lust hätte, lange herumzusitzen.

Ich schaute mich unten um. Aber es gab nicht viel zu entdecken. Es war ein kleines Hotel. Außer einer kleinen Bar und einer kleinen Lobby, in der man auch Kleinigkeiten zum Frühstück bekommen konnte, gab es nichts weiter, wo man sich aufhalten konnte.

Wolle und Rainer brauchten nicht lange. Sie sammelten mich in der Lobby auf, und wir verließen das Hotel, um ausgiebig zu frühstücken. Wir kamen an dem neuen BMW vorbei, der mir gestern aufgefallen war. Seine Karosserie war immer noch hochglanzpoliert, zumindest traf das auf das Dach zu, denn von dem Rest des Fahrzeuges war nicht mehr viel vorhanden. Es gab keine Türen mehr, keine Motorhaube, keine Kofferraumklappe, keine Stoßstangen, keine Sitze, keine Armaturen, kein Lenkrad, keine Räder, keinen Motor, keine Scheiben. Nichts mehr. Nur an der Dachform und an der Farbe ließ sich erkennen, dass hier vor wenigen Stunden ein nagelneuer BMW gestanden hatte. Wir standen fassungslos vor den erbärmlichen Resten. Rainer und Wolle mussten gestern auf ihrem Heimweg auch an dem Wagen vorbeigekommen sein, denn Rainer meinte: „Was ist denn hier los? Der Wagen sah doch vor ein paar Stunden noch so gut aus."

„Vor allem sah er vollständiger aus", ergänzte Wolle. „Dennoch alle Achtung", fuhr er anerkennend fort. „Da waren verdammt flinke Jungs am Werk."

Rainer und ich nickten zustimmend, dann machten wir uns wieder auf den Weg. Leider gab es in der näheren Umgebung kein typisches Frühstückscafé, geschweige denn einen Laden, indem es ein reichhaltiges Frühstück gab. Wir kehrten daher irgendwo ein und begnügten uns mit Croissants und Milchkaffee. In dem kleinem Bistro warteten wir, bis es an der Zeit war, uns auf den Weg zum Charles-de-Gaulle zu machen. Wir gingen zum Hotel zurück, bestiegen den Ford und fuhren los.

Der Weg zum Flughafen war leicht zu finden und gut ausgeschildert. Am Flughafen angekommen machten wir uns sachkundig, wo die Maschinen aus Beirut abgefertigt wurden. Dann postierten wir uns getrennt voneinander, damit für den Fall, dass etwas schief ging, nicht alle gleichzeitig verhaftet würden. Wir mussten etwa eine Stunde warten, bis die ersten Passagiere des erwarteten Fluges aus den Absperrungen traten. Wie Josef es angekündigt hatte, kannte ich den Kurier. Ich erkannte den kurzatmigen Kokser unseres Jagdausfluges sofort. Er kam direkt auf mich zu. Auf einem Gepäckwagen schob er zwei schäbige, abgenutzte Pappkoffer, die fest mit schmalen Lederriemen verschnürt waren, vor sich her. Auf den Billigkoffern hatte er eine kleine, elegante, lederne Reisetasche gelegt. Wir begrüßten uns und machten uns auf den Weg zum Wagen. Wolle und Rainer folgten uns mit etwas Abstand und beobachteten dabei die Umgebung. Ich vermutete, dass das Material in den schäbigen Koffern sein würde, und fragte mich, wie der Mann es wagen konnte, mit den unansehnlichen, auffälligen Koffern seelenruhig durch den Zoll zu spazieren. Als ich sein Gepäck in den Granada laden wollte, erhielt ich die Antwort. Er zückte aus der Innentasche seines Anzuges einen Diplomatenpass und verstaute ihn in seiner Reisetasche. Kein Wunder, dachte ich.

Wolle und Rainer schlossen zu uns auf und halfen dabei, die Koffer einzuladen. Die Reisetasche behielt unser diplomatischer Kurier bei sich. Auf dem Rückweg nach Paris erzählte uns der Libanese, dass er heute Abend wieder zurückfliegen wolle, sich also nur etwas frischmachen und etwas essen werde. Nachdem wir den Mann an unserem Hotelzimmer abgesetzt und ihm gesagt hatten, dass wir ihn in einer Stunde zum Essen abholen würden, schlug ich vor, schleunigst neue Koffer zu kaufen und das Material umzupacken. Anschließend sollten wir alles in Schließfächern im Gare du Nord bis zur Abfahrt deponieren.

„Nur für den Fall, dass uns unser Wagen geklaut wird", begründete ich meinen Vorschlag und dachte dabei an den BMW.

Die beiden anderen stimmten nickend zu und dachten wahrscheinlich auch an den gefledderten Wagen. Während Wolle sich in die kleine Bar setzte, fuhren Rainer und ich los, um Koffer zu kaufen. Im Gegensatz zu geeigneten Frühstückslokalen herrschte in dieser Gegend an Koffergeschäften kein Mangel. An Galerien übrigens auch nicht. Wir erstanden in einem der Fachgeschäfte zwei mit Rollen ausgestattete Hartschalenkoffer der Firma Samsonite. Sie machten einen äußerst robusten Eindruck und schienen geeignet, die jeweils dreißig Kilo Material spielend verkraften zu können. Anschließend fuhren wir in ein Parkhaus, suchten eine unübersichtliche Stelle und fuhren rückwärts bis etwa einen halben Meter an die Betonwand. Links von uns versperrte einer dieser Wellblech-Lieferwagen die Sicht auf uns. Rechts stand ein Pkw, daneben eine Trennwand. Wir stellten uns die neuen Koffer hinter dem Granada zurecht. Ich öffnete den Kofferraum, durchschnitt mit meinem Buck Knife die Lederriemen und warf einen Blick in die Pappdinger. Es roch stark nach Kaffee. Irgendjemand hatte mir mal erzählt, dass Kaffee verwendet wird, um Drogenhunde abzulenken. Was wir zu sehen bekamen, sah gut aus. Trotzdem nahm ich eines der in feste, dunkelgrüne Folie eingeschweißten Päckchen und schnitt es auf, griff mir eines der Leinensäckchen und schnitt einen Streifen ab. Sofort dominierte der Cannabisgeruch über den des Kaffees. Ich legte den Rest wieder zurück. Mit einem Feuerzeug verschweißte ich den Schnitt in der Plastikfolie. Der Geruch war nun nicht mehr so intensiv. Beim Umpacken stieß ich auf ein Paket, das sich in Form und Gewicht von den anderen unterschied. Obwohl ich nicht durch die dicke grüne Folie sehen konnte, war ich mir sicher, dass ich zwei 38er mit dazugehöriger Munition in den Händen hielt. Das Paket kam zu den anderen in einen der neuen Koffer. Zurzeit sah ich keine Notwendigkeit, Rainer über die Waffen zu informieren. Der Mann war eh schon aufgeregt genug. Ich legte meine Hand auf seinen Unterarm und sprach zu ihm wie zu einem Brauereipferd: „Ruhig, Brauner, ruhig."

Er schüttelte den Kopf und meinte grinsend: „Ruhig ist gut. Hier liegen satte fünf bis zehn Jahre rum."

„Kein Grund so zu schnaufen, als ob du auf Elke hängst", stichelte ich.

Als der erste Koffer umgepackt war, schüttete ich das Kaffeepulver über die Haschischpakete, zog die inneren Spanngurte fest, riss die zusammengefaltete Pappkarte mit den kleinen Schlüsseln sowie der Zahlenkombination ab und verschloss den Samsonite. Das gleiche machten wir mit den anderen beiden Koffern. Die ganze Aktion dauerte nur wenige Minuten, dann waren die sechzig Kilo umgeladen. Wir wischten die Pappkoffer ab und stellten sie hinter eines der geparkten Fahrzeuge. Dann machten wir uns auf den Weg zum Gare du Nord. Die Einbahnstraßen sorgten dafür, dass wir zügig vorankamen.

Vor dem Bahnhof ließ ich Rainer aussteigen. Er nahm die beiden Koffer und wartete auf dem Bürgersteig auf mich, während ich den Wagen wendete und auf dem gegenüberliegenden Straßenrand einen Parkplatz ansteuerte. Anschließend ging ich zu Rainer und nahm einen der Koffer. Wir betraten die Bahnhofshalle und orientierten uns. Dann steuerten wir auf die Schließfächer zu und belegten zwei davon. Schließlich erkundigten wir uns, wann die nächsten Züge nach Berlin gehen würden. Bis zur nächsten Abfahrt hatten wir noch reichlich Zeit. Nachdem das erledigt war, gingen wir zum Wagen zurück. Zufällig stand er direkt vor einem Bistro. Durch die Glasscheiben sah ich zwei Personen, die sich über herrlich anzuschauende Rumpsteaks mit cremiger Pfeffersoße hermachten. Mir lief augenblicklich das Wasser im Mund zusammen. Ich machte Rainer auf meine Beobachtung aufmerksam und schlug vor, dass wir hier auch einmal essen gehen sollten. Rainer schaute gierig auf die beiden Fleischstücke und stimmte sofort zu.

Ohne weitere Umwege fuhren wir zum Hotel zurück.

Dort warteten Wolle und der Libanese in der kleinen Bar auf uns. Vom Libanesen kam der Vorschlag, zum Essen in den Drugstore de Opera zu gehen. Ein Taxi brachte uns dort hin. Wir wurden angenehm überrascht, der Drugstore war eine gute Wahl. Es war größer und auch moderner eingerichtet als die kleinen Läden, die wir bisher zu sehen bekommen hatten. Um hinein zu kommen, mussten wir eine Treppe hinaufgehen. Drinnen fielen sofort die Nischen auf, die sich wie kleine Meeresbuchten aneinander reihten und sich an den Wänden entlang zogen. Die Buchten boten fünf Personen Platz und waren tief genug, dass man nicht von einer Nische in die benachbarte blicken konnte. Dadurch entstand eine sehr diskrete, fast schon intime Atmosphäre. Wir bestellten bei der aufmerksamen Bedienung alle das gleiche Essen: Filetsteaks mit Kroketten und Sauce Béarnaise. Dazu gab es Salat, von dem man unbegrenzt nachnehmen konnte. An Getränken bestellten wir fürs erste Mineralwasser. Nach dem Essen rollte ein enorm großer Farbiger einen schweren, schmiedeisernen Servierwagen an unseren Tisch. Darauf standen zwei kugelförmige Kannen aus klarem Glas. Sie standen auf einem metallischen Gestell und wurden von unten jeweils mit einer Gasflamme warm gehalten. Der Farbige trug eine Dienstkleidung, die zwar stilvoll war, aber nicht so recht in unsere Zeit passte. Sie war der Dienerkleidung nachempfunden, die ich aus Filmen kannte, die im 17. oder 18. Jahrhundert spielten. In diesem Fall bestand sie unter anderem aus einer Jacke aus schwerem, purpurrotem Samt, deren Frackstöße bis fast zu den Knien reichten. Die Jacke war ringsum reichlich mit Goldbrokat verziert seine schwarzen Hosen endeten kurz unter den Knien. Weiße Kniestrümpfe steckten in Lackschuhen, die mit kleinen, geschlossenen, metallischen Glöckchen als Annäherungsmelder versehen waren. Das schneeweiße Hemd besaß an Manschetten, dem Kragen und der Knopfleiste Rüschen.

Er fragte uns auf englisch und mit einer Stimme, die auch zu Louis Armstrong gehören konnte, ob wir Kaffee mit Cognac wünschten. Unsere Verblüffung über das Erscheinungsbild des ungewöhnlich langen Mannes dauerte eine gute Sekunde. Wir nickten sprachlos, und die Bedienung fuhr fort uns zu erklären, dass wir zwischen afrikanischem und südamerikanischem Kaffee wählen könnten. Wir entschieden uns alle für südamerikanischen. Aus den oberen Höhen drang seine tiefe kratzende Stimme zu uns herab und fragte: „Would you like brown sugar or white sugar?"

Ich antwortete: „Brown sugar, baby."

Er grinste mich breit an und entblößte dabei ein weißes und absolut makelloses Gebiss, eins von jenen, die man eigentlich nur in der Fernsehwerbung oder bei Filmstars zu sehen bekommt.

Als Cognac gab es, sehr zur Freude von Rainer, Remy Martin, der in vorgewärmten Gläsern serviert wurde. Wir ließen uns Zeit und genossen Kaffee und Alkohol. Nach einiger Zeit gab uns der Libanese zu verstehen, dass er noch seine Tasche aus unserem Hotelzimmer holen müsse, da sein Flug bald starten würde. Wolle zahlte unsere Rechnung. Wir verließen das Restaurant mit dem Vorsatz, es weiter zu empfehlen, hielten ein Taxi an und ließen uns zum Hotel zurück fahren.

Als uns das Taxi absetzte, kam uns Klaus aus dem Hotel entgegen. Ich war überrascht, ihn hier zu sehen, das war so nicht abgesprochen. Eine Notwendigkeit für seine Ankunft gab es auch nicht. Alles lief nach Plan und war unter Kontrolle. Nach einer sehr kurzen Begrüßung kam die nächste Hiobsbotschaft: „Ralf ist immer noch sauer. Er glaubt, dass ihr ihn bescheißen wollt."

„So ein Quatsch", stellte ich klar und sah dabei, wie der Libanese an uns vorbeiging, ohne den ihm fremden Klaus auch nur eines Blickes zu würdigen, und das Hotel betrat. Ich stieß Rainer an: „Geh mal hinterher. Nehm' dir den Schlüssel und mach meine Tasche auch fertig."

Er nickte kurz und ging los. Klaus schaute immer noch ein wenig verlegen, also fragte ich ihn, ob noch etwas anderes gäbe.

„Na ja", druckste er herum, „Ralf wollte nicht, dass ihr ohne uns losfahrt. Und da hat er etwas Zucker in den Wagen geschüttet."

Ich glotze ihn an und wollte es nicht wahrhaben. Ungläubig fragte ich daher: „Wohin geschüttet? Auf die Sitze oder was?"

„Nee", kam es kleinlaut zurück. „In den Tank."

Ich schnaufte wütend und schaute in Richtung des Granadas. Tatsächlich. Ralf war auch da. In trotziger Pose lehnte er sich mit überkreuzten Beinen und vor der Brust verschränkten Armen an den Ford. Ich zeigte mit dem linken Zeigefinger auf ihn, positionierte mein Gesicht dicht vor dem von Klaus und zischte ihn an: „Der soll mir in den nächsten paar Tagen nicht in die Quere kommen. Hier wird niemand beschissen. Bei uns läuft alles reibungslos ab. Das einzige Problem, das wir haben, seid ihr! Mit eurem unprofessionellen Verhalten arbeitet ihr gegen uns alle!"

Ich hatte keine Lust, mir seine gestotterten Entschuldigungsversuche anzuhören, also ließ ich ihn auf der Straße stehen. Wolle war da verständiger. Sollte er sich das jammernde Gesülze anhören. Ich ging hoch auf mein Zimmer, das ich leer vorfand. Rainer musste schon da gewesen sein, denn meine Tasche war bereits gepackt und stand in dem kurzen Flur. Ich machte einen Kontrollgang, konnte aber nichts Vergessenes entdecken, nahm meine Tasche und ging zu Wolle. Es wunderte mich nicht, dass ich den Libanesen am Schreibtisch sah, von dem er sich eine mächtig große Line in die Nase zog. Rainer, der noch nie gekokst hatte, sah mich an und schüttelte verständnislos den Kopf. Ich nahm den Hörer des Zimmertelefons, bestellte an der Rezeption zwei Taxis und bat darum, die Rechnung für Rainer und mich fertig zu machen. Als das erledigt war, runzelte Rainer die Stirn und fragte: „Zwei Taxen? Ist irgendwas passiert, von dem ich nichts weiß?"

„Kann man wohl sagen", antwortete ich. „Ralf, der Idiot, hat uns Zucker in den Tank getan."

Rainer glotzte ähnlich fassungslos wie ich vorhin: „Spinnt der?", wollte er wissen.

„Wahrscheinlich", beantwortete ich seine Frage. „Aber das macht nichts. Egon hat einen neuen Plan. Wir fahren heute noch mit dem Zug zurück."

„Mit dem Zug?", echote Rainer mit verzweifelter Stimme.

Er begann etwas unruhig zu werden, ihm brach der Schweiß auf der Stirn aus. Um mir vor dem Libanesen keine Blöße zu geben, wollte ich die Sache rasch beenden.

„Ruhig Brauner", sagte ich daher wieder einmal zu Rainer. „Ich hab doch noch ein paar 10er Valium dabei."

„Na, das beruhigt mich ja", meinte er mürrisch.

Glücklicherweise schien der Libanese kein Wort Deutsch zu verstehen. Ich fragte ihn auf Englisch, ob wir losgehen könnten. Er nickte mit glasigen Augen, und wir verließen das Zimmer. Unten an der Rezeption bezahlte ich zwei unserer drei Zimmer. Durch eines der großen Fenster sah ich, wie Klaus zu Ralf ging, der immer noch wie ein störrisches Kind an dem Granada lehnte. Vielleicht wollte er damit auch verhindern, dass wir anderen den fahruntauglichen Wagen einfach wegtragen.

Die beiden Taxis kamen in dem Moment an, als Wolle gerade wieder ins Hotel zurückgehen wollte. Ich ging ihm entgegen und instruierte ihn: „Du schnappst dir jetzt den Libanesen und fährst mit ihm direkt zum Flughafen."

„Echt?", fragte er verständnislos. „Warum denn das?"

„Weil ich nicht möchte, dass der Mann mitkriegt, was für Idioten wir am Hals haben. Das fehlt uns noch, dass die uns gleich von Anfang an für völlig unfähig halten."

Das leuchtet ihm ein und er fragte: „Und wie soll es dann weitergehen?"

Ich erklärte ihm meine kleine Planänderung: „Rainer und ich nehmen das Material und fahren mit dem Zug nach Berlin zurück. Den beiden Schwachmanen erzählst du, dass wir uns ein billigeres Hotel gesucht haben. Oder dass wir ihre Fratzen nicht sehen wollen und deshalb umgezogen sind. Auf keinen Fall sagst du, dass wir mit dem Material unterwegs sind. Für die beiden sind wir immer noch in Paris. Klar?"

„Klar", bestätigte er. „Und was ist mit mir?"

„Sobald wir in Berlin angekommen sind, ruf ich dich im Hotel an. Das dürfte so zwischen 5.00 Uhr und 6.00 Uhr morgens der Fall sein."

„Gut", meinte er. „Und dann kommen wir zurück."

„Sicher. Aber erst, nachdem ihr den überzuckerten Wagen wieder flott gekriegt habt."

„Natürlich", seufzte er.

Ich ging noch mal zur Rezeption und ließ mir eines der Streichholzheftchen geben, auf denen ein Werbeaufdruck des Hotels samt Telefonnummer aufgebracht war. Als ich mich umdrehte, sah ich durch die gläserne Eingangstür, wie Wolle mit dem Libanesen das vordere Taxi bestieg und losfuhr. Rainer starrte mit verkniffenen Augen durch eine der beiden Fensterscheiben. Ich stieß ihn an der Schulter an und deutete mit einer Kopfbewegung auf das wartende Taxi. Er nickte, und wir verließen das Hotel. Dabei wurden wir von Klaus und Ralf beobachtet, wie wir das Taxi bestiegen. Auf dem Weg zum Bahnhof meinte Rainer: „Wir sollten die beiden in der Seine versenken. Da können sie dann für die Fische den Verkehr regeln."

Ich wusste, dass er es nicht ernst meinte. Dazu kannten wir uns viel zu lange. Eine solche Lösung kam damals natürlich nicht in Frage.

Auf dem Bahnhof angekommen besorgten wir uns an einem der kleinen Verkaufshäuschen unsere Fahrkarten. Wir hatten uns für ein Schlafwagenabteil entschieden. Der Zug, der uns nach Berlin zurückbringen sollte, stand bereits auf seinem Gleis. Bis zu seiner Abfahrt hatten wir noch zwanzig Minuten Zeit und mussten daher nicht hetzen. Wir holten die beiden Koffer aus den Schließfächern, zogen sie hinter uns her bis zum Bahnsteig und wuchteten sie in den Zug. Unser Abteil war schnell gefunden. Der Gare du Nord ist ein Kopfbahnhof. Die Gleise fächern sich vor dem Bahnhof auf und führen dann zu den jeweiligen Bahnsteigen. Ein ankommender Zug muss also nicht sofort für einen anderen Platz schaffen. Im Gegensatz zu einem Durchgangsbahnhof hat das für uns Passagiere den Vorteil, dass die Züge länger stehen bleiben können. Gedrängel und Hektik, wie ich sie vom Bahnhof Zoo her kannte, entstanden dadurch erst gar nicht. In unserem Zug gab es zudem keine Passagiere, die aussteigen konnten. Der Zug war von einer Putzkolonne besenrein gesäubert worden, bevor er erneut in den Bahnhof eingefahren war, um neue Fahrgäste aufzunehmen. Erstaunlicher Weise waren wir in dem Abteil alleine.

Wir brauchten nicht lange zu warten, bis der Zugschaffner auch zu uns kam. Er kontrollierte unsere Fahrscheine und nahm unsere Personalausweise an sich, um sie im Bedarfsfall den Zöllnern beim Grenzübertritt vorzuzeigen. Dadurch ersparte man sich, während der Fahrt gestört zu werden. Nachdem der Zug losgerollt war, unterhielt ich mich mit Rainer noch eine Stunde. Dann schluckten wir synchron jeder eine 10er Valium und legten uns schlafen. Wir wurden nicht ein einziges Mal gestört, erst kurz vor der DDR-Grenze wurden wir wach. Auf dem ersten DDR-Bahnhof stiegen Uniformierte mit strengen Gesichtern zu. Wie fast alle Angehörigen der Grenztruppen hatten auch die hier einen sächsischen Akzent. Vermutlich war das eine Einstellungsvoraussetzung. Die von ihnen durchgeführte Gesichtskontrolle verlief beanstandungsfrei. Mit etwas anderem war auch nicht zu rechnen gewesen.

Berlin

Ein paar Stunden später stiegen wir im Bahnhof Berlin-Wannsee aus. Zur besseren Gewichtsverteilung nahm ich beide Koffer und stiefelte die Treppen hinunter. Während Rainer in Paris bei Wolle anrief, und ihm mitteilte, dass wir problemlos angekommen waren und er nun die beiden Idioten mit dem aktuellen Sachstand zum Frühstück überraschen könnte, fluchte ich innerlich über die Deutsche Bahn. Bei den saftigen Preisen für ihre Fahrkarten konnten sie ruhig anfangen, auch hier in Wannsee Rolltreppen einzubauen. Nachdem wir Wolle informiert hatten, fuhren wir mit einem Taxi zu einer Wohnung in Neukölln, die Rainer extra für unsere Geschäfte kurz vor der Parisfahrt angemietet hatte. Von der Wohnung wussten nur Rainer und ich. Dadurch ließ sich vermeiden, dass Ralf und Klaus das Material klauen oder auf sonstige ungesunde Gedanken kommen konnten.

Inzwischen hatte bereits der Berufsverkehr eingesetzt. Wir waren eine gute Stunde unterwegs, bevor wir vor dem Mietshaus ausstiegen. Rainer lotste mich über einen Hinterhof, in einen Seitenflügel und dann zwei Treppen hinauf in die Wohnung. Als wir hinter uns die schwere Tür ins Schloss fallen ließen, fiel gleichzeitig eine unsichtbare Last von unseren Schultern, die Zentner zu wiegen schien. Und das, obwohl bisher alles problemlos gelaufen war. Von den beiden Hohlbirnen mal abgesehen. Wir schleppten die Koffer in das Wohnzimmer. Rainer verlangte aufgekratzt nach den Schlüsseln und den Zahlenkombinationen. Ich gab ihm das Verlangte und schaute mich dann in der Wohnung um, während Rainer für uns einen Sticker drehte. Ich war zum ersten Mal in dieser Wohnung und inspizierte sie daher neugierig. Es war eine Berliner 1 1/2 Zimmerwohnung, in einem der typischen Berliner Altbauten. Betrat man die Wohnung, stand man in einem etwa vier bis fünf Meter langen Flur mit Auslegeware auf dem Boden. An den Wänden klebten Korktapeten. Vom Flur ging jeweils rechts als erstes die Küche, danach das kleine Badezimmer und dahinter das kleine, „halbe" Zimmer ab. Am Ende des Flurs kam man in das große Zimmer. Die linke Seite des Flurs bestand nur aus Wand. Da gab es nichts weiter. Die Kücheneinrichtung war zwar alt, aber noch gut in Schuss, nur die bayrisch anmutende Sitzecke wirkte etwas deplaziert. Kühlschrank und Herd waren intakt. Die Küchenschränke waren leer, Geschirr oder sonstige Küchenutensilien gab es nicht. Das würde auch so bleiben, schließlich wollten wir hier ja nicht einziehen.

Das Badezimmer trug diesen Namen zu Unrecht. Es war ein schmaler Schlauch, in dem es gar keine Badewanne gab. Dafür wäre auch kein Platz gewesen. Die sanitären Einrichtungen reihten sich an der rechten Wand hintereinander. Erst das kleine Waschbecken, darüber ein mittelgroßer Alibert-Schrank, dann das Toilettenbecken und zum Schluss eine Duschkabine. Ein Durchlauferhitzer war schräg über dem Waschbecken fast unter der Decke montiert. Gegenüber der Toilette war an der Wand eine Heizsonne montiert. Ihr blecherner Reflektor war zur Sitzfläche des Toilettenbeckens geneigt. Im Winter schien es hier sehr kalt zu werden. Es gab nur ein winzig kleines Entlüftungsfenster.

Das kleine Zimmer war bis auf die Auslegware leer.

Betrat man das Wohnzimmer, blickte man auf einen weiß gekachelten, mannshohen Ofen. In dem Zimmer standen ein Sofa, ein dazu passender Sessel und ein Tisch. Auch hier war auf dem Boden Auslegware. Mitten im Raum stand eine elektronische Waage. Für unsere Zwecke war alles völlig ausreichend.

Rainer war mit dem Sticker inzwischen fertig. Beide Koffer waren jetzt offen und lagen auf dem Boden. Ich ließ mir von Rainer den Sticker geben, nahm zwei kurze Züge und reichte ihn zurück. Dann schloss ich die Waage an eine Steckdose an und wog das Material ab. Man war nicht kleinlich gewesen. Ich teilte den Stoff in fünf Teile zu gut zwölf Kilo auf und packte meinen Anteil in meine Sporttasche. Rainer fragte mich, warum ich das Zeug nicht in der Wohnung ließ. Ich grinste ihn an: „Das Material ist schon so gut wie verkauft", erklärte ich ihm.

„Ah ja", meinte er. „Ich werde mir mit dem Verkauf noch etwas Zeit lassen", bemerkte er und steckte sich ein Kilogramm in seine Reisetasche.

Erst jetzt fiel ihm auf, dass ein Paket übrig geblieben war.

„Was ist denn da drin?", wollte er wissen.

„Mach auf und schau nach", empfahl ich ihm.

Er riss die Folie auf und bekam Stielaugen. Von den vier Kartons waren zwei noch Originalverpackungen. Dem Aufdruck nach enthielten sie 38er Patronen. Es war daher nicht schwer zu erraten, was in den beiden neutralen Kartons sein könnte. Rainer öffnete die Pappschachteln. Die beiden 38er nahm er in die Hand und inspizierte sie. Dann legte er sie wortlos wieder zurück.

„Eine der beiden hatten wir schon im Libanon zur Verfügung", klärte ich Rainer auf. „Wir sollten die Teile hier in der Wohnung lassen und sie nur rausholen, wenn es notwendig ist", schlug ich vor.

Rainer nickte. Für heute gab es hier nichts mehr zu tun. Wir überlegten, wo wir die Waffen verbergen konnten. Viele Versteckmöglichkeiten gab es in der karg eingerichteten Wohnung nicht. Rainer kam auf die Idee, sie in dem Fensterspind unter dem Küchenfenster unterzubringen. Das musste reichen. Etwas Besseres hatten wir im Moment nicht zur Verfügung. Die übrig gebliebenen Materialportionen verteilten wir wieder auf die Koffer und schoben sie unter das Sofa. Beim Verlassen der Wohnung schlug Rainer vor, noch etwas trinken zu gehen. Ich hatte zwar Interesse, war aber skeptisch: „Erst mal muss ich meinen Wagen bei dir abholen. Außerdem fällt mir auf die Schnelle kein guter Laden ein, der jetzt noch offen hat. Dir vielleicht?"

Er zögerte etwas, musste dann aber zugeben: „Nö, die guten Läden haben um 7.00 Uhr auch nicht mehr offen. Wir könnten natürlich noch ..."

„Vergiß es", unterbrach ich ihn, seine Gedanken erratend. „Ich werde mich nicht in irgendeine schäbige Rund-um-die-Uhr-offen-Eckkneipe setzen."

„Ich hab' doch gar nichts gesagt", maulte Rainer.

Ich machte einen anderen Vorschlag: „Lass uns bei dir frühstücken. Wir

kaufen unterwegs ein paar Brötchen und was wir sonst noch so brauchen."
„Okay", akzeptierte er.
Vor dem Mietshaus gingen wir bis zur Hermannstraße und hielten dort ein Taxi an.

Kurz vor Rainers Wohnung ließen wir vor einer EDEKA-Filiale halten und kauften dort noch ein paar Kleinigkeiten ein. Rainer legte zwei Flaschen Asti in den Einkaufswagen. „Zum Anstoßen", kommentierte er seine Wahl. Das letzte Stück Weg bis zu seiner Wohnung war in wenigen Minuten zurückgelegt. Unten schmiss ich meine Tasche in den R 16, bevor ich mit ihm nach oben ging. Elke freute sich, uns zu sehen. Sie erzählte uns, dass Wolle sich gemeldet und sie gebeten hatte uns auszurichten, dass wir ihn noch mal in Paris anrufen sollen. Rainer rief also bei ihm an und fragte, was denn los sei. Er erfuhr, dass es ein kleines Problem gäbe: „Wir kommen hier nicht so ohne weiteres weg", erklärte Wolle am anderen Ende. „Die Autoreparatur wird teurer, als wir angenommen hatten. Filter wechseln und Tank saubermachen reicht nicht. Die müssen auch noch die Kraftstoffpumpe auswechseln. Wir haben aber nicht genug Geld. Ihr müsst wohl was schicken."
Rainer antwortete: „Machen wir. Wir schicken euch das Geld, aber nur, wenn Ralf uns verspricht, es auch wiederzugeben."
Ralf schien eine Mithörmöglichkeit zu haben, denn Rainer hörte im Hintergrund seine Stimme: „Ich muss aber erst mein Material verkaufen."
„Was denn für Material?", tat Rainer unwissend.
Im Hörer war es einige Sekunden lang still. Wahrscheinlich wurde am anderen Ende die Sprechmuschel zugehalten. Schließlich meldete sich Wolle wieder: „Er zahlt."
„Gut", sagte Rainer. „Wir überweisen das Geld. Ist sonst noch was?"
Scheinbar gab es nichts mehr zu bereden, denn die beiden verabschiedeten sich voneinander. Elke hatte in der Zwischenzeit Kaffee gebrüht und im Wohnzimmer den Tisch gedeckt. Rainer öffnete die erste Asti-Flasche und wir stießen auf die gelungene Aktion an. Dazu gab es frische Brötchen. Nachdem wir gefrühstückt hatten, rief ich Tom an und sagte ihm, dass ich innerhalb der nächsten Stunde zu ihm nach Hause kommen würde. Anschließend rief ich Reddy an und kündigte meine Ankunft in Hamburg innerhalb der nächsten paar Stunden an.
Ich verabschiedete mich von Elke und Rainer, riet ihm noch einmal außer Wolle niemanden von der Wohnung zu erzählen, und machte mich auf dem Weg.

Ich fuhr direkt zu Tom. Der Berufsverkehr war immer noch nicht abgeklungen. Daher brauchte ich eine gute dreiviertel Stunde. Eine geeignete Musikkassette half mir dabei, die Zeit als nicht ganz so lang zu empfinden.

Bei Tom angekommen übergab ich ihm vier Kilo und empfahl ihm, sich mit dem Verkauf etwas Zeit zu lassen. Was ich Tom nicht sagte war, dass ich zu dem Zeitpunkt noch nicht wusste, wann sich die nächste Lieferung organisieren ließe. Bis es soweit war, hatte ich zwar Hassan als Reservelieferanten zur Verfügung, andererseits wollte ich nicht zu oft bei ihm auf der Matte stehen. Auch nicht, wenn damit zu rechnen war, dass es in Berlin die zur Weihnachtszeit und über die Jahreswende übliche Materialknappheit geben würde. Stattdessen erzählte ich ihm, dass es in den nächsten ein bis zwei Monaten richtig losgehen würde und Berlin und andere Städte mit Haschisch zugeschüttet würden. Tom rieb sich fröhlich die Hände und malte sich fantasievoll aus, was er mit dem Geld alles anfangen würde. Ich hatte nicht die Zeit, um mir seine schier endlos erscheinende Wunschliste in all ihrer Vielfalt bis zum Ende anzuhören, also unterbrach ich ihn, verabschiedete mich, versprach ihm noch, mich sobald wie möglich zu melden, und machte mich auf den Weg nach Hamburg.

Hamburg

Auf der Transitstrecke steuerte ich die erste Minol-Tankstelle an und tankte den R 16 voll. Ich fuhr die Strecke durch, ohne an einem Intershop oder einer Raststätte anzuhalten. Bevor ich die nächste deutsch-deutsche Grenze überquerte, füllte ich noch mal auf DDR-Boden den Tank. Trotz der niedrigeren Oktan-Zahl schluckte der betagte R 16 klaglos den Ostsprit. Leider schluckte er auch sehr viel davon. Es reichte aber, um von der Grenze nach Hamburg durchzufahren.

Ich parkte in unmittelbarer Nähe vom Silbersack ein und betrat den Laden. Reddy schien auch erst angekommen zu sein. Er füllte für uns zwei große Kaffeepötte ab, auf denen witzige Seemannsmotive abgebildet waren. Mit den beiden Kübeln gingen wir nach hinten in sein Büro.

Ich hielt mich nicht lange mit Geplauder auf, sondern bot ihm acht Kilogramm zu viertausendfünfhundert DM pro Kilo an. Er akzeptierte sofort und fragte nicht einmal nach der Qualität. Im Gegenzug fragte er stattdessen, ob ich nicht einen Mercedes gebrauchen könnte. Oder auch mehrere. Ich erkundigte mich nach den Preisen und nach den Modellen und erfuhr, dass die Autos in der Tiefgarage einer Spielbank stehen würden. Sie hatten Typen gehört, die sie beim Spielen verzockt hatten und sie nicht mehr auslösen konnten. Diese Autos seien natürlich sehr günstig zu kaufen, allerdings nur für Insider, betonte er. Genaue Preise könne er mir aber nicht nennen. Die müssten wir vor Ort erfragen. Die Sache interessierte mich, daher willigte ich ein, mir anschließend mit ihm die Fahrzeuge anzuschauen. Reddy schlug vor, dass ich meinen Wagen auf den Hinterhof fahren sollte. Also verließ ich den Laden und fuhr den R 16 auf den Hof. Ich nahm meine Tasche aus dem Kofferraum und betrat einen Hausflur, der zu einer Privatwohnung führte und offensichtlich als Bunker diente. Das Geschäft war schnell abgewickelt. Reddy zahlte in bar. Ich nahm von der Summe einen Hunderter und hielt ihm den Schein entgegen. Er schaute mich verwundert an und fragte: „Wofür ist denn das?"

„Na, für die Blumenaktion für Rossi", erklärte ich.

Er schlug sich mit der Hand gegen die Stirn: „Mann, das habe ich ja ganz vergessen."

„Vergessen, die Blumen vorbeibringen zu lassen, oder dass du dafür noch Geld von mir bekommst?", fragte ich argwöhnisch.

„Nee, nee. Erledigt ist alles. Das mit dem Geld hatte ich vergessen", beruhigte er mich und nahm den Schein an sich.

Wir verließen den Bunker und gingen in seinen Laden zurück. Dort meldete er uns telefonisch im Spielcasino an.

Wir machten uns in meinem R 16 auf den Weg. Reddy lotste mich durch Hamburgs Straßen. Wir waren nicht lange unterwegs, als Reddy mich vor einem Parkhaus anhielten ließ. Wir stiegen aus und gingen auf einen gut gekleideten, älteren Herrn zu, der vor der Gebäudeeinfahrt wartete. Die Begrüßung fiel kurz aus. Reddy stellte mich als seinen Bekannten aus Berlin vor. Der Mann ging vor und wir folgten ihm in seine im Tiefgeschoß liegende Schatzkammer. Außer auf einer Automobilausstellung hatte ich noch nie so viele Nobelkarossen auf einem Haufen gesehen. Eng beieinander standen hier hochwertige Fahrzeuge der Marken Ferrari, Porsche, Lamborghini, Maserati, Jaguar, Rolls Royce, Mercedes, BMW und noch einige mehr. Nachdem ich mich eine Weile umgesehen hatte, entschied ich mich für einen Mercedes 350 SE. Der Daimler hatte siebzigtausend Kilometer auf dem Tacho und kostete zwölftausend DM. Reddy hatte nicht übertrieben: das war in der Tat ein günstiges Angebot. Man war hier gut vorbereitet. Ich bekam eine rote Nummer, die ich gleich vorne und hinten montierte. Der Mann in dem feinen Anzug gab mir noch eine Adresse, an die ich die Nummernschilder zurückschicken sollte. Ich startete mit Reddy zu einer Probefahrt und war sofort in den Luxus verliebt. Leider hatte jemand die Musikanlage ausgebaut.

„Kein Problem", meinte Reddy darauf hin. „Bei Tüte auf dem Schrottplatz ist einer, der baut dir deine Clarion-Anlage ein. Da kannst du auch gleich deinen Renault stehen lassen."

Der Vorschlag hatte eine sehr praktische Seite. Mit leidendem Herzen nahm ich schon mal innerlich Abschied von meinem getreuen R 16.

Die Probefahrt war überzeugend. Für mich war klar, dass ich den Wagen haben wollte. Ich fuhr daher zurück, um das Geschäft perfekt zu machen. Der Anzugträger wartete auf dem Bürgersteig fast an der gleichen Stelle wie vorhin auf uns. Ich sagte ihm, dass ich den Wagen nehmen würde, und wir unterschrieben den Kaufvertrag auf der Motorhaube des Mercedes. Ich ließ mir Fahrzeugbrief und Schein geben, und wir verabschiedeten uns. Ich gab Reddy die Schlüssel für den R 16, er setzte sich rein und fuhr los. Ich folgte ihm zu Tütes Schrottplatz.

Tüte freute sich mächtig, uns zu sehen. Gleich nach der Begrüßung sagte er mir, dass Ende der nächsten Woche aus den USA wieder ein Container ankommen würde. Heute schien es für mich nur gute Nachrichten zu geben. Tüte bestaunte meinen Mercedes und meinte: „Na, das mit den Harley Davidsons scheint ja in Berlin gut zu laufen."

„Klar. Ich komme aus der Werkstatt auch gar nicht mehr raus", flunkerte ich grinsend.

Dann fragte ich ihn, ob man jetzt gleich meinen Clarion-Turm vom R 16 in den 350er umbauen könnte. Er nickte und sagte seinem Prospekt, der sich in der Zwischenzeit zu uns gestellt hatte, dass er sich darum kümmern sollte, was der auch gleich tat. Tüte fragte mich: „Was willst du denn mit deiner alten Krücke machen?"

„Ich weiß noch nicht so recht. Er wird wohl weg müssen", antwortete ich.

„Ich gebe dir fünfhundert dafür", bot Tüte an.

„Abgemacht", stimmte ich zu.

Wir schlenderten zu seinem zweiachsigen Wohnwagen. Während

Tüte hinein ging, setzen sich Reddy und ich auf davor stehende Gartenstühle. Ich schaute mich um und stellte fest, dass Tüte es sich hier gemütlich gemacht hatte, auch wenn Gartenmöbel, Grill, Hollywoodschaukel usw. auf einem Schrottplatz etwas deplaziert wirkten. Tüte kam wieder raus und setzte sich zu uns. Er hatte drei Flaschen Beck's , einen Kaufvertrag und fünf Hunderter mitgebracht. Ich nahm das Geld an mich, übergab ihm im Gegenzug meine Fahrzeugpapiere für den Renault und unterschrieb den Vertrag. Ich sagte ihm dass der alte Wagen noch einen Choke hatte, er also immer anspringen würde, man müsse ihn nur richtig bedienen. Tüte winkte ab und meinte, dass er damit schon fertig werden würde. Ich war rundum zufrieden und fragte daher Tüte: „Was ist? Hast du nicht Lust, heute Abend mit mir und Reddy auf meinen neuen Wagen anzustoßen?"

Reddy unterstützte mich: „Los, komm mit. Treffen wir uns bei mir im Silbersack um 9.00 Uhr und ziehen dann ein wenig über die Reeperbahn."

Tüte konnte nicht nein sagen. Es war eine abgemachte Sache. Wir plauderten noch etwas über Tütes schwierige familiäre Situation. Vom Auto klang plötzlich lautstark „Hotel California" von den Eagles zu uns herüber. Die Umbauarbeiten schienen beendet zu sein. Die Musik gab uns ein klares Signal zum Aufbruch. Wir verabschiedeten uns. Ich ging noch mal am R 16 vorbei und räumte Handschuhfach und Kofferraum leer. Die Fahrzeugschlüssel ließ ich stecken. Dann streichelte ich über sein Dach, sagte ihm Danke für seine guten Dienste und wünschte ihm alles Gute. Von hinten hörte ich Reddy sagen: „Du wirst doch jetzt nicht weibisch werden und anfangen zu heulen."

Wir lachten beide, setzten uns in den Mercedes und fuhren los. Reddy wollte vor dem Silbersack abgesetzt werden. Auf dem Weg dorthin fragte er mich, was ich denn jetzt vor hätte. Ich rüttelte während der Fahrt kräftig am Lenkrad und röhrte aus tiefster Brust: „Rossi!"

„Alles klar. Schönen Dank für das Gespräch", lachte er.

Ich ließ ihn vor seinem Laden aussteigen und fuhr dann weiter.

Etwas später bog ich in Rossis Straße ein und hatte wieder Glück. Ich konnte fast direkt vor ihrer Haustür parken. Ihren Fiesta hatte ich auch schon entdeckt. Die Chancen standen gut, sie anzutreffen, und das, obwohl ich mich nicht angemeldet hatte. Glückshormone durchströmten meinen Körper. Plötzlich setzte ein übermächtiges Verlangen ein, wie ich es bisher bei keiner anderen Frau verspürt habe. Und wieder streifte mich ein zarter Kuss von Fortuna, denn eine ältere Frau verließ gerade das Haus. Ich konnte also ohne zu klingeln in das Haus schlüpfen, was den von mir beabsichtigten Überraschungseffekt vergrößern würde. Oben angekommen klingelte ich an der Wohnungstür. Kurz darauf hörte ich, wie jemand auf den Türöffner drückte. Von unten drang das Brummen des Elektromagneten zu mir. Ich kratzte mit den Fingernägeln an der Tür und jaulte dabei wie ein kleiner, allein gelassener Welpe. Die Tür wurde geöffnet, und Rossi stand im Morgenmantel vor mir. Nicht schlecht, bewunderte ich verliebt ihre umwerfende Figur. Ihr Blick war nach unten gerichtet. Anscheinend erwartete sie tatsächlich, ein hilfloses Hundebaby vorzufinden. Während ihr Blick nach oben wanderte, öffnete sich sprachlos ihr Mund. Einen Mund, den man einfach küssen musste. Sie flog förmlich auf mich zu. Wir fielen uns in die Arme und bedeckten unsere Gesichter gegenseitig mit wilden Küssen. Sie zog mich in die Wohnung und hielt mich dabei weiter umschlungen. Mit ihrem Fuß stieß sie die Wohnungstür ins Schloss. Sie fing sofort an, meine Kleidung herunterzuzerren. Ich sagte ihr, dass ich erst noch duschen müsste. Sie lachte mich an und meinte: „Aber das machen wir doch immer so. Wir sind doch saubere Schweinchen."

Da gab ich ihr Recht. Auf dem Weg ins Bad entkleidete sie mich vollständig. Die Sachen ließ sie achtlos zu Boden fallen. Sie streifte ihren Morgenmantel aus und stellte sich mit mir in die Badewanne. Ich zog den Plastikvorhang zu, und sie drehe die Dusche an. Wir wuschen uns gegenseitig und beförderten uns dabei in unseren eigenen Kosmos zurück. Um uns herum erschien alles rosarot, Zeit schien es nicht zu geben. Als wir aus unserem kleinen Universum fielen und wieder in der Welt der restlichen Menschheit ankamen, stellte ich erstaunt fest, dass wir eng umschlungen und schweißüberströmt miteinander vereinigt auf Rossis zerwühltem Bett lagen. Keine Ahnung, wie wir hierher gekommen waren. Aber der Ritt in das andere Universum war toll gewesen. Ich schaute zur Tür und erblickte den Störenfried. Es war Carmen, deren verlegener Blick durch den Raum irrte, wobei sie sich bemühte, nicht auf unsere nackten Körper zu starren, die immer noch miteinander verbunden waren. Rossi fragte Carmen: „Was ist denn los?"

Man sah Carmen an, dass es ihr peinlich war, als sie antwortete: „Eigentlich nichts. Ich habe nur deine Stimme gehört. Und so merkwürdige Geräusche, die ich nicht einordnen konnte."

Wir konnten uns das Lachen nicht verkneifen. Auch nicht die Frage: „Hast du denn immer noch keinen Freund?"

Sie schüttelte ihre blonde Mähne. Nun, dachte ich mir, das erklärt natürlich vieles.

„Es riecht hier herrlich nach Liebe und Sex", stellte sie fast schon schüchtern fest.

Rossi schaute mich an und streckte einladend ihren Arm aus. Carmen kam zu uns und setzte sich aufs Bett. Rossi nahm sie in den Arm und drückte sie. Dabei sprach sie beruhigend auf sie ein und versprach ihr, dass das mit einem Freund schon noch werden würde. Die beiden trennten sich voneinander ,und Carmen fragte mich: „Hast du wirklich keinen Bruder?"

Ich verneinte bedauernd, gab ihr einen Kuss auf die Wange und sagte dann: „Ich hatte noch keine Gelegenheit, dir guten Tag zu sagen. Übrigens: Habt ihr beide schon was gegessen?"

Beide verneinten.

„Gut", sagte ich. „Dann lade ich euch ein. Anschließend sind wir mit Reddy verabredet. Wir ziehen zusammen um die Häuser."

Rossi griff sofort zum Telefon, rief in der Davidstraße 14 an und sagte Bescheid, dass sie heute nicht kommen konnte. Carmen schaute mich an und zögerte, vielleicht, weil sie Reddy nicht kannte. Vielleicht auch, weil sie nicht das fünfte Rad am Wagen sein wollte. Um ihre möglichen Bedenken zu zerstreuen, sagte ich beruhigend zu ihr: „ Du bist doch meine Kumpeline. Und ich möchte doch nicht, dass du hier alleine rumhängst und traurig bist."

Carmen übernahm von Rossi das Telefon, tippte eine Nummer ein und meldete sich auf ihrer Arbeitsstelle auch krank. Ich ging mit Rossi inzwischen unter die Dusche. Als wir danach aus der Wanne stiegen, zeigte sie auf ein Fach in dem eine Halterung stand, in der ein Nassrasierer und ein Rasierpinsel eingehängt waren. Außerdem war dort eine Dose Rasierschaum, eine Flasche Rasierwasser, eine Flasche Eau de Toilette und einen Deostift. Alles von Kourus. Ich nahm mir vor, den Gebrauch einiger der Rasierutensilien mit ihr zu teilen. Sie nahm mich an die Hand und führte mich in ihr Zimmer, öffnete dort einen Schrank und deutete auf einige Fächer. Ich staunte nicht schlecht. Sauber aufgestapelt lagen dort Hosen, Hemden, T-Shirts, Unterwäsche und einer der Anzüge, den ich während meines letzten Hamburger Einkaufsbummels mit ihr anprobiert, aber nicht genommen hatte. Außerdem eine super Lederjacke, Schuhe, Stiefel. Das war ja eine Komplettausstattung, dachte ich angenehm überrascht. Ich war in diesem Moment sprachlos, schaute sie an und mir fielen keine angemessenen Worte ein. Wir standen uns nackt gegenüber. Sie legte ihre Arme um meinen Hals, und wir blickten uns tief in die Augen. Schließlich flüsterte sie: „Du bist jetzt mein Mann. Und du sollst dich bei mir wohl fühlen."

Mir wurde ein wenig die Kehle eng, als ich ablenkend erwiderte: „Oha, jetzt wird's aber ernst."

Sie nickte langsam mit dem Kopf und sagte dann mit leiser, fester Stimme: „Sehr ernst."

„Gut", sagte ich nur. Und dennoch war es, als hätten wir gerade einen Pakt geschlossen, der uns für alle Ewigkeit aneinander binden würde. Das unausgesprochene Versprechen, das wir uns in diesem Moment gegenseitig gegeben hatten, wurde von uns mit einem innigen Kuss besiegelt.

Gleich danach bekam ich den ersten Eindruck davon, was ein solcher Pakt auch beinhaltet. Sie fing an, Kleidungsstücke auszuwählen, die sie heute tragen wollte, und dasselbe tat sie auch für mich. Wie eine Mutter, dachte ich bei mir. Aber im Grunde war es mir recht. Sie hatte von solchen Sachen mehr Ahnung als ich. Und auch einen besseren Geschmack. Sie legte die ausgewählten Sachen aufs Bett. Ich ging ins Bad zurück um mich zu rasieren. Carmen kam dazu, um sich zu duschen. Als ich fertig war, dieselte ich mich mit Kouros ein. Hinter dem Duschvorhang hörte ich Carmen rufen: „Ich werde wahnsinnig bei diesem Duft."

Au warte, dachte ich. Das Mädel braucht wirklich umgehend einen Freund. Ich ging mich anziehen. Rossi kam an, schnupperte an mir herum und stellte klar: „Du bist heute noch mal dran, mein Schatz."

„Du liegst oben", bestimmte ich.

„Du sagst es", bestätigte sie augenzwinkernd. Ich zog mich fertig an, ging in die Wohnküche, goss mir Kaffee in eine große Tasse, und genoss schlürfend das dunkle, heiße Gebräu. In einem der Küchenregale stand ein Fernsehgerät. Ich suchte nach der Fernbedienung und schaltete es ein. Auf einem der Kanäle kam ein Bericht über den Libanon. Unmittelbar danach wurden drastische Erhöhungen der Benzinpreise angekündigt. Ich dachte: Na fein, höhere Benzinpreise sind gut. Dann werden in Berlin die Straßen etwas leerer und ich habe wieder freie Fahrt. Während ich weiter die Nachrichten verfolgte, nahm ich gedämpft die Geräusche eines Haarföns wahr. Kurz darauf standen zwei Superbräute im Türrahmen. Ich schaute beide mit großen Augen an. Sie sahen atemberaubend aus. Ich sagte zu ihnen: „Ihr braucht beide einen Waffenschein."

Die Mädchen kamen lachen auf mich zu und gaben mir rechts und links ein Küsschen auf die Wange. Beide dufteten unglaublich gut. Ich schaute auf die Uhr und sagte, dass wir losgehen müssten. Dann verließen wir die Wohnung.

Auf der Straße wollte sich Rossi ihrem Fiesta zuwenden. Ich leitete die beiden Schönheiten zu meinem 350er um, der genau vor ihnen stand. Eine Eigenart dieser Modellreihe bestand darin, dass sich die Zentralverriegelung nur von der Fahrertür aus aktivieren ließ. Ich musste also um das Fahrzeug herum, um von der Straße aus aufzuschließen. Damit war den Mädels klar, mit welchem Gefährt wir nun unterwegs sein würden. Beide stiegen gut gelaunt und höchst entzückt ein. Rossi vorne, Carmen hinten. Rossi streichelte über die Holzarmaturen. Dann spielte sie an der Clarion-Anlage rum. Sie schaltete den Turm ein und schob eine Kassette rein. Aus den Lautsprechern ertönte „Knockin' on Heavens Door" von Eric Clapton. Die beiden Superbräute taten so, als hätten sie Mikrofone in der Hand, und sangen den Song mit. Dazu bewegten sie sich rhythmisch und schauten mich dabei an. Ich war bester Laune. In diesem Augenblick dachte ich: Eine Steigerung kann es nicht geben.

Ich fuhr los. Während der Fahrt erzählten sie wilde Geschichten von ihren Ibiza-Erlebnissen. Von ausschweifenden Partys und den ausgefallenen Menschen, denen sie dabei begegnet waren. Da schien es alles zu geben. Muttersöhnchen, Hochnäsige und Arrogante, Extrovertierte und Egozentrische, Angeber und Wichtigtuer, Philosophen, verkrachte Existenzen und weiß der Teufel was noch. Nicht nur während der Fahrt gab es über dieses Thema viel zu lachen.

Die beiden lotsten mich zu einem italienischen Restaurante. Als wir drei das Lokal betraten, verstummten an vielen Tischen für einen Moment die Gespräche. Das Getuschel, das dann einsetzte, dürfte in erster Linie uns gegolten haben. Ein Kellner, der offensichtlich meine Begleiterinnen zu kennen schien, kam auf uns zu und begrüßte uns. Mir fiel auf, dass hier auch Milieu verkehrte. Der Kellner führte uns zu einem Tisch, der an einer der großen Fensterscheiben stand. Auf dem Weg dahin wurden wir intensiv gemustert. Rossi und Carmen von den Kerlen, ich von den Frauen. Bei mir lag es wahrscheinlich an der von Rossi ausgewählten Kleidung.

Das Essen war exzellent. Wir tranken nicht geringe Mengen eines guten Weines. Als wir das Lokal wieder verließen, hatten wir schon kräftig einen sitzen. Ich fuhr uns zum Silbersack. Auf der gegenüberliegenden Straßenseite konnte ich einparken. Beim Überqueren der Straße hakten sich die Mädels links und rechts bei mir unter. So betraten wir auch Reddys Laden. Er selbst stand hinter dem Tresen. Als er uns sah, grinste er breit über das ganze Gesicht. Wir begrüßten uns herzlich. Ich stellte ihm Carmen vor und wusste schon, dass er nicht ihr Typ war. Sie stand mehr auf Schlankere und Sportlichere. Ich bestellte eine Flasche Dom Perignon. Wir stießen auf meinen neuen Wagen an und amüsierten uns. Einige Gläser später sagte Reddy, dass er kurz nach hinten gehe. Er kam nach ein paar Minuten wieder, gab mir seinen Büroschlüssel und sagte zu mir: „Auf dem Schreibtisch liegen für dich und die beiden Grazien ein paar Lines."

Ich war gewillt das Angebot anzunehmen, neigte mich dicht zu Rossis Ohr und fragte sie, ob sie auf ein Näschen mitkommen wollte. Sie schaute mich an und sagte: „Eigentlich nur zu besonderen Gelegenheiten. Wie gut, dass heute eine besondere Gelegenheit ist."

Damit war alles gesagt. Ich deutete auf Carmen, die mich dabei fragend ansah. Rossi nickte und forderte sie auf: „Komm mal mit."

Wir gingen zu dritt nach hinten. Ich schloss die Bürotür auf und öffnete sie behutsam. Schließlich wollte ich das Zeug nicht mit der Nase aus den Teppichen saugen müssen. Wir machten uns über die großzügig dimensionierten Lines her. Ich stellte fest, dass die beiden nicht zum ersten Mal zogen. Die beiden Mädchen wurden danach noch aktiver, noch quirliger. Sie bewegten sich zu der durch die geschlossene Tür dringenden Musik. Ich ging wieder in den Laden zurück, und die Mädels tänzelten hinter mir her. Tüte war auch schon eingetroffen. Wir begrüßten uns, ich zahlte und wir machten uns gleich auf den Weg, vernünftigerweise zu Fuß. Na ja, eigentlich nur deshalb, weil wir sonst auf Grund der Lokaldichte alle zwanzig Meter einen Parkplatz hätten suchen müssen. Wir kehrten in jeden Laden ein, den Reddy und Tüte kannten, und der per Pedes erreichbar war. Es waren nicht wenige. In den frühen Morgenstunden landeten wir im „88". Ich bestand mit Rossi darauf, die Plätze am Tresen zu erobern, an denen wir uns kennen gelernt hatten. Lange mussten wir nicht kämpfen. Ich sagte zu Rossi: „So, jetzt können wir wieder von vorne anfangen."

„Jeden Tag wieder", antwortete sie und blickte mir tief in die Augen, „Ich bin dabei."

Wieder einmal war zu einem Thema alles gesagt. Rossi und Carmen gingen auf die Tanzfläche, sie zogen ihre Show ab und damit die nahezu ungeteilte Aufmerksamkeit des männlichen Publikums auf sich. Im Grund galt das auch für die Frauen, obwohl es dafür andere Beweggründe zu geben schien. Manche der beobachtenden Blicke konnte man ohne Übertreibung als giftig oder neidisch bezeichnen. In zwei Fällen konnte ich sehen, wie eine wütende Frau den Kopf ihres Begleiters gewaltsam in eine andere Richtung drehte. Wie in den übrigen Läden blieben wir auch hier nicht lange. Nach etwa einer halben Stunde zogen wir weiter. Wir beschlossen, noch eine Kleinigkeit zu essen, bevor wir unsere Tour gemütlich ausklingen ließen. Ich wurde in ein italienisches Restaurant geführt, das zurzeit in der Szene angesagt war. Hier kreuzten sich die verschiedensten Geschäftszweige, Gastronomen zählten ebenso zu den Gästen wie Nutten, Taxifahrer, Luden, Tänzer, Schlepper oder Wirtschafter. Daher war es im Grunde auch nicht weiter verwunderlich, dass wir an einem der Tische den Besitzer der Davidstraße 14 sahen. Er saß inmitten seiner Kölner Fraktion und winkte uns zu. Da an seinem Tisch kein Platz mehr war, gingen wir erst gar nicht hin, sondern winkten nur zurück. Wir besetzten einen der wenigen noch freien Tische und ließen uns ein paar Snacks und einige Flaschen guten Rotwein bringen. Während wir die bestellten Köstlichkeiten genossen, gesellte sich Klaus zu uns. Mit ihm kam mehr oder weniger zufällig ein Fremder an unseren Tisch. Der Mann könnte doppelt so alt gewesen sein wie ich. Er war von sauberer, gepflegter Erscheinung und dabei unauffällig. Der Fremde öffnete einen Aktenkoffer und offerierte uns erlesene Armbanduhren. Darunter waren auch Modelle der Marken Cartier, Rolex, Audemars Piguet, Patek Philippe, Jaeger-LeCoultre usw. Außerdem lagen kunstvolle Halsketten und Armbänder zum Verkauf bereit. Soweit ich es beurteilen konnte, waren keine Fakes darunter, ich war mir sicher, dass es sich um wertvolle Originale handelte. Der Inhalt des Aktenkoffers dürfte ein kleines Vermögen wert gewesen sein. Es waren wirklich schöne Stücke dabei. Rossi und Carmen waren absolut entzückt. Es gab kaum ein Stück, das sie nicht unbedingt anfassen und auch anlegen mussten. Reddy zeigte sich am wenigsten beeindruckt. Er war der einzige, der sich ein Steak bestellt hatte. Während der Präsentation schaute er nicht einmal auf. Er schnitt an seiner Fleischscheibe herum, bewegte nur die Augen nach rechts und meinte dann geringschätzig: „Habe ich alles selber. Haufenweise sogar."

„Tatsächlich?", versuchte ich ihm mehr zu entlocken.

„Klar", meinte er und konzentrierte sich demonstrativ weiter auf seinen Teller. „Was sauber ist, liegt bei mir im Tresor."

„Alles klar," sagte ich mit verschwörerischen Unterton. „Vor Weihnachten melde ich mich bei dir."

„Mach das", sagte er kurz und schob sich den nächsten Bissen in den

Mund. Währendessen hatten sich die Mädchen zwei Schmuckstücke ausgesucht, von denen sie beteuerten, sie nie wieder hergeben zu können. Aber daraus wurde natürlich nichts, und so musste sich Carmen seufzend von einer schweren Königskette trennen. Rossi spielte die Weinende und gab schwermütig eine Lady-Datejust halb und halb von Rolex mit den Worten: „Tschüs Uhr. Wie werde ich dich vermissen", zurück. Klaus zeigte sich zwar interessiert, es war aber schnell klar, dass er nichts kaufen würde. Der fremde Schmuckhändler merkte auch rasch, dass er bei uns nichts loswerden konnte, also versuchte er an einem anderen Tisch sein Glück. Ich schaute ihm einen Moment lang nach und fragte mich, wie oft der Mann während seiner nächtlichen Verkaufstouren schon überfallen worden war, zumal er den Verlust seiner Hehlerware ja nicht der Polizei melden konnte. Aber das war alles nicht mein Problem. Allerdings verdankte ich dem Fremden die Idee eines angemessenen Weihnachtsgeschenkes für Rossi.

In der Zwischenzeit war eine Lage brennender Sambucca gebracht worden, von der sich herausstellte, dass sie von Klaus vor seiner Ankunft an unserem Tisch bestellt worden war. Wir löschten die blassen bläulichen Flammen, ließen die heißen Glasränder etwas abkühlen und vernichteten die potentiellen Brandherde durch zügiges Ex-Trinken. Das Zeug macht in größeren Mengen zwar mächtig dumm in der Birne, und man bekommt am nächsten Tag äußerst hässliche Kopfschmerzen, aber in Maßen genossen erzeugt es eine wohltuende Wärme im Bauch.

Klaus und Reddy hatten in der Zwischenzeit ein gemeinsames Lieblingsthema gefunden. Sie beklagten sich über das schlechte Wetter. Noch herzergreifender jammerten sie über die rückläufigen Umsatzzahlen ihrer Betriebe. Die schuldhaften Faktoren waren schnell ausgemacht. Da gab es, wie schon erwähnt, das Wetter mit den starken Regenfällen, die frühzeitig einsetzende Kälte, eine epidemieartige Grippewelle, zudem schien ein Großteil der deutschen Bevölkerung außer Landes auf Urlaub zu sein. Tja, und die wenigen, die noch im Lande waren, keine Grippe hatten und trotz Regen und Kälte vor die Tür gingen, sparten ihr Geld wohl lieber für Weihnachtsgeschenke auf. All das war mir nicht neu. Aus dem Milieu hörte ich derartige Umsatz- und Verbraucherverhaltensanalysen jedes Jahr aufs Neue. Alljährlich hieß es dann: Wenn erst die Weihnachtszeit vorüber ist, geht es mit den Geschäften wieder bergauf.

Und wie jedes Jahr wird dann im Januar und Februar weiter gejammert. Dann heißt es: Diese blöden Freier. Da haben die doch ihre ganze Kohle in irgendwelche dämlichen Weihnachtsgeschenke gesteckt, anstatt sie zu uns zu bringen. Da hätten sie wenigstens was von gehabt. Irgendwie gehörte solches Wehgeklage zur Branche. Ich ließ mich daher erst wieder in das Gespräch mit einbeziehen, als Klaus mich fragte: „Und, du hast dir dein Weihnachtsgeschenk schon geholt?"

Da ich es etwas genauer von ihm wissen wollte, fragte ich zurück: „Was denn für ein Weihnachtsgeschenk?"

„Na", begann er zu erklären, „die Mädchen erzählen, dass sich Rossis Prinz einen 350er SE gekauft hat."

Als ich den Begriff „Prinz" hörte, verzog ich säuerlich die Mundwinkel, ging aber nicht drauf ein. Stattdessen bestätigte ich: „Ach so, den Daimler meinst du. Ja, stimmt. Ist neu."

Rossi warf noch ein: „Er ist nicht mehr mein Prinz. Er ist mein Mann."

„Oh, jetzt wird es aber ernst", erkannte Klaus. Alle lachten, bis auf Rossi, die verstimmt die Stirn runzelte. Klaus versuchte mich weiter auszuhorchen: „Na, scheint ja ganz gut zu laufen mit den Harley Davidson."

„Na ja, kleinklein. Läppert sich halt zusammen", grinste ich und spielte meine Aktivitäten herunter.

Tüte nahm das angeschnittene Thema zum Anlass, mich daran zu erinnern, dass der nächste Container am Freitag ankommen würde. Ich nickte ihm bestätigend zu und sagte ihm noch einmal, dass ich da sein würde. Ich verspeiste die letzte der von mir bestellten Schnecken, saugte mit zwei Scheiben Weißbrot die Reste der vorzüglichen Knoblauchsoße auf und beglückwünschte mich zu dem Entschluss, dasselbe Gericht wie Rossi und Carmen bestellt zu haben. Wir tranken die letzte Flasche unseres Rotweins leer und brachen dann auf. Wir verabschiedeten uns von Klaus, der daraufhin zu seinem Kölner Tisch zurückkehrte und wir selbst machten uns auf den Weg zum Silbersack. Dort verabschiedeten wir uns von Reddy und Tüte. Ich stieg mit den Mädels in den 350er und hoffte, dass die Hamburger Polizei kurz vor Schichtende, ähnlich wie ihre Berliner Kollegen, keine Lust hatte, sich Arbeit mit ins Büro zu nehmen. Anderenfalls würde ich möglicherweise meinen Führerschein in den nächsten Jahrzehnten nicht mehr wieder sehen.

Rossi und Carmen waren immer noch gut drauf. Bei ihnen zu Hause angekommen, öffneten sie noch eine Flasche Asti. Wir ließen die Erlebnisse des Abends noch einmal Revue passieren und lachten dabei, bis wir Krämpfe in den Unterkiefern bekamen. Irgendwann nahm mich Rossi an der Hand und zog mich ins Badezimmer. Das Duschen fiel diesmal kurz aus. Erregt gingen wir in ihr Zimmer. Sie hielt ihr Versprechen und bescherte mir einen lustvollen frühen Morgen. Zufrieden schliefen wir erschöpft ein.

Ich wurde zwischen 10.00 und 11.00 Uhr wach. Vorsichtig schob ich Rossis Arm und eines ihrer Beine von meinem Körper, streifte eine ihrer Haarsträhnen von meinem Mund und stand behutsam auf, um sie nicht zu wecken. Ich machte mich im Badezimmer frisch, ging leise zurück und zog mich an. Von Carmen war nichts zu hören oder zu sehen. Wahrscheinlich schlief sie noch. Die Küche nach Verwertbarem für ein Frühstück zu durchstöbern erschien mir unangemessen, also beschloss ich, mich dahingehend nützlich zu machen, dass ich das Haus verließ, um eine Zeitung, Brötchen, Wurst und was man sonst so zum Frühstück gebrauchen kann zu kaufen. Auf dem Weg zurück kam ich an einem Blumenladen vorbei. Ich kaufte für die beiden Mädchen je eine langstielige Rose. Ich kleiner Schleimer.

Zurück in der Wohnung schienen beide noch zu schlafen. Ich kochte Kaffee und Eier. Als ich beim Tischdecken war, stand Rossi plötzlich in der Tür. Ohne näher zu kommen schaute sie mir zu und sagte, dass sie schon Angst gehabt hätte, ich wäre abgereist. Mir war nicht danach, mich in ein solches Thema zu vertiefen, also lenkte ich ab, indem ich die Arme ausbreitete, sie anlächelte und fragte: „Bin ich abgereist?"

Sie lächelte zurück und kam auf mich zu. Hinter ihr erschien eine verschlafene Carmen. Ich streckte ihnen meine rechte Handfläche entgegen und sagte gebieterisch: „Halt! Erst Zähneputzen!" Beide stoppten und antworteten, auf den Spaß eingehend: „Jawohl Sir!"

Dazu salutierten sie fast synchron, was in ihren kurzen, seidenen, vorne offenen Kimonos sehr sexy wirkte. Dann drehten sie sich um und verschwanden mit anmutigen Bewegungen in Richtung Badezimmer.

Eier und Kaffee waren fertig. Ich goss die Tassen voll und platzierte die Vierminuteneier in ihre Becher. Die Rosen kamen in eine schlanke Vase. Ich musste noch ein paar Minuten warten, bis die beiden Mädchen frisch geduscht und angezogen zurückkamen. Rossi steckte mir ihre nach Zahnpasta schmeckende Zunge in den Mund und Carmen freute sich über ihre Rose. Rossi beteuerte, dass bisher noch kein Mann für sie Frühstück gemacht hätte. Schwer zu glauben, dachte ich mir, behielt es aber für mich. Stattdessen sagte ich: „Die armen Kerle werden auch keine Gelegenheit dazu gehabt haben. Wahrscheinlich hast du sie vorher aus der Wohnung geprügelt."

Während Carmen ihre im Mund befindlichen Brötchenkrümel mit einem „Genau! Genau!", über den Tisch prustete, fing ich mir von Rossi einen Knuff auf den Oberarm ein. Mit gespielter Entrüstung fragte ich, was ich denn gesagt hätte. Sie tat, als hätte sie nichts gehört und köpfte stattdessen ein Ei. Hoffentlich dachte sie dabei nicht an mich.

Trotzdem beendeten wir das Frühstück gut gelaunt. Rossi schlug vor, die kulinarischen Sünden des Vorabends abzutrainieren. Ich stimmte zu, gab aber zu bedenken, dass ich mir erst noch geeignete Sportkleidung kaufen müsste, da ich ja nichts dabei hätte. Als ich das Wort Kaufen aussprach, leuchteten ihre Augen kurz auf. Aus dem Gedächtnis heraus rasselte sie eine Liste von Geschäftsnamen herunter, die sie für unser Vorhaben für besonders geeignet hielt. Kaufte ich in jedem Laden auch nur ein Stück, würde Rossi in ihrem Zimmer einen neuen Schrank aufstellen müssen.

Carmen meinte, dass sie hier bleiben würde, also zog ich mit Rossi alleine los.

Wir verließen das Haus und gingen ein paar Meter nach links, zu meinem Wagen. Ich ging von vorne nach hinten und fragte erstaunt erst mich und dann Rossi: „Wie bin ich denn in die Parklücke gekommen?"

„Das weiß ich auch nicht", sagte sie mit süßer Stimme und klimperte mich dabei mit ihren Augenlidern an. Etwas irritiert wendete ich mich ab und suchte unauffällig an den anderen beiden Fahrzeugen nach Beulen, die ich gestern möglicherweise verursacht haben könnte. Glücklicherweise fand ich nichts. Hinter mir vernahm ich währenddessen ein leises Gejaule. Es erinnerte an ein kleines Hundbaby, das nach Futter bettelte. Ich drehte mich um sah Rossi, wie sie mich mit erhobenen Pfötchen anjaulte. Ich begriff nicht gleich und schaute sie entgeistert an. Dann kam der Geistesblitz und ich fragte: „Willst du fahren?"

Immer noch mit erhobenen Pfötchen nickte sie heftig und freudig mit dem Kopf. Dabei streckte sie hechelnd ihre Zunge heraus. Ich gab ihr die Schlüssel und sie leckte mir mit einem Hundekuss das Gesicht ab. Mir blieb nichts anderes übrig, als energisch zu werden: „Aus jetzt! Marsch auf deinen Platz!", und zeigte dabei auf die Fahrerseite.

Sie schlängelte sich zwischen den Fahrzeugen durch und machte es sich auf dem Fahrersitz gemütlich. Nachdem die Zentralverriegelung die Beifahrertür freigegeben hatte, konnte auch ich einsteigen.

Ich ließ mich von Rossi in einige Sportläden führen und kaufte mir ein paar Sachen. Eigentlich wusste ich recht genau, was ich wollte, daher waren wir nicht lange unterwegs. Danach brachte sie mich in das zurzeit von ihr favorisierte Sportstudio. Dort schufteten wir ein gutes Stündchen im Fitnessbereich, bevor sie mich in einem weiteren Raum führte, der größtenteils mit Matten ausgelegt war. Auch hier war eine Wand mit großen Spiegeln ausgekleidet. Weiter hinten hingen einige Sandsäcke. Im Eingangsbereich hingen an Haken Saftys für Hände und Füße. Außerdem gab es einige Kopfschützer. Ich war mir nicht sicher, ob sie aus dem Amateurboxen oder dem Taekwon do stammten. Rossi legte ihr Handtuch auf den Mattenrand, drückte mir eine Schutzgarnitur in die Hand, zeigte insbesondere auf den Kopfschützer und meinte: „Den brauchst du heute."

Ich grinste. Die kleine Tigerin hatte sich ja einiges vorgenommen. Ich legte mein Handtuch beiseite, stülpte mir die Schützer über, verkniff mir die Frage nach einem Tiefschutz und sagte: „Okay, dann zeig mal, was du drauf hast."

Das ließ sie sich nicht zweimal sagen. Wir betraten den Mattenbereich und sie fing gleich an, mich zu testen. Mit schnellen geschnappten Halbkreistritten, die sie unter, auf und über meine Deckung ausführte, überprüfte sie meine Reaktionen. Sie tänzelte sehr viel herum, war ständig in Bewegung und hüpfte abwartend oder vorbereitend auf der Stelle. Auffallend war, dass sie wenige Handtechniken einsetzte. An Schlagtechniken verwendete sie nur den geraden Fauststoß. Selbst beim Blocken igelte sie sich hinter einer passiven Deckung ein, anstatt mit einer aktiven und aggressiven Blockung die sie angreifenden Gliedmaßen aus der Bahn zu bringen. Wahrscheinlich war ihre Kampfsportart überwiegend an Show und Wettkampfregeln orientiert. Aber auch ohne dieses ausbildungsbedingte Defizit hätte sie es auf Grund meiner ca. vierzig Kilo mehr Lebendgewicht schwer gehabt. So wurde ich also überwiegend von ihrer Beinarbeit eingedeckt. Viele Tritte kamen aus der Drehung oder waren gesprungen. Sie war etwa einen Meter achtundsechzig groß und dürfte etwas über fünfzig Kilo gewogen haben. Damit war klar, dass sie sich erheblich flinker bewegen konnte als ich. So gelang es ihr immer mal wieder, mit Tritten durchzukommen. Ich musste gestehen, dass sie mittels guter Technik eine Menge Kraft aus ihrem leichten Körper herausholen konnte. Ich bin mir sicher, dass es einem unvorbereiteten Mann schlecht ergangen wäre. Mit der vielen Männern eigenen Überheblichkeit Frauen gegenüber würde eine solche Unterschätzung sehr schmerzhaft enden. Ich hatte Glück, durch meinen Trainingsstand war zum einen meine Muskulatur stabil genug, um ihren Treffern die Wirksamkeit zu nehmen, zum anderen brachte ich genügend eigene Straßenkampferfahrungen mit, um mich rasch auf sie einzustellen. So gefiel es ihr überhaupt nicht, dass ich ihre gedrehten Tritte, die meinen Kopf treffen sollten, abblockte, indem ich mit meinen Unterarmen kräftig gegen ihre Waden und Schienbeine schlug. Ich verhielt mich umgekehrt. Ich verwendete wenig Fußtechniken, die ich zudem selten und fast schon gemächlich ausführte. Zumal ein voll durchgezogener Treffer die nächste Liebesnacht in weite Ferne gerückt hätte. Stattdessen verlegte ich mich darauf, mit den Händen zu kontern. Dabei gelang es mir häufig, sie mit der Linken an der Stirn zu treffen. Das schien sie wütend und unvorsichtig zu machen. Wahrscheinlich ärgerte sie sich darüber, immer wieder auf meine Finten hereinzufallen. Und das, obwohl sie sie ja eigentlich schon kennen gelernt hatte.

Wir waren seit etwas mehr als zehn Minuten in Bewegung und schwitzen. Bei jeder unserer Aktionen flogen Schweißtropfen in alle Richtungen. Beide keuchten und hechelten wir, ich wesentlich mehr als sie. Wieder einmal musste ich mir eingestehen, dass das Mädchen in besserer Form war als ich. Bevor es so weit kam, dass ich in einem direkten Konditionsvergleich all zu blass aussah, weil mir Puste ausging, beschloss ich, die Trainingseinheit zu beenden. Ich lauerte also auf eine passende Gelegenheit. Lange brauchte ich bei meinem kleinen Wirbelwind nicht zu warten. Sie startete einen weiteren Angriff mit einem eingesprungenen geschnappten Halbkreisfußtritt, der wohl eigentlich meinen Kopf treffen sollte. Er wurde jedoch zu unkonzentriert ausgeführt und hätte bestenfalls meine Schulter getroffen. Ich ergriff die günstige Gelegenheit und ihr Bein indem ich es mit meinem linken Unterarm abfing, dann über ihr Bein fuhr, es umklammerte und letztendlich zwischen meinem Oberarm und Brustkorb einklemmte. Unterarm und Hand fixierten zusätzlich ihr Bein. Mit der rechten Faust schlug ich mit gebremster Kraft auf ihr Knie. Sie verzog schmerzhaft ihr Gesicht und wollte sich befreien, hatte dazu aber nicht genügend Körperkraft. In der Hoffnung dass sie nun ihr Interesse an einer Weiterführung des Trainings verloren hatte, ließ ich sie los, hatte aber vor, die Sache deutlicher zu beenden. Sie wollte sich von mir abwenden, konnte aber nur einen humpelnden Schritt tun, als ich schon dicht genug hinter ihr stand und ihr das Standbein weg fegte. Sie sauste kräftig auf die Matte und ich war sofort über ihr. Ich drehte sie auf den Bauch und nagelte sie auf dem Boden fest, indem ich mich teilweise neben sie kniete. Mein rechtes Knie drückte ich zwischen ihre Schulterblätter. Sie strampelte mit den Beinen, was mich dazu verleitete, mit der flachen Hand auf ihren knackigen

Hintern zu schlagen. Sie fluchte und versuchte dann, sich mit den Armen hoch zu stemmen. Da mir dadurch ihr Hinterkopf entgegen kam ergriff ich mit meiner rechten Hand ihren langen Haarzopf und zog daran ihren Kopf zu mir. Wegen meiner Kniefixierung über ihren Schulterblättern, wurde dadurch ein Teil ihres Oberkörpers nach oben gebogen, immerhin soweit, dass ich mit meiner linken Handfläche kräftig und herzhaft an ihrer Nase rubbeln konnte. Dazu fragte ich sie lachend und schnaufend: „Gibst du auf?"

Zuerst war sie bockig und wollte nicht. Stattdessen schimpfte sie nur und drohte mir unsagbare körperliche Leiden an. Nachdem ich aber zum dritten Mal nachgefragt hatte, kam es dann trotzig zurück: „Ist ja gut. Ich gebe auf."

Wurde auch Zeit. Meine Hand war vom Rubbeln schon heiß geworden. Wie damals im Park ließ ich von ihr ab, indem ich mich zur Seite rollte, auf dem Rücken liegen blieb und nach Luft schnappte. Rossi zeigte mir, dass sie sich nicht wirklich geschlagen sah. Sie sprang förmlich auf mich. Knurrend und fauchend kam sie auf mir zu sitzen, beugte sich mit ihrer rotleuchtenden Nase über mich, packte mit beiden Händen meinen Kopfschutz, drehte dabei meinen Kopf zurecht und biss mir schmerzhaft in die Nase. Ich hatte eigentlich gehofft, nun Ruhe zu haben. Aber nach dieser verwerflichen Attacke musste ich natürlich angemessen reagieren. Das tat ich, indem ich sie durch ruckartige Bewegungen und seitliches Weghebeln von mir abschüttelte. Nun lag sie auf dem Rücken und ich auf ihr. Sie zappelte unter mir. Dabei gelang es mir, meine Arme unter ihren Körper zu bringen und sie zu umklammern. Zuerst musste ich ungewollt zu heftig zugedrückt haben. Wahrscheinlich hatte ich ihr die Luft aus den Lungen gepresst, denn sie rührte sich kaum und beschimpfte mich auch nicht mehr. Als ich meine Umklammerung etwas lockerte, ging das Zappeln und Strampeln weiter. Im Spiel wälzte ich mich mit ihr über den Mattenboden. Dabei hielt ich sie immer weiter umklammert. Irgendwann lag ich wieder einmal unten. Ihr Gesicht und ihre bebenden Lippen waren dicht vor mir. Dann küsste sie mich wild und leidenschaftlich. Wie eine Eroberin stieß sie ihre Zunge in meinen Mund. Danach drückte sie sich ruckartig von mir ab und sprang auf. Über mir stehend rief sie triumphierend: „Ha, gewonnen!"

Was soll's, dachte ich mir. Heute Nacht würde sie wieder unten liegen müssen. Ich rappelte mich hoch. Dabei schaute ich in Richtung Eingang. Neben der Zugangstür war in Brusthöhe in der Wand eine breite Plexiglasscheibe eingelassen. Zweck solcher Panoramascheiben ist es

Neugierige und Interessenten anzulocken in der Hoffnung, dass sie sich zu einem Vertragsabschluß bewegen ließen. Neugierige gab es diesmal auch, und Interesse schien bei Einigen durchaus zu bestehen. Zumindest an Rossi. Unter den Zuschauern waren es erstaunlicherweise die Frauen, die Begeisterung zeigten, indem sie Beifall klatschten und jubelten. Wahrscheinlich, weil sich Rossi von mir in Siegerpose getrennt hatte. Die Männer schienen über das Kampfergebnis anderer Meinung zu sein.

Ich legte die Schützer ab, wischte sie so gut es ging mit meinem Handtuch ab und hängte sie zum Trocknen an die Haken. Ich ging zur Tür und sah Rossi von der Matte humpeln. Sie hatte sich bis eben auf den Boden gesetzt und ihr Knie massiert, sie entledigte sich ihrer Schutzausrüstung und schimpfte dabei mit gespielter Entrüstung weiter auf mich ein: „Du Schwein. Du hast mir mein Knie kaputt gemacht."

„Ich werde darauf Rücksicht nehmen und beim nächsten Mal auf das andere Knie dreschen", versprach ich ihr beim Rausgehen. Die automatisch hinter mir zuschwingende Tür schnitt ihre Antwort ab. Dafür bekam ich nun einige der Gesprächsfetzen der Zuschauer mit: „... kein Beweis. War doch nur Show."

„Nein, nein, er hat verloren", behauptete eine Zuschauerin.

Ich seufzte innerlich, während ich mir mein Handtuch über den Nacken legte. Wenn das ihre einzigen Probleme waren, dann müsste es diesen Menschen recht gut gehen. Hinter mir wurde die Tür aufgezogen und Rossi humpelte aus dem Trainingsraum. Sie wurde gleich mit einer ähnlich wichtigen Frage belegt: „Los sag schon. Wer hat denn nun gewonnen?"

Sie entschied sich für eine halbwegs diplomatische Antwort: „Na, wir haben beide gewonnen."

Ich stellte mich dicht zu ihr, und sie fragte mich: „Wollen wir noch unters Solarium?"

Ich sagte sofort zu. Sie wollte mich an der Hand nehmen und mir den Weg zeigen, aber statt dessen nahm ich sie, gewissermaßen als kleine vorweggenommene Wiedergutmachung, auf den Arm und flüsterte: „Sag mir einfach den Weg. Ich lege dich dann unter den Hähnchenröster. Du wirst sehen, danach ist dein Knie wieder heil."

Sie schmiegte sich um meinen Nacken, wies mir den Weg, und ich trug sie in den Bereich, in dem zwei Kabinen mit Solarien aufgebaut waren. Wir hatten Glück, beide waren nicht besetzt. Ich legte sie auf einen der Grills. Sie fragte mich, ob ich Kleingeld für den Münzautomaten dabei hätte. Hatte ich natürlich nicht, also marschierte ich in den

185

Umkleideraum, holte aus meinem Spind eine Handvoll Münzen und ging zurück. Ich öffnete Rossis Kabinentür und sah sie auf einem neben der Solariumliege stehenden Stuhl sitzen. Sie hatte sich schon ausgezogen und massierte ihr Knie. Ihr Körper war immer noch von einem Schweißfilm überzogen, was auf mich sehr erotisch wirkte. Ich kniete vor ihr, gab ihr einen Kuss auf die schlimme Stelle und sah sie mit einem um Verzeihung bittenden Blick an. Sie griff mir in die Haare, zog meinem Kopf zu sich hoch und gab mir einen langen Kuss. Um die Sache nicht ausufern zu lassen, streckte ich ihr meine Hand mit den Münzen entgegen. Sie nahm einige davon, stand auf und steckte sie in den Münzautomaten. Die Lüftung der Liege sprang an. Die langen Gasentladungslampen spuckten zunächst ihr flackerndes bläuliches Licht aus, bevor sich der Lichtstrom stabilisierte. Rossi legte sich auf die Liege und ließ mit der Kabelfernbedienung den oberen Teil des Solariums herunterfahren. Ich verließ ihre Kabine und zog die Tür hinter mir zu. Die Nachbarkabine war immer noch unbesetzt. Ich schloss die Tür, ließ sie aber wie bei Rossi unverriegelt. Vorsorglich reinigte ich die Liegefläche, kämpfte mit meinen Klamotten, die noch klatschnass an meinem Körper klebten und nur unwillig weichen wollten, fütterte auch hier einen Zeitautomaten mit Münzen und machte es mir unter dem Solarium gemütlich. Wie so oft, wenn ich unter so einem Grill lag, döste ich auch hier ein. Trotz der kurzen Zeit tauchte ich in einem äußerst angenehmen Traum ein. Bevor ich den Höhepunkt meiner Fantasiewelt in Erfahrung bringen konnte, veränderte sie sich schlagartig. Herausgerissen durch ein hart klingendes „Tack" schreckte ich hoch. Die Kunststoffverglasung des oberen Solariumteils verhinderte, dass ich mit der Stirn ein paar der UV-Röhren zertrümmerte. Ich hörte ein Kichern und war mir nicht sicher, ob es noch zum Traum gehörte, brauchte gute zwei, drei Sekunden, um zu begreifen, wo ich war und was geschehen war. Im Grunde nichts aufregendes, das Tack stammte vom Münzautomaten. Die Farbveränderungen rührten von den UV-Röhren, die nun nicht mehr strahlten, und das Kichern kam von Rossi, die ein paar Minuten vor mir fertig geworden war, nun bei mir stand und das Oberteil des Grills hochfahren lies, bevor dadurch endgültig der Blick auf meinen Körper freigegeben wurde. Ich warnte sie: „Rossi, wir haben ein Problem."

Das Oberteil war fast in Endposition, als sie feststellte: „Und was für ein schönes Problem wir da haben."

Sie beugte sich über meinen erigierten Penis und ließ ihn genussvoll zweimal tief in ihren Mund gleiten. Dann richtete sie sich mit den Worten „und tschüss" auf und verließ die Kabine.

Ich war fassungslos. Das kleine Luder ließ mich einfach hier liegen! „Hey!", rief ich ihr hinterher, „ Wirst du wohl zurückkommen und weitermachen!"

Aber es half nichts, ich wurde mit meinem Problem alleine gelassen. Eine unmittelbare Verfolgung schied auch aus. Ich wollte nicht, dass am nächsten Tag in den St. Pauli News stand: „Fremder Berliner jagte Hamburger Dirne mit Mörderlatte nackt durchs Sportstudio."

Also stand ich auf, reinigte die Liegefläche, schlang mir das Handtuch um die Hüften und schlenderte zum Umkleideraum, um dort zu duschen.

Erfrischt zog ich mich an und ging zum Empfangstresen, an dem man auch Bekleidung und Sportlernahrung bekam. Auch hier war Rossi schon vor mir da. Sie hatte ihre Haare nach dem Duschen nicht extra getrocknet und sah zum Anbeißen aus. Ich stellte mich dicht neben sie und bestellte mir eine Flasche Mineralwasser. Rossi drehte sich halb zu mir, vorbei sich ihr Becken an meinem rieb. Dann fasste sie mir zwischen die Beine und meinte:

„Du scheinst dein Problem ja gelöst zu haben. Hoffentlich hast du nichts auf die Liege gekleckert. Nicht, dass eins von den Mädchen schwanger wird, nur weil es sich jetzt darin suhlt."

„Keine Sorge", knurrte ich zurück. „Das wird schon nicht passieren. Aber wenn du deine Hand da noch weiter lässt, bekomme ich ein neues Problem."

Sie lächelte überlegen: „Na, das will ich doch hoffen."

Wir strahlten uns gegenseitig an. Die Pforte für unser eigenes Universum war nicht weit weg.

Wir blieben nicht mehr lange. Vor meinem Wagen hörte ich wieder das von Rossi verursachte Welpengejaule. Wortlos gab ich ihr die Schlüssel, und sie setzte sich freudig hinter das Steuer. Ich stieg auch ein und wir fuhren los. Während der Fahrt hatte ich Gelegenheit, ihren flüssigen und vorausschauenden Fahrstil zu bewundern. Das Mädchen fuhr wirklich nicht schlecht. Nach einer Weile wurde Rossi schweigsam. Ich fragte sie, ob alles in Ordnung sei. Sie zögerte und sagte dann, dass sie eigentlich arbeiten wollte. Ich beruhigte sie: „Meinetwegen brauchst Du keine Rücksicht zu nehmen. Wenn du arbeiten willst, dann geh ruhig. Dass ist kein Problem für mich."

Sie schien erleichtert zu sein, als sie sagte: „Gut. Ich wäre heute aber doch lieber mit dir zusammen. Erst recht heute Nacht."

Ich hatte dagegen keine Einwände. In der Zwischenzeit hatte es zu regnen angefangen, der Regenfall wurde immer heftiger und prasselte kräftig auf die Karosserie. Das schien ihren Entschluss zu bestärken, denn sie sagte plötzlich: „Bei dem Wetter bringt das sowieso nichts. Da brauche ich mich erst gar nicht auf die Straße zu stellen."

Nach einer kurzen Pause sagte sie dann noch: „Ich ruf nachher bei Klaus an."

Als Rossi den Wagen in der Nähe ihrer Wohnung einparkte, regnete es immer noch heftig. Wir beeilten uns, in den schützenden Hausflur zu kommen. Oben zogen wir unsere nassen Sachen aus. Rossi stopfte sie mit den verschwitzten Sportklamotten in ihre Waschmaschine. Dann gingen wir in ihr Schlafzimmer und sie machte damit weiter, womit sie auf der Solarium-Liege bei mir aufgehört hatte. Nachdem sie mir mit diesem Appetithappen gezeigt hatte, was mich heute Nacht erwarten könnte, kam sie auf die Idee, mir Zeichnungen ihrer Modeentwürfe zu zeigen.

Ich war fasziniert. Es waren sehr ausgefallene Kreationen und viele von ihnen hatten Stil. Ihr Lieblingsmaterial schien Leder zu sein, vieles hätte im Fetischbereich großen Anklang gefunden. Es gab auch Arbeitskleidung für Dominas oder spezielle Designerstücke für Homosexuelle, aber auch genügend Entwürfe für Kleidung, die von Normalen getragen werden konnte, wenn sie sich trauten. Ich war mir sicher, dass sie dafür eine treue Stammkundschaft an sich binden könnte. Mit Bewunderung stellte ich fest, dass das Mädchen wirklich begabt war. Ich fragte sie, ob sie einige dieser Stücke hier habe. Klar, sagte sie begeistert, wühlte einige Exemplare aus ihrem Schrank und ging in den Flur, um sie dort anzuziehen. Ich legte mich also nackt zurecht und wartete auf dem Bett angespannt auf ihre Vorführung.

Sie hatte sich für ein gewagtes Cowboyoutfit entschieden. Auf dem Kopf trug sie einen breitkrempigen Cowboyhut aus schwarzem, schwerem, formstabilem Stoff. Am Oberkörper hatte sie eine Lederweste mit Verzierungen aus Silber an, die Weste ließ den Bauch frei. An den Füßen trug sie Cowboystiefel. Am aufregendsten war jedoch die Hose: Von der Form her war sie der Schutzkleidung von Cowboys abgeguckt. Dabei handelte es sich um Lederhosen, die beim Reiten über die Jeans gezogen werden, wobei große Bereiche zwischen den Beinen und am Hintern frei bleiben. Diese Kleidungsstücke waren in bestimmten Bereichen der Schwulenszene sehr beliebt, allerdings wurden darunter keine Jeans getragen. Auch Rossi trug nichts darunter, so dass mich ihr perfekt rasierter Irokese frech anblicken konnte. Der frei gelassene Bereich reichte nach hinten bis weit über ihre herrlichen Pobacken. Und natürlich hatte sie die Hose für ihre Figur enger geschnitten. Der Anblick war so überwältigend, dass mir augenblicklich ein Ständer wuchs, was Rossi mit einem überlegenen Lächeln zur Kenntnis nahm. Sie stieg mit den Stiefeln auf ihr Bett und stellte sich breitbeinig über mich. Ich starrte fasziniert auf die Stelle, wo sich ihre unendlich langen, gespreizten Beine trafen. Ich wusste, dass das eine jener Nächte werden würde, die man nie vergisst. Sie stemmte ihre Fäuste in die Hüften und sagte von oben herab: „So mein Hengst. Jetzt werde ich dich reiten, bis du vor Erschöpfung unter mir zusammenbrichst."

Sie ließ sich auf mich hinunter, führte unsere verlangenden Körper zusammen und hielt sich an meinem Nacken fest, so dass sie wie eine Reiterin auf mir saß. Sie bewegte sich kraftvoll und fordernd auf meinem Schoß, schwindlig vor Erregung steigerten wir unseren Rhythmus, bis sie atemlos auf mir zusammensank.

Ich wachte am nächsten Morgen auf. Rossi lag halb auf mir. Ich wollte sie vorsichtig zur Seite rollen, war aber scheinbar nicht behutsam genug, denn sie wachte trotzdem auf.

„Nicht bewegen. Nicht bewegen", murmelte sie schlaftrunken und umklammerte dabei meinen Oberkörper.

„Ich muss aber mal", rechtfertigte ich meine Handlung.

„Was musst du?", kam es fast schon empört zurück.

„Na, auf Toilette gehen", erklärte ich ihr.

„Ach so", meinte sie beruhigt. „Aber komm gleich wieder."

„Na klar", bestätigte ich und ging ins Bad, um mich frisch zu machen. Anschließend holte ich aus der Küche eine Flasche Orangensaft und ging zu Rossi zurück. Als ich mich wieder zu ihr legte, reckten sich ihre Hände wie die einer Verdurstenden nach der Orangenflasche. Ich nahm einen Schluck und überließ sie ihr dann.

Wir blieben noch ein halbes Stündchen liegen, kuschelten und schmusten, bis ich mir einen Ruck gab und aufstand. Ich sagte Rossi, dass ich kurz losziehen würde, um Frühstück zu holen. Während ich mich anzog, wurde ich von Rossi auf eine eigenartige Weise gemustert. Mich beschlich das Gefühl, dass diese Frau etwas aushecke. Wenn ich sie anschaute, blickte sie rasch in eine andere Richtung. Auf mein Fragen, ob etwas Besonderes los sei, erhielt ich nur eine nichtssagende, ausweichende Antwort. Ich zuckte mit den Schultern und verließ die Wohnung. Dennoch war ich guter Stimmung.

Als ich an meinem Wagen vorbeikam, musste ich ihm übers Dach streicheln. Selbst die Dreckspur, die ich danach an meinen Fingern zu sehen bekam, dämpfte meine Laune nur unwesentlich.

Die Sachen fürs Frühstück zusammen zu bekommen, dauerte nicht lange. Ich war daher bald zurück. In der Zwischenzeit hatte Rossi ihre Morgentoilette beendet. Sie saß mit Carmen in der Küche. Beide hatten große, volle Kaffeetassen im Format „Kameradenbetrüger" vor sich. Ein solcher Kleinst-Eimer stand auch für mich bereit.

Die Mädchen boten in ihren kurzen, seidenen Kimonos einen äußerst aparten Anblick. Ich begrüßte Carmen mit einen Kuss auf die Wange, der von ihr mit den Worten: „Hmm. Der Duft. Toll", erwidert wurde.

„Du riechst aber auch zum Anbeißen, Babe", gab ich das Kompliment zurück.

Rossi strahlte. Sie schien es gern zu sehen, dass ich mich mit ihrer Freundin gut verstand, was mir bei Carmen aber auch nicht schwer fiel.

Wir frühstückten, und ich gab noch mal zu verstehen, dass ich demnächst losgehen müsste, um wieder nach Berlin zurückzufahren. Beide stimmten ein leises, klagendes Hundegejaule an.

„Aus!", befahl ich.

„Was soll denn aus mir werden. Ich muss doch auch Geld verdienen. Winterreifen muss ich mir kaufen, die HDs zusammenschrauben und was weiß ich noch alles", fuhr ich fort, was dazu führte, dass die beiden die Körperhaltung von jungen Hunden einnahmen, die gerade gescholten wurden.

Die Nummer begann lästig zu werden. Also sagte ich ihnen genervt: „Mensch Mädels. Hört doch auf mir den Abschied so schwer zu machen. Das bringt doch keinem was. Gehen muss ich sowieso. Also hört endlich auf damit."

„Na gut", kam es trotzig von Rossi zurück. „Dann hören wir eben auf. Du magst wohl keine kleinen Hunde?"

„So'n Quatsch", wies ich die Unterstellung zurück.

Irgendwie traute ich dem plötzlichen Frieden nicht so richtig.

„Wenn ihr wirklich aufhören wollt, dann gebt mir jetzt einen Kuss", verlangte ich als Beweis von ihr.

Ihr Zögern hielt mein Misstrauen weiter wach. Schließlich leckte sie mir mit einem Hundekuss das Gesicht ab. Die folgenden zwei Stunden verbrachten wir mit Schäkern und Lachen. Dann war es soweit. Ich nahm meine Tasche, verabschiedete mich von den beiden und wunderte mich noch, dass sie mich nicht zur Tür brachten. Als ich die Wohnungstür öffnen wollte, hörte ich aus Carmens Zimmer Jackson Browne mit „Stay". Ich drehte mich um. Die Mädels hatten sich High Heels übergestreift und standen nun nebeneinander im Flur. Carmen hatte eine geschlossene

Flasche Becks in der Hand und tat so, als wäre es ein Mikrofon. Rossi tat es ihr gleich und sang in einen Kochlöffel. Sie schienen diese Nummer oft geübt zu haben, denn sie sangen absolut synchron mit Jackson Browne. Auch ihre Bewegungen waren perfekt auf den Rhythmus der Musik abgestimmt. Ihnen zuzusehen und zuzuhören, wie sie „Stay just a little bit longer. We want to play just a little bit longer ..." vortrugen, war zuviel. Von einer Sekunde auf die andere hatten sich meine Entschlossenheit und meine Widerstandskraft in nichts aufgelöst. Ich ließ meine Tasche fallen, zog meine Jacke aus und ergab mich den beiden Ludern. Die Mädchen jubelten, kamen auf mich zu und umarmten mich. Diesmal bekam ich von Rossi richtige Küsse. Ich ließ mich von den beiden in die Küche ziehen. Mein Blick fiel durchs Fenster und ich sah, wie aus den Regentropfen große Schneeflocken geworden waren, die einen dichten Vorhang bildeten. Rossi deutete durch die Scheibe und stellte klar: „Bei dem Wetter hätte ich dich sowieso nicht fahren lassen."

Im Gedanken gab ich ihr Recht. Es war wirklich nicht das beste Reisewetter. So blieb ich also noch einen Tag und eine Nacht in Hamburg. Carmen hatte ihren freien Tag, und Rossi war meinetwegen entschuldigt. Nachdem fest stand, dass ich bleiben würde, bot Carmen an, loszugehen und etwas fürs Mittagessen einzukaufen. Rossi und ich stimmten sofort zu. Wir nutzten ihre Abwesenheit, um hemmungslos zu schmusen. Carmen blieb nicht lange. Die beiden Mädels kümmerten sich gemeinsam um das Essen. Dabei zogen sie eine ihrer Tanznummern ab. Alleine das machte mächtig Appetit. Zur Krönung gab es dann auch noch ein super Gulasch.

Bis in den Nachmittag blieben wir in der Wohnung. Wir alberten herum hatten eine gute Zeit. Rossi und ich kamen uns immer näher. Ich hatte bisher noch nie eine Frau so oft und selbstverständlich berührt wie sie.

Carmen machte es sich zur Aufgabe, sich gelegentlich zwischen uns zu drängen, um zu verhindern, dass ich mich mit Rossi in ihr Zimmer zurückzog.

* * *

Am späten Nachmittag hatte es aufgehört zu schneien. Wir bummelten zu dritt durch die Stadt und erfreuten uns an den Weihnachtsauslagen. Bei Wempe drückten wir uns die Nasen an den riesigen Schaufensterscheiben platt. Die beiden Frauen zeigten mir ihre Wünsche. Die ersten paar waren noch erschwinglich, die anderen würden wahrscheinlich für immer Träume bleiben. Nach etwa drei Stunden kehrten wir zurück. Die

Kälte und das Laufen hatten uns hungrig gemacht. Carmen wärmte das vom Mittag übrig gebliebene Gulasch auf. Dazu stellte Rossi zwei Flaschen Rotwein auf den Tisch. Das reichte bis lange nach dem Essen. Rossi fing an, vom Vortag zu erzählen, und das Klaus mich mit „Prinz von Rossi" angesprochen hatte. Carmen meinte, dass das ja ihre Schuld sei. Schließlich habe sie in den letzten Wochen kaum eine Gelegenheit ausgelassen, ihre Berliner Eroberung als ihren Prinzen vorzustellen.

Rossi bestritt das mit mehr oder weniger gespielter Empörung und behauptete, das wäre gar nicht wahr. Im selben Atemzug versuchte sie, sich dafür bei mir zu entschuldigen. Ich winkte lachend ab und meinte versöhnlich: „Ich dachte, dass ich dein Prinz bin."

„Ja", antwortete sie gedehnt. „Das bist du ja auch. Aber wenn das jemand anderes sagt, dann hört sich das so kitschig an."

Da hatte sie Recht. Ich nahm mir vor, diesen Kosenamen nur von Rossi zu akzeptieren. Alle anderen würde ich gegebenenfalls unmissverständlich deutlich machen, dass ihnen dieses Recht nicht zusteht. Zu Rossi sagte ich stattdessen: „Im Grund habe ich nichts dagegen, wenn ich einen anderen Spitznamen als 'Icke' bekomme. Solange mein eigener Name nicht genant wird ist das in Ordnung."

Das Thema wurde abgehakt und die beiden gaben noch einige ihrer Ibizageschichten zum Besten. Es gab reichlich Stoff zum Lachen. So flog die Zeit dahin. Irgendwann in der Nacht machte Rossi deutlich, dass es mit uns alleine weitergehen würde. Carmen verstand schnell. Sie verabschiedete sich und zog sich in ihr Zimmer zurück. Rossi nahm mich an der Hand und führte mich ins Badezimmer. Unter der Dusche bereiten wir uns gegenseitig auf angenehmste Weise für den Rest der Nacht vor. Wir stiegen aus der Wanne, und Rossi deutete auf die im Regal liegende Rasier-Garnitur. Als sie dann noch ein großes Badetuch auf dem Boden ausbreitete und sich drauf legte war klar, dass wir erst in einigen Etappen in ihrem Bett ankommen würden. Rossi nahm sich wieder eine Doppelrolle 'Zewa-wisch-und-weg', legte sie sich unter den Nacken und ließ sich von mir verwöhnen. Sie kam immer mehr aus sich heraus und öffnete sich mir vollkommen. Irgendwann schafften wir es bis zu ihrem Bett. Die Nacht war ein einziger Ozean aus Leidenschaft.

Am nächsten Morgen stand ich früh auf und ging duschen. Rossi schlief noch fest. Ich setze mich nackt in die Küche, machte mir Kaffee und aß eine Stulle. Mit einer Art von Galgenhumor redete ich mir ein: Wenn ich heute nicht weg komme; ich mich heute nicht von ihr lösen konnte, würde ich wohl nach Hamburg ziehen müssen. Ich grinste vor mich hin und amüsierte mich darüber, in welche Richtung meine Gedanken auf einmal gingen. Überhaupt, eigentlich könnte ja Rossi nach Berlin ziehen. Aber das war natürlich genauso absurd. Denn: Egon hatte ja einen Plan. In diesem Fall gab es zwei Egons. Und jeder hatte seinen eigenen Plan. Außerdem: Wer weiß, vielleicht ließen sich irgendwann Teile unserer Pläne gemeinsam auf Ibiza verwirklichen. Das half mir, wieder rational zu denken. Zudem würde ich nächsten Freitag sowieso nach Hamburg müssen. Ich stand auf, ging in Rossis Zimmer und zog mich an. Sie schlief immer noch vollkommen entspannt und lag auf der Seite. Die dünne Bettdecke umschmeichelte ihren Oberkörper, floss an ihrer Hüfte entlang und spannte sich zwischen ihren Schenkeln. Ihr rechtes Bein war angewinkelt und lag zusammen mit ihrem hübschen Hintern frei. Ich konnte mich nicht satt sehen. Sie war eine absolute Schönheit. Erneut entstand in meiner Lendengegend ein Wärmezentrum. Wieder einmal konnte ich nicht anders. Ich musste mich zu ihr setzen und sie berühren. Sanft streichelte ich sie und küsste sie wach. Sie reagierte, indem sie meinen Nacken umklammerte, mein Gesicht behutsam mit Küssen bedeckte und schlaftrunken murmelte: „Bleib hier."

Ich versprach ihr, dass ich am Freitag wiederkommen würde und dann über das Wochenende bei ihr bleiben würde. Sie schnurrte zufrieden, ließ meinen Hals aber immer noch nicht los. Mit sanfter Gewalt befreite ich mich. Ich bat sie mich bei Carmen zu entschuldigen und ihr Grüße auszurichten. Sie wollte aufstehen und mich zur Tür bringen. Ich sagte ihr, dass sie ruhig liegen bleiben könne. Zudem befürchtet ich, dass das kleine Luder einen neuen Trick hervorzaubern würde, der geeignet war, mich noch länger hier zu behalten. Also nutzte ich die Gelegenheit und machte mich schleunigst auf den Weg.

Berlin

Das Reisen mit dem Mercedes war ein Genuss. Der Wagen lief wie von selbst. Allerdings würde ich mir umgehend Winterreifen besorgen müssen.

In Berlin angekommen fuhr ich direkt zu mir. Die Wohnung war leer. Ich staunte nicht schlecht, als ich feststellte, dass es auch noch eine Weile so bleiben würde. Sonja schien ihre Drohung war gemacht zu haben und war ausgezogen. Sie hatte alles mitgenommen, was ihr gehörte. Fairerweise hatte sie sich nicht an meinen Sachen vergriffen. Soweit ich es überblicken konnte, hatte sie lediglich ihren Satz Wohnungsschlüssel mitgenommen. Etwas naiv wertete ich das als Zeichen dafür, dass sie demnächst wiederkommen wollte. Ich rief bei Tom und den anderen Jungs an und meldete mich zurück. Wolle wollte bei mir vorbeikommen und sich mit mir unterhalten. Wir verabredeten uns für den späten Nachmittag.

Ich zog meinen Schrauberoverall an. Dabei fiel mir ein: Wenn Sonja nun ausgezogen war, dann konnte ich ja ruhig Rossi meine Nummer geben. Also rief ich bei ihr an. Sie fragte gleich, ob etwas passiert sei. Ich verneinte lachend und fühlte mich wohl bei dem Gedanken, dass sie sich um mich sorgte und teilte ihr meine Telefonnummer mit. Sie notierte sich die Zahlen und fragte dann: „Hast du deine Angelegenheit geklärt in Berlin?"

„Hat sich erledigt. Da gibt es vorerst nichts zu klären."

„Kann ich denn auch mal bei dir vorbeikommen und ein Wochenende bei dir verbringen?"

Schau an, dachte ich mir. Die Kleine wollte offensichtlich testen, ob ich in Berlin mit einer Konkurrentin zusammen war. Da sich zurzeit ein solcher Test leicht bestehen ließ sagte ich zu ihr: „Du kannst sofort nach Berlin kommen. Und gleich ganz bei mir bleiben."

Sie zögerte einen Moment. Dann sagte sie: „Das muss ich mir noch überlegen. Du weißt doch. Ich habe auch einen Plan."

„Wir können ja unsere Pläne zusammenschmeißen", schlug ich vor.

„Das hört sich gut an", antwortete sie.

„Am Freitag bin ich wieder bei dir. Dann können wir ja darüber ausführlicher sprechen."

Sie war einverstanden. Wir verabschiedeten uns nach einem bisschen Geturtel. Ich ging in meinem Bastelraum und schliff ein paar Teile ab. Anschließend brachte ich sie in eine Lackiererei.

Bei meiner Rückkehr, wartete Wolle schon vor der Haustür. Als er mich in dem Mercedes erkannte, ging er mir entgegen, blieb vor dem Wagen stehen und begann ihn zu mustern. Ich stieg grinsend aus und begrüßte ihn. Er ging um den Wagen herum, bestaunte den guten Karosseriezustand, insbesondere den tadellosen Sitz der Dichtungsgummis an den verchromten Radlaufleisten, und fragte: „Im Lotto gewonnen? Geliehen? Geklaut? Oder wo hast du den her?"

Statt einer Antwort grinste ich noch breiter und fragte: „Interesse an einer Probefahrt?", und hielt dabei klimpernd die Wagenschlüssel hoch.

„Worauf du einen lassen kannst", meinte er und schnappte sich das Schlüsselbund, an dem sich auch meine Wohnungsschlüssel befanden.

Ich nahm neben ihm Platz und ließ mich von ihm die Müllerstraße entlang bis zum Kurt Schuhmacher Platz und zurück chauffieren. Wolle war des Lobes voll. Vor allem der Luxus hatte es ihm angetan. Seinen in Paris versüßten Granada konnte er zwar wieder nutzen, aber in der alten Schüssel gab es außer Licht, Radio und Anlasser wenige elektrische Helferlein. Daher war es nicht weiter verwunderlich, dass er Dinge wie Zentralverriegelung, elektrische Fensterheber, elektrischer Schiebedach, Tempomat, Klimaanlage, Niveauregulierung usw. aufs Angenehmste schätzte. Es dauerte auch nicht lange und er fragte: „Was hast'n bezahlt?"

„Zwölfe", sagte ich knapp und, um ihn noch weiter anzustacheln: „Schau mal auf den Kilometerstand."

Er musste zweimal hinschauen, um sich sicher zu sein, und meinte dann kopfschüttelnd: „Nur zwölftausend? Unfassbar. Gibt's von der Sorte noch mehr?"

„Klar", meinte ich und erzählte ihm die Story von der Spielbank und der vollen Tiefgarage.

Ich beendete meine Ausführung mit den Worten: „Ich bin nächsten Freitag wieder drüben. Wenn du bis dahin wenigstens zehn Riesen auftreiben kannst, bin ich mir sicher, dass wir auch für dich etwas Gutes finden."

„Ich bin dabei", sagte er nachdrücklich.

Ich lud ihn für Donnerstag ins Moustache zum Essen ein. Da sich schräg gegenüber vom Restaurant das Soft Rock befand, lag es nahe, hier den Abend ausklingen zu lassen. Ich bot Wolle an, dass er die Nacht zum Freitag bei mir übernachten könnte, so dass wir gleich am nächsten Morgen früh losfahren konnten. Die Idee gefiel im. Er fragte aber gleich, was Sonja dazu sagen würde.

„Nichts", antwortete ich. „Sonja ist ausgezogen. Ich habe zur Zeit sturmfreie Bude."

„Warum das denn?", wollte er wissen.

„Na, überleg mal", begann ich. „Wir sind in der letzte Zeit häufig unterwegs. Anrufen tue ich auch nicht so oft. Und Du weißt doch, wie eifersüchtig Sonja ist. Aber genug davon. Park ein und gib mir die Schlüssel wieder", beendete ich das Thema, denn wir waren wieder bei mir angekommen.

Glücklicherweise war der alte Parkplatz immer noch frei. Wolle nahm ihn in Beschlag und gab mir mit einem Ausdruck des Bedauerns die Schlüssel zurück. Wir gingen in meine Wohnung, ich setzte für uns beide Kaffee auf. Wolle wartete mit mir in der Küche darauf, dass die braune Brühe durch die Maschine lief. Dabei fragte er mich, ob ich schon etwas von dem Material losgeworden wäre.

„Bin ich", sagte ich.

Die Antwort schien im nicht zu reichen, denn er wollte wissen: „Und, wie viel hast du noch?"

„Nichts mehr", sagte ich bescheiden.

„Wie, nichts mehr?", fragte er verblüfft. „Hast du das Zeug weggeschmissen?"

Ich lachte und erzählte ihm, dass Tom vier Kilo auf Kommission erhalten habe, und dass ich die restlichen acht Kilo in Hamburg zum vereinbarten Preis gegen Cash an den Mann gebracht hatte.

„Nicht schlecht", sagte er. „Daher auch die Kohle für den Daimler."

Da musste ich ihm Recht geben.

Mit dem frisch gebrühten Kaffee gingen wir ins Wohnzimmer und sprachen noch ein halbes Stündchen über Ralf, Josef und die im Moment rosig aussehende geschäftliche Zukunft. Wolle hatte noch etwas vor. Sein Aufbruch kam mir sehr gelegen, da ich noch zum Training gehen wollte.

Wir verließen zusammen meine Wohnung, verabschiedeten uns auf der Straße, und ich ging zum Sport ins Nord. Dort traf ich Bart-Rolf. Eine Stunde lang quälten wir uns an den Eisen. Dann gingen wir in einen der mit Matten ausgelegten Räume, der gerade frei war, zogen uns Boxhandschuhe an und droschen in lockerer Art aufeinander ein. Während wir umeinander tänzelten, sagte ich ihm, dass ich in Hamburg eine Superfrau kennen gelernt hatte. Zwischen den Aktionen unseres Schlagabtausches erzählte ich in abgehakten Sätzen: „Ich hatte mit ihr schon zwei schweißtreibende Workouts."

„Wie meinst du das denn?", fragte er und schlug eine Doublette, die an meiner Deckung verpuffte.

„Natürlich rein sportlich", tat ich entrüstet und schlug einen Leberhaken, der leider an seinem Ellenbogen landete.

„Die wirbelt unheimlich mit den Beinen rum. Und hat eine super Kondition", keuchte ich, während ich einem linken Schwinger auswich.

„Und wie sieht sie aus?", keuchte er zurück.

„Traumhaft", schwärmte ich, dachte dabei an ihren herrlichen Körper und wurde dafür auch beinahe ins Traumland geschickt. Rolf hatte meine kurze Unaufmerksamkeit ausgenutzt und knallte mir eine gestreckte Grade gegen die Stirn. Statt meiner lieblichen Rossi erschienen Sterne vor meinen Augen und ich landete auf meinem Hintern. Rolf lachte und sagte: „Die muss ja wirklich gut aussehen."

„Du wirst gleich weniger gut aussehen", knurrte ich, immer noch auf dem Boden sitzend.

Er lachte wieder und half mir hoch. Ich schüttelte meine Benommenheit ab und legte eine härtere und schnellere Gangart ein. Nachdem ich ihm wieder Achtung vor mir eingeprügelt hatte, schlug er vor, das Training am Sandsack ausklingen zu lassen, was wir in den nächsten fünfzehn Minuten auch taten. Auf angenehme Weise erschöpft vereinbarten wir, etwas Kunstsonne zu tanken und danach am Tresen noch ein wenig zu plaudern. Ich legte mich also auch unter einen Grill, ging anschließend unter die Dusche, zog mich an und wartete am Tresen auf Rolf. Nachdem wir uns zwei Selters bestellt hatten, erzählte er mir von seinem Job im Soft Rock. Ich erfuhr, dass Manne und Zepi die Geschäftsführung des Tolstefanz innehatten. Sie taten das im Auftrag eines Anwalts, für den der Laden ein Abschreibungsobjekt darstellte. Die Türsteher des Tolstefanz und des Soft Rock standen unter der Leitung von Manne und Zepi. Das war für mich ein geeigneter Übergang. Ich sagte Rolf, dass ich Kontakt zu Manne haben wollte. Am Besten als Türsteher über das Soft Rock. Rolf versprach, dass das kein Problem sei., er würde das schon drehen. Ich nahm ihm noch die Zusage ab, vorerst nichts von meinen Materialgeschäften verlauten zu lassen. Für den Fall, dass es wider Erwarten zu Nachschubproblemen kommen sollte, wollte ich nicht mit großmäulig angekündigten, aber nicht durchführbaren Lieferungen zum Idioten werden. Ich sagte Rolf, dass ich im Laufe des Abends im Soft Rock vorbeischauen würde, um mit ihm weiter über das Thema zu reden. Dann verabschiedete ich mich. Auf der Straße wandte ich mich nach rechts, um in die schräg gegenüberliegende Karstadt-Filiale zu gehen. Ich kaufte in der Lebensmittelabteilung einige Steaks und Zutaten für einen knackigen Salat.

Zuhause angekommen legte ich Lee Claiton auf und machte mir etwas zu essen. Gut gelaunt scheuchte ich dann den Staubsauger durch die Wohnung. Da Sonja nicht mehr da war, blieb mir nichts anderes übrig, als selbst Küche und Bad auf Vordermann zu bringen. Im Schlafzimmer zog ich frische Bettwäsche auf, ich stopfte die Waschmaschine voll und ließ sie laufen. Nun sah alles wieder besser aus. Sonja hatte in der letzten Zeit wohl keine Lust mehr gehabt. Ich machte mich im Bad frisch, ging ins Wohnzimmer und schaute mir im Fernseher die Tagesthemen an. Kurz nach 23.00 Uhr wollte ich ins Soft Rock fahren. Um diese Zeit würde noch nicht viel los sein und ich würde Gelegenheit haben, mein Gespräch mit Rolf in halbwegs ruhiger Atmosphäre weiterzuführen. Ich stand schon an der Wohnungstür, als das Telefon zu klingeln begann. Genervt ging ich zurück, hob ab und blaffte ein unhöfliches „Hallo" in den Hörer. Am anderen Ende war Rossi. Mein Unmut verschwand schlagartig, statt dessen breitete sich wohlige Wärme in mir aus. Ich streifte meine Jacke ab und setzte mich aufs Sofa.

„Hey, Maus. Womit habe ich dich verdient?", raspelte ich ein wenig Süßholz. „Ist irgendwas passiert?"

„Nein", beruhigte sie mich. „Ich wollte nur deine Stimme hören. Ich mache gerade Kaffeepause, und da habe ich an dich denken müssen."

„Ich bin schlimmer dran. Ich denke ständig an dich. Wenn ich den Kopf frei haben soll, muss ich darum kämpfen, nicht an dich zu denken. Und wenn ich beim Kämpfen an dich denke, gibt es was auf die Nuss."

„Hä?", kam es verständnislos zurück.

Also erzählte ich ihr von meinem kleinen Missgeschick während des Boxens. Sie lachte und meinte: „Siehst du, wenn du bei mir wärst, bräuchten deine Gedanken nicht abzuschweifen. Dann kann dir so was nicht passieren. Und wenn du dabei an eine andere denkst, trete ich dir vors Schienbein. Oder woanders hin."

Ich wollte ablenken und beging den Fehler, nach ihrem Knie zu fragen. Für einige Sekunden herrschte Stille. Ich wollte schon fragen, ob sie noch da sei, als ich etwas hörte, das ich für wütendes Schnaufen hielt.

„Hallo?", fragte ich zaghaft und verunsichert.

Sie antwortete: „Das Knie tut immer noch weh. Ich merke es bei jedem Freier."

„Oh, dann denkst du ja doch ganz schön oft an mich."

Sie lachte und ich fiel mit ein. Froh darüber, dass ich aus dem Fettnäpfchen heraus gekommen war, fragte ich: „Hast du denn keine Salbe? Du hast doch nicht zum ersten Mal was abbekommen."

„Ja sicher", meinte sie gedehnt. „Ich habe schon was. Aber ich bin immer so faul, wenn ich morgens nach Hause komme. Ich habe dann keine Lust mich mit dem Zeug einzuschmieren. Aber ich muss jetzt weitermachen und noch was für mein Apartment tun. Du kommst doch Freitag?"

„Auf jeden Fall. Ich muss doch noch meine HD-Teile abholen", veralberte ich sie. Sie schnaufte aufgebracht: „Das wird doch wohl nicht der einzige Grund sein, oder?", fragte sie fast schon drohend.

„Natürlich nicht", beeilte ich mich zu sagen.

Wir turtelten noch ein wenig, flüsterten uns ein paar zärtliche, unanständige Worte zu und verabschiedeten uns. Ich blieb noch einige Minuten auf dem Sofa sitzen und dachte an Rossi und ihre Zärtlichkeiten, die sie mich hatte genießen lassen.

Schließlich gab ich mir einen Ruck und verließ die Wohnung.

Ich fuhr mit dem Mercedes auf eine Nachttankstelle in der Uhlandstraße, tankte voll und stellte den Wagen in die Waschanlage. Es gab das volle Programm. Nachdem ich auch innen anständig saubergemacht hatte, strahlte der Wagen und wirkte wie neu. Vor allem war der Nikotingeruch verschwunden. Dann fuhr ich weiter. In unmittelbarer Nähe des Soft Rock war kein Parkplatz zu finden, also stellte ich den Wagen mit dem vorderen Teil auf der Ecke des Bürgersteiges ab. Bart-Rolf und Tom standen vor der Eingangstür. Als sie mich erkannten, bekamen sie den Mund nicht mehr zu. Ich war noch nicht einmal ausgestiegen, als die beiden schon dabei waren, sich über meinen Wagen und mein neues Outfit das Maul zu zerreißen. Breit grinsend ging ich auf sie zu. Bevor ich sie erreicht hatte, trat Annette aus dem Laden. Sie wollte offensichtlich ein Gespräch mit Rolf anfangen, wurde aber im Moment von ihm nicht wahrgenommen. Irritiert schaute sie zu mir, konnte mich aber nirgends einordnen, und da Rolf nicht auf sie reagierte, ging sie gefrustet in den Laden zurück. Nach der Begrüßung meinte Rolf: „Na, da soll noch mal jemand sagen, dass sich Kriminalität nicht auszahlt."

Wir lachten und ich sagte: „Ich habe ja niemanden etwas geklaut. Und wenn Vater Staat was davon abhaben will, kann er Haschisch legalisieren. Geraucht wird das Zeug doch sowieso."

Beide stimmten mir zu, bevor wir in den Laden gingen. Rolf und Tom blieben am Eingangsbereich, während ich mir am ersten Tresen von Betty drei Becks geben ließ. Ich schlenderte zu den beiden Männern zurück und stieß mit ihnen auf meinen neuen Wagen an. Tom erzählte mir die neuesten Nachrichten aus der Bikerszene. Haarklein wurde ich darüber informiert, wer sich über wen aufregte, wer es gerade mit wem trieb und wer davon schwanger war. Irgendwann unterbrach ich seine Berichterstattung und fragte Rolf, ob ich fürs Wochenende seinen Bronco haben könnte. Als Anreiz erwähnte ich beiläufig, dass wir ja wieder die Fahrzeuge tauschen könnten. Er war sofort einverstanden und schlug vor:

„Wir können auch für immer tauschen."

„Kann ich mir denken", antwortete ich und vermutete: „Das hättest du wohl gerne."

Er nickte eifrig mit dem Kopf, doch ich musste ihn enttäuschen. Stattdessen vereinbarten wir den Fahrzeugtausch für Donnerstagabend vor dem Soft Rock. Wenig später ging die Tür auf, und Hartmut und Rocky betraten den Laden. Hartmut stelzte immer noch auf Krücken vor sich her. Ich zog ihn nach der Begrüßung auf: „Wie bist du denn hierhergekommen. Ich habe gar kein Zweitakter-Gejaule gehört und sehe auch keine blaue Ölwolke."

Er lachte und forderte mich auf, mit rauszukommen. Draußen stand eine neue Super Glide. Nicht schlecht, dachte ich. Hartmut klärte mich auf, dass endlich die Versicherung gezahlt hätte. An die Stelle seiner alten BMW war nun dieser Hobel getreten. In unmittelbarer Nähe, direkt neben meinem Wagen, war ein Jeep Renegade auf ähnliche Weise geparkt. Ich bestaunte die überbreiten Walzen. Rocky hatte sich zu uns gesellt. Er sagte mir, dass er sich seine Lebensversicherung hatte auszahlen lassen. Von einem Teil hatte er sich den Jeep gekauft. Für den Winter, betonte er. Hartmut gestand mir, dass ihm seine neue Maschine noch nicht so richtig gefiel, deshalb wollte er bei mir vorbeikommen und sich einige Teile aussuchen. Das hörte ich gerne. Ich schlug den morgigen Tag vor, machte aber die Einschränkung, dass ich am Vormittag meinen Wagen anmelden wollte. In den Amtsstuben der Kraftverkehrszulassungsstelle würde ich gute zwei Stunden vor mich hin brüten müssen. Hartmut unterbrach mich: „Du hast 'nen neuen Wagen? Wo denn?"

Wortlos deutete ich auf das Fahrzeug, das neben dem Jeep stand. Hartmut seufzte: „Nicht schlecht. Das sind halt die kleinen Unterschiede."

Da musste ich ihm Recht geben. Wir gingen wieder ins Soft Rock und tranken mit Becks und Tequila auf unsere Neuerwerbungen. Ich riet Hartmut, bei der Kälte mit seinem gebrochenen Bein und den vielen Schrauben darin vorsichtiger zu sein. Er winkte ab und meinte, das würde ihm nichts ausmachen. Dann zeigte er auf die Tequila-Flasche und sagte: „Das Zeug wird mich schon warm halten, bis ich zuhause bin."

Rocky warf lachend ein: „Das haben die deutschen Lanser vor Stalingrad auch gedacht, bevor sie als tiefgefrorene Wegweiser in der Steppe rumstanden."

Eigentlich hatte ich an eine mögliche vereiste Straßenstelle und einen weiteren Bruch gedacht. Daher verstanden die beiden mein Kopfschütteln auch nicht.

Im Folgenden widmeten wir uns dem Ritual des Tequilatrinkens. Wir verbrauchten den Stoff, Zitronen und Salz, als würden wir dafür bezahlt. Rolf stellte sich dicht zu uns und fragte, ob wir ein bisschen Koks ziehen wollten. Ich lehnte ab. Hartmut nickte eifrig. Rocky fasste sich an seine krumme Nase, die er nie hatte richten lassen, und meinte: „Dann kriege ich wenigstens wieder richtig Luft."
    Verstohlen gab Rolf Tom ein Zeichen. Dann fragte er mich, ob ich so lange auf die Tür aufpassen könnte. Ich nickte und machte dabei Betty schöne Augen. Da der Laden verhältnismäßig leer war, hatte sie Zeit, darauf einzusteigen. Der Vierertrupp gab sich Mühe, möglichst unauffällig den Schuppen zu verlassen. Geschickt stellten sie sich dabei nicht an. Ich schäkerte noch mit Betty, als Arthur mit Annette ankam, sich an den Tresen stellte und Betty fragte, wo denn Rolf abgeblieben sei. Sie antwortete: „Ist kurz draußen."
    Dann deutete sie auf mich und ergänzte: „Er macht solange die Tür bis Rolf wiederkommt."
    Arthur musterte erst mich, dann meine Lederjacke und sagte schließlich: „Die Jacke wollte ich mir letzte Woche bei Selbach auch holen. Aber sie hatten nur große Größen."
    „Die ist nicht von Selbach", stellte ich richtig. „Ist 'n Geschenk aus Hamburg."
    „Ist der Daimler auch ein Geschenk?", fragte Annette dazwischen.
    Ihr schienen die roten Hamburger Überführungskennzeichen aufgefallen zu sein. Mein knappes Nö ging in ihrem Wortschwall unter, als sie sich an Arthur wandte: „Arthur. Ich will auch so tolle Geschenke haben", verlangte sie.
    Arthur machte ein säuerliches Gesicht und zuckte resignierend mit den Schultern. In diesem Moment ging die Tür auf, und ein sichtlich angetrunkener Mann kam hereingestolpert. Ich stellte mein Glas ab, ging ihm entgegen und sagte ihm, dass er für heute genug getrunken habe. Zumindest für diesen Laden. Eine unangenehme Alkoholfahne hüllte mich ein, als er mich anblaffte: „Das hast du doch nicht zu bestimmen:"
    „Heute schon", stellte ich klar, als die Tür erneut aufging, ein zweiter Angesoffener in ihr stand und irgendetwas lallte. Die beiden schienen sich zu kennen. Mich jetzt auf eine Diskussion einzulassen, hätte meine Position verschlechtern können. Und da ich mit einem unmittelbar bevorstehenden Angriff rechnete, beschloss ich, der Erste zu sein, der zulangte. Ich verpasste dem vor mir Stehenden einen wuchtigen Leberhaken, worauf er sich auf die Knie fallen ließ und zur Seite kippte. Ich

sagte ihm noch: „Ist doch nicht notwendig, vor mir einen Knicks zu machen."

Da kam auch schon der andere angestampft. Wieder einmal nahm ich mir vor, bei solchen Aktionen nicht so viel zu quatschen. Der andere machte den Fehler, wie Frankenstein mit ausgestreckten Armen auf mich zuzustürmen. Im richtigen Moment steppte ich rechts zur Seite, krallte meine linke Hand in seinen linken Unterarm und zog ihn, seinen Schwung ausnutzend, an mir vorbei. Gleichzeitig klatschte ich ihm meine rechte Hand ins Genick. Ich riss an seinem Nacken, als würde ich einen Hammer beschleunigen. Er flog fast an mir vorbei. Seine schwungvolle Vorwärtsbewegung wurde durch den äußerst massiven, in Boden und Decke verankerten Baumstamm gestoppt. Der Einschlag war enorm. Das ganze Podest schien zu erbeben. Von Hundert auf Null in nullkomma-eins Sekunden, dachte ich noch. Es war ihm nicht gelungen, sich auf irgendeine Weise abzufangen. Sein Schädel hatte die ganze Verformungsenergie aufnehmen müssen. In verrenkter Stellung lag er bewusstlos neben meinem hölzernen Helfer und blutete stark aus einer Platzwunde. Mit einem raschen Blick nach hinten überzeugte ich mich davon, dass der andere auch weiterhin keine Gefahr für mich darstellte. Ich ging zu dem Baum, klopfte mit der flachen Hand zweimal dagegen und lobte ihn: „Guter Junge."

Betty kam eilig mit einem Handtuch und presste es dem immer noch Bewusstlosen auf die blutende Wunde.

„Lass das", sagte ich ihr. „Der Mann ist unwichtig. Wisch lieber den Baum ab."

„Nein", widersprach sie laut. „Der saut mir doch die neue Auslegware ein."

Das Argument leuchtete mir ein. Also griff ich in den Kragen seiner Lederjacke und schleifte den Reglosen nach draußen. Betty lief in gebückter Haltung neben mir her und bemühte sich, das Handtuch auf die Wunde zu drücken. Als wir an der Tür angekommen waren, machte sie kehrt und wischte den Baum sauber. Draußen zog ich meine Fracht etwa zwei Meter weit und positionierte sie so, dass sie sitzend an der Fassade lehnte. Nach einigen korrigierenden Einstellungen fiel der Bewusstlose auch nicht mehr zur Seite. Ich ging in den Laden zurück, um mich um den anderen zu kümmern. Er lag in Embryohaltung seitlich auf dem Boden, hielt sich mit beiden Händen seine Leber und röchelte. Die Frage, ob ich in diesem Laden etwas zu bestimmen hatte, schien ihn nicht mehr zu interessieren. Da er noch nicht selbständig gehen konnte, griff ich auch in seine Lederjacke und zog ihn hinter mir her. Draußen legte ich ihn zu seinem Kumpel und bettete seinen Kopf in den Schoß des Bewusstlosen, wo er sich wieder zusammenkrümmte. Beide wurden von den, über ihnen an der Fassade angebrachten Halogenscheinwerfern hell angestrahlt. Ich ging wieder in den Laden zurück und nahm auf meinem Barhocker Platz. Auf den Tresen stand ein neues Becks. Arthur und Annette hatten sich auf benachbarte Barhocker gesetzt, Annette saß neben mir und fragte mich: „Was war denn das?"

An meiner Stelle antwortete Arthur:

„Auf jeden Fall war es kurz und schmerzhaft."

Die beiden fachsimpelten aufgekratzt über die möglichen gesundheitlichen Zustände der beiden Pechvögel und wie sie sich wahrscheinlich morgen fühlen würden. Ich hielt mich weitgehend raus, da ich die Sache als erledigt betrachtete. Während Annette mit Arthur plauderte, legte sie mir ihre Hand auf die Schulter. Ich war mit den genauen Verhältnissen nicht vertraut, also hielt ich mich zurück. Wenn sich eine günstige Gelegenheit ergab, schaute ich ihr tief in die Augen. Sie strahlte kurz zurück und widmete sich dann immer wieder Arthur. Ich hatte einige Runden Tequila in unsere Gläser geschenkt, als die Eingangstür aufgerissen wurde und Bart-Rolf hineingestürmt kam. Kampfbereit blieb er stehen und schaute sich mit seinen Scheinwerferaugen um. Zur Zeit herrschte im Laden eine ruhige, angenehme Atmosphäre. Selbst die Musik wurde nicht laut gespielt. Als Bart-Rolf merkte, dass er im Moment der einzige Aufgeregte war, entspannte er sich. Sein Blick wanderte zurück zu mir. Dann kam er auf mich zu und fragte: „War irgendetwas los?"

„Nicht dass ich wüsste", sagte ich.

Annette stützte sich mit ihren Unterarmen auf meine Schulter und meinte kopfschüttelnd: „Nein, es war nichts los."

Leider tat sie das mit einer ironischen Betonung, die das genaue Gegenteil ausdrückte. So war es nicht verwunderlich, dass Barth-Rolf skeptisch blieb und misstrauisch fragte: „Und was ist mit den beiden, die da draußen an der Wand lehnen?"

Ich zuckte mit den Schultern: „Keine Ahnung. Vielleicht wohnen die da", vermutete ich.

Annette wieherte mir ins Ohr, dass es klingelte. Betty und Arthur brachen in Gelächter aus und krümmten sich.

Die Tür ging wieder auf, und der Rest der Nasenpuderer kam herein. Hartmut schien die Zusammenhänge erkannt zu haben, denn er behauptete gleich: „Dich kann man auch nicht alleine lassen."

Bart-Rolf kannte meine beiden Angreifer und klärte uns auf: „Das sind zwei Rausschmeißer aus dem Big Eden."

„Na und?", kam es von Rocky. „Wer sich nicht benimmt, der fliegt."

Was allgemeine Zustimmung fand. Ich blieb noch zwei, drei Stunden. Die Mischung aus Koks und Alkohol sorgte für eine ausgelassene Stimmung, auch wenn die Gesprächsinhalte nicht immer für jeden nachvollziehbar waren. Vor allem für uns Nichtkokser. Als Annette wieder einmal auf Toilette ging, kam Bart-Rolf wieder auf die Sache von vorhin zurück. In der ihm typischen Art kam er dicht an mich heran, so dass seine Nase fast mein Ohr berührte, und flüsterte in beinahe schon verschwörerischem Ton: „Die beiden wollten wahrscheinlich zu mir und ein bisschen Koks kaufen."

Ich tat überrascht: „Davon haben sie kein Wort gesagt."

„Dazu hatten sie ja auch keine Gelegenheit. Du musstest ihnen ja gleich auf die Fresse hauen."

Ganz so war es ja nicht gewesen. Ich hatte aber kein Interesse, mich weiter über diese Belanglosigkeit zu unterhalten. Darum antwortete ich nicht, sondern hob nur entschuldigend die Schultern und prostete ihm mit meinem Tequila-Glas zu. Das Soft Rock wurde langsam voller, ich im übrigen auch. Unsere Runde wurde immer ausgelassener. Die Stimmung war riesig, und ich musste mich zum Aufbruch zwingen. Schließlich hatte ich für morgen Vormittag noch einiges vor.

Satt angetrunken setzte ich mich hinter das Steuer und fuhr nach Hause.

Im Bad erledigte ich nur das Nötigste. Dann legte ich mich ins Bett und schlief augenblicklich ein. Irgendwann wurde ich durch ein schmatzendes Geräusch wach. Nach etwa einer Sekunde erkannte ich Sonja, die sich zielsicher mit meinem Unterleib befasste, bis ich eine Erektion bekam. Sie setzte sich auf mich und bewegte sich in einem fordernden, schnellen Rhythmus, bis sie zum Höhepunkt kam. Ich war noch lange nicht so weit und sah ihr verblüfft zu, wie sie aufstand und mich unbefriedigt liegen ließ. Ratlos beobachtete ich sie und fragte: „Hey, und was ist mit mir?"

Sonja zog sich gerade ihre Hose hoch, schloss den Reißverschluss und sagte ohne mich anzusehen giftig: „Keine Sorge. Du hast schon, was du verdienst."

Sie zog sich weiter an und war innerhalb von Sekunden verschwunden. Ich hörte, wie die große massive, hölzerne Wohnungstür ins Schloss fiel. Ich grübelte, was das Ganze sollte. War aber noch vom Alkohol zu benebelt um mir darauf einen Reim zu machen. Außerdem war ich zu müde, also schlief ich gleich wieder ein.

Am nächsten Morgen wachte ich mit einem unheimlichen Brand auf. In meinem Mund war ein Geschmack, als wäre er mit altem Teppich ausgelegt. Ich zwang mich aufzustehen, stürzte in die Küche und leerte ein halbe Flasche Selters. Anschließend entfuhr mir ein Rülpser, der mich selbst erschreckte. Ich schmiss die Kaffeemaschine an und schlurfte ins Bad. Auf dem Weg dahin versucht ich mich an den Vorfall von vorhin zu erinnern, aber meine Blase sendetet Prioritätssignale, die mich veranlassten sie vorrangig zu behandeln. Ich ließ also Wasser und schlagartig setzte die Erinnerung ein, denn ein stechender Schmerz durchzuckte mein Glied. Mit verzerrtem Gesicht starrte ich fassungslos auf meinen brennenden Lötkolben. Sonja! Du Miststück! Was hast du mir da angehext? Zugegeben, ich war in der letzten Zeit nicht ganz so aufrichtig und fair gewesen wie sonst. Aber musste es denn gleich so eine hochnotpeinliche Bestrafung sein? Das war also die Rache einer Frau die eine dunkle Ahnung hatte und es mir so heimzahlte.

Nicht gerade mit bester Laune brachte ich meine Morgentoilette zu Ende. Ich frühstücke noch eine Kleinigkeit und machte mich dann auf den Weg in die Franklinstraße, um meinen Wagen im Berliner Verwaltungsbereich anzumelden.

Wie ich vorausgesehen hatte, verbrachte ich in dem Amt zwei öde Stunden mit Warten.

Anschließend fuhr ich zur Wilmersdorfer Straße. Auch dort gab es ein Gesundheitsamt. Ich meldete mich an und wurde in einen Warteraum gewiesen. Ich öffnete die Tür und blieb kurz stehen. Sicher, ich wusste, dass Professionelle regelmäßig zum Gesundheitscheck gingen und sich alle vierzehn Tage einen weiteren Stempel in ihr Becker-Buch geben ließen. Dennoch war ich erstaunt. Der Raum war voll mit Nutten. Die meisten kannte ich. Zu meinem Leidwesen war ich der einzige Mann. Die, die mich kannten, begrüßten mich laut. Einige riefen meinen Namen durch den Raum. Andere fragten danach, wie es Sonja gehen würde. Ich lächelte gequält und gab ein paar ausweichende Antworten. Die Liebesdienerinnen schienen sich streng nach Nationalitäten sortiert zu haben. Ich passierte die Thai-Fraktion, schlängelte mich an der Liga der Farbigen vorbei und setzte mich in eine leere Ecke. Von hier aus hatte ich auch den Block der Einheimischen im Blick. Es wurde viel und laut durcheinander geschnattert. Zudem schien es viel zu lachen zu geben.

Wie nicht anders zu erwarten war, musste ich mir die wildesten Vermutungen über mein Missgeschick anhören. Wenigstens waren die Mädels so nett und ließen mich vor. Eine riet mir noch, bloß nicht mit der Geschichte vom Windtripper anzufangen. Ich ignorierte sie und betrat das Behandlungszimmer.

Eine Ärztin drehte sich auf ihrem Bürostuhl zu mir und stellte mir Fragen. Ich blieb vor ihr stehen und ließ die Hosen runter. Dann führte sie einen dünnen Draht, der in einer feinen Schlaufe endete, in meine Harnröhre ein. Sie stocherte zwei-, dreimal darin herum, dann schmierte sie die hängengebliebene Substanz auf einen Objektträger. Die erwarteten Feinde schienen groß genug zu sein, dass man sie auch mit einem herkömmlichen Mikroskop erkennen konnte. Statt auf einen Laborbefund warten zu müssen, konnte ich zusehen, wie sich die Ärztin über das Okular beugte. Sie stellte die Schärfe nach und meinte bereits nach wenigen Sekunden trocken: „Da haben wir sie ja. Alles klar."

Sie wandte sich wieder an mich und sagte: „Ich gebe ihnen jetzt eine Spritze. In drei Tagen ist alles vorbei."

Sie gab einer Arzthelferin einen Wink, die darauf hin eine Spritze mit einer milchigen Flüssigkeit aufzog und sie der Ärztin übergab. Von ihr kam dann das Kommando: „Hinlegen. Und entspannen Sie sich."

Ich watschelte mit bis auf die Oberschenkel heruntergelassener Hose zu einer Liege und legte mich auf den Bauch. Der Rest ging schnell. Ich erhielt noch den Rat, die nächsten drei Tage keinen Alkohol und wenig Kaffee zu trinken und natürlich auf keinen Fall Sex zu haben. Wiederkommen bräuchte ich nur, wenn sich Komplikationen einstellten. Ich zog mich an und ging zurück in den Warteraum. Dort wurde ich schon neugierig erwartet.

„Und?", fragte die erste.

Ich streckte die rechte Faust aus und drehte den abgespreizten Daumen nach unten. Worauf mir eine Welle geheuchelten Mitleids entgegen brandete.

„Ohhh. Ist er kaputt?", kam es aus der Delegation der Farbigen.

„Drei Tage keine Liebe machen. Nich gut. Nich gut", kommentierte eine aus dem Thai-Block.

Eine ältere Einheimische verkündete die fachmännische Diagnose: „Der Gonokokke sitzt und lauscht, wie der Urin vorüber rauscht."

Nachdem bei den Weibern das Gelächter abgeklungen war, beruhigte sie mich: „Aber mach dir keine Sorgen. In drei Tagen kannst du wieder richtig Flamme geben."

Wobei sie mit einigen der Mädels fast synchron mehrmals mit der linken Hand rasch auf die Daumenseite der hohlen rechten Faust schlug. Das dabei entstehende klatschende Geräusch schien mich verhöhnen zu wollen. Ich bedankte mich auf ironische Art für all die Tipps, rief ein allgemeines „Tschüß" in den Raum und machte mich davon, bevor ich mit noch mehr Spott beladen wurde.

Ich fuhr in die Bismarckstraße zu einem mir bekannten Reifenhändler. Hier kaufte ich einen Satz einfacher, schwarzer Stahlfelgen, ließ neue Winterreifen aufziehen und den ganzen Reifensatz am Fahrzeug wechseln. Als es ans Bezahlen ging, teilte mir der Monteur noch mit, dass die Bremsbeläge schon ziemlich runter sein. Ich nahm mir vor, seiner Empfehlung nachzukommen und die Beläge demnächst wechseln zu lassen. Auf dem Weg nach Hause beschloss ich, Nägel mit Köpfen zu machen. Ich steuerte die Werkstatt an, in der wir auch unsere in den Libanon verschifften Autos hatten durchchecken lassen, gab Order für eine Winterinspektion und äußerte noch ein paar Extrawünsche. Man sagte mir zu, dass ich den Wagen morgen abholen könnte. Ich nahm die roten Überführungskennzeichen, die ich bei der Zulassungsstelle gegen Berliner Kennzeichen gewechselte hatte, aus dem Kofferraum und ging los. Von der Werkstatt war es nicht weit bis zu mir, daher ging ich zu Fuß. Während meines Spazierganges strukturierte ich die Abläufe der nächsten drei Tage neu. Ich bereitete mich innerlich darauf vor, ein Einsiedlerleben zu führen. Na ja, fast. Wahrscheinlich würde ich zwischen dem Norden und meiner Bastelbude pendeln. Auch gut, dachte ich mir und fasste zusammen: Alkohol und Ficken waren vorerst tabu. Den Wagen würde ich erst morgen wiederhaben. Zuhause gab es niemanden, der mich von der Schrauberei abhielt. Also würde ich mit meiner frisch importierten Knickrahmen-Harley gut vorankommen. Meine Laune besserte sich wieder und ich beschloss, in einen Plattenladen einzukehren. Ich suchte mir einige der Vinylscheiben aus und hörte sie mir per Kopfhörer an, entschied mich für Platten von den Dire Straits, Sammy Hager und Bad Company. Eine Ecke weiter betrat ich eine winzige EDEKA-Filiale, die vom Mutterkonzern in einen aufgekauften Tante Emma Laden hineingezwängt worden war und versorgte mich dort für die nächsten drei Tage mit Proviant.

Als ich mit meinen Einkaufstüten in die Genter Straße einbog, sah ich vor meiner Haustür Hartmut rauchend auf seiner Harley sitzen. Er nahm zur Begrüßung seine schmale, fast schwarze Bikerbrille ab. Es fiel auf, dass seine Augen immer noch Ähnlichkeiten mit Scheinwerfern besaßen. Offensichtlich hatte er in der letzten Nacht noch einige Mal nachgezogen. Ich fragte ihn: „Wie lange wart ihr denn noch da?"

„Hmm. Weiß nicht. Als du gegangen bist, war der Laden halbwegs leer", versuchte er sich zu erinnern. „Und als wir gegangen sind, war er auch wieder leer."

Auf dem Weg durch den Hausflur war er bemüht, sich an eine Uhrzeit zu erinnern.

„Schon gut. Ist nicht mehr so wichtig", brach ich das Thema ab, um ihn nicht zu überfordern.

Stattdessen erzählte er mir, dass er und die anderen Jungs von Betty und Annette gut unterhalten worden waren.

„Deine Aktion gab reichlich Gesprächsstoff. Du hast da ja einen tiefen Eindruck hinterlassen."

„So toll war es gar nicht", relativierte ich. „Die beiden waren ziemlich angetrunken."

Bei mir zu Hause äußerte Hartmut Kaffeedurst, also ließ ich die Kaffeemaschine laufen und befüllte meinen Kühlschrank. Wir unterhielten uns in der Küche, bis der Kaffee durchgelaufen war und wechselten dann ins Wohnzimmer. Ich legte meine neu erworbene Dire Straits auf und ließ mich neben Hartmut auf die Coach fallen. Es verging eine kappe Minute, und er sagte verwundert: „Komisch. Ich habe die gleiche Platte. Aber bei mir hört sich das anders an. Gibt es von der Aufnahme verschiedene Abmischungen?"

Ich hatte schon eine Vorstellung, wodurch die Unterschiede zustande kamen. Dennoch zeigte ich ihm zunächst das Plattencover. Seine Verwunderung blieb.

„Nö, das ist die gleiche", stellte er fest, nachdem er die Hülle gründlich inspiziert hatte.

„Tja. Dann gibt es nur noch eine Erklärung", meinte ich und verarschte ihn ein wenig.

„Deine Abmischung findet in meinem zwölfhundert Mark teueren Moving Coil System von Van den Hul statt", prahlte ich unbescheiden.

„Was, 1200 DM?", entfuhr es ihm. „Das darf doch nicht wahr sein. Soviel Kohle würde ich nie dafür ausgeben."

„Dann wirst Du wohl auch weiterhin nur die Hälfte deiner Musik wahrnehmen", hänselte ich. „Wenn du die andere Hälfte auch noch hören willst, kannst du ja zu mir kommen."

Ich hatte den Eindruck, dass er meinen Vorschlag nicht annehmen würde. Um ihn wieder zu versöhnen ging ich mit ihm in mein Werkstattzimmer, und zeigte ihm dort meine Neuerwerbungen. Er war schon seit Monaten nicht mehr bei mir gewesen. Als bisheriger BMW-Fahrer gab es auch nicht so viel, was ich ihm hätte bieten können. Aber das war ja nun anders. Er bestaunte mein Inventar und meinte, dass er vor kurzem selbst in seinem Wohnhaus eine große Garage angemietet hatte. Besonders lange verweilte er vor den beiden verkaufsfertigen Modellen.

„Alle Achtung", meinte er anerkennend. „Das hätte ich früher wissen sollen. Dann hätte ich wahrscheinlich eine von dir gekauft."

Um dann zu bemängeln: „Aber du baust die Maschinen ja nur mit Handschaltung."

Ich deutete auf meinen Knickrahmen und versprach: „Die hier kriegt 'nen neuen Shovel Head mit vorverlegter Fußschaltung. Außerdem weiß ich doch, dass du lieber Böcke fährst, die du selber zusammengeschraubt hast."

Er murmelte noch etwas von: „Da weiß ich wenigstens, wer Schuld hat, wenn was kaputt geht."

Womit er irgendwie Recht hatte. Er stellte sich seine Wunschliste zusammen. Es kam eine ganze Menge zusammen. Mit dem Motorrad ließ sich dass nicht transportieren. Einen Dreier-Führerschein besaß Hartmut nicht, deshalb wollte er morgen mit Pocke vorbeikommen und die Teile einladen. Im Grunde hatte ich alles da gehabt, was sein Herz begehrte. Nur mit einer Sitzbank, die seinen Vorstellungen entsprach, konnte ich nicht dienen. Ich versprach ihm, mich in Hamburg danach umzusehen. Wir verabschiedeten uns, und er machte sich wieder auf den Weg.

Ich musste noch die roten Kennzeichen loswerden und beschloss, den Vorgang mit einem Jogging Ausflug zu kombinieren. Ich zog mich um, umklebte die beiden Nummernschilder mit Tesafilm, damit sie sich beim Laufen besser zusammen halten ließen, nahm etwas Geld mit und setzte mich in Bewegung.

Ich lief auf Seitenstraßen, die parallel zur Müllerstraße lagen. Auf den ersten 300 Metern konnte ich förmlich spüren, wie sich große Teile des Teers, das meine Lungenbläschen beschichtete, lösten und von mir ausgehustet wurden. Als ich zur Kameruner Straße kam, bog ich rechts ab, um einen Abstecher zum Postamt in der Müllerstraße zu machen.

Ich kaufte eines der vorgefertigten Paket-Sets und schickte darin die Hamburger Kennzeichen zurück. Dann scherte ich wieder auf die ursprüngliche Route ein und lief bis zu den Rehbergen.

In der Parkanlage machte ich während des Laufens an vielen Stellen Schattenboxen an Blättern oder Bäumen. Einige der Stämme wurden von mir mit den Füßen bearbeitet, was von vielen Spaziergängern mit verständnislosem Kopfschütteln zur Kenntnis genommen wurde. Als ich die Runde im Park hinter mich gebracht hatte, schien ich auch den gestrigen Restalkohol ausgeschwitzt zu haben. Mit Ausnahme des Postamtes nutzte ich beim Heimlaufen dieselbe Strecke.

Bei mir angekommen schleppte ich mich erschöpft unter die Dusche. Ich blieb erheblich länger unter dem Wasserstrahl, als eigentlich erforderlich war. Anschließend war ich in der richtigen Stimmung, um an der Knickrahmen-Harley weiter zu schrauben. Nach einigen Stunden Bastelarbeit klingelte das Telefon. Ich hoffte, dass es Rossi war. Meine Laune besserte sich gleich um einige Stufen, als ich tatsächlich ihre Stimme erkannte. Wir turtelten kräftig miteinander und machten uns gegenseitig heiß, indem wir uns erotische Fantasien zuflüsterten. Es genügte, dass wir nur unsere Stimmen hörten, um in den siebten Himmel aufzusteigen. Ich spürte, wie meine Erektion sich durch meinen Overall drückte. Als mir dieser Zustand bewusst wurde, musste ich sie fragen: „Sag mal, wo hast du eigentlich gerade deine Hand?"

Mit rauchiger, vor Verlangen knisternder Stimme antwortete sie: „Genau da, wo sie hingehört."

Trotz einer genauen Ahnung, wo das wäre, wollte ich, dass sie es ausspracht: „Und wo gehört sie hin?", fragte ich erregt.

Aus dem Hörer klang ein lustvolles Stöhnen, als ob sie es sich selber machen würde. Dazu keuchte sie: „Es ist die Stelle, an der du mich am Freitag wieder rasieren musst. Möchtest du, dass ich dir mehr erzähle?"

„Worauf du dich verlassen kannst", keuchte ich zurück.

Dann vernahm ich aus dem Hintergrund eine männliche Stimme: „Hey Rossi. Hör auf. Ich krieg schon einen Steifen!"

Dazu mischte sich Gelächter von zwei Frauen. Die Vorstellung, dass Rossi nicht alleine war, beflügelte meine Fantasie ein weiteres Stück. Ich fragte sie: „Sag mal, wo bist du eigentlich? Und wer ist da alles bei dir?"

„Ich bin auf Arbeit. Und sitze im Büro auf der Couch. Der Typ, den Du gerade gehört hast, ist der Wirtschafter, der gleich vor Geilheit aus dem Fenster springen wird."

„Wohl kaum!", kam es zusammen mit erneutem Frauenlachen aus dem Hintergrund.

„Und dann sind noch ein paar Mädchen hier, die auch gerade Pause machen."

„Du hast mit mir Telefonsex und befummelst dich, während dir fremde Leute zuschauen?", fragte ich in gespielt vorwurfsvollem Ton.

„Ja. Und das alles nur für dich", schnurrte sie zurück.

„Du bist ein böses Mädchen", tadelte ich sie.

„Ich bin gerne ein böses Mädchen. Und ich bin dein böses Mädchen", gurrte sie.

„Glücklicherweise", gab ich zurück.

Wir heizten uns noch einige Minuten ein, dann fragte ich sie: „Wollen wir noch weitermachen, oder heben wir uns was für Freitag auf?"

Sie lachte und meinte: „Wir können ja bis Freitag durchmachen und wenn du hier bist, kleckern wir uns gegenseitig voll."

Der Vorschlag war äußerst reizvoll und ich bedauerte, dass ich kein Autotelefon hatte.

Auf ihrer Seite wurde schon gedrängelt, also verabschiedeten wir uns. Für heute hatte ich genug geschraubt, zumal es schon Mitternacht war. Ich schrubbte mir die restlichen Öl- und Fettspuren von der Haut und wechselte die Klamotten. Im Wohnzimmer legte ich meine neuen Platten auf und begann Stücke, die mir besonders gefielen, auf Kassette zusammen zuschneiden. Dabei verließen meine Gedanken häufig Berlin und schweiften zu Rossi, was zur Folge hatte, dass ich etliche Aufnahmen neu starten musste, da ich den Einsatz verpasste. Irgendwann wurde mir das Wiederholen zu nervig und ich sah ein, dass es keinen Sinn hatte weiterzumachen. Also ging ich schlafen.

Zwei Tage später meldete sich Wolle telefonisch. Er würde mich in einer halben Stunde abholen. Ich ging unter die Dusche und machte mich ausgehfein. Kurz darauf klingelte es an der Tür. Ich begrüßte Wolle und zog gleich mit ihm los. Da ich mir den Bronco holen wollte, fuhren wir mit meinem Wagen. Wir hatten beschlossen, ins Moustache zu gehen. Das Moustache ist ein sehr kleiner, aber sehr feiner Laden. Eigentlich hatten wir Glück, dass wir einen Platz bekamen. Wir genossen die erlesene französische Küche und unterhielten uns dabei über das nächste Geschäft. Wir hofften, dass wir nicht mehr lange warten mussten, und wollten lieber Heute als Morgen loslegen.

Eine gute Stunde später verließen wir das Restaurant und gingen schräg gegenüber ins Soft Rock. Bart-Rolf empfing uns an der Tür. Nach der Begrüßung kam er gleich zur Sache und wollte die Autos tauschen. Ich hatte nichts dagegen. Wolle setzte sich schon mal an Daisys Tresen, während ich mit Bart-Rolf zu den Fahrzeugen ging. Ich lud unsere Reisetaschen um und legte einige Kassetten in die Mittelkonsole des Bronco. Ich war angenehm überrascht. Zum ersten Mal, seit dem ich mit Bart-Rolf die Fahrzeuge wechselte, übergab er mir seinen Wagen picobello. Der Ford war außen und innen gründlich saubergemacht worden. Schau an, dachte ich mir. Mein alter R 16 war ihm soviel Mühe nicht wert gewesen. Rolf deutet noch auf eine Plane, die er hinten ausgelegt hatte, damit ich ihm den Wagen nicht einsaue, betonte er. Als das erledigt war, fragte er mich, ob ich für ihn eine Stunde lang die Tür machen würde. Ich hatte nichts dagegen. Unnötigerweise wollte er mich mit dem Angebot ködern, dass alle Getränke aufs Haus gehen würden. Aber gut, dachte ich mir, wenn das dazu gehörte, dann würde ich das Angebot nutzen, um Wolle kräftig auszuhalten. Ich selbst hatte vor, nur Selters zu trinken. Rolf setzte sich in den 350er und meinte, er würde den Wagen erstmal durch die Waschanlage fahren. Dann würde er ein paar mal den Ku'damm rauf und runter fahren, um einen Affen zu machen.

„Es ist doch dunkel. Dich erkennt doch sowieso keiner", gab ich zu bedenken.

„Na und", kam es trotzig zurück. „Hauptsache ich fühle mich gut dabei."

Dagegen konnte ich nichts einwenden. Und so schaute ich ihm einige Sekunden lang nach, als er mit meinem Wagen davon fuhr. Ich ging ins Soft Rock zurück und setzte mich neben Wolle an den Tresen, der gerade mit Remy-Cola gurgelte. Daisy freute sich, als sie mich sah und wollte mir ein Beck's hinstellen. Ich lehnte ab und machte deutlich, dass es für mich heute nur Selters geben würde, egal wer mir was ausgeben wollte. Ich sagte ihr noch, dass Wolles Getränke auf meine Rechnung gehen würden. Sie nickte und schenkte gleich bei Wolle nach. Ich setzte mich auf den letzten Barhocker an dieser Tresenseite und drehte mich so, dass ich die Tür im Auge behalten konnte. Wolle rückte auf, und auch Betty richtet ihre Arbeit so ein, dass sie überwiegend bei uns stand. Wie zu dieser Uhrzeit üblich, war der Laden noch nicht sonderlich gefüllt. Mir war das recht, hatte ich doch dadurch reichlich Gelegenheit mit Daisy zu schäkern. Ich fragte sie, wer denn an dem anderen Tresen arbeiten würde. Sie antwortete, dass Annette und eine Neue hinten wären. Sie überlegte einige Sekunden und ergänzte dann: „Ich glaube, die Neue heißt Biene."

Ich nahm mir vor, Biene nachher zu inspizieren, und sagte Daisy, dass Rolf für eine Stunde unterwegs sei und dass ich solange auf ihren herrlichen Hintern aufpassen würde. Sie gab mir einen koketten Augenaufschlag und fragte: „Nur aufpassen?"

Ich lachte und riet ihr, sich überraschen zu lassen. Nach einer Weile stand ich auf und machte eine Runde. Als ich an den zweiten Tresen kam, fiel mir sofort eine junge, schöne Frau auf. Sie war von kleiner, zierlicher Gestalt, aufs Vorzüglichste proportioniert. Dieses unglaublich ansprechende Gesicht! Man konnte es nicht übersehen. Unweigerlich blieb der Blick daran hängen. Ich bewunderte ihre großen Augen und ihre vollen, sinnlich geschwungenen Lippen. Ihre braunen Haare hatte sie streng nach hinten gelegt und zu einem Zopf gebunden. Sie trug eine eng sitzende braune Lederhose. Dazu, wie es gerade so Mode war, Cowboystiefel aus braunem Wildleder. Oben hatte sie einen Angorapullover an, der in einem fast schon grellen Blau leuchtete und einige Finger breit unter ihren wohlgeformten Brüsten endete. Ohne Frage, das Mädchen war ein Hingucker. Sabine und Annette ergänzten sich gut. Sie hatten die vorwiegend männliche Kundschaft, die in Zweier-Reihen vor ihrem Tresen stand, gut im Griff. Ich setzte mich in eine enge Ecke und amüsierte mich darüber, dass die erste Reihe am Tresen auf einige Gesten der beiden Frauen hin wie an der Schnur gezogen ihre Gläser leerte und nachbestellte. Alle Achtung, die beiden hatten ihre Kundschaft gut dressiert. Als Annettes Blick auf mich fiel, schienen ihre Augen noch mehr zu strahlen. Sie deutete auf mich und sagte etwas zu Biene, worauf diese mich intensiv musterte. Annette kam hinter dem Tresen hervor und umarmte mich herzlich. Ich fragte sie, womit ich denn das verdient hätte. Sie lächelte und sagte, dass sich Bart-Rolf mit ihr über mich unterhalten hatte. Oje, dachte ich mir. Hoffentlich war der gute Rolf nicht zu geschwätzig gewesen. Um vom Thema abzulenken, sagte ich ihr, dass ich Rolf für eine Stunde vertreten würde und deshalb nun nach vorne gehen müsste. Aber ich hatte nicht daran gedacht, dass sie in diesem Laden die Chefin war. Und so überraschte sie mich damit, dass sie sich bei mir einhakte und mit den Worten mitkam: „Na, dann los an die Arbeit."

Wir gingen zum Eingang und setzten uns dorthin, wo eigentlich die Türsteher sein sollten. Sie fragte mich, ob es stimmen würde, was Rolf ihr erzählt hatte, nämlich, dass ich als Türsteher im Soft Rock anfangen wollte. Ich bestätigte ihre Informationen, fügte aber hinzu, dass ich erst im neuen Jahr zur Verfügung stehen könnte. Sie schien sich schon darauf zu freuen. Mit einem bezaubernden Lächeln fragte sie mich, was ich trinken möchte. Als ich um Selters bat, hob sie erstaunt eine Augenbraue. „Oh", meinte sie bloß und ging hinter Daisys Tresen. Sie kam mit einem Glas Mineralwasser für mich und einem Glas Champagner für sich zurück. Sie wartete, bis ich eine kleine Gruppe von fünf Personen abgefertigt hatte, und fing dann wieder an zu erzählen, was Rolf zum Besten gegeben hatte. Wenigstens war es ihm gelungen, ihren ersten Eindruck von mir zu revidieren. Sie gestand mir, dass sie mich zuerst für einen Luden gehalten hatte.

„Lude?", fragte ich erstaunt.

„Na ja, Du weißt schon, ein Zuhälter", sagte sie entschuldigend.

Natürlich wusste ich, was ein Lude war. Es war auch nicht das Wort, das mich erstaunte, sondern die Tatsache, dass man mich für einen hielt.

„Wie bist du denn darauf gekommen?", wollte ich wissen.

„Na ja", fing sie wieder an. „Deine Aufmachung, dein Wagen, deine Selbstverständlichkeit, wie du dich hier bewegt hast, was du mit den beiden Typen gemacht hast, das war für mich der typische Lude."

Ich lachte und bedankte mich ironisch. Dann fragte ich sie, ob sie auf solche Typen stehe. Sie neigte den Kopf zur Seite, sah mich nachdenklich an und sagte: „Auf manche schon."

Wir lachten uns an und prosteten uns zu. Annette ging, nachdem sie ausgetrunken hatte, zurück hinter ihren Tresen. Der Laden füllte sich allmählich. Wolle gesellte sich mit einem vollen Glas Remy-Cola zu mir. Der DJ hatte gerade „Hot Legs" von Rod Stewart aufgelegt. Die Gäste bewegten sich mehr oder weniger geschickt zur Musik. Die Tür ging auf, und Barbara und Anuschka kamen herein. Barbara stieß einen spitzen Schrei aus und gab mir einen Kuss auf die Wange. Die beiden Transis holten sich Getränke und kamen zu uns. Sie erzählten, dass im „Red Rose" nichts los war. Das „Red Rose" war ein Show- und Strippladen im Europacenter. Nach deutlich mehr als einer Stunde kam auch Bart-Rolf zurück und übernahm wieder die Tür. Ich blieb mit Wolle noch eine weitere Stunde, dann fuhren wir nach Hause und gingen schlafen.

Hamburg

Freitag standen wir früh auf und frühstückten. Dann fuhren wir los. Die Fahrt über die Transitstrecke verlief reibungslos.

In Hamburg fuhr ich zuerst zur Tiefgarage der Spielbank, wir trafen aber niemanden an. Ich suchte mir eine Telefonzelle und rief bei Walter, dem elegant gekleideten Mann, der mir meinen 350er verkauft hatte, an.

Er versprach in zehn Minuten bei uns zu sein. Wir blieben so lange im Wagen. Walter ließ uns nicht lange warten und führte uns zu den Fahrzeugen. Wolle entschied sich für einen 350er Mercedes in Metallic-braun. Der Wagen sollte zehntauend DM kosten, was ich für einen sehr günstigen Preis hielt. Der Kilometerstand war mehr als akzeptabel. Mit Ausnahme des Schaltgetriebes besaß der Wagen eine Vollausstattung. Wolle machte eine Probefahrt und war begeistert. Der Kauf wurde perfekt gemacht. Wolle verabschiedete sich, denn er wollte gleich nach Berlin zurück fahren. Das kam mir sehr gelegen. Ich hatte bereits Hummeln zwischen meinen Beinen, ich hielt es kaum aus und wollte auf dem schnellsten Weg zu Rossi.

Als ich nicht mehr weit von ihrem Wohnhaus entfernt war, sah ich Carmen, wie sie gerade die Straße entlang ging. Sie schien vom Einkaufen zu kommen, denn sie schleppte gut gefüllte Plastiktüten mit sich. Als ich auf ihrer Höhe war stoppte ich und hupte, damit sie mich in dem ihr fremden Bronco erkennen konnte. Als sie reagierte, fuhr ich ein paar Meter weiter und parkte ein. Wir gingen aufeinander zu, umarmten uns und küssten uns auf die Wangen. Während ich ihr die Tüten abnahm und wir nach oben gingen, sagte sie mir, dass Rossi noch schlafen würde und dass sie in den letzten Tagen hart gearbeitet hatte. In der Wohnung unterhielten wir uns nur flüsternd. Ich sagte Carmen, dass ich Rossi sehr vermisst hatte, und bereitete sie darauf vor, dass ich nachher mit Rossi für wenigstens eine Stunde etwas Besonderes vorhatte. Sie verstand und stellte fest: „Du bist ein gieriger Junge."

Das ließ sich nicht leugnen.

„Ist es nicht das, was du an mir magst?", fragte ich.

Sie lächelte und wich vom Thema ab, indem sie mir zusagte, mit dem Frühstück zu warten.

Ich ging ins Badezimmer und machte mich frisch. Mein Lustspender war wieder bedenkenlos einsatzfähig. Leise ging ich in Rossis Zimmer und zog mich aus. Die zugezogenen Gardinen filterten das Tageslicht und tauchten den Raum in dämmeriges Licht. Zum ersten Mal nahm ich zwei hochwertige Nähmaschinen war. Zudem erkannte ich einen Schnitttisch, auf dem ein Schnittmusterbogen, einige Lederreste und Stoffe lagen. An einer Seite war eine solide Stanze angebracht. Schatten machten es mir schwer zu erkennen, was noch so alles auf dem Tisch lag. Ich wunderte mich kurz darüber, warum mir diese Gegenstände nicht schon früher aufgefallen waren. Wahrscheinlich lag es daran, dass sie bei meinen bisherigen Besuchen abgedeckt waren. Und dann gab es ja noch meine Rossi, die dafür sorgte, dass ich nicht so viel von der Außenwelt mitbekam. Auch diesmal wurde ich wie magisch von ihr angezogen. Vorsichtig legte ich mich neben sie. Vorerst wollte ich sie berühren, ohne dass sie aufwachte. Sie lag auf dem Rücken. Ihre Beine waren leicht gespreizt. Ihr rechter Oberschenkel und ein Teil ihrer abgewinkelten Wade lagen frei und wurden nicht von der Decke verhüllt. Behutsam schob ich den Bettbezug noch mehr zur Seite und begann, ihren Oberschenkel zu streicheln. Meine Hand wanderte zwischen ihre Beine, und ich begann, sie sanft zu reizen. Dabei beobachtete ich aufmerksam ihre Reaktion. Ihr Schlaf wurde unruhiger, und ihr Atem ging tiefer, mit gerötetem Gesicht drehte sie ihren Kopf auf dem Kissen hin und her und murmelte leise im Schlaf. Zuerst verstand ich ihre Worte nicht, doch dann konnte ich deutlich meinen Namen heraushören und lächelte geschmeichelt. Vorsichtig zog ich die Bettdecke von ihrem aufregenden Körper und betrachtete ihre Brüste, deren Spitzen vor Erregung hart waren. Sie bewegte sich unruhig im Schlaf, ihre Augen schienen unter den geschlossenen Lidern zu flackern. Mein Körper brannte vor Verlangen, und ich liebkoste ihre Brüste mit meinem Mund. Sie stöhnte und streckte sich mir entgegen, und ich dachte, mein Gott, diese Frau macht mich wahnsinnig. Sie anzusehen, ihre Reaktionen zu erleben, zu sehen wie sich ihre Wangen gerötet hatten, ihr lustvolles Stöhnen zu hören, die Hitze zu spüren, die von ihr auszugehen schien, all das führte dazu, dass ich eine heftige Erektion bekam. Ich küsste ihre Stirn, ihre Augen und ihre Nase. Als ich ihre Lippen berührte wachte sie auf. Sie schien mich sofort zu erkennen. Augenblicklich schlang sie ihre Arme um meinen Nacken.

„Oh, mein Gott", flüsterte sie erregt. „Ich habe gerade einen wundervollen Traum gehabt."

Sie entschuldigte sich dafür, dass sie ins Bad gehen müsste. Ich blieb solange liegen und wartete, bis sie wiederkam. Sie legte sich zu mir und ergriff sofort meinen harten Penis. Mit kundiger Hand verwöhnte sie ihn, während sie flüsterte: „Du bist ja schon nackt. Hast du etwa an mir rumgespielt, als ich schlief?", wollte sie wissen.

Ich nickte langsam und schaute sie mit gespielter Beschämtheit an. Sie lachte, während ihr Griff fester wurde und sich ihre Hand schneller bewegte.

„Ich habe von uns geträumt", fuhr sie fort. „Wir waren zusammen. Und aus heiterem Himmel haben wir Liebe gemacht. Es war wunderschön. Ich hatte einen tollen Orgasmus."

„Habe ich gemerkt", presste ich hervor.

Sie lachte wieder als sie mit heiserer Stimme sagte: „Und nun bist du dran."

Mehrmals ließ sie mein fast schmerzhaft hartes Glied nahezu vollständig in ihren Mund gleiten. Dann hielt sie inne und versprach: „Ich werde dich verschlingen und in mir aufsaugen."

Dann tu es doch endlich, hätte ich am liebsten geschrien! Aber sie ließ sich Zeit. Erst nach einer Stunde ließ sie von mir ab.

Nach dem Duschen zogen wir uns an und gingen in die Küche. Carmen hatte schon alles vorbereitet und wartete zigarettenrauchend und zeitungslesend auf uns. Ich lobte sie für ihre Geduld, bekam aber zu hören, dass sie bereits vier Tassen Kaffee und etliche Zigaretten konsumiert hatte. Ich drückte sie an mich und leckte ihr mit einem Hundekuss die Wange ab. Rossi tat das gleiche auf ihrer anderen Wange. Während wir uns die Brötchen schmecken ließen, teilte ich den beiden mit, dass ich heute zu Tüte fahren würde, um mir den Inhalt des aus den USA eingetroffenen Containers anzuschauen. Rossi war gleich Feuer und Flamme. Sie wollte unbedingt mitkommen. Allerdings müsste sie heute Abend wieder auf Arbeit sein.

„Du weißt schon warum. Außerdem läuft es zurzeit gerade sehr gut", erklärte sie noch.

Rossi schien immer noch zu glauben, dass sie sich für ihren Job bei mir entschuldigen müsste, und dafür dass sie dadurch weniger Zeit für mich hatte. Beides war unnötig, denn ich hatte beides akzeptiert. Um keine philosophischen Ergüsse daraus entstehen zu lassen, nahm ich ihre Hand und beendete das Thema: „Kein Problem."

Rossi fragte mich, was ich während ihrer Abwesenheit vorhatte. Ich antwortete: „Ich werde bei Reddy vorbeifahren und dann nach Hause."

Rossis Miene versteinerte: „Wie? Nach Hause fahren?", fragte sie erstaunt.

Ich musste lächeln: „Letztes Mal hast du gesagt, ich soll mich hier bei dir zuhause fühlen."

Rossi fasste sich mit beiden Händen an den Kopf und ließ ihn nach vorne fallen, bis ihre Ellenbogen auf die Tischplatte stießen. Mit gesenktem Kopf sagte sie: „Schon gut. Schon gut. Nichts mehr sagen."

Carmen hatte sich auch wieder gefangen und hänselte sie: „Schönen guten Morgen. Auch schon wach? Möchten Sie noch einen Kaffee trinken?"

Rossi zog eine Grimasse und frozzelte zurück. Ich lachte mit Carmen, die nun aufstand und uns mitteilte, dass sie sich jetzt für die Arbeit zurecht machen müsste. Ich blieb mit Rossi in der Küche zurück, um abzuwaschen. Unverhofft begann Sie mir zu erzählen, dass Carmen vor ein paar Tagen an so ein Schwein geraten war. Er hatte sie bei ihrem zweiten Treffen mit Handschellen an sein Bett gekettet und sie mehrmals gegen ihren Willen anal genommen. Mächtige Wut überkam mich, was bildete sich dieser Scheißhaufen ein? Es war scheißegal, dass diese Kröte nicht wissen konnte, dass er sich an dem falschen Mädchen vergriffen hatte, auch nicht, dass man in meinen Kreisen so etwas nicht tatenlos hinnahm. Sein Pech. Ich hörte mit dem Abtrocknen auf, legte den Teller beiseite und fragte Rossi in fast schon aggressivem Ton, wie der Typ heißen würde und wo er wohne. Wie seine Telefonnummer sei. Rossi drehte sich erstaunt um und zuckte zusammen. Ich wusste, dass mein Gesicht in diesem Moment keine Barmherzigkeit ausstrahlte. Rossi stotterte: „Was, was ist denn los?"

„Name, Adresse, Telefonnummer", verlangte ich energisch.

„Ich weiß nicht", antwortete sie verunsichert.

In ihrem Gesicht spiegelt sich Verwirrung wieder.

„Das hat Carmen mir nicht sagen wollen."

Das würde ich ändern, nahm ich mir vor. Ich wickelte ein Geschirrtuch um meine Hand, ging in Carmens Zimmer und drückte hinter mir die Tür zu. Im Schloss steckte der Zimmerschlüssel. Ich drehte ihn zweimal und wandte mich Carmen zu, ging auf sie zu und befahl ihr: „Du wirst mir jetzt Namen, Adresse und Telefonnummer aufschreiben."

Sie versuchte erst gar nicht, sich dumm zu stellen. Mit angstvollem Blick wich sie vor mir zurück und schüttelte den Kopf. Als sie mit dem Rücken an ihren Kleiderschrank stieß, überbrückte ich die letzten anderthalb Meter mit einem Sprung, packte sie mit meiner linken Hand an der Kehle und presste sie gegen die Schranktür. Ich holte aus und schlug mit der umwickelten Hand links und rechts ihres Kopfes zwei Löcher in die dünne Schranktür. Es knallte kräftig. Das vibrierende Holz prellte ihren Hinterkopf. Sie zitterte am ganzen Körper und blickte mich voller Furcht an. Mit scharfem Ton herrschte ich sie an: „Name, Adresse, ...", weiter brauchte ich nicht zu reden.

Heftig nickte sie, so gut es mein Griff an ihrer Kehle zuließ. Ich ließ sie los. Mit unsicheren Schritten ging sie zu ihrem Nachttischschränkchen, kramte mit fahrigen Bewegungen einen Notizblock und einen Kugelschreiber hervor, setzte sich aufs Bett und schrieb mit zitternden Händen. Sie riss das Blatt ab und wollte es mir geben. Aber ich fragte mit ruhiger Stimme weiter: „Weißt du, wo er arbeitet?"

Sie nickte eingeschüchtert und sagte, dass er als Geschäftsführer in einer Diskothek arbeitete.

„Aufschreiben", forderte ich. Während Carmen die zusätzlichen Informationen auf den kleinen Zettel setzte, klopfte es an der Tür. Ich ging hin und schloss auf. Rossi schaute erst mich furchtsam an und fragte: „Ist alles in Ordnung hier? Es hat so laut gescheppert."

Dabei versuchte sie an mir vorbei in das Rauminnere zu blicken. Von hinten hörten wir Carmens Stimme: „Ist alles in Ordnung. Er hat ja Recht, so ein Schwein muss bestraft werden."

Ich trat beiseite, und Rossi drängte sich an mir vorbei. Carmen war aufgestanden und kam zu mir. Ich zog sie mit meinem rechten Arm an mich. Mit dem linken tat ich dasselbe mit Rossi. Beide Mädchen drückten sich an mich und fingen an zu schluchzen. Rossi löste sich von mir und stellte fest: „Du blutest ja."

Ich schaute auf meine handtuchumwickelte Hand. Tatsächlich, ich hatte auf dem Unterarm einige lange Kratzer, die unter dem Tuch bis zum Handrücken reichten. Wahrscheinlich hatte ich mir den Arm beim Zurückziehen meiner Faust aus der gesplitterten Schranktür zerkratzt. Rossi wickelte meine Hand aus. Die Schrammen liefen fast parallel und waren nur oberflächlich. Splitter hatte ich mir keine eingerissen. Erst jetzt schaute Rossi sich um und entdeckte die Löcher in der Tür. Carmen meinte fast schon beiläufig: „Der Schrank hat mir sowieso nicht gefallen."

Wir lachten, und die Mädels wischten sich die Tränen aus ihren Gesichtern. Wir gingen in die Küche und Rossi holte einen Verbandskasten und verartzte mich. Ich steckte mir eine Zigarette an und entspannte mich. Dabei dachte ich über die weitere Vorgehensweise nach und gab meiner Zielperson erstmal einen Arbeitstitel, dann fragte ich Carmen: „Weiß ES, wo du wohnst oder wo du arbeitest?"

Bei der Arbeitstelle war sie sich unsicher: „Ich weiß nicht. Ich glaube nicht, dass er weiß, wo ich arbeite. Aber wo ich wohne, weiß er bestimmt nicht."

„Sicher?", fragte ich skeptisch zurück. „Wie bist du denn mit ES zusammen gekommen?"

„Na ja, ich war zweimal in seinem Laden. Er war erst auch ganz nett. Und dann bin ich mitgegangen."

Ich nickte und streichelte über ihre Wange, während in mir ein Plan reifte. Wir machten uns fertig und fuhren dann mit dem Bronco los.

Ich setzte Carmen vor ihrer Arbeitsstelle ab und fuhr mit Rossi weiter zu Tüte. Als er uns bemerkte, kam er aus seinem Wohnwagen und deutete auf einen der zahlreichen Container. Ich rangierte und fuhr rückwärts an den Container herran. Tüte entriegelte die großen Türen und schwenkte sie auf. Schon beim Aussteigen glaubte ich einige erlesene Stücke zu sichten. Ich streifte mir meinen mitgebrachten Schrauber-Overall über und betrat den Container, der so beladen worden war, dass man ihn auf einem schmalen Mittelgang begehen konnte. Ich war entzückt! Meine Augen glänzten. Einige der Raritäten wurden in meinen Gedanken bereits zusammengefügt. Ich würde wahre Kunstwerke schaffen können. Für Rossi schien das ganz anders auszusehen. Für sie war wohl alles nur Gerümpel.

„Ist mir ein Rätsel", erklärte sie verständnislos. „Wie kann dich dieser Schrott nur so elektrisieren?"

Ich schaute mich weiter um und sagte dabei fröhlich, ohne sie anzublicken: „Du musst einfach nach Berlin kommen, um mich zu verstehen. Für mich ist dieser Schrott wie kleine Kinder, die erzogen werden müssen. Sie werden gereinigt und neu eingekleidet. Dann werden sie aufgebaut. Gut, ein paar Teile muss man immer neu einsetzen. Aber meistens sind das Verschleißteile."

Tüte schüttelte den Kopf und meinte: „Von der Seite habe ich die Arbeit noch nie gesehen."

Ich lachte und erzählte weiter: „Sobald die Harley fertig ist und die erste Probefahrt ohne Probleme über die Bühne gegangen ist, stelle ich den Bock unter indirektes Licht und sehe ihn mir eine Weile an. Meistens rauche ich dabei einen Sticker und schlürfe ein Beck's. Dabei überkommt mich eine unglaubliche Befriedigung. Dann streichel ich mein Kind und rede ihm gut zu."

Tüte und Rossi schauten mich mit großen Augen an. Tütes Kopf schien mit dem Schütteln gar nicht mehr aufhören zu wollen. Schließlich sagte er: „Meine Güte. Das ist schon das Endstadium."

Wir lachten und begannen die Teile, die ich brauchte, aus dem Container zu holen. Rossi half mir, sie nahm die Teile, die nicht zu schwer waren, und legte sie in den Bronco. Unter einer Decke fand ich einen relativ neuen Shovel Head-Motor. Ich fragte Tüte, was mit dem Motor los sei. Er antwortete: „Der Motor dürfte Okay sein. Hat wenig runter. Soll mit S&S Teilen aufgepeppt sein."

„Das ist doch das Richtige für meinen Knickrahmen", sagte ich und beschlagnahmte den Block.

Für Hartmut fand ich eine gut erhaltene Sitzbank. Es tat mir in der Seele weh, dass ich so viele der Kostbarkeiten hier lassen musste. Aber irgendwann war der Bronco voll und ich einen Haufen Geld los. Trotzdem fühlte ich die innerliche Zufriedenheit eines Jägers, der reichlich Beute gemacht hatte. Wie üblich spendierte Tüte zum Geschäftsabschluss eine Runde Beck's.

Tütes Schrottplatz war von ansehnlicher Größe. Dennoch türmten sich an vielen Stellen die Autowracks vierfach übereinander. Einige seiner Container waren voll mit Kupferrohren, Kupferkabeln, Aluminiumstangen, plattgetretenen Dachrinnen und sonstigen Dingen. Alles war säuberlich sortiert. Jedes Metall, jede Legierung hatte seinen eigenen Container. In der Mitte des Geländes stand ein Monstrum von Presse. Das große hydraulische Maul konnte von einem wuchtigen Kran gefüttert werden. Damit dessen sternförmige Greifklaue bei Belastung das Kettenfahrzeug nicht nach vorne überkippen ließ, waren hinten große Stapel von Betonplatten angebracht.

Tüte nannte mir für meine ausgesuchten Teile einen absolut fairen Preis, den ich sofort akzeptierte. Rossi konnte es nicht lassen und bemängelte: „Für das Zeug zahlst du so viel Geld?"

Ich erklärte ihr, dass ich am Ende das Dreifache rausholen würde. Sie schüttelte ihren Kopf und meinte: „Das glaube ich nicht."

Erneut versuchte ich sie zu locken: „Ich mache dir einen Vorschlag. Du kommst über Weihnachten nach Berlin. Dann kannst du sehen, wie es läuft."

Sie schaute mich an und sagte nur: „Mal sehen."

Wir verabschiedeten uns von Tüte und machten uns auf den Weg nach St. Pauli. Rossi schlug vor, an die Alster zu fahren. Ich hatte nichts dagegen und nutze die Gelegenheit, um auf ihre zurückhaltende Antwort von vorhin zu kommen.

„Was heiß hier eigentlich ‚Mal sehen,'" wollte ich von ihr wissen.

Statt einer Antwort sah sie mich an und hob nur kurz die Schulter. Das reichte mir nicht, also bohrte ich fordernd weiter: „Na, was ist denn?"

In diesem Moment durchfuhr ich etwas zu zügig eine Kurve, worauf sich hinten ein Teil der Ladung verschob. Das dadurch entstehende Geräusch störte mich, also drehte ich kurz meinen Kopf nach hinten und befahl: „Ruhe dahinten!"

Was mir von Rossi einen Knuff auf den Oberarm einbrachte: „Hey!", fuhr sie mich erbost an. „Hör auf mit dem Schrott zu reden! Rede gefälligst mit mir."

„Habe ich schon versucht. Ist noch gar nicht so lange her. Aber von dir kam nichts."

Es kam immer noch nichts, also unternahm ich einen neuen Anlauf: „Reden Sie mit uns", forderte ich sie auf. „Was ist nun mit 'Mal sehen'?"

Sie druckste herum und fing dann an: „Na ja, vorhin zu Hause. Wie du da reagiert hast. Und dein Ausraster bei Carmen im Zimmer."

„Halt, halt!", unterbrach ich sie. „Das müssen wir jetzt auseinander halten. Meine Reaktion ist doch ganz normal."

Ich hielt kurz inne, um meine Argumente zu sortieren: „Carmen sieht, wie wir beide uns super verstehen. Dass wir nicht genug von einander kriegen können. Sie ist einsam, möchte auch so etwas haben. Ihr Wunsch nach Geborgenheit macht sie anfällig für eine voreilige Beziehung, lässt sie nicht auf ihre Instinkte achten. Und das nur, weil sie das gleiche empfinden will wie wir. Da ist sie eben unvorsichtig geworden und hat sich mit ES eingelassen."

„Warum nennst du das Schwein immer Es?", unterbrach sie mich.

Ich schwieg einen Moment, meine Gedanken schweiften ab, schließlich murmelte ich: „ES ist nur noch ein Stück Fleisch."

Ich spürte, wie Rossi mich ansah und etwas sagen wollte. Sie tat es nicht. Stattdessen schwiegen wir beide. Nach einigen Minuten parkte in ein. Wir gingen einen gepflegten Kiesweg entlang, der parallel zur Alster verlief. Ich hing meinen Gedanken nach. Im Stillen dankte ich Rossi dafür, dass sie mich nicht dabei störte. Dabei fiel mir ein, dass ich mit meinen Ausführungen noch gar nicht zu Ende war. Ich nahm den Faden wieder auf und sprach weiter: „Also, Carmens Reaktion ist klar."

Rossi stimmte mir zu. Ich fuhr fort: „Und was meine Reaktion angeht. Nun, ich habe Carmen wirklich gerne. Sie ist eine super Frau. Als du mir erzählt hast, dass sie von ES misshandelt worden ist, da ging mir gleich durch Kopf: Mit wie vielen hatte ES es wohl schon genauso gemacht? Wahrscheinlich mit einer ganzen Menge. ES scheint sich ja recht sicher zu fühlen."

Ich machte eine Pause, dann sagte ich: „Und dann sehe ich dich vor mir. Und weiter möchte ich gar nicht denken." Rossi legte ihren Arm um meine Hüfte und drückte sich beim Gehen an mich. Ich erklärte weiter: „Und was Carmen betrifft. Ich habe den Bösen gespielt, damit sie mir die Daten gibt. Was wäre, wenn er ihr auflauert, sich noch mal an ihr vergreift und diesmal noch etwas ganz anderes als seinen dreckigen Schwanz in ihren Körper rammt." Ich brauchte das Szenario nicht noch ausführlicher beschreiben, denn Rossi unterbrach mich: „Du hast ja Recht.

Aber ich habe nicht damit gerechnet, dass du so reagieren kannst. Ich hatte Angst, dass du Carmen etwas antust."

Ich blieb stehen und drehte mich zu ihr: „Aber dann hätte ich dich doch auch verloren, oder?"

Rossi schwieg, dann sagte sie: „Wenn es jemand anderes gewesen wäre, der sich mit Carmen eingeschlossen hätte, und ich würde solche Geräusche hören …" Sie brach ab, holte tief Luft und fuhr entschlossen fort: „ …dann hätte ich die Tür eingetreten."

Ich grinste sie an und sagte: „Ich habe mich schon gewundert, dass du es nicht getan hast."

Seufzend sagte sie: „Du verwirrst mich."

Und nach einer kurzen Pause: „Ich möchte dich nicht verlieren. Aber nicht um jeden Preis."

Das verstand ich. Natürlich würde sich auch Rossi Grenzen setzen. Auch wenn sie sehr hoch liegen würden. Daher sagte ich ihr: „Das ist klar. Das beruht auf Gegenseitigkeit."

„Wie meinst du das?", fragte sie irritiert.

Ich gab ihr keine direkte Antwort: „Ich akzeptiere dich so wie du bist. Und was du tust. Ich liebe dich", schloss ich. Zwischen zwei Küssen beteuerte sie: „Ich dich auch!"

„Fein", sagte ich. „Kommst du nun nach Berlin?"

Sie lachte und nickte.

„Das reicht mir nicht. Kommst du zu Weihnachten?", drängte ich.

„Ja! Ja!", betonte sie lachend. „Ich komme."

Wir lachten und umarmten uns. Wir genossen die frische Luft. Nach so einem befreienden Gespräch kommt es mir immer so vor, als ob viel mehr Luft in die Lungen passt und ich könnte besonders tief einatmen.

Wir gingen noch eine halbe Stunde an der Alster entlang und redeten über erfreulichere Dinge, bevor wir kehrt machten. Wir fuhren zu einem Sonnenstudio und legten uns eine weitere halbe Stunde unter den Grill. Anschließend fuhren wir in ihre Wohnung. Es wurde Zeit für Rossi, sich für die Arbeit zurecht zu machen. Während sie das tat, gab sie mir beiläufig einen Satz ihrer Wohnungsschlüssel: „Damit du dich in meiner Abwesenheit nicht irgendwo Rumtreiben brauchst", erklärte sie.

Wir trennten uns unten vor der Haustür. Sie setzte sich in ihren Fiesta und fuhr zur Davidstraße 14. Ich fuhr zu Reddy in den Silbersack. Als ich gegenüber einparkte, sah ich ihn mit einigen seiner Mädchen vor seinem Laden stehen. Ich überquerte die Straße und bekam beim Näherkommen mit, dass er seine Mädchen kräftig beschimpfte. Sie schienen seiner Meinung nach zu dicht beieinander zu glucken, anstatt sich zu verteilen. In solchen Situationen mischt man sich besser nicht ein. Ohne ihn zu grüßen ging ich in den Silbersack und ließ Reddy seine Arbeit machen. Ich setzte mich in seine Stammecke, die er immer für sich reserviert ließ, und bestellte Kaffee. Von hier aus hatte ich über den Laden einen guten Überblick. Lange musste ich nicht warten. Reddy betrat den Laden und kam zu mir. Mürrisch erklärte er: „Wenn ich die Mädchen nicht auf Trab bringe, muss ich zum Sozialamt gehen und noch Geld mitbringen."

„Der Spruch gefällt mir", sagte ich grinsend, um die Atmosphäre etwas zu lockern. Ich ließ ihn auslachen und kam dann zu dem ersten Grund meines Besuches.

„Können wir nach hinten gehen? Ich möchte Weihnachtsgeschenke kaufen."

Reddy grinste breit: „So so. Willst du etwa den Weihnachtsmann spielen?"

„So ist es", bestätigte ich. „Du hast ja auch was davon."

Ich hatte meinen Kaffee ausgetrunken, und wir gingen in sein Büro. Er fragte mich: „Warst du schon bei Tüte?"

Ich nickte, und er fragte weiter: „Und, hast du was Schönes gefunden?"

„Allerdings", sagte ich. „Der Bronco ist voll und meine Brieftasche fast leer."

Reddy holte aus seinem Tresor mehrere lederbezogene Kästen, wie sie auch Juweliere verwenden. Er klappte sie auf, nahm die samtbezogenen Einlagen heraus und baute sie dekorativ vor mir auf. Dazu erklärte er: „Davon ist nichts geklaut. Sonst hätte ich das Zeug nicht in meinem Büro. Die Bullen. Du weißt schon."

Ich nickte verständnisvoll, vergewisserte mich aber noch mal: „Wenn ich so eine Uhr zu einem Juwelier gebe, um sie reinigen oder bearbeiten zu lassen oder weil sie kaputt ist, dann muss ich nicht damit rechnen, dass ein SEK den Laden stürmt?"

Reddy schaute mich empört an. Ich beeilte mich, ihm zu versichern, dass ich nur einen Spaß gemacht hatte.

Die Masse an Schmuck war verwirrend. Für einige Sekunden gelang es mir nicht, einzelne Stücke zu fixieren und sie intensiv zu betrachten. Dazu war das Funkeln und Gleißen in der Gesamtheit einfach zu überwältigend. Reddy nahm von den Unterlagen einige der Halsketten und Uhren und reichte sie mir. Es handelte sich um Stücke, wie sie bei meinem letzten Hamburgbesuch in dem italienischen Restaurant angeboten worden waren. Ich wählte eine Königskette und eine Lady Datejust halb und halb. Sie waren von der Art wie die, die Rossi und Carmen damals nicht hergeben wollten.

„Genau das, was ich wollte. Jetzt brauche ich nur noch was für mich", entschied ich.

Reddy griff zu einer Day Date mit Borkenarmband. Ich stoppte ihn: „So weit bin ich noch nicht", musste ich einräumen.

„Ach was", winkte er ab. „Rossi kann sie ja abbezahlen", sagte er lachend.

Ich lächelte, aber nur äußerlich und sehr gequält. Reddy merkte das und lenkte ein: „Mann, diesmal habe ich einen Spaß gemacht. Probier sie doch mal an."

Ich nahm die Uhr und begutachtete sie. Sie schien nicht oft getragen worden zu sein. Die Kettenglieder des Armbandes waren nicht ausgeleiert. Im Gegenteil, sie besaßen ein sehr geringes Spiel. Ich legte die Uhr an und ließ die Faltschließe mit der Krone einschnappen. Sie passte wie angegossen. Ich schleuderte mein Handgelenk einige Male hin und her. Die Faltschließe blieb geschlossen. Die Uhr gefiel mir schon: „Herrlich. Aber ich werde mich doch für die Submariner in Stahl entscheiden. Die mit dem neuen Armband", und zeigte auf das Model.

Reddy gab sie mir und ich überprüfte sie. Auch sie schien relativ neu zu sein. Selbst die Lupe über dem Datum in dem Saphirglas wies keinerlei Kratzer auf. Nicht einmal Farbreste von unbeabsichtigten Karambolagen mit feindlichen Türrahmen.

„Die nehme ich", sagte ich, band die Day Date ab, verabschiedete mich von ihr mit „Tschüß Uhr" und gab sie Reddy zurück.

Ich legte die Submariner um. Sie saß ein wenig lockerer, war aber noch akzeptabel.

„Okay. Was kostet mich der Spaß?", fragte ich.

Er nannte mir seinen Preis. Da ich die Neu- und Gebrauchtpreise gut kannte, schlug ich sofort ein. Ich war gut gefahren. Reddy sagte, ich würde noch etwas bekommen. Er entnahm einem Schrank zwei original Rolex-Schatullen. Beide waren mit grünem Leder bezogen, auf das die goldene Krone geprägt war. Dazu gab es für die Königskette ein schwarzes Samtsäckchen, das sich mit einer goldfarbenen Kordel zuziehen ließ.

„Das sieht doch gut aus", sagte Reddy. „Das macht sich gut am Weihnachtsbaum."

Ich gab ihm Recht und nahm mir vor, seine Idee zu übernehmen. Er bekam das Geld, und das Geschäft war perfekt. Ich konnte nun zum zweiten Grund meines Besuches kommen: „Und nun was Ernsteres", bereitete ich Reddy vor und übergab ihm den Zettel mit den Daten von ES.

„Kennst du die Type?", fragte ich.

Reddy nickte langsam.

„Ich habe in dem Laden mal als Rausschmeißer gearbeitet. Ist schon ein paar Jahre her."

„Und den Typen selbst? Er soll da Geschäftsführer sein", bohrte ich weiter.

„Ja, flüchtig", antwortete Reddy. „Ich hörte, dass er darauf abfährt, dass Frauen quiecken."

Ich nickte: „Habe ich auch gehört." Um dann fortzufahren: „Wie findest du eigentlich Carmen?"

Er grinste verlegen, also setzte ich nach: „Na komm schon. Ich habe dich doch gesehen, als wir um die Häuser gezogen sind."

Er wurde ernst und sagte: „Bei Carmen würde ich ruhiger werden. Das ist eine Frau zum Heiraten. Genauso wie Rossi."

Ich unterbrach ihn: „Na, Rossi lassen wir mal aus dem Spiel. Die ist schon unter Vertrag."

Wir lachten. Dann wurde ich wieder ernst und schaute einige Sekunden auf meine neue Uhr. Reddy fragte: „Na, was ist nun. Da kommt doch noch mehr. Sonst hättest du mir die Daten doch nicht gegeben."

Ich nickte und sagte ihm dann, was mit Carmen geschehen war. Er sprang auf und schrie wie ein Tier. Obwohl ich eine Reaktion provoziert hatte, erschrak ich. Er griff in eine Schreibtischschublade, holte eine Beretta 85 hervor und lud sie gleich durch.

„Los", meinte er, „wir fahren gleich hin und holen uns den Typen!"

Sein Hals war angeschwollen, die Adern traten dick hervor. Sein ganzes Gesicht färbte sich rot, und seine Augen wurden wässerig. Besorgt beobachtete ich, wie er mit der durchgeladenen Waffe herumfuchtelte. In seiner Pranke wirkte das Ding wie winziges Spielzeug. Ich bemühte mich, aus der Visierlinie zu bleiben, und bremste ihn: „So geht das nicht. Wir können ihn nicht wegmachen. Carmen und Rossi wissen leider Bescheid. Du kannst dir nicht vorstellen, was ich bei Carmen für eine Show abziehen musste, um die Daten zu bekommen. Rossi hat gleich an mir gezweifelt. Ich musste ihr erst mal gut zureden, bis sie mich verstand. ES kann nur einen Denkzettel kriegen. Aber der sollte sich gewaschen haben. Also, du kennst dich in dem Laden aus. Ist ES oft im Büro? Und kommen wir ungesehen an ihn ran?"

Reddy starrte nachdenklich in die Raummitte und sagte dann: „Jemand müsste von innen die Notausgangstür aufmachen. Von da kommt man leicht ins Büro. Es gibt da einen Moment, wo er alleine sein wird. Die Chancen, ES zu schnappen und ungesehen den Laden zu verlassen, sind gut."

Ich dachte einen Moment lang nach und schlug dann vor: „Das kann Rossi machen. Wir verkleiden sie vorher. Eine Perücke sollte dazu reichen."

„Sie sollte sich anders schminken als sonst. Sicherheitshalber", ergänzte Reddy.

Ich hielt das nicht für notwendig, sagte aber nichts weiter dazu. Stattdessen stimmte ich uns noch weiter ein: „ES ist nur noch ein Stück Fleisch."

„So ist es", bestätigte Reddy, während wir uns abklatschten. Die Sache war für uns schon so gut wie erledigt. Wir verließen sein Büro, überquerten den Hinterhof und betraten seine konspirative Wohnung. Dort suchten wir uns geeignetes Werkzeug zusammen und legten es auf einem Tisch zurecht. Säuberlich reihten wir nebeneinander auf: eine feste, undurchsichtige Plastiktüte, Handschellen, eine kurze, wie einen Baseballschläger geformte Keule, die mit einer Lederschlaufe fürs Handgelenk versehen war, eine Flasche Äther, damit unser Transportgut während der Fahrt auch ruhig blieb, ein Geschirrhandtuch, zwei große Overalls und zwei böse, schwarze Mützen mit Löchern für Augen und Mund, wie sie gerne von SEKs getragen werden, um friedfertige Bürger zu erschrecken.

Reddy verließ kurz die Wohnung holte eine langhaarige blonde Perücke, ein Haarnetz und ein Schminkset. Ich fragte ihn: „Meinst du, dass die Schminke was bringen wird? Ist sie wirklich notwendig?"

„Sicherheitshalber", wiederholte Reddy. „Wenn schon, dann richtig."

Nun gut, es war sein Revier. Er war hier der Boss. Dennoch dachte ich an die Beretta, deshalb erinnerte ich ihn noch mal: „Es bleibt dabei. Nicht wegmachen, nur bestrafen. ES soll einen Denkzettel bekommen, den er nie wieder vergisst.

„Schon gut", meinte er. „Ich hab's ja kapiert. Aber mir fällt da gerade was ein. Wir brauchen noch einen Dildo. Einen schönen großen Dildo. Einen Mordsdildo."

Ich musste grinsen und fragte ihn: „Denkst du an das, an das ich auch denke?"

Er nickte und sagte: „Ich bin gleich wieder da."
Ich fand noch eine große Kombizange, zwei Paar Handschuhe, eine Taschenlampe und eine Rolle Kreppband. Alles kam auf den Tisch. Reddy erschien wieder. Er hatte einen Dildo mit beeindruckenden Maßen mitgebracht, den er auf den Tisch legte.

„Ich glaube, wir haben alles", meinte er.

Ich sortierte das Werkzeug in der Reihenfolge, wie wir es später benötigen würden in eine Sporttasche. Reddy nahm seine Beretta und schraubte von dem kurzen Laufstück, das vorne aus dem Schlitten ragte eine Schutzkappe ab. Dadurch wurde auf dem Lauf ein Feingewinde freigelegt, auf das Reddy nun einen Schalldämpfer schraubte. Die Waffe verlängerte sich dadurch um das Zweieinhalb- bis Dreifache und wirkte nun enorm sperrig. Er legte sie in die Tasche auf die Overalls und zog den Reißverschluss zu.

Ich fragte ihn: „Und nun zum Ort. Wo wird das hochnotpeinliche Verhör stattfinden?"

„Na, bei Tüte, auf dem Schrottplatz. Wo denn sonst." Bevor ich auf seine Gegenfrage eingehen konnte, fuhr er fort: „Da ist kein Verkehr. Es ist schön ruhig und abgeschieden. Da sind wir völlig ungestört. Aber das müssen wir mit Tüte persönlich bequatschen."

Das leuchtete mir ein. Reddy schnappte sich die Tasche, und wir gingen los.

Da der Bronco einfacher zu erreichen war, fuhren wir mit ihm zu Tüte. Der war noch wach und schaute Fernsehen. Reddy setzte ihn ins Bild. Viel brauchte er nicht zu erklären. Ich vermutete, dass die beiden sich hier öfter mit unsympathischen oder unwilligen Zeitgenossen unterhielten. Tüte nickte und sagte bloß: „Carmen ist ein nettes Hamburger Mädel. Der hat's verdient."

„ES hat es verdient", korrigierte ich ihn.

Reddy lachte. Auch Tüte hatte nichts gegen diese Sichtweise. Wir klatschten uns ab. Tüte stellte uns einen fahrtüchtigen Ford Transit zur Verfügung, das Fahrzeug war bereits abgemeldet und sollte morgen in die Presse kommen. Der Transit wurde mit anderen, verdreckten Kennzeichen ausgestattet. Auf die Stellen der abgekratzten Plaketten wurde etwas Uhu aufgetragen und Schmutz darübergespritzt. Wenn man nicht näher als drei Meter heran ging und nicht allzu genau hinschaute, fiel das gar nicht weiter auf. Tüte würde nachher in unserer Abwesenheit etwas Platz für uns und ES in seinem Werkzeug-Container schaffen.

Im Wohnwagen warteten wir auf den richtigen Zeitpunkt. Auf dem Tisch sammelten sich die Beck's-Flaschen. Zudem hatte Tüte reichlich Koks aufgestreut. Das sorgte dafür, dass uns die Zeit nicht lang wurde. Im Fernsehen kündigte der Wetterbericht einer Nachrichtensendung für die kommenden Tage ein Tief an. Reddy fing an zu schimpfen: „Scheiß Wetter. Jetzt können die Mädchen wieder Moonboots tragen und sich einwickeln. Da brauchen sie eine halbe Stunde, bis sie ausgezogen sind. Das geht alles von meiner Zeit ab. Dafür gibt's kein Geld."

Tüte und ich sprachen ihm unser Bedauern aus. Nach einer Weile sagte Reddy: „Wenn wir pünktlich sein wollen, müssen wir jetzt los und Rossi abholen."

Ich nickte, und wir beide brachen auf. Tüte schaute uns nach, wie wir in dem Transit sein Gelände verließen. Auf dem Weg zu Rossi erklärte mir Reddy: „ES wird nachher das Wechselgeld an seine Bedienung rausgeben. Dann zählt er die Kohle und legt einen Teil für morgen weg. Beim Zählen will er keinen dabei haben. Er ist dann immer allein. Nur heute nicht. Wir werden dabei sein."

Das hörte sich gut an. Ich hatte daher keine weiteren Fragen.

Als wir in die Davidstraße kamen, fuhr Reddy langsamer. Wir hatten Glück, Rossi kam gerade aus der 14. Sie verabschiedete einen Kunden. Ich hatte schon befürchtet, aus Zeitgründen einen Typen von ihr herunterreißen zu müssen. Ich kurbelte das Seitenfenster runter und lehnte mich hinaus. Rossi erkannte uns und kam an den Wagen: „Was ist los, Jungs? Französisch achtzig, aber nur angezogen."

Wir lachten. Ich sagte ihr: „Du musst uns helfen. Steig ein."

„Okay", sagte sie nur, stieg ein, kletterte über mich hinweg und setzte sich in die Mitte. Bevor sie richtig Platz nehmen konnte, war Reddy bereits losgefahren. Ich erklärte ihr, worum es ging und was sie zu tun hatte. Sie begriff schnell und stellte keine unnötigen Fragen. Sie wusste, worauf es ankam und was für Konsequenzen es geben könnte. Als Heimkind wusste sie auch, dass es getan werden musste. Ich schloss meine Erklärungen mit den Anordnungen: „Wenn du die Notausgangstür für uns geöffnet hast, setzt du dich ans Steuer. Wenn wir rauskommen und ES eingeladen haben, fährst du den Wagen. Du fährst in die Nähe deiner Arbeit, hältst aber außer Sichtweite. Du steigst aus und wir übernehmen."

Sie nickte während sie ihre schwarze Mähne unter das Haarnetz zwang. Ich dachte an ihren kernigen Fahrstil und mahnte: „Und fahr ordnungsgemäß!", was mir ein gereiztes: „Ja, ja" von ihr einbrachte. Reddy schien das alles zu lange zu dauern. Er knirschte deutlich vernehmbar mit den Zähnen. Besorgt fragte ich ihn: „Du hast eine zuviel, was?", und meinte damit die gezogenen Koks-Lines. Er nickte nur und starrte weiter über das Lenkrad. Rossi gelang während der Fahrt das Kunststück, sich umzuschminken, ohne sich bei dem Geschaukel zu beschmieren. Da Reddy die Örtlichkeiten kannte und auch Rossi schon einige Male in dem Laden gewesen war, lief alles reibungslos. Wir setzten Rossi in der Nähe des Einganges ab und fuhren dann auf die Rückseite des Gebäudes. Hier gab es eine Art Lieferanteneingang. Die Gegend war ideal, besser, als ich es mir vorgestellt hatte. Wir befanden uns auf einem weitläufigen Gewerbehof. Hier schien es nur Geschäfte, Büros und Lagerhallen zu geben. Und alles war bereits seit Stunden geschlossen. Wohnungen schien es hier überhaupt nicht zu geben. Es gab hier keine Mieter, die uns beobachten konnten. Der Platz, an dem wir hielten, war schlecht ausgeleuchtet. Selbst Spaziergänger würden sich nicht hierher verirren. Das nächste Gebäude war gute fünfzig Meter entfernt. Wie gesagt, der Ort war perfekt. Wir stellten den Transit so hin, dass die offene Schiebetür direkt vor der Notausgangstür lag. Mein Overall war mir viel zu groß. Ich umwickelte daher Ärmel und Hosenbeine an den Handgelenken und Fußknöcheln mit Kreppband. Ich hatte keine Lust, irgendwo hängen zu bleiben. Wir setzten unsere bösen Mützen auf, streiften die Handschuhe über und legten die Werkzeuge für den nächsten Arbeitsschritt zurecht. Reddy steckte die sperrige Beretta in seinen Ledergürtel und nahm die Plastiktüte. Ich sicherte die Keule, indem ich die Schlaufe um mein Handgelenk legte, und nahm die Handschellen an mich.

In gehockter Haltung lehnten wir uns im Dunkeln des Transporters an die Seitenwand und starrten durch die offene Seitentür auf den Notausgang. Der Laden war gut gedämpft. Nicht das leiseste Geräusch drang zu uns. Um so lauter kam mir Reddys Zähneknirschen vor. Problemlos übertönte es das weit entfernt wahrnehmbare Rauschen der nächtlichen Großstadt. Lange musste ich Reddys Zähne nicht an meinen Nerven nagen lassen. Nach nur wenigen Minuten ging die Brandschutztür auf. Leise gedämpfte Musik kam uns entgegen, und Rossi mit ihrer blonden Perücke. Sie hielt uns die Tür auf und wir stürmten los. Ich vorneweg. Wie beschrieben fand ich nach einigen Metern auf der rechten Seite eine geschlossen Tür mit der Aufschrift Büro. Ich drehte am Knauf. Sie war nicht verschlossen. Mit einem schnellen Schritt stand ich im Raum, Reddy dicht hinter mir. Vor mir saß in einem Managersessel, mit dem Rücken zu mir ein breitschultriger blonder Mann. Obwohl er saß, war zu erkennen, dass der Kerl ein Hüne sein musste. In seiner Selbstgefälligkeit fühlte er sich zu sicher. Obwohl er das Öffnen der Tür bemerkt haben musste, drehte er sich nicht um. Zu sehr war er mit dem Zählen von Münzgeld beschäftigt. Ausgezeichnet, dachte ich mir und drosch mit meiner Stummelkeule auf seinen Schädel. ES zuckte heftig zusammen. Nach dem ersten Treffer wollte er noch aufstehen, doch nach den rasch folgenden nächsten beiden Schlägen gab es für ihn nichts mehr zu wollen. Er sackte nach vorne und drohte mit dem Kopf auf die Schreibtischplatte zu schlagen. Reddy sprang an mir vorbei und fing den leblosen Körper vorher auf. Bevor das Blut aus den Hinterkopfplatzwunden auf den Tisch tropfen konnte, streifte er ES die Plastiktüte über den Schädel. Er dichtete die viel zu große Tüte ab, indem er sie am Hals von ES zusammenraffte und sie mit seinen Riesenpranken festhielt. Als ES den Mund aufriss um nach Luft zu schnappen, stach ich mit dem Zeigefinger ein Atemloch in die Tüte. Der Oberkörper von ES lag auf dem Schreibtisch. Ich drehte seine Arme nach hinten und ließ die Handschellen um seine Handgelenke einrasten. Reddy ließ ES mit dem Rücken gegen seine Oberschenkel sinken, änderte einige Male seinen Griff und zog ihn dann am plastiktütenumschlossenen Hals hoch. Ich stellte mich zwischen die Oberschenkel von ES, umklammerte sie mit meinen Unterarmen und half, ihn hoch zu hieven. Auf diese Weise schleppten wir ES nach draußen. Beim Verlassen des Büros zog ich mit dem Fuß die Tür nach und ließ sie ins Schloss schnappen. Reddy betätigte mit dem Ellenbogen die Klinke der Notausgangstür und drückte sie auf. Mit Schwung schleuderten wir ES in den offenen Wagen. ES rollte bis zur anderen Wagenseite und brachte mit seinem Aufprall das Auto zum Wanken. Ich sprang mit Reddy hinterher. Im selben Moment sprang der Motor an. Gutes Mädchen. Während ich das verabredete Zeichen gab und zweimal rasch mit der flachen Hand gegen die Trennwand zwischen Ladefläche und Fahrerkabine schlug, ließ Reddy die Seitentür zugleiten. Gleichzeitig setzte sich der Transit mit einem Ruck in Bewegung. Reddy zog die Tüte herunter und vergewisserte sich, dass wir es auch wirklich mit ES zu tun hatten. Dann schraubte er die braune Glasflasche mit dem Äther auf und tränkte das mehrfach zusammengefaltete Geschirrtuch damit. Er presste das feuchte Tuch über Mund und Nase von ES. Obwohl keine Notwendigkeit dazu bestand, hielt ich die Luft an und begann im Geiste zu zählen. Ich kam bis neun, als Reddy das Tuch wieder verstaute, ich nahm die Rolle mit dem Kreppband und umwickelte großzügig die Fußknöchel von ES. Dann umwickelte ich etliche Male seinen Kopf, und zwar so, dass die Lagen seine Augen großflächig überdeckten. Mit den Daumen drückte ich das Band in den Augenhöhlen fest.

Ich setzte mich auf den Ladeboden und lehnte mich an die fensterlose Trennwand, schloss die Augen und ging die Aktion noch mal in Gedanken durch. Ich hielt es dabei wie eine Katze: Ich hatte niemanden gesehen, also hatte uns auch niemand gesehen. Hoffte ich zumindest. ES lag vor uns, und soweit ich es durch die Scheiben in den hinteren Ladetüren beurteilen konnte, bewegten wir uns mit normaler Geschwindigkeit. Mein Puls beruhigte sich wieder. Ich nahm meine Maske ab und wartete auf Rossis Signal. Als nach einem der Stopps zweimal an die Trennwand geschlagen wurde, öffnete ich die Schiebetür und sprang aus dem Wagen. Ich ließ die Tür wieder zugleiten und ging vorne um das Fahrzeug herum. Rossi kam mir schon entgegen. Die Perücke trug sie nicht mehr. Das erstaunliche Mädchen hatte sich während der Fahrt abgeschminkt. Sie umarmte mich und flüsterte mir ins Ohr: „Mach keine Fehler. Du hast bei mir einen lebenslangen Vertrag."

Sie gab mir einen schellen Kuss auf den Mund und verschwand. Ich stieg ein und sah die blonde Perücke und das Haarnetz auf dem Boden liegen. Rossi hatte den Motor laufen lassen. Ich löste die Handbremse und fuhr zum Schrottplatz. Es lief alles nach Plan. Am Schrottplatz angekommen war diesmal das solide Tor zugezogen. Ich musste trotzdem nicht aussteigen. Tüte hatte, für mich unsichtbar, im schwarzen Schatten seiner zerklüfteten Automauern versteckt gewartet. Als er uns erkannte, löste er sich aus dem Schatten und öffnete das Tor, um es gleich wieder hinter uns zu schließen. Ich stoppte den Ford kurz vor dem Werkstatt-Container, sprang aus dem Wagen und schwenkte die nur angelehnten Containertüren auf. Gleichzeitig wurde die Seitentür des Transit von innen aufgeschoben. ES klatschte auf den Boden. Reddy sprang dem immer noch Bewusstlosen hinterher. Wir wuchteten ES hoch und warfen ES auf die Werkbank. Reddy schloss die Containertüren. Im Bezug auf Ätherdosierungen schien er über ausreichende Erfahrungswerte zu verfügen. Wir mussten keine fünfzehn Minuten warten, bis ES wieder zu sich kam.

In den nächsten anderthalb Stunden sprachen Reddy und ich kein Wort. Stille gab es in dem Container trotzdem nicht. Der Raum war erfüllt mit Jammern, Schreien und Wimmern. Als wir fertig waren, lag ES gut verpackt in gehockter Haltung auf der Seite auf dem Boden. Seine Handgelenke überkreuzten sich an seinen Kniekehlen und waren dort festgebunden. Die Backen des großen Schraubstockes hatten in seinem Gesicht links und recht breite Druckspuren hinterlassen. ES besaß keine Jacketkronen mehr. Zumindest nicht im Mund. Seine Hoden waren auf Grapefruit-Größe angeschwollen. Aus seinem Hintern ragte nur noch ein Viertel des Riesendildos heraus. Ich hatte an einem Ende des Lustspenders fünf kleine Löcher gebohrt. In dem Container waren wir fertig. Als wir ihn mit ES verließen und uns draußen die frische Luft entgegen schlug, wurde uns schlagartig bewusst, wie sehr es in dem Container nach Schweiß, Blut, Urin und Kot stank. Es war der typische Geruch von Angst. Wollten wir Tüte nicht verstimmen, würden wir nachher kräftig sauber machen müssen. Wir luden ES in den Transit. Ich setzte mich ans Steuer und fuhr vor Tütes Wohnwagen. Dort stieg ich aus und zupfte aus einem ausgestopften Pfau 5 lange Federn. Um Tüte nicht allzu sehr zu verärgern, entnahm ich sie an fünf verschiedenen Stellen. Das sah nicht so kahl aus. Ich stieg in den Transit und wollte gerade losfahren, als Tüte aus seinem Wohnwagen kam. Er reichte mir ein beschriebenes Pappschild. Über dem Schriftzug war an den beiden Ecken je ein Loch gebohrt worden. Durch die Löcher lief eine Schnur. Tüte deutet mit dem Kopf in Richtung des Eingangstores und meinte: „Ich mach auf."

Im Schritt-Tempo fuhr ich neben Tüte her. Er entfernte das Vorhängeschloss, zog die schwere Kette beiseite und schwenkte einen der Torflügel zur Seite. Ich verabschiedete mich per Handzeichen und verließ das Gelände. Im Rückspiegel sah ich, wie sich das Tor wieder schloss.

Ich fuhr zum Stadtpark. Ursprünglich hatten wir vorgehabt, ES an einem Gerät auf einem Kinderspielplatz festzubinden. Aber die Kleinen hatten uns ja nichts getan, also wollten wir ihnen den Anblick nicht zumuten. Dennoch sollte der Ausstellungsort von ES einem großen Publikum zugänglich sein. Und so fuhr ich die Straße am Stadtpark entlang, auf der Suche nach einer geeigneten Stelle. Niemand störte uns dabei. Um diese Zeit war die Gegend wie ausgestorben. Seit fast zehn Minuten war außer unserem kein anderes Fahrzeug zu sehen, Fußgänger erst recht nicht. Plötzlich sah ich das Passende. Ich hielt vor einer Abzweigung, stieg aus und öffnete die Seitentür. Reddy sprang aus dem Wagen. Ich zeigte auf eine Parkbank. Wir schleppten ES zu der etwa zehn bis fünfzehn Meter entfernten Bank. Diesmal hatten wir auf eine Narkotisierung verzichtet ES war völlig apathisch. Kein Laut kam von ihm, keine Bewegung regte sich. Wir platzierten ES mit seinen Knien und Schienbeinen auf der Sitzfläche der Bank. Das Schlüsselbein lag auf der Lehne auf, der Kopf ragte nach hinten über die Lehne hinaus. ES bekam eine Schlinge um den Hals gelegt, die wir unter der Bank wieder nach vorne führten und an seinen Fußgelenken festbanden. Wir mussten noch einige Abspannungen vornehmen, damit er uns nicht seitlich wegkippte. Zum Schluss ging ich noch mal zum Wagen und holte die Pfauenfedern und Tütes Pappschild. Zurück bei ES hängte ich das Schild über den vorstehenden Rest des schräg empor ragenden Dildos und schob die Kiele der Federn in die Bohrungen des Plastikschwengels. Ich hatte die Bohrungen etwas zu groß gewählt. Die Federn saßen zwar locker, steckten aber tief genug, um Halt zu finden. Im Grunde war unsere Arbeit nun getan. Wir nahmen einige Schritte Abstand und betrachteten unser Kunstwerk. Aus der Entfernung hatte sein nach oben gerichteter Hintern Ähnlichkeit mit den Backen eines Fahrradständers.

Bevor wir einstiegen und zurückfuhren, blickten wir uns noch mal um. Noch immer gab es niemanden, der uns hätte beobachten können. Reddy setzte sich ans Steuer. Er bedauerte es, keinen Fotoapparat dabei zu haben.

Am Schrottplatz wurden wir wieder von Tüte erwartet. Reddy stellte den Transit neben dem Kran ab. Beide leuchteten wir vorne und hinten das Wageninnere aus. Aber es war nichts zu finden, was wir hätten mitnehmen müssen. Auf der uns zugewandten Seite des Krans lagen auf der Gleiskette zwei Radkreuze. Während ich mit Reddy die Radmuttern aller vier Räder löste, bestieg Tüte den Fahrerstand des Krans und ließ ihn an. Als wir mit unseren Rädern so weit waren, traten wir einige Schritte zur Seite. Tüte ließ nun den klauenhaften Greifer in das Dach des Transit schlagen. Metall kreischte und Glas splitterte. Dazwischen war das Arbeiten der hydraulischen Kranpumpen zu hören, die sich gegen das Geräusch des Dieselmotors durchsetzten. Behutsam hob Tüte den Wagen an und stoppte ihn in etwas über einem Meter Höhe. Reddy und ich gingen wieder zum Wagen und zogen die Räder ab. Wider Erwarten geriet der angehobene Transporter dabei kaum ins Pendeln. Ich stellte meine beiden Räder auf den Boden und ließ sie den Weg entlang rollen. Dann brachte ich mich aus dem Aktionsradius des Greifarms. Tüte brauchte mit dem Kran nicht zu fahren. Alles war so platziert, dass er den Ford nur hoch genug und zur Seite über die Presse heben musste. Der Wagen schwebte wenige Sekunden über der Schrottpresse, bis Reddy vor ihrer Schalttafel stand. Tüte ließ den Wagen in das gefräßige Maul der Presse sinken, löste den Greifer und schwenkte ihn zur Seite. Reddy ließ die Presse an. Enorm starke Elektromotoren setzten nicht minder kräftige Hydraulikstempel in Gang und ließen dem Transit keine Chance. In nur wenigen Minuten wurde aus dem Transporter ein Würfel mit einer Kantenlänge von etwa einem Meter. Er ließ nicht mehr erkennen, aus welchem Fahrzeugtyp er ursprünglich erzeugt worden war. Der Greifer trat wieder in Aktion, hievte den Würfel aus der Presse, schwenkte nach rechts und stapelte ihn auf eine aus anderen Würfeln bestehenden Mauer. Tüte stellte den Motor des Krans ab und kletterte nach draußen. Schlagartig herrschte eine fast schon gespenstische Stille. Tüte benannte uns eine Stelle, an die ich mit Reddy die abmontierten Reifen rollte und stapelte. Ich habe Tüte nie gefragt, warum er auf die alten Räder Wert gelegt hatte. Schließlich hatte er beim Pressen des Transit auch darauf verzichtet, Öl und Benzin abzulassen. Vielleicht hätte ihm das zu lange gedauert.

Reddy wollte zum Werkstatt-Container gehen und ihn mit Wasser ausspritzen. Tüte winkte ab. Er hatte das bereits während unserer Abwesenheit gemacht.

Reddy und ich gingen zu einem Ölfass, zogen Overall und Handschuhe aus, warfen sie zusammen mit unseren SEK-Mützen ins Fass und zündeten darin die Sachen an.

Zu dritt gingen wir in Tütes Wohnwagen. Wir tranken noch ein paar Beck's. Ich sagte zu Reddy: „Von heute ab heißt du bei mir nur noch 'der Zahnarzt'."

Er lachte und meinte: „Und du bist der Urologe."

Ich grinste und nahm einen Schluck aus meiner Flasche.

Wir blieben nicht mehr lange. Als ich mich mit Reddy von Tüte verabschiedete, war es noch dunkel. Die Sonne würde erst in einigen Stunden aufgehen.

Ich verließ mit Reddy den Schrottplatz, und es kam mir vor, als hätte ich mit ihm eine gemeinsame Nachtschicht verbracht. Ich setzte Reddy am Silbersack ab und fuhr bei Rossi in der Davidstraße vorbei. Ich hatte Glück und sie Pech. Um die Zeit und bei den Temperaturen trieb sich kaum ein zahlungskräftiger Kunde hier herum. So kam es, dass ich sie auf der Straße sah. Ich hielt auf ihrer Höhe. Sie stieg in den Bronco. Bevor sie mir einen Kuss gab, sagte ich ihr noch, dass alles in Ordnung sei. Sie versprach, nicht mehr lange zu bleiben. Das Geschäft liefe sowieso mies. Sie stieg aus und stolzierte wieder zu ihrer Stelle.

Ich fuhr nach Hause und duschte mich ausgiebig. Dann setzte ich mich in die Küche, stand aber gleich wieder auf. Ich suchte nach etwas Hochprozentigem. Nach ein paar Minuten fand ich den Alkoholbunker. Ich nahm eine Flasche Wodka. Leider war sie warm, Also schaute ich im

Kühlschrank nach. Ich nahm eine Flasche Bitter Lemon und machte mir eine Mischung. Das erste Glas trank ich auf Ex. Die leicht brennende Wärme sorgte dafür, dass ich mich kurz schüttelte. Dennoch war sie nicht unangenehm und machte Appetit auf mehr. Ich zündete mir eine Zigarette an und goss nach. Ich war damit noch nicht ganz fertig, als ich hörte, wie die Tür zu Carmens Zimmer aufging, ich drehte mich jedoch nicht um, als sie die Küche betrat. Es war eigenartig. Ich hatte mir einen gut funktionierenden Plan ausgedacht. Er war problemlos und nahezu perfekt durchgeführt worden. Auch hatte ich keine Zweifel, dass das Ziel des Planes erreicht war. ES würde sich mit Sicherheit nie wieder an Carmen vergreifen und mit etwas Glück an gar keiner Frau mehr. Und dennoch. Aus irgendeinem unerklärlichen Grund fühlte ich mich unwohl. Es schien fast, als würde ich vor meiner eigenen Courage zurückschrecken und mich meine eigene Handlung im Nachhinein erschrecken. Ich begriff, dass das Planen einer Aktion sehr abstrakt sein kann, im ungünstigsten Fall so, dass ihre Durchführung vor Ort aus moralischen Gründen unmöglich wird. Ich begann den Wahnsinn zu begreifen, der entstand, wenn Generäle ihre Sandkastenpläne von blutenden Menschen umsetzen lassen wollten.

Carmen hatte sich auch ein Glas genommen und es gut aufgefüllt. Ich merkte plötzlich, dass sie mit mir sprach, ließ mir aber nicht anmerken, dass ich ihre ersten Sätze nicht wahrgenommen hatte. Ich schaute sie an. Wichtiges schien ich nicht verpasst zu haben, doch nun begann sie mir von der an ihr begangenen Notzucht zu erzählen. Eigentlich wollte ich gar nichts darüber wissen, hörte aber trotzdem zu. Als ihr die ersten Tränen über die Wangen liefen, zog ich sie an mich und drückte ihre Hand. Nachdem sie zu Ende erzählt hatte, nahm ich sie fest in den Arm. Sie weinte noch ein wenig. Dann löste sie sich von mir, wischte sich ihre Tränen aus dem Gesicht und holte eine weitere Flasche Wodka aus dem Schrank. Mir war gar nicht aufgefallen, dass wir die erste schon geleert hatten. Sie setzte sich wieder zu mir und sagte: „So, jetzt fühle ich mich wohler."

„Ich mich auch", erklärte ich.

„Wie meinst du das?", fragte sie irritiert.

„Ach, nur so", murmelte ich und griff nach der Flasche.

Im Flur wurde die Wohnungstür aufgeschlossen. Ich hörte, wie sich jemand Schuhe auszog und wie ein Bügel mit einem Kleidungsstück behangen und weggehängt wurde. Rossi kam in die Küche. Sie stutzte, als sie Carmens verheultes Gesicht sah, blickte kurz zu mir, sagte aber nichts, sondern ging zu ihr und gab ihr einen Kuss auf die Wange. Dann kam sie zu mir, setzte sich auf meinen Schoß und gab auch mir einen Kuss. Ich spielte mit meinem halbvollen Glas. Sie nahm es mir aus den Fingern, um selbst daraus zu trinken. Als sie es zum Mund führte, fiel ihr Blick auf die Rolex an meinem linken Handgelenk. Sie stoppte das Glas dicht vor ihren Lippen, griff nach meinem Unterarm und zog ihn mit der Uhr etwas zu sich.

„Oh, Du hast dir etwas Schönes gekauft", stellte sie fest.

Sie drehte mein Handgelenk so weit es möglich war und sagte: „Sieht gut aus. Passt zu dir." Ich war noch etwas maulfaul und sagte daher nichts dazu. Sie trank mein Glas aus und meinte: „Ich will ein eigenes Glas. Aber vorher muss ich duschen. Also lasst mir was übrig."

Das ließ sich einrichten. Als Rossi vom Duschen zurückkam, half sie, auch die zweite Flasche leer zu kriegen. Carmen hatte Musik angemacht. Es dauerte nicht lange und die beiden Mädchen erfreuten meine Augen mit exzellenten Tanzeinlagen, bis der Wodka dafür sorgte, dass es mit dem Tanzen nicht mehr so richtig klappte. Nachdem sie einige Male auf ihren hübschen Hintern gelandet waren und sich lachend wieder hochgerappelt hatten, beschlossen wir, dass es Zeit wurde, ins Bett zu gehen. Ohne uns abzusprechen, hatten weder Rossi noch ich Carmen etwas über unsere Aktion mit ES erzählt.

An Sex war jetzt nicht mehr zu denken. Ich kuschelte mich von hinten in der Löffelchenstellung an Rossi, streichelte sie noch etwas und war binnen Minuten eingeschlafen.

Am nächsten Vormittag wachten wir beide mit einem dicken Kopf auf. Ich schleppte mich in die Badewanne, hielt mir den Brausekopf der Dusche an die Stirn und hoffte, damit den Kater wegspülen zu können. Das Viech war sehr hartnäckig und nicht im Geringsten wasserscheu. Ich konnte ihn nicht aus meinem Kopf vertreiben. Rossi setzte sich zu mir in die Wanne. Sie hatte sich einen Handtuchturban um den Kopf gewickelt und sah auch sehr mitgenommen aus. Etwas wortkarg brachten wir unsere Morgentoilette hinter uns. In der Küche saß bereits Carmen. Auch sie machten einen gequälten Eindruck. Während des Frühstücks sprachen wir kaum. Wir hatten alle noch zu viel Watte im Schädel.

Eines der beiden Mädels machte den Vorschlag, zu dritt an die Alster spazieren zu gehen. In der Hoffnung, dass die frische Luft geeignet war, eine verbannende Wirkung auf die bösen Geister in meiner Birne auszuüben, bewegte ich als Zeichen meiner Zustimmung äußerst behutsam meinen Kopf auf und ab und erflehte im Anschluss mit schwacher Stimme ein paar Aspirin.

Sehr schweigsam und mit bedächtigen Bewegungen machten wir uns für den Spaziergang zurecht. Wir gingen etwa zwei Stunden an der Alster entlang. Dass es uns Dreien nach und nach besser ging, durften wir jedoch nicht ausschließlich der frischen Luft, sondern vielmehr einem Chemieprodukt der Firma Bayer verdanken.

Das Wochenende wurde für mich und Rossi noch sehr schön. Am letzten Tag übergab ich Rossi mein Weihnachtsgeschenk für Carmen. Ich bat Rossi, für das kleine Samtsäckchen eine hübsche, feste Geschenkumhüllung und eine ausgefallene Weihnachtskarte zu besorgen.

Der Abschied fiel uns immer noch schwer. Ich ließ sie noch einmal ihr Versprechen wiederholen, mich zu Weihnachten in Berlin zu besuchen. Sicherheitshalber erwähnte ich, dass ihr Weihnachtsgeschenk natürlich in Berlin auf sie warten würde. Sie lachte. Wussten wir doch beide, dass sie nicht deshalb zu mir kommen würde. Wir trösteten uns damit, dass es bis dahin nur noch ein paar Tage waren. Bevor ich ihre Wohnung verließ, rief ich bei Tom an und teilte ihm mit, dass ich nun losfahren würde und wann ich ungefähr bei mir ankommen könnte. Er versprach, gegenüber in der Kneipe zu warten und mir dann beim Entladen des Broncos zu helfen. Ich legte auf und brauchte doch noch ein weiteres Viertelstündchen, um mich an der Tür stehend von Rossi loszureißen. Gut die Hälfte der Zeit umklammerte sie mit exzellent gespielter Theatralik meine Knie. Schließlich hatte ich mich zur Tür gekämpft, eine der Länge nach ausgestreckte, meine Beine umklammernde Rossi hinter mir über den Boden her schleifend.

Berlin

In Berlin angekommen fuhr ich ohne Umwege in meine Wohnung. Wie vereinbart, fand ich Tom in der Kneipe gegenüber, und wie nicht anders erwartet fand ich ihn beim Kickern. Ich setzte mich an den Tresen, bestellte mir einen Kaffee und wartete, bis Tom sein Spiel beendet hatte.

Wie so oft gewann er das Spiel. Ich verließ daher mit einem gutgelaunten Tom den Laden. Gemeinsam schleppten wir die Harley Davidson-Teile aus dem Bronco in meinen Bastelraum. Durch eine Bodenklappe konnte ich meinen Keller erreichen. Die Treppe, die hinunter führte, war sehr steil und sehr eng. Hatte man die Hände voll mit schweren Gegenständen und konnte sich nicht abstützen, war es immer ein kleines Wagnis, sie zu betreten. Toms Hilfe kam mir daher sehr gelegen. Er reichte mir einige der Teile durch die Luke nach unten. Zu fluchen begann er, als ich ihm andere Teile nach oben reichte und er sich mit dem Bauch auf den Boden legen musste, um sie entgegennehmen zu können. Als ich nach oben kletterte, fluchte er immer noch. Vor allem, weil er der Meinung war, seine Arme seien Meterlang. Ich verabschiedete ihn grinsend. Als nächstes rief ich Bart-Rolf an. Wir verabredeten einen Termin für den Rücktausch der Fahrzeuge. Erstaunlicherweise hatte er es diesmal damit nicht eilig. Jetzt konnte ich mich in meinen Schrauber-Overall werfen und loslegen. Ich begann meine Neuerwerbungen zu bearbeiten und sie fürs Verchromen oder Lackieren vorzubereiten. Ich hatte vor, für die Weiterverarbeitung möglichst viele Teile über Weihnachten außer Haus in Fachwerkstätten zu geben. Auf diesem Weg wollte ich erreichen, dass meine Bude nicht so vollgestopft aussah.

Im Laufe der folgenden Woche entdeckte ich an mir einen Ehrgeiz, der mir in dieser Form bisher noch nie aufgefallen war. Ich gab mir mächtig viel Mühe, meine Wohnung auf Vordermann zu bringen, hängte meine Gardinen ab, brachte sie zu einer Bekannten und ließ sie dort waschen. Ich putzte die Fenster, was mir bei den nunmehr herrschenden Minusgraden beinahe Frostbeulen an den Fingern einbrachte. Das Badezimmer bekam einen neuen Anstrich. In der Küche verlegte ich neue Auslegware. Zwischendurch brachte ich so viele Teile wie möglich in Fachwerkstätten. Mein Bastelraum wurde auf Hochglanz gebracht, und meine drei zum Verkauf stehenden Harley Davidson wurden noch mal kräftig gewienert. Wie zum Ansporn rief Rossi jeden Tag von der Arbeit aus an. Zwei Tage nach meiner Rückkehr bekam ich gleich zweimal Post aus Hamburg. Einmal von Rossi und einmal von Reddy. In jedem Brief lag ein ausgeschnittener Zeitungsartikel und ein kurzer handgeschriebener Kommentar der beiden. Die Artikel stammten aus verschiedenen Hamburger Tageszeitungen, hatten jedoch dasselbe Thema zum Inhalt. Beide beschrieben das Auffinden eines nackten, misshandelten Mannes im Stadtpark. Wie man es von Berichterstattungen der Boulevardpresse her kennt, wurde dasselbe Thema in zwei völlig verschiedenen Geschich-

ten geschildert. Während das eine Blatt sicher war, dass es um eine Auseinandersetzung im Schwulenmilieu ging, behauptete das andere, dass es um einen Krieg unter Diskothekenbesitzern handelte. Es gab nur vier Punkte, die in beiden Berichten übereinstimmten: Der Fundort. Das Datum. Der nackte Mann. Und das Schild, das um den Dildo hing und die Aufschrift trug:
'Ich bin ein Schwein!!!
Nehmt mich und macht mit mir,
was ihr wollt!!!'
Ich schüttelte den Kopf und hoffte, dass die Polizei genauso auf dem Holzweg war und auch bleiben würde. Rossi hatte dazu geschrieben, dass Carmen ihr Löcher in den Bauch fragte, z.b. darüber, ob ich etwas damit zu tun hatte. Aber Rossi stellte sich unwissend.

Trotzdem ließ sich Carmen von ihrer Überzeugung nicht abbringen. Bis wir uns aus den Augen verloren, machte sie mir die nächsten Jahre immer wieder deutlich, dass sie mir für diese Aktion dankbar war.

Reddy schrieb, dass auf St. Pauli das Gerücht umging, man hätte dem Mann außer dem Dildo noch seine Jacketkronen aus dem Hinter polken müssen. Quelle dieser Gerüchte soll das Krankenhauspersonal der Notaufnahme gewesen sein. Ich wusste, dass es kein Gerücht war, und wunderte mich kurz darüber, dass davon nichts in den Zeitungen stand. Ich zerriss Artikel und Briefe, nahm sie mit zum Sport und entsorgte sie auf dem Weg dahin.

Im Nord traf ich Bart-Rolf. Beim Training erzählte er, dass er mir eine Käuferin vermitteln könnte, die sich für eine Harley Davidson interessierte. Zu diesem Zweck hatte er gestern Abend im Soft Rock meine Telefonnummer weitergegeben.

„Sie wird dir gefallen", behauptete er. „Sie ist eine äußerst apart anzuschauende Edelhure."

Ich zuckte gleichgültig mit den Schultern. War mir auch recht. Hauptsache sie kaufte etwas und konnte bar zahlen. Zum Schluss schimpfte er über den Fehlkauf eines Weihnachtsbaumes. Dabei fiel mir auf, dass ich noch gar keinen Baum hatte. Nach dem Training ging ich daher auf die andere Seite des Leopoldplatzes.

Wie jedes Jahr wurden hier zu Weihnachten Bäume verkauft. Den Fehler von Bart-Rolf vermeidend, suchte ich eine besonders schöne Tanne aus und schleppte sie die Straße entlang zu mir nach Hause. Bei meinen Renovierungsarbeiten war ich auf einen Weihnachtsbaumständer und einen Karton mit Weihnachtsdekorationen gestoßen. Beides hatte ich ungeprüft in einem Hängeschrank im Badezimmer verstaut. Ich kramte die Sachen hervor und musste feststellen, dass ich die Weihnachtsbaumkugeln potthässlich fand. Also würde ich neue kaufen müssen. Aber erst morgen, wenn die Geschäfte wieder geöffnet hatten. Ich stellte den Baum im Wohnzimmer auf und dekorierte ihn, bis mir das verwertbare Material ausging. Ich beseitigte in der Wohnung noch einige Schönheitsmängel, als nach etwa einer Stunde das Telefon klingelte. Für Rossis Kontrollanruf war es zu früh. Ich hob ab und vernahm eine mir fremde weibliche Stimme. Es war die Harley-Käuferin, von der Rolf gesprochen hatte. Mit angenehmer Stimme berief sie sich auf Rolf und kam gleich zur Sache. Sie wollte ihrem Freund zu Weihnachten eine Harley schenken, verstand aber von den Maschinen nichts. Wir vereinbarten daher, dass sie heute Abend vorbeikommen sollte, um sich bei mir nach einem geeigneten Bock umzuschauen.

Sie war erstaunlich schnell da. Ich hatte mir gerade etwas zu Essen gemacht, als es an der Tür klingelte. Ich ließ eine blonde Schönheit mit makellosen weißen Zähnen hinein. Sie dürfte um die siebenundzwanzig Jahre alt gewesen sein. Der Pelzmantel, den sie trug, unterstrich ihre elegante Erscheinung. Ich lächelte. Rolf hatte nicht untertrieben. Vor mir stand eine sehr gepflegte Edelhure. Ich nahm ihr den Mantel ab. Noch im Flur holte sie aus ihrer teuer aussehenden Handtasche ein Foto hervor, das aus einer Fachzeitschrift ausgeschnitten war. Sie erklärte, dass sie etwas in dieser Art suchen würde. Ich lächelte. Nun, mit etwas Vergleichbarem konnte ich dienen. Ich führte sie in meinen Bastelraum und schaltete einen Teil des Lichtes an. Erst gestern hatte ich die Raumbeleuchtung so gestaltet, dass sich der Raum auch mit gedämpftem Licht ausleuchten ließ. Zudem hatte ich einige Niedervolt-Halogen Punktstrahler so ausgerichtet, dass sie meine Ausstellungsstücke besonders effektvoll anstrahlten. Es entstand eine schummrige Atmosphäre, in die das Licht der Scheinwerfer wie Lanzen stach. Der Kontrast zwischen den hochglänzend schwarz lackierten Teilen und den gleißenden Reflektionen der verchromten Teile war auch für Nicht-Harley-Fans faszinierend. Meine unbekannte Schönheit lief sofort auf eine Maschine zu und rief: „Oh, die sieht ja genau so aus wie auf dem Bild!"

Ich sagte nichts, um nicht ihre Entzückung zu unterbrechen. Sie umrundete den Bock, streichelte Tank und Ledersitzbank, hockte sich vor den Motorblock und fragte staunend: „Die ist wirklich gebraucht? Die sieht ja aus wie neu."

Mein Stolz verbot es mir, sie darauf hinzuweisen, dass man bei so einer Arbeit, wie sie sie gerade vor sich hatte, nicht von 'gebraucht' redet. Stattdessen sagte ich ihr: „Ist eine 52'er Pan-Shovel."
Sie schaute mich über den Tank hinweg an und fragte: „Was heißt 52'er?"
„Dass die Maschine 1952 gebaut wurde."
„Was?! So alt ist die schon! Fährt die denn überhaupt noch?"
Mir entfuhr ein empörtes Räuspern, worauf von der hockenden Maid ein gemurmeltes „Tschuldigung" hinter dem Tank zurückkam.
„Tritt mal zur Seite", forderte ich sie auf.
Sie stand auf und ging einen Schritt zurück. Ich schob das böse, schwarze Ungeheuer etwa zwei Meter von den anderen Maschinen weg, drehte den steckenden Zündschlüssel und vollzog penibel das Anlassritual. Sie sprang sofort an. Die Arbeitsgeräusche der Maschine brandeten Furcht einflößend gegen die Mauern des Raumes. Ich fixierte das Vorderrad mit der Bremse und ließ das Hinterrad mit einem Gasstoß durchdrehen. Mit einem Bein stand ich auf der linken Fußraste, mit dem anderem stützte ich mich am Boden ab. Durch diese Schwerpunktverlagerung war es leicht, das Heck der Maschine bei durchdrehendem Hinterreifen in die andere Richtung zu drücken. Der Holzfußboden erleichterte die Sache. So zirkelte ich die etwa viereinhalb Zentner um das stehende Vorderrad herum auf die Blondine zu. Sie zuckte zusammen und wollte zurückspringen, aber ich brachte die Maschine ca. dreißig Zentimeter vor ihr zum Stehen. Der V2-Motor blubberte kraftvoll im Leerlauf. Hatte sich meine Käuferin zuerst mit beiden Händen die Ohren zugehalten, so hielt sie sich jetzt die Bauchdecke. Auch ich spürte die niederfrequenten Vibrationen, die von der Maschine erzeugt und von den nahen Wänden verstärkend reflektiert wurden. Es sind auch diese ‚Körpermassagen', die den Mythos einer Harley Davidson ausmachen. Ich schwang mich auf den Sattel und schaute sie an. Sie schien äußerst entzückt. Mit fast geschlossenen Beinen hüpfte sie auf der Stelle auf und ab. Dabei klatschte sie mit an dem Körper gezogenen Ellenbogen schnell in die Hände. Statt mich strahlte sie voller Begeisterung die Maschine an. Wir würden uns wohl handelseinig werden. Ich stellte den Motor ab und öffnete die Ladentür zum Lüften, damit der Geruch von heißem Gummi und den Abgasen abziehen konnten. Von draußen drang sofort frostige Kälte in den Raum. Ich deutete auf die hereintanzenden Schneeflocken und sagte: „Wenn das Wetter nicht so Scheiße wäre, würde ich jetzt mit dir auf dem Bock ins Valentino fahren."

„Du bist im Valentino?", fragte sie erstaunt. „Ich habe dich da noch nie gesehen."

„Ich dich auch nicht", gab ich zurück.

Was aber daran liegen könnte, dass ich bisher erst zweimal da gewesen war. Da die Kälte unangenehm wurde, brach ich den Lüftungsvorgang ab und verschloss die Eingangstür. Wir gingen in Wohnzimmer. Ich stellte uns zwei Beck's auf den Tisch. Ein Glas wollte sie nicht. Sie fragte nach dem Preis. Ich sagte ihr: „Fünfundzwanzigtausend wirst du schon hinlegen müssen."

Sie nickte bedächtig und meinte: „Ja, Rolf hat mir schon so etwas gesagt."

Und nach einer viersekündigen Pause, in der sie wahrscheinlich überlegte, ob es einen Sinn hätte zu feilschen: „Ist okay. Aber du musst mir die Harley am Heiligen Abend vorbeibringen."

„Am 24.?", vergewisserte ich mich wenig erfreut.

„Da habe ich selber einiges vor", sagte ich und dachte dabei an Rossi.

Aber sie ließ nicht locker, und sie hatte so eine süße Art zu bitten: „Es soll doch eine Überraschung für meinen Freund sein. Ich möchte seine Augen sehen, wenn er sie vorm Weihnachtsbaum sieht."

Im Grunde hatte ich mich schon rumkriegen lassen, zögerte aber diese Bekanntgabe noch etwas hinaus: „Vorm Weihnachtsbaum? Feiert ihr denn auf der Straße?", fragte ich, weil ich mir nicht vorstellen konnte dass ihre Wohnung für Motorräder ähnlich gut zugänglich war wie meine.

Sie lachte.

„Nein. Aber du kommst mit der Maschine nach oben. Wir haben einen Lastenaufzug. Flure und Türen sind weit genug. Also. Machst du es?"

Ich willigte ein. Wir vereinbarten, dass sie jetzt die Hälfte anzahlte und ich am 24. um 18.00 Uhr die Harley Davidson in ihre Wohnung stellen würde. Wir füllten einen Kaufvertrag aus und ich spendierte noch zwei Beck's. Wir unterhielten uns noch eine Weile. Unter anderem erfuhr ich, dass sie an Sylvester mit Ihrem Freund im Valentino sein würde. Ich schloss die Möglichkeit nicht aus, auch an diesem Tag mit meiner Freundin dort zu sein.

Als meine Käuferin gegangen war, dachte ich noch eine Weile darüber nach, was ihr Freund wohl für ein Typ war. Er musste bei ihr einen hohen Stellenwert haben, wenn sie ihm so ein Geschenk machte. Nun, am Heiligen Abend würde ich ihn ja zu sehen bekommen.

Ich wartete noch auf Rossis Anruf. Danach ging ich mit einem nicht beschreibbaren Glücksgefühl ins Bett. Die Welt meinte es im Moment gut mit mir, dachte ich, bevor ich einschlief.

Am nächsten Vormittag ging ich zu Karstadt. Ich stapfte über zwanzig Zentimeter hohen Schnee. Wie in Berlin üblich, ließen sich die Verwaltungsärsche wieder reichlich Zeit, bevor sie die Jungs von der BSR losschickten, damit diese die Straßen räumten oder wenigsten Granulat streuen durften. Obwohl der Berufsverkehr schon seit mehr als einer Stunde abgeklungen war, bewegte sich der Verkehr sehr zähflüssig. In erster Linie lag das an der festgefahrenen Schneedecke, die wie ein weißer Panzer auf der Straße lag. Vor allem an den Kreuzungen gab es Bereiche, die von den durchdrehenden Autoreifen zu festen, glatten, spiegelnden Flächen poliert wurden. Viel Aufmerksamkeit konnte ich dem nicht widmen. Eisiger Wind pfiff mir entgegen. Es war saukalt. Ich hatte meinen Kopf tief zwischen die Schultern gezogen und dabei nach unten gesenkt, um meine Augen vor den peitschenden Schneekristallen zu schützen. Mit zusammengekniffenen Augenlidern konnte ich so nur jeweils die nächsten anderthalb Meter meines Weges sehen. Ich hoffte, dass ich nicht mit irgendwas oder irgendjemandem zusammen stoßen würde. In dieser Situation musste ich an Rossi denken. Auf Grund ihres Jobs konnte sie sich ja nicht völlig einmummeln. Die Kunden sollten ja trotz der Kälte sehen können, für was sie bezahlen. Das arme Mädchen würde sich wahrscheinlich den Hintern abfrieren. Und nicht nur das. Ich konnte nur hoffen, dass auch sie, wie bei Straßenhuren üblich, über eine überdurchschnittliche Widerstandsfähigkeit gegenüber Erkältungsviren verfügte. Ich konnte mich nicht erinnern, jemals einer erfahrenen Straßenhure begegnet zu sein, die Schnupfen hatte.

Ich kam an die Ampelanlage der Kreuzung am Leopoldplatz und musste nun doch den Kopf heben. Es gelang mir, ohne Zusammenstöße das Karstadt-Kaufhaus zu betreten, was ich nicht von allen Fußgängern sagen konnte.

Jedes Mal, wenn ich bei solchen Witterungsbedingungen den Luftschleier des Klimavorhangs durchquerte, war es ein wenig, als würde man in eine andere Dimension treten. Schlagartig waren Wind, Schnee, Kälte und Lärm verschwunden. Und das, obwohl die breiten Eingangstüren weit offen standen. Ich kaufte passenden Weihnachtsschmuck, reichlich Süßes und Zutaten für bunte Teller, sowie einiges von dem, was ich normalerweise außerhalb der Weihnachtszeit zu mir nehme.

Ich kam mit erheblich mehr Einkaufstüten zu Hause an, als ich mir vorgestellt hatte. Eigentlich hätte ich auch mit dem Bronco einkaufen fahren können. Als ich gerade dabei war meinen Kühlschrank zu bestücken klingelte Telefon. Es war die Lackiererei: „Kannst deine Teile abholen," klang es knapp aus dem Hörer.

Das passte mir zwar gar nicht, dennoch sagte ich: „Danke, ich hole sie in einer Stunde ab. Ging ja diesmal so schnell. Habt Ihr 'ne Sonderschicht gefahren?"

„Quatsch. Ich will die Sachen über Weihnachten nicht in der Werkstatt haben. Also vergiss nicht, sie abzuholen."

Ich bestätigte noch mal und legte seufzend auf. Da war ich wohl nicht der Einzige, der seine Hütte zum Heiligen Abend aufgeräumt haben wollte. Also schmückte ich den Weihnachtsbaum mit den neuen Kugeln zu Ende. Zusammen mit den elektrischen Kerzen ergab sich ein stimmungsvolles Bild. Dann machte ich mich mit dem Ford auf den Weg zur Lackiererei und holte meine Teile ab. Wieder zu Hause platzierte ich sie in dem Bastelraum dekorativ zwischen den Maschinen. Ich war gerade dabei zu überlegen, ob ich schon heute mit dem Zusammenstellen der bunten Teller beginnen sollte, als wieder das Telefon klingelte: „Deine Chromteile sind fertig. Kannste abholen."

Ich grunzte genervt in den Hörer.

„Hä? Was nicht in Ordnung?", kam es zurück.

„Doch, doch. Ich wollte das Zeug nur nicht über Weihnachten in der Bude haben", erklärte ich.

„Na, glaubst du, ich etwa? Die Dinger liegen mir im Weg rum. Und wenn hier eingebrochen wird, sind sie weg. Außerdem ..."

„Schon gut", unterbrach ich seinen Redefluss. „Ich bin in einer halben Stunde da und hole sie ab."

Da ich diesmal bei der Anlieferung nur einen ungefähren Preis angegeben bekommen hatte, bekam ich nun die exakte Summe genannt. Ich steckte das Geld ein und machte mich auf dem Weg. Wie gut, dass es Bart-Rolf mit dem Fahrzeugtausch nicht so eilig hatte. Als ich zurückkam musste ich einsehen, dass mein Werkstattzimmer nun zu überfüllt aussah. Ich sortierte also einige Teile aus und schleppte sie in den Keller. Anschließend machte ich mir Kaffee und verschnaufte im Wohnzimmer auf der Couch. Dabei ließ ich eine gute Scheibe spielen. Ich hatte die erste Tasse noch nicht ausgetrunken, als das Telefon wieder klingelte. Etwas genervt hob ich ab. Meine Laune besserte sich schlagartig. Es war Rossi, diesmal außerhalb ihrer üblichen Zeit. Sie erzählte mir, dass Carmen auswärts zu ihrer Mutter gefahren war. Ich erfuhr, dass es auch in Hamburg ununterbrochen schneite. Außerdem war es bitterkalt. Rossi stand, wie die anderen Mädchen, mit Moonboots auf den Straßen und los war überhaupt nichts. Sie sagte: „Als ich gestern nach Hause kam, hatte ich eine ganz kalte Muschi. Und meine Füße habe ich überhaupt nicht mehr gespürt. Ich habe mich in die Badewanne gelegt und mich aufgetaut, habe dann an dich gedacht und an mir rumgespielt. Den Rest kannst du dir ja denken. Oder soll ich es dir genauer beschreiben?", gurrte sie verführerisch durch die Telefonmuschel.

„Hör auf, du Luder. Ich kriege schon wieder ein Problem", versuchte ich mich schwach zu wehren. Sie spielte weiter und fragte scheinheilig: „Wieso, bist du denn nicht allein?"

„Doch, deswegen ja. Ich bin allein und einsam", übertrieb ich.

Im beiläufigen Ton, als würde sie gar nicht mit mir sprechen, sagte sie dann: „Hast du was dagegen, wenn ich morgen schon komme?"

Ein nicht beschreibbares Glücksgefühl überrumpelte mich. Für einige Sekunden war ich sprachlos, wusste nicht, was ich sagen sollte, konnte ihr nicht einmal sagen, wie sehr ich mich freute.

„Hey, habe ich dich geschockt?", fragte sie in das Schweigen hinein.

„Ja. Nein. Ich meine: Bitte verstehe mich richtig. Die letzten Tage drehten sich nur um dich."

„Wie meinst du das?", wollte sie wissen.

„Ich habe in den letzten Tagen ein bisschen renoviert und sauber gemacht."

Sie lachte und meinte: „Das ist gut so, dann muss ich das nicht machen."

Sie sagte mir, dass sie voraussichtlich um 10.00 Uhr in Tegel landete. Ich versprach ihr, sie pünktlich vom Flughafen abzuholen. Wir turtelten noch ein halbes Stündchen und erzählten uns gegenseitig, was wir in den nächsten Tagen miteinander so vorhatten. Als wir uns verabschiedeten, wurde es für mich Zeit, zum Training zu gehen. Da ich wusste, dass auch Bart-Rolf da sein würde, nahm ich diesmal den Ford mit, um ihn zu tauschen.

Nach dem Training sah ich zu Hause etwas fern. Gegen 22.00 Uhr machte ich mich auf den Weg ins Soft Rock. Die Tür war unbesetzt. Stattdessen saß Bart-Rolf am vorderen Tresen und baggerte eine Blondine an. Er war so eifrig damit beschäftigt, dass er mich nicht einmal bemerkte, und ich tat nichts, um das zu ändern. Ich winkte im Vorbeigehen Daisy zu, ging nach hinten und setzte mich an den anderen Tresen. Annette und Biene hatten noch nicht viel zu tun. Annette kam um den Tresen herum und begrüßte mich mit einem Kuss auf die Wange. Sie beschwerte sich darüber, dass ich mich so selten sehen ließ. Ich erklärte ihr, dass ich ein paar Tage in Hamburg gewesen war. Weil ihr das als Entschuldigung nicht reichte, gab ich ihr einen Auszug meiner letzten Tagesabläufe. Sie zeigte sich erstaunt und meinte: „Du bist ja ein völlig normaler Typ."

„Ist das jetzt was Schlechtes?", fragte ich grinsend.

„Nein", lächelte sie. „Die mag ich am liebsten. Aber die Besten sind die, die von allem etwas haben."

Sie kam sehr nahe heran und hauchte mir ins Ohr: „So wie du."

Wir lachten uns an. Biene runzelte die Stirn, schaute uns distanziert an und bediente einen Gast. Eigentlich war ich ins Soft Rock gekommen um mich etwas abzulenken und ein wenig mit Bart-Rolf zu plaudern. Aber nun wollte ich weiter. Ich sagte Annette, dass ich jetzt im Tolstefanz vorbeischauen werde. Sie bestimmte, dass sie mitkommen würde. Ich ging mit ihr zu Bart-Rolf, um Fahrzeugschlüssel, Papiere und Standortangaben der Autos zu tauschen. Er war überrascht, mich erst jetzt wahrzunehmen. Seine Einladung, uns zu ihm an den Tresen zu setzen, schlugen wir aus, was ihn nicht wirklich traurig machte. Während er sich wieder der Blondine widmete, fuhr ich mit Annette los. Ich wählte eine Strecke, die über den Ku'damm führte. Zwar war hier der Fahrdamm geräumt, auf den Bürgersteigen und dem breiten Mittelstreifen lag aber immer noch reichlich Schnee. Zudem schneite es immer noch. Ich musste zugeben, dass das Schneetreiben zusammen mit dem festlich und üppig geschmückten Ku'damm ein sehr weihnachtliches Bild abgab. Als wir die Straße im gemäßigten Tempo entlangfuhren, deutet sie plötzlich nach vorne und sagte aufgeregt: „Halt mal an! Da vorne ist Selbach!"

Ich schaute in Richtung des exklusiven Herrenausstatters und suchte einen Parkplatz, was um die Zeit nicht einfach war. Ich musste mit einem Vorlieb nehmen, in dem mein Wagen eigentlich nicht reinpasste. Ich parkte daher, wie viele andere, halbschräg auf dem Bürgersteig. Wir stiegen aus, und aus irgendwelchen Gründen rannte Annette zu den festlich geschmückten Schaufenstern. Ich spurtete hinterher. Sie deutete auf einen teuren Anzug und wollte meine Meinung zu den Stücken hören.

„Sieht gut aus", sagte ich. „Aber ich bin in solchen Sachen kein Experte. Ich weiß ja nicht mal, für wen er sein soll."

Sie erzählte mir, dass sie noch etwas für Arthur kaufen müsste. Ich sagte ihr, dass ich das für eine gute Idee hielt, falls ihm so etwas gefallen würde. Wir setzten unsere Fahrt fort. Ich wendete an der Nürnberger Straße. An einem Wochentag zu dieser Zeit an dieser Seite des Europacenters war es in der Regel kein Problem, einen Parkplatz zu finden. Wir stiegen die Treppe zum Tolstefanz hinauf. An der Tür wurde ich von 'Kante' begrüßt. Der Name Kante war entstanden, weil sein Kopf so aussah, als wäre er aus einem Stück Kantholz geschnitzt und nicht richtig abgerundet worden. Ich hatte Kante schon seit ein paar Monaten nicht mehr gesehen. Eigentlich hatte ich ihn nur ein einziges Mal gesehen, und das war, als Rainer mit ihm im „Feuerstuhl" ihre Entlassung aus der JVA Tegel gefeiert hatte. Beide hatten in Tegel ein paar Jahre Knast abgesessen. Ich plauderte einige Minuten mit ihm und setzte mich dann mit Annette an den lang gezogenem Tresen. Bedient wurden wir von einer dunkelhaarigen, schlanken Schönheit. Annette erzählte mir, dass das die Freundin vom Vorbesitzer des Soft Rock sei. Sie fragte mich ob ich den Mann kennen würde. Ich verneinte, und sie beschrieb ihn mit langen blonden Haaren. Weil er immer extrem braungebrannt war und zudem ein lange Narbe im Gesicht trug, wurde er der 'Indianer' genannt. Ich kannte den Mann trotzdem nicht. Annette fuhr fort, dass auch der Indianer zurzeit in Tegel sitzen würde. Wegen Kokain. Und weil Anwälte sehr geldgierig sein können, hatte er das Soft Rock billig verkaufen müssen. Auf diese Weise waren Arthur, Annette und Rolf an den Laden gekommen. Gegen Ende ihrer Erzählungen kamen zwei Kleiderschränke zu uns. Die beiden Männer waren zwar nur durchschnittlich groß, aber fast genauso breit. Irgendwie wirkten sie wie Quadrate. Annette stellte sie mir als Manne und Zepi vor. Beide grinsten auf eine Art vor sich her, die mich vermuten ließ, dass der Genuss ihres letzten Joints noch nicht allzu lange her sein konnte. Beide waren zwar leger, aber teuer gekleidet und trugen wuchtige Rolex-Uhren. Zepi hatte eine Stahlversion, Mannes Uhr war massiv Gold. Dazu trug er eine Porschebrille mit vergoldetem Rahmen. Während die beiden kaum Informationen von sich gaben, sprudelte es aus Annette nur so heraus. Es schien ihr zu gefallen, Insiderwissen an den Mann zu bringen. Da ich die beiden über Bart-Rolf sowieso kennen lernen wollte, kam mir dieses zufällige Treffen sehr gelegen. Sollten die zwei mir doch dabei behilflich sein, meinen Absatzmarkt zu vergrößern. Aufmerksam hörte ich Annettes Ausführungen zu. Das meiste wusste ich aber schon. Zum Beispiel, dass Manne und Zepi die Geschäftsführer des Tolstefanz waren, dass sie für einige Diskotheken die Türsteher stellten, und ein paar andere Nebensächlichkeiten. Auf der Plus-Seite verbuchte ich, dass ich ohne

Rolf mit den beiden bekannt gemacht worden war. Wir unterhielten uns noch über allgemeines, bis die beiden es eilig hatten, ins Büro zu kommen. Den Andeutungen, die sie sich gegenseitig zuspielten, entnahm ich, dass sie ihre Nasen in feinstem Koks wälzen wollten. Nachdem ich mit Annette wieder alleine war, störten wir uns daran, dass im Tolstefanz zur Zeit auch nicht gerade der Bär steppte. Also beschlossen wir, wieder zurückzufahren.
Ich hielt vor dem Soft Rock und wollte Annette aussteigen lassen. Sie blieb sitzen und versuchte mich zu überreden, noch mit in ihren Laden zu kommen, aber ich blieb standfest. Hatte ich doch morgen einen Termin auf dem Flughafen Tegel. Schließlich gab Annette auf und verabschiedete sich mit einem Kuss auf die Wange. Ich fuhr nach Hause. Dort legte ich Rossis Weihnachtsgeschenk unter die geschmückte Tanne und ging ich schlafen.

Mein Wecker riss mich um 7.00 Uhr aus dem Schlaf. Ich machte mich frisch, zog mir etwas Geeignetes an und begann, zu den Rehbergen zu joggen. Es war anstrengender als sonst. Ich musste mich ziemlich konzentrieren, um nicht hinzufallen. In den Rehbergen war der Schnee immer noch mehr als knöchelhoch. Als ich zurückkam pfiff mir die Lunge. Ich war ganz schön geschafft. Nach dem Duschen beim Rasieren fiel mir auf, dass mein Gesicht frisch und erholt aussah. Die kalte Luft und die Grillpartys unter den Solarien schienen mir gut zu tun. Das passte gut, um Rossi abzuholen, dachte ich vergnügt. Das Frühstück fiel bescheiden aus. Ich würde es mit Rossi ausgiebig nachholen. Langsam wurde es Zeit loszufahren.

Über den Stadtring war der Flughafen leicht und rasch zu erreichen. Den Wagen parkte ich im Inneren des Abfertigungsringes. Ich schlenderte an Taxiständen vorbei, amüsierte mich über die Hektik vieler Menschen, die ihr Gepäck aus Fahrzeugen zerrten und vorher schon ihre Kinder losscheuchten, um Gepäckwagen zu organisieren. Selbst unter den frisch angekommen Urlaubern gab es welche, die den Flughafen in Eile und Hektik verließen. Das war Deutschland. Ich schüttelte schmunzelnd den Kopf und betrat das Hauptgebäude. Auf dem Weg zur großen Anzeigetafel kam ich an einem Blumenladen vorbei. Ich beschloss besonders nett zu sein und kaufte eine langstielige Rose. Der Verkäufer wickelte sie mir behutsam in klare Cellophanfolie ein. Von der Informationstafel las ich ab, an welchem Flugsteig Rossi ankommen würde. Ich setzte mich gegenüber hin und wartete. Dabei ließ ich mir so einiges durch den Kopf gehen. Ich war so in meine Gedanken vertieft, dass ich zusammenschrak, als ich im Gesicht berührt wurde. Ich ließ die Rose fallen und sprang auf. Da stand sie! Nur wenige Zentimeter von mir entfernt. Es war mir peinlich, sie nicht bemerkt zu haben. Wir schauten uns an und dann gab es kein Halten mehr: Wir umschlangen uns und küssten uns wild und innig. Einige der vorbeiströmenden Leute lächelten uns verständnisvoll zu. Als wir uns wieder beruhigt hatten, hob ich die zu Boden gefallende Rose wieder auf. Es war erstaunlich, dass sie nicht unter unsere Füße geraten war. Ich streckte sie Rossi entgegen und sagte heiser: „Eine Rose für meine Blume."

Rossi freute sich und bekam feuchte Augen. Ich lächelte sie an und sagte: „Hey, Maus. Ich habe die Rose nicht geholt, damit du sie beweinst."

Sie schniefte.

„Ja ja. Ist ja schon gut. Wo steht Dein Wagen?", lenkte sie ab.

Ich nahm ihren Koffer und trug ihn nach draußen zum Auto.

Ich fuhr nicht gleich nach Hause, sondern zum Ku'damm, um dort mit Rossi in einem der kleinen Bistros am Olivaer Platz zu frühstücken. Rossi berichtete mir ausführlich, was im Hamburger Nachtleben über ES erzählt wurde. Voller Stolz berichtete sie mir, dass sie nun das Geld für ein Apartment auf Ibiza zusammen hätte. Im Februar würde sie rüber fliegen und einen Vertrag abschließen. Einen deutschsprachigen Anwalt hatte sie auch schon. Ihr Spanisch war zwar gut, aber wie in vielen Ländern wich auch in Spanien die Juristensprache erheblich von der allgemein üblichen Landessprache ab. Nach dem Frühstück fuhren wir zu mir. Rossi zeigte sich überrascht: „Deine Bude ist ja richtig geräumig. Und sogar sauber."

„Was hast du denn gedacht?", fragte ich amüsiert.

„Weiß nicht. Eigentlich nichts Konkretes. Vielleicht so 'ne typische Junggesellenwohnung. Ein, zwei Zimmer, 40 Quadratmeter", und nach ein paar Sekunden des Nachdenkens: „Und irgendwelche Sachen, die in der Wohnung verteilt rum liegen."

Ich lächelte.

„Schau dich um. Hier liegen keine Frauenslips rum. Auch keine OBs im Bad."

Ich erhielt einen Knuff auf den Oberarm.
„Du weißt schon, was ich meine."
„Ich glaube schon. Ich fürchte nur, dass ich damit nicht dienen kann."
Ich schlug vor, ihr meine Wohnung zu zeigen. Dabei tat sie so, als würde sie nach Existenzbeweisen anderer Frauen Ausschau halten, und ich tat so, als hätte ich etwas zu verbergen. Als wir mit ihrer Inspektion bis kurz vor meinem Bastelzimmer angekommen waren, stellte ich mich mit dem Rücken und abgespreizten Armen vor die Tür. Sie spielte das Spiel weiter und fragte mit gebieterischen Ton: „Und was ist hinter dieser Tür?"
„Das ist keine Tür, nur eine Fototapete", behauptete ich.
„Ha!", sagte sie triumphierend: „Du verbirgst also doch etwas! Los gestehe!"
„Na gut", tat ich zerknirscht: „Da sind meine Kinder drin."
Eine Sekunde lang stutzte sie. Ich konnte förmlich sehen, wie sie darüber nachdachte, ob ich diesmal nicht spaßte. Sie beschloss, das Spiel weiter zuspielen und sich dennoch zu überzeugen: „Aus dem Weg! Diese Kinder will ich sehen."
Mit gesenktem Haupt gab ich die Tür frei und murmelte: **„Aber tu meinen Babys nichts."**
Sie öffnete die Tür und ging einen Schritt hinein. Zu erkennen war kaum etwas, denn trotz der Mittagszeit hatte ich, wie immer, die gut schließenden, schweren Holzjalousien unten gelassen. Ich schaltete das Licht an. Meine vorteilhaft ausgeleuchteten Ausstellungsstücke verfehlten nicht ihre Wirkung. Fasziniert und sprachlos schaute sich Rossi um. Fast schon andächtig ging sie zwischen den sorgfältig platzierten Motoren und Maschinen entlang und bestaunte sie. Ich zeigte auf den Knickrahmen, der nun entrostet und neu lackiert auf das Einsetzen eines Shovel Head Motors wartete, und fragte: „Kennst du den noch?", gab aber gleich selbst die Antwort: „Den hast du vorletztes Mal hinten im Bronco gesehen. Und dann Klaus erzählt, ich würde nur Schrott herumfahren."
Sie lachte und meinte: „Na ja, da war ja auch alles noch Schrott."
Ich öffnete meine Kellerklappe und stieg mit Rossi nach unten. Dort zeigte ich ihr die Teile, die ich beim letzten Mal aus Hamburg mitgebracht hatte. Sie erkannte einige der Sachen, die sie selbst aufgeladen hatte wieder und strich mit den Fingerspitzen über deren nun veredelten Oberflächen. Als wir nach oben stiegen, nahm ich befriedigt zur Kenntnis, dass sich ihre Wertung über meine Arbeit zu verbessern begann.
Ich zeigte Rossi, wo sie den Inhalt ihres Koffers unterbringen konnte.

Während sie das tat, legte ich im Wohnzimmer eine Platte auf und setzte mich entspannt aufs Sofa. Nach einigen Minuten kam Rossi mit einer Flasche Selters und zwei Gläsern ins Zimmer. Sie füllte die Gläser und hockte sich mit gespreizten Schenkeln auf meinen Schoß. Sie gab mir einen tiefen, innigen Kuss. Dann drückte sie sich mit den Händen ein wenig von mir ab, schaute mich auf die ihr eigene, überlegene und dennoch verheißungsvolle Art an und zog sich den Rollkragenpulli über den Kopf. Sie neigte sich mir wieder einige Zentimeter entgegen und bot mir ihre herrlichen Brüste auf eine verführerischen Art dar, der ich nicht widerstehen konnte. Während ich ihre harten Brustspitzen liebkoste, sorgte sie mit aufreizend massierenden Bewegungen ihres Beckens dafür, dass ich ein Problem bekam.

In der nächsten Stunde feierten wir ihre Ankunft ausgiebig indem wir ineinander verschlungen über dem Teppich robbten. Nachdem wir die ersten Anfälle unserer Sehnsucht befriedigt hatten, besaß ich aufgeschürfte Knie und Rossi an Schultern und den oberen Bereichen ihrer Pobacken wunde Stellen. Wir verarzteten gegenseitig die Wunden unserer ersten Liebesschlacht. Die nächsten zwei Tage verbrachten wir damit, uns nur mit uns selbst zu beschäftigen. Die wenigen Anrufe, die ich entgegen nahm, beendete ich in Rekordzeiten. Nur zweimal verließen wir das Haus. Einmal besuchten wir einen Weihnachtsmarkt in Spandau, das andere Mal einen an der Gedächtniskirche. Wie vielen Berlinern gefiel auch Rossi der Markt in Spandau besser. Wir tranken Glühwein, aßen einige der teilweise exotischen, Spezialitäten, fuhren durchgefroren nach Hause und wärmten uns dann gegenseitig auf.

Es war, als würde diese Vorweihnachtszeit uns noch enger verbinden, und zum ersten Mal seit meiner Kindheit empfand ich eine kribbelnde, warme Vorfreude.

Eine Zeit der Veränderung stand uns bevor, ich wusste nicht, was in der Zukunft auf mich zukommen würde, und doch wurde ein Wunsch immer stärker in mir: Ich wollte, dass diese wundervolle Frau ihren festen Platz in meinem Leben einnimmt.

Die Zeit würde mir den Weg zeigen.

Eng umschlungen verbrachten wir den Abend und freuten uns auf unser erstes gemeinsames Weihnachtsfest.

und so geht es weiter ...

Halbzeit Band II
Heißer Asphalt

Diesem Mann ist nichts zu heiß: Riskante Jobs, schöne Frauen, schnelle Motoren ... Im Rotlichtmilieu zählt nur eins: Geld ist Macht! Die Nacht schreibt ihre eigenen Gesetze; hier sind alle Mittel recht: Ob Drogenschmuggel, Prostitution oder Autohandel. Dieses Leben ist nichts für zarte Gemüter, denn wenn es eng wird, muss man auch bereit sein, richtig hinzulangen.
„Icke" bewegt sich ständig auf dünnem Eis. Seine Vorliebe für attraktive Frauen aus der Szene macht es ihm nicht leichter; in jeder Stadt wartet eine andere auf ihn, und alle wollen ihn für sich. Wie lange wird dieser Drahtseilakt gut gehen?
Zwischen Hamburg, Berlin, Paris und Ibiza entsteht ein gefährliches Netzwerk, in dem er sich jederzeit verstricken kann. No risk, no fun ...
Lassen Sie sich von einer faszinierenden Geschichte voller Tempo und Erotik in ihren Bann ziehen.

ISBN 978-3-86675-050-0
Lieferbar ab Sommer 2008

Erhältlich im Buchhandel oder beim Verlag:
www.mohland.de

Halbzeit Band III
Tanz auf dem Vulkan

Drogen, illegale Geschäfte und Prostitution: Je verbotener, desto besser! Zwischen Berlin, Hamburg, Paris, Italien und jeder Menge schöner Frauen bewegt sich „Icke" in einem Höllentempo auf dem Drahtseil: Immer riskanter und kritischer werden seine Aktionen. Drogen und Sex halten ihn über Wasser und mobilisieren ungeheure Kräfte. Der Faszination der dunklen Seite und des schnell verdienten Geldes kann er sich nicht entziehen – der Strudel zieht ihn in einem Schwindel erregenden Taumel zwischen Kiez und Kriminalität. Kraftvoll behauptet er sich im Milieu, doch dann gibt es Momente, in denen die innere Stimme ihm sagt: Du riskierst dein Leben! Wird er leichtsinnige Fehler begehen? Wie lange wird es dauern, bis ein kleiner Funke das Pulverfass explodieren lässt und bis er alles verliert?

ISBN 978-3-86675-051-7
Lieferbar ab Herbst 2008

Erhältlich im Buchhandel oder beim Verlag:
www.mohland.de

weitere Buchtipps:

Eugen Wendmann
Im roten Bereich

ISBN 978--3-932184-21-5, Paperback, 208 Seiten, € 10,50

Tatsachenroman
Das Buch „Im roten Bereich" schildert in erschreckender Offenheit, wie drei Motorradfahrer den Sommer 1997 zwischen Geschwindigkeitsrausch, Sexismus und Drogenkonsum erlebten und durchleuchtet damit eine Subkultur, der bislang viel zu wenig Beachtung geschenkt wurde.

Am Limit

ISBN 978-3-932184-32-1, Paperback, 205 Seiten, € 10,50

Tatsachenroman
Eugen Wendmann erzählt wieder von Bikern, die mit über 130 PS starken Motorrädern besser klarkommen, als mit dem tristen Alltag einer Wohlstandsgesellschaft. Er zeigt damit den täglichen Drahtseilakt auf der Suche nach dem Limit mit einer Geschwindigkeit auf, die wohl nur von den in seinen Romanen auftauchenden Rennmaschinen überboten werden kann.

Jürgen Graf
Josefs KAWA-Schuppen

ISBN 978-3-936120-90-5, Paperback, 206 Seiten, € 10,00

Kawasaki forever! Für Josef ist ein Leben ohne Motorrad kaum vorstellbar, besteht seine Freizeit doch aus Motorradtouren, dem Basteln an Maschinen, Treffen mit seinen Kumpeln aus dem Motorradclub – sogar den Urlaub verbringt er mit ihnen. Als er sein Hobby zum Beruf machen will, läuft einiges schief und er gerät in echte Schwierigkeiten. Am schlimmsten trifft ihn, dass er plötzlich ohne Motorrad dasteht. Er schmiedet einen waghalsigen Plan, um den unfreiwilligen Motorradentzug zu beenden ...

Erhältlich im Buchhandel oder beim Verlag:
www.mohland.de